广告经济学

(The Economics of Advertising)

丁汉青 编著

经济管理出版社

图书在版编目（CIP）数据

广告经济学/丁汉青编著.—北京：经济管理出版社，2009.2

ISBN 978-7-5096-0502-8

Ⅰ.广… Ⅱ.丁… Ⅲ.广告—经济学 Ⅳ.F713.80

中国版本图书馆 CIP 数据核字（2009）第 018259 号

出版发行：经济管理出版社

北京市海淀区北蜂窝 8 号中雅大厦 11 层

电话：（010）51915602 邮编：100038

印刷：世界知识印刷厂 经销：新华书店

组稿编辑：王光艳 责任编辑：王光艳

技术编辑：杨国强 责任校对：超 凡

720mm×1000mm/16 19.5 印张 388 千字

2009 年 3 月第 1 版 2009 年 3 月第 1 次印刷

印数：1—4000 册 定价：39.00 元

书号：ISBN 978-7-5096-0502-8

目　录

前　言

时光荏苒，自1979年至今，中国现代广告业匆匆走过了近30个春秋。在这30年里，身处改革开放大背景中的中国广告实践深深地打上了“发展中”的烙印：广告主在发展——从不成熟到逐渐成熟；广告代理公司在发展——从本土到跨国，从合资到股份；广告传媒在发展——从坐等客户上门到积极推介甚至举行招标会；广告受众也在发展——从初见广告时的新奇到视广告为“空气”……这个热闹喧嚣着的行业虽缺少成熟者的沉稳圆润，却有着未成熟者的青春活力。

理论源于实践，精彩纷呈的广告实践激发着研究者的热情。一部部广告图书的出版，显示出广告理论研究的蓬勃发展。广告有“术”，因此，大量“手册”类广告书堆上书架；广告有“学”，因此，大量研究类著作亦堆上书架。这些著作不管是从信息传播角度切入，还是从传媒经济角度切入；不管是解剖一只“麻雀”，还是俯视整个产业，皆有助于洞察中国纷繁复杂的广告实践。本书掠过广告信息的传播过程，将视角停驻在广告活动的经济层面，侧重于运用经济理论与经济学方法解读广告活动中的各种现象。

本书第一章对广告基础知识作一般性介绍。明确本书“广告”这一概念的所指：由广告主、广告代理公司、广告传媒、广告受众、自由职业者、调研机构等所参与的经济活动。分析了广告对价值、价格、需求价格弹性、市场集中等的影响。

第二章论述了商业广告主投资广告的根本目的在于提高销量，并勾勒出广告促进销量之复杂机理的模型。然后分析了广告边际收益问题及双头垄断市场结构中广告主围绕“做广告”还是“不做广告”问题所做的博弈。

第三章比较了外部广告代理公司与内部广告代理机构、综合型广告代理公司和专业型广告代理公司在经济上的劣势与优势，关注到广告代理公司的海外拓展问题，论述了大型跨国广告公司的全球化发展是技术、经济与政治等诸多因素合力作用的结果。

第四章分析了广告传媒的商业模式、传媒广告经营的特点及发展趋势等，并结合案例分析了广告传媒建立联盟的动因及运作机制中存在的问题；最后关注了央视广告部的招投标活动，认为招投标是配置央视稀缺广告资源的有效途径。

第五章分析了广告受众参与广告活动的经济动因在于收益大于成本，广告受众参与广告活动涉入度与广告受众参与广告活动所得到的报酬呈正相关关系，与所需付出的代价呈负相关关系。一般而言，广告受众参与广告活动的涉入度（包括心理层面的涉入度和生理层面的涉入度）越高，越有利于取得好的广告效果。因此，洞察影响广告受众参与广告活动涉入度的因素对于广告实践很有意义。

第六章关注整个广告产业的结构、发展特点及趋势。尝试用迈克尔·波特的“钻石理论体系”分析广告产业集群或正在形成中的广告产业集群。

第七章将关注点投向虚假广告。中国广告产业发展迅速，但发展中亦有不和谐音符，譬如虚假广告。中国虚假广告的治理有赖于各方力量的协同。借鉴国外经验，虚假广告问题的长期解决需借助完善的自律体系。

本书在各章节中还设计了补充阅读（或其他形式的互动材料）和思考与操作。

对广告做经济学分析需要将广告学、经济学、传播学、社会学、心理学等相关学科融会贯通、娴熟运用。由于学识所限，在编著此书过程中，时时有力不从心之感，因此，这本拙作只能算是一块粗陋浅卑的“砖”。我热切地期盼着这块“砖”能得到各界方家的批评指正；亦热切地期盼着这块“砖”能引来更多的学界与业界专家从经济学视角研究广告，锻造出一块块闪烁着智慧光芒的“美玉”。

丁汉青

于北京世纪城寓所

2008 年 12 月

第一章　初识广告

【本章概要】

广告的概念

广告的分类

广告的主要参与者

广告在经济中的地位

广告的经济作用

【学习目标】

了解广告的多个层面

理解本书对广告的定义

认识商业广告、政治广告与个人广告

把握广告活动主要参与者各自所扮演的角色

理解广告在传媒经济与国民经济中的地位

分析广告对商品价值、价格、商誉、进入壁垒、产业集中等的影响

广告渗入到每个人的日常生活中①，广告信息无处不在！

城市迎来一轮新的太阳。你睁开眼睛，习惯性地打开收音机或电视机，边听边洗漱……从这一刻起，你在一天中便要与无数广告信息不期而遇：展开餐桌上的报纸，新闻挤在广告作品中；走到大街上，户外广告看板扑面而来；手机“嘀嘀”两声响，便是一条广告短信；到单位打开互联网，弹出的是一则广告视频；下班回到家，门把手上胡乱塞着些附近超市的彩页广告纸……城市是城市人的城市，也是充斥着广告信息的城市。在这里，无论是“人”还是“信息”都被卷入同一个活动中，那便是广告。对于普通人而言，广告既“熟悉”又“陌生”：“熟悉”是由于普通人每天都暴露在数不胜数的广告信息面前；“陌生”是因为普通人只是广告活动中的一个环节，与普通人打个“照面”的广告作品相对广告来讲只是“冰山之一角”。

---

① S. Dibb, L. Simkin and R. Yuen: Pan-European Advertising: think Europe - act local, International Journal of Advertisng, 1994, 13(2): p. 125 - 136.

本章首先界定“广告”这一核心概念，以明确本书是在哪个意义上使用“广告”这个术语的，在此基础上认识什么是广告的经济学分析。接下来从广告主角度将广告分为三大类：商业广告、政治广告、个人广告，以加深读者对广告外延的理解。对广告活动主要参与者的粗略介绍可以将读者的视线从“冰山之一角”移至“冰山全貌”，虽然只是窥得大体轮廓，但随着本书内容的展开，读者将逐步深入理解广告。

第一节 广告与广告的经济学分析

司空见惯的事物容易被熟视无睹，熟识的事物却未必易于被准确界定，广告即属此类事物。那么，什么是广告？

一、广告

正如盲人摸象一般，同样的一个事物摆在眼前，不同的人会从不同角度对其有不同的认定。关于广告的界定仅举几例：

第一，由明确的广告主在付费基础上，采用非人际传播的形式，对观念、商品及劳务进行介绍、宣传的活动①。

第二，广告是广告主通过有偿取得的、可以控制的宣传媒介和形式，对产品、服务和观念进行社会化、群体化的传播，从而有效影响公众，促成整体营销计划的活动②。

第三，广告是为了达到增加销售额这一最终目的而向私人消费者、厂商或政府提供有关特定商品、劳务或机会等消息的一种方法。它传播关于商品和劳务的消息，向人们说明它们是些什么东西，有何用途，在何处购买以及价格多少等细节③。

第四，广告是由已确定的出资人通过各种媒介进行的有关产品（商品、服务和观点）的，通常是有偿的、有组织的、综合的、劝服性的非人员的信息传播活动④。

第五，广告是一种由某个特定出资人发起的，通过大众传媒进行的非个人化

① 苗杰、李国强著：《现代广告学》，中国人民大学出版社，2008 年 3 月第 1 版，第 6 页。

② 何修猛编著：《现代广告学》，复旦大学出版社，2001 年 2 月第 3 版，第 6 页。

③ 格林沃尔德编：《现代经济词典》，1973 年版。

④ ［美］威廉·阿伦斯著，丁俊杰、程坪等译：《当代广告学》（第 8 版），人民邮电出版社，2005 年 1 月第 1 版，第 7 页。

的有偿沟通方式，其目的是说服或影响某类受众①。

第六，广告是通过电视、广播、报纸、杂志、直邮、公共交通工具、户外展板和互联网等大众传播媒介进行的一种付费形式的非人际传播②。

以上列举虽挂一漏万，但亦能窥出些端倪：研究者历来有把广告活动视为信息传播活动和营销活动的传统。除此之外，广告还是一种经济活动。丁汉青构建的双层面广告模式（见图1－1）较明显地强调了广告的经济层面。面对广告这个多面体，“仁者见仁，智者见智”，新闻记者可能看到的是传播过程、公关过程或劝服过程；商业人士可能看到的是营销过程；经济学家和社会学家看到的是经济表象、社会表象或伦理表象；而有些消费者则可能干脆把广告看作垃圾③。各种层面上的广告虽然“色彩”不同，但拼在一起才是完整的广告。虽然我们不否认广告具有多个层面，但为了研究方便，本书将着重从经济学角度审视广告。

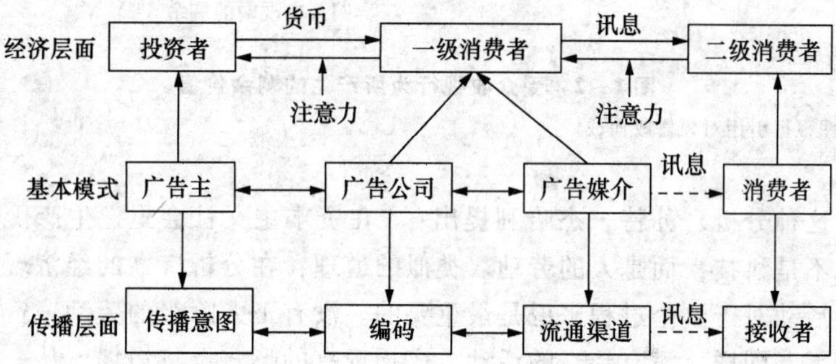

图1－1　广告基本模式的拓展——双层面广告模式④

相对而言，从经济学角度解读广告的成果较少。美国学者苏特·杰哈利曾从政治经济学角度分析了广播公司与受众间的关系，他认为“受众以剩余时间收看，为传播资料的所有人，也就是广播公司或地方电台的所有人生产了剩余价值”⑤。

苏特·杰哈利举例说，广播公司花40万美元换取半小时情景喜剧，这出喜

---

①［美］威廉·威尔斯、约翰·伯奈特、桑德拉·莫瑞亚提著，张红霞、杨翌昀主译：《广告学：原理与实务》（第5版），云南大学出版社，2001年10月第1版，第8页。

② Sally Dibb, Lyndon Simkin, William M. Pride, O. C. Ferrell: Marketing - Concept And Strategies, 1997, Houghton Mifflin Company, p. 493.

③［美］威廉·阿伦斯著，丁俊杰、程坪等译：《当代广告学》（第8版），人民邮电出版社，2005年1月第1版，第6页。

④ 丁汉青著：《广告流——理论与实务》，新华出版社，2005年5月第1版，第8页。

⑤［美］苏特·杰哈利著，马姗姗译：《广告符码——消费社会中的政治经济学和拜物现象》，中国人民大学出版社，2004年9月第1版，第86页。

剧事实上只有24分钟，剩余6分钟广告时间被分为12个每个时长30秒、售价10万美元的广告片。该广播公司一天播放该情景喜剧的净收入是80万美元（10万×12-40万）。在12个广告片当中，受众收看4个就可补齐节目的制作费。那么观众收看4个广告片是必要的，以此生产的价值才能等于节目的制作费。因此这4个广告片是受众为自己看的；剩下的那8个广告片，受众是以剩余时间收看的（见图1-2）[①]。

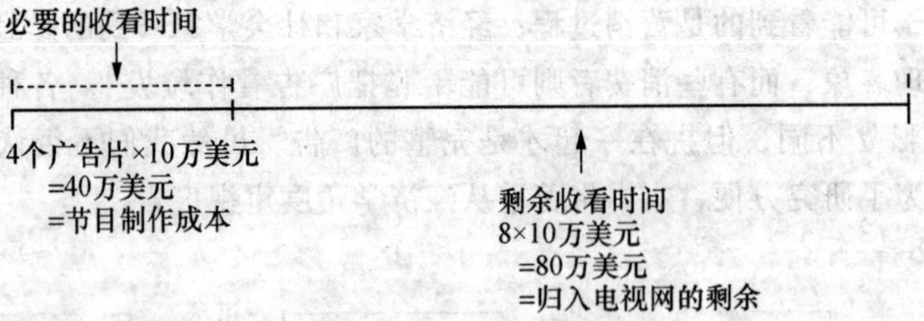

图1-2 受众收视行为所产生的剩余价值

注：该图根据引用对象修改而成。

根据这种分析，苏特·杰哈利提出："在资本主义社会里，生产价值的不是资本，也不是科技，而是人的劳动。类似的道理，在分析广播的经济现象时，受众的收看活动对于整个过程来说是最重要的。没有工人阶级的劳动，资本主义就停止运转了。同样，没有受众的活动，广播现有的形式也将坍塌。从一个很真实的感觉来说，我们认为工业劳动与收看活动之间有许多相似之处。事实上，收看是劳动的一种形式。"[②]"实际上，当受众在收看商业电视的时候，就是正在为媒介工作，由此生产出价值和剩余价值。"[③]

根据苏特·杰哈利的观点可以推论，对广播公司来说，广告就是观众收视行为生产出的价值与剩余价值。广播公司榨取其中的剩余价值，赚取利润。苏特·杰哈利的这一视角颇为独特。不过本书侧重用西方经济学的思路框架解读广告的全过程——而非仅局限于传媒与受众这一环节。我们将广告（advertising）界定为：由明确的出资人为消除自己与目标对象间的信息不对称而发起的，由出资人、代理机构、公共媒介、自由职业者、专业调研机构及受众等共同参与的经济活动。

为避免同义语重复，此定义力图避免出现"广告是……广告（主）……"

① ［美］苏特·杰哈利著，马姗姗译：《广告符码——消费社会中的政治经济学和拜物现象》，中国人民大学出版社，2004年9月第1版，第85~86页。

②③［美］苏特·杰哈利著，马姗姗译：《广告符码——消费社会中的政治经济学和拜物现象》，中国人民大学出版社，2004年9月第1版，第93页。

的表述方式，并借鉴“出资人”的概念。定义中的“目标对象”主要指商品或服务的目标消费者与政治广告中的选民。定义中的“公共媒介”指所有面向公众的非个人化的媒介，不仅包括报纸、杂志、广播、电视四大传统媒介，而且还包括户外、黄页、直邮、互联网、手机、楼宇等媒介。本书下文若没明确所指，所提到的媒介皆指公共媒介。理解此定义需着重理解以下几个方面：

1. 广告的本质：经济活动

在口语表达中，经常与广告混淆使用的一个概念是广告作品（advertisement）。广告作品是借助纸张、电磁波等物质载体呈现出的，由声音、图像、文字等符号组合而成的、用以传递广告信息的作品。受众经常迎头碰到的与其说是广告，不如说是广告作品。广告本质上属于经济活动，由一系列交易组成（见图1-3）；而广告作品只是卷入广告活动中的受众所面对的一个广告截面而已。

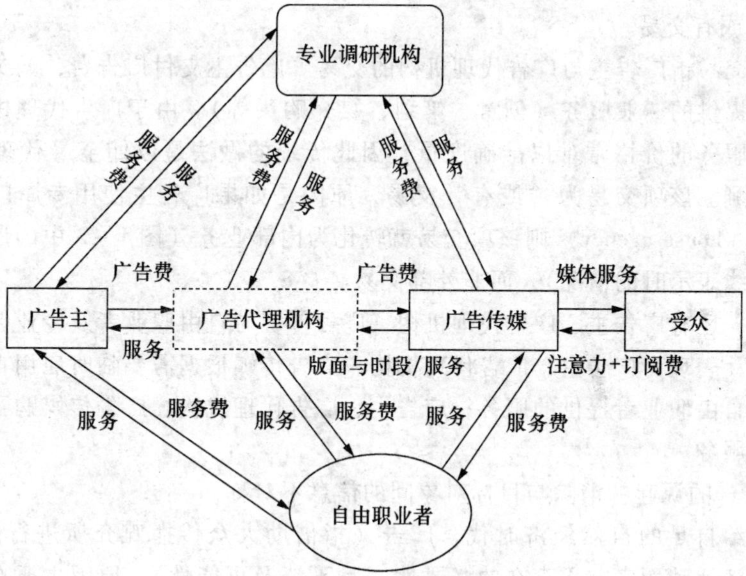

图1-3　广告中的交易

广告的核心交易是广告主购买受众的注意力。广告主直接或间接（经由广告代理机构）支付费用给媒体，媒体为其提供广告版面或时段。从表面上看，此交易的对象为媒介版面或时段，实际上却是“人/人的注意力”。也正是在这个意义上，我们可以更好地理解为何媒体出卖广告时段的价格以千人成本计。正如欧文和怀德曼所强调的那样，“一位电视产业分析家可能犯的第一个也是最严重的错误就是假定由广告支撑的电视网是在做广播节目的买卖。实际上并非如此。广播公司是在做生产观众的买卖。这些观众，或者接近他们的方式，被卖给广告主。电视台的产品以人和时间维度来计量。产品的价格以每单位广告时间——一般是20秒或30秒——的千人成本来报价”[①]。

与此核心交易的完成粘连在一起的还有另外两重次级交易。

（1）必有交易

必有交易指广告传媒与受众间的交易。广告传媒为受众提供信息、娱乐、教育等服务，获得受众的注意力及订阅费。在这笔交易中受众付出的成本主要包括：第一，订阅费。第二，注意力。受众的注意力亦可理解为其为阅读、收看、收听媒介上所刊播的信息而花费的“机会成本”，即闲暇时间用于接收广告信息而不能从事其他活动（譬如休息）而放弃的东西。另外，“羊毛出在羊身上”，如果受众成为广告商品或服务的购买者，则有可能要负担计入成本的广告费。作为回报，受众得到了低价或免费的媒体服务。广告传媒与受众间的交易是广告成立所必须存在的前提交易。

（2）或有交易

或有交易指广告主与广告代理机构的交易。广告主支付广告费，购买广告代理机构所提供的专业服务（创意、策划、媒介购买等）。由于广告代理机构所提供的专业服务的价格常难以准确度量，因此传统的做法是以佣金（代理费）作为服务报酬。该项交易为“或有”交易，原因是如果广告主使用专属广告代理机构（In－house agency）则该项交易就转化为内部业务（图1－3中的广告代理机构以虚线表示时的情况），而非外部交易。

此外，还有广告主、广告代理机构、广告传媒与自由职业者及专业调研机构间的交易，表现为广告主、广告代理机构、广告传媒根据需要临时雇用自由职业者、购买自由职业者提供的服务；广告主、广告代理机构、广告传媒购买专业调研机构的服务。

2. 广告的源起：消除与目标对象间的信息不对称

在自给自足的自然经济时代，广告（指借助大众传播媒介所进行的活动）对整个经济活动而言并无存在的必要性（且不谈及可能性）。原因主要在于生产者生产能力有限，小作坊所提供的产出无力满足大量需求。一个小小酒肆的供给也许只能满足方圆三五里的需求，亦即该酒肆的市场范围为方圆三五里地。在如此窄小的市场范围内，生产者与消费者间的距离如此之近，以至于一个酒幌及乡里乡亲的口碑足可以使生产者与消费者彼此了解。但在大规模生产的市场经济时代，生产者的生产能力得以提高，市场范围得以扩大，生产者与消费者间的距离遥远起来。生产者与消费者间的信息不对称矛盾突出，交易风险增大：如果生产者不知道消费者需要什么、何时需要自己的产品，可能导致产品积压，乃至破

① Owen, B. M. &Wildman, S. S: Video economics. Cambridge, MA: Harvard University Press. 1998, p. 3.

产。消费者如果不知道市场中有哪些产品或服务可供选择，他可能就需要花更多时间去搜寻所需物品或更有可能买到质次价高的产品或服务。在消除生产者与消费者间的信息不对称问题上，幌子与口碑作为沟通中介物的有效性大为降低，借助大众传媒传播信息的广告便成为市场经济中一道独特的风景。

在一个备选对象多元的买方市场中，目标对象（不管是消费者还是选民）需要做出选择。他们在做出选择时需要有关“选项”的信息，以消除自己认识的不确定性。相应地，被选方就需要出资以消除与目标对象间的信息不对称。

3. 广告与其他沟通工具的区别——公共媒介的参与

与广告一样，包装/P. O. S、人员促销、公关、直销、促销等其他沟通工具亦可消除广告主与消费者间的信息不对称，但公共媒介的参与是广告活动成立的必要条件，广告之外的其他沟通工具因不一定要有公共媒介（包括报纸、杂志、广播、电视、户外、网络等）的参与而异于广告。

4. 仅指现代广告

本书所定义的广告仅指真正意义上的现代广告，从历史上看，现代广告始自15～16世纪印刷术在欧洲的广泛运用。研究者追溯历史考证出的一些被称为“广告形态”的东西，譬如“法老的权杖”、“苏美尔圆柱形章”、“汉谟拉比法典石碑”、“贝希斯敦铭文”、“印度阿育王的石柱与石刻文献”、“泥版文书”、“纸草”广告、罗赛塔碑、庞贝古城的墙面广告①等，以及古代中国的店招广告、叫卖广告、吟唱广告、标记广告、幌子、声响广告等②皆不属本书所言的广告范畴。

二、广告的经济学分析

广告的经济学分析关注广告的经济层面，研究社会环境中广告产业与国民经济间的关系、广告参与者的经济行为及广告投放与产品价值、价格、市场集中度等的关系，属于广告学与经济学的交叉学科。如果我们对比一下传播层面的广告、营销层面的广告和经济层面的广告，便会更清楚广告经济分析的对象。

广告有许多个层面，除了前文所说的传播层面、营销层面、经济层面和社会层面外，还可以有心理学层面（譬如受众接收广告信息的心理过程）、管理学层面（譬如广告代理机构中的人力资源管理、财务管理），等等。这里着重对比一下广告的传播层面、营销层面与经济层面（见表1－1）。

1. 传播层面的广告

从传播视角看，广告更经常被认为是传播广告信息的活动。在实务操作中，

---

① 杨海军主编：《中外广告史》，武汉大学出版社，2006年6月第1版，第305～316页。
② 杨海军主编：《中外广告史》，武汉大学出版社，2006年6月第1版，第12～87页。

表1-1 比较传播层面广告、营销层面广告与经济层面广告

三种层面	认识要点	实务操作侧重点	典型的研究领域	最相关的学科
传播层面	传递信息的活动	根据广告目标消费者的特点确定传播的内容、时间、渠道	内容分析、效果分析	传播学
营销层面	促进商品或服务销售的活动	根据销售目标将广告整合于整个营销活动中	整合营销	市场营销学
经济层面	广告主的投资活动	确定广告预算、广告代理机构的并购、广告传媒联盟等	广告产业分析、广告的经济作用等	经济学

传播层面广告的重点任务是调查受众特征，据此确定传播什么、何时传播、怎样传播。从传播学视角研究广告时，典型的研究领域包括内容分析研究（譬如广告内容所反映出的性别歧视、广告作品的诉求点等）、效果分析（包括认知、情感、行动等层面的效果）。从传播视角研究广告与传播学的关系最为密切。

2. 营销层面的广告

从营销层面看，广告更经常被看作是促进商品或服务销售的活动，该活动只是营销组合（沟通、价格、分销、产品）中沟通活动的方式之一，与促销、公关、人员促销、直销、包装/P. O. S 并列①。实务操作的侧重点在于市场细分以及广告齿轮如何与营销组合中其他齿轮相互“耦合”（譬如广告和产品——产品生命周期的不同阶段广告营销的重点）。从营销层面研究广告的典型领域可简略地概括为整合营销。

3. 经济层面的广告

从经济层面看，广告被强调为消除商品或服务买卖双方间信息不对称的投资活动。经济层面广告实务操作的重点是确定广告预算、测定广告效果等。其典型研究领域包括广告产业与国民经济、广告主选择代理机构的经济考虑、传媒间广告联盟的生成与演化、广告的经济作用等。

[请你辨析]

哪一篇稿件更像是广告作品

请阅读下面两篇稿件，然后对照本章对广告的界定，辨析哪一篇稿件更像是广告作品，为什么？

① ［美］威廉·威尔斯、约翰·伯奈特、桑德拉·莫瑞亚提著，张红霞、杨翌昀主译：《广告学原理与实务》（第5版），云南大学出版社，2001年10月第1版，第69页。

稿件一：

世界名花博览会开幕

本报讯（记者××，通讯员××）从今天起到5月19日，北京植物园将举办世界名花博览会。博览会上有来自世界30多个国家的国花和我国多个城市的市花及世界上众多著名的植物园、园艺公司和国内多家园艺公司的新优花卉品种。

此次博览会共展示新优花卉近200个品种，150万余株。无论是新优花卉的质量，还是布展花卉的数量在国内都是极为罕见的。博览会分为室内和室外两大展览区域。

稿件二：

珍稀花卉妇女节添彩

本报讯（记者××，通讯员××）2004年2月28日至3月9日，北京植物园热带展览温室将举办"妇女花卉文化节"。"花卉文化节"期间，将集中展示5000多种热带花卉植物，并首次展出来自日本、墨西哥、南非等地的稀有植物。其中，盛开着美丽花朵的"龟纹木棉"、硕果累累的假槟榔以及有着传奇色彩的"爱情果"——海椰子，都将与大家见面。

"花卉文化节"期间，所有参观热带展览温室的女性朋友可以凭温室门票获得一盆精美花卉，让大家把美丽带回家。3月5日到8日每天下午2时到4时，年满70岁的女性游客将可以两折（10元）参观温室。咨询电话：625912××。

【提示】哪篇稿子的背后更有可能隐藏着"出资人"。

第二节　广告的分类

分类是人类认识事物的基本方法之一，使用分类方法既可以让人们更详细地把握同一事物内部的差别，又可以方便人们将"类"的特征套用在同"类"事物上，从而较省力地把握某一具体事物的特征。譬如地球上的生物被界、门、纲、目、科、属、种的分类序列区隔开来，每一分类层次的不同类别表现出不同的特征（譬如动物界与植物界），层层细化的分类序列显示出事物间的千差万别；与此同时，在认识眼前一个具体对象，譬如狐狸的特征时，即使你对这只狐狸不甚了解，但是只要你知道狐狸属哺乳纲动物，又知道哺乳纲动物的共有特征，那么你将哺乳纲动物的共有特征套用在这只狐狸身上，你对这只狐狸的认识就应该没错，这就省力许多。

分类常需依据一定的标准。分类标准不同，结果也就不一样。

一、依照媒介类别分类

对广告进行分类时，最常用的分类方法是依照发布广告信息的媒介类别将广告分为报纸广告、杂志广告、广播广告、电视广告、直邮广告、户外广告、互联网广告、手机广告等。从时间序列上看，上述各类广告随着媒介出现的先后顺序而出现，据考证，西方第一条报纸广告出现在 1650 年，第一条杂志广告出现在 1844 年，第一条广播广告出现在 1922 年，第一条电视广告出现在 20 世纪 40 年代[①]。互联网广告则随着 20 世纪后期互联网的崛起而出现，手机广告至今仍处于萌芽期。

二、依照广告主的身份分类

依据广告主的身份，广告大体可分为商业广告、政治广告和个人广告三类。商业广告（Business Advertising）是指广告主为商品或服务的生产者、中间商或零售商的广告。普通消费者平时接触最多的便是商业广告。

政治广告（Political Advertising）是广告主为政客、政党、政府部门的广告。美国研究的政治广告多着重于竞选广告，一般来说，美国的政治广告指的就是竞选广告。而中国台湾的政治广告的涉及层面较广，不单纯只是竞选广告。根据中国台湾学者郑自隆的整理，在中国台湾含有政治讯息的政治广告至少有四种形式。

1. 政令宣导

其广告主为政府单位，主要讯息内容包括政令宣导、意识形态的灌输和间接暗示投票支持等。

2. 意识形态宣扬

广告主可能是政府、政党、其他政治性团体或个人，讯息内容着重宣扬特定意识形态，亦可能涉及个人崇拜的讯息和间接暗示投票支持。

3. 形象广告

政府、政党、其他政治性团体或政治人物都要进行形象塑造，所以和前两项广告类型一样并无特定的广告期间，只要有需要，该类型的广告便可能出现。

---

① ［美］威廉·阿伦斯著，丁俊杰、程坪等译：《当代广告学》（第 8 版），人民邮电出版社，2005 年 1 月第 1 版，第 33 页。说明："第一条"广告的出现时间尚存争议，譬如亦有人认为第一条印刷广告出现在 1622 年伦敦的《参考新闻周刊》上；1704 年在美国出现第一条报纸广告。

4. 竞选广告

在选举期间，参加选战的政党和候选人，甚至其支持者都有可能成为竞选广告的广告主，其目的当然是促使当选的可能①。

本书从狭义和广义两个角度理解政治广告：狭义的政治广告仅指竞选广告。广义的政治广告除竞选广告外，还包括政令宣导、意识形态宣扬和形象广告。由于相对于竞选广告来说，政令宣导、意识形态宣扬和形象广告的操作都较隐秘，外人难以深入洞察其操作过程。因此若没有特别说明，本书所言政治广告仅指竞选广告。

据考证，纽约州州长杜威（Dewey）首次在电视上运用政治广告。在实行多党选举的国家中，政治广告费数额巨大。2008 年 6 月 2 日出炉的一份美国竞选广告调查报告显示，根据长期追踪调查政治广告的 TNS 媒介信息调研公司竞选媒介分析组的统计，2008 年美国总统预选期间竞选广告费大涨。截至调查结束，电视广告费约 1.95 亿美元、广播广告费约 33 万美元。

其中，民主党方面电视广告费约 1.37 亿美元、广播广告费约 25 万美元；共和党方面以上两类花费分别约为 5800 万美元和 8 万美元。民主党本届总统预选广告投入不仅远超共和党，比自身上届投入也高得多。民主党在 2004 年总统选举同期电视广告费约为 5100 万美元。

个人广告费排名榜上，民主党总统竞选人巴拉克·奥巴马（Barack Obama）居首。他的电视广告费约为 7500 万美元、广播广告费约为 14 万美元。他的党内主要对手希拉里·克林顿次之，两类花费分别约为 4600 万美元和 8 万美元。第三名是共和党总统竞选人米特·罗姆尼，两类花费分别约为 3100 万美元和 3.7 万美元。共和党老将麦凯恩这两类花费分别约为 1100 万美元和 1.6 万美元，名列第四②。

美国总统候选人在做政治广告时不但擅长利用传统媒介，而且擅长利用新兴媒介。另据国外媒介报道，美国民主党总统候选人之一巴拉克·奥巴马向美国联邦选举委员会（PEC）提交的管理文件显示，2008 年 1 ~4月期间，巴拉克·奥巴马用于在线广告的总费用达 347 万美元，其中 82% 投放于 Google 网站，即 Google 至少获得了其中的 280 万美元。

奥巴马竞选班子 2008 年 1 ~4 月的在线广告支付情况分别是：1 月为 64 万美元；2 月高达 190 万美元；3 月为 88.8 万美元；4 月有所下降，为 23.4 万美元。业界人士称，其 4 月数据未必准确，预计修正后报告的数字将高于 23.4 万美元。除 Google 网站外，奥巴马投向其他网站的广告费如下：

雅虎：25.2 万美元；

---

① 郑自隆：《候选人电视辩论讯息策略及其效果之研究》，《广告学研究》（第五集），第 43 ~84 页。

② 新华社/路透社：《美总统预选天价打广告》，xx. dahe. cn，2008 -06 -04。

微软 MSN：7.3 万美元；

社交网站 Facebook：4.7 万美元；

政治新闻网站 Politico：3.6 万美元；

时代华纳旗下子公司 AOL：2.5 万美元；

CNN. com：2.4 万美元；

社交网站 MySpace：1.15 万美元；

博客网站 Gothamist：2800 美元。

在上述网站中，奥巴马投放的多是显示广告，并以 CPM（每千次印象费用）标准交纳费用。分析人士预计，在美国总统竞选活动于 2008 年 11 月结束之前，各总统候选人的广告费用总额将达 30 亿美元①。

由于政治体制设计之不同，狭义的政治广告在中国表现得并不明显。不过，广义的政治广告在中国却较为普遍。

中国大多数媒体的性质为国有或集体所有，并且有着与行政机构相对应的级别。如果将党或政府对某些“机关报”的补贴或优惠政策视为一种投资的话，政令宣导、意识形态宣扬等形态的政治广告较为普遍。某些地方官员或国企领导为在《人民日报》、中央电视台等国家级媒介上留下“形象”所做的投资亦是较典型的形象广告。这种投资的重要目的与其说是消除与社会公众间的信息不对称，倒不如说是向上级展示政绩。虽然《人民日报》、《光明日报》、《经济日报》分别于 2004 年 5 月 10 日和 11 日刊登公告，宣布取消刊登形象广告，并称之为“这是新闻界落实中央领导同志要求，深入开展‘三项学习教育’活动的一项重要举措”②。但真正被整顿的也许不应是形象广告本身，而应是对形象广告的不规范操作。只要在政府官员、政府部门与民众间存在信息不对称，广义的政治广告便有存在的价值。当然，政治广告应明示受众其为广告、信息真实、广告经费来源合理。

个人广告的广告主是单个人。个人广告多表现为分类广告，譬如个人征婚广告、个人寻人寻物广告、个人求租寻租广告等都属于个人广告。公元前 1000 多年③在古埃及首都孟菲斯散发的一份传单与个人广告非常类似。这张广告传单呈淡茶色，篇幅约有 32 开纸大小，内容是：“奴仆谢姆从织布店主人哈布逃走，坦诚善良的市民请协助按布告所说，将其带回。他身高 5 英尺 2 英寸，面红目褐。

① 今视网：《奥巴马在线广告费用达 347 万美元 8 成砸 Google》，2008-5-30，10：43：51，http：//www.jxgdw.com/jxgd/news/hlwxw/userobject1ai797064.html。

② 新华网：《〈人民日报〉、〈光明日报〉、〈经济日报〉取消刊登形象广告》，2004 年 5 月 11 日，18：57：09，http：//news.xinhuanet.com/newscenter/2004-05/11/content_1463494.htm。

③ 亦有研究称该广告出现的时间为“公元前 3000 年”。详见［美］威廉·阿伦斯著，丁俊杰、程坪等译：《当代广告学》（第 8 版），人民邮电出版社，2005 年 1 月第 1 版，第 33 页。

有告知其下落者，奉送金环一只；将其带回者，愿奉金环一副。”落款是：“能按您的愿望织出最好布料的织布师哈里。”[①] 1650 年美国出现的第一条报纸广告刊登的是悬赏找回被盗之马的信息[②]，该广告亦算是个人广告。单笔个人广告的交易金额一般都很小，但“集腋成裘”，考虑到分类广告在报纸广告中占据相当大的份额，因此亦将个人广告视作本书所界定的广告范畴。

个人广告反映出个体最朴素的消除信息不对称的愿望，出现的时间相对较早；商品广告与政治广告则分别随着商品经济的繁荣及选举政治的发展而兴旺。

本书从产业层面谈及广告时，既指商业广告，又指政治广告、个人广告，因为这三类广告的广告主的投资都表现在广告额上。但在谈及广告的经济作用时，若无特殊说明，所言及的广告均特指商业广告。

另外，需要强调的是，公益广告（Public Service Advertising 或 Public Interest Advertisement）并不在本书所界定的广告范围内，因为公益广告常指公益组织（常为非营利性组织）为维护公共利益而发起的宣传活动。由于公益广告的经费通常由社会负担，广告主虽是广告活动的发起者，但不必出资。

还需要注意的是，在中国，某些惯常被视为“公益广告”的广告，其信息虽具有公益性，但由于由企业出资并冠以企业名称、商标，因此与其说是公益广告，倒不如说是企业公关形象类广告。这类广告因有政策上[③]的支持，而数量庞大。本书将这种貌似“公益”的广告归入商业广告之列。

[参考资料]

公益广告的正外部性

公益广告的价值在于其正外部性。外部性是指一个人或一个组织的行为对旁观者福利的影响。如果对旁观者的影响是不利的，就称为“负外部性”，如果对旁观者的影响是有利的，就称为“正外部性”。与教育一样，公益广告的价值在于其正外部性。图 1－4 是德国汉堡警察局所做的一条“禁止酒后驾车”的报纸公益广告作品，该广告作品旨在警示社会公众酒后驾车可能造成的致命后果，提

① 刘家林：《新编中外广告通史》，暨南大学出版社，2000 年 7 月第 1 版，第 361～362 页。

② ［美］威廉·阿伦斯著，丁俊杰、程坪等译：《当代广告学》（第 8 版），人民邮电出版社，2005 年 1 月第 1 版，第 33 页。

③ 2002 年中央宣传部、中央文明办、国家工商总局、国家广电总局、新闻出版总署发出《关于进一步做好公益广告宣传的通知》（工商广字［2002］第 289 号），通知要求，企业出资设计、制作、发布的公益广告，可以标注企业名称和商标标识，但不得标注商品及服务的名称以及其他与企业商品及服务有关的内容；电视公益广告画面上标注企业名称和商标标识，显示时间不得超过 5 秒，使用标版形式标注企业名称和商标标识的时间不得超过 3 秒；报纸、期刊、户外公益广告标注企业名称和商标标识的面积不得超过报纸、期刊、户外广告面积的 1/5。

醒公众珍视生命、自觉规范自己的行为，避免由醉酒引起的交通事故。而一个安全的交通环境无疑将有利于所有道路使用者，这便是由这项公益广告所带来的正外部性。

图 1-4 一则报纸公益广告作品

注：道路呈“十”字，上写“禁止酒后驾车”。

与其他产生正外部性的活动一样，公益广告的外部性使旁观者受益，生产公益广告的社会成本小于私人成本。因此，社会计划者选择的公益广告生产量大于私人市场的数量。在这种情况下，政府常出台政策敦促各方（主要是媒体）多推出公益广告。譬如 1997 年，深圳市工商行政管理局发通知要求：①广播、电视、电子显示屏媒介每套节目用于发布公益广告的时间应不少于全年发布商业广告的 3%；②电视媒介在 19：00～21：00 时间段每套节目发布公益广告的时间应不少于该时段发布商业广告时间的 3%；③报纸、期刊媒介每年刊出公益广告的版面应不少于发布商业广告版面的 3%；④户外广告经营者应发布一定比例的公益广告[①]。2004 年 8 月 15 日，国家广播电影电视总局要求，各级电视台、电台每天要播出不少于其广告播出总量 3% 的公益广告，公益广告在各自黄金时段内的每小时播出中不得少于 3 条[②]。

第三节 广告活动的主要参与者

广告活动的主要参与者包括广告主、广告代理机构（亦称为广告公司或广告代理分司）、广告传媒、自由职业者、调研机构和受众。

① 《深圳市工商行政管理局关于做好公益广告宣传的通知》，发布日期：2002 年 10 月 4 日，http：//law. 110. com/a5fhMnx7hCx7DSxLmMBlE76. html。

② 《关于加强制作和播放广播电视公益广告工作的通知》（广发社字〔2004〕364 号），http：//www. sarft. gov. cn/。

一、广告主

广告主是广告活动的发起者，广告的投资主体。它可以是某种商品或服务的生产者、中间商或零售商，也可以是政治候选人。广告主的投资额即为广告费用。在整个广告活动中，将广告主、广告代理机构、广告传媒、自由职业者和消费者联结在一起并驱动广告体系运转的力量便是广告主支付的广告费。

如果将广告主视为广告之源的话，广告费便是流出的源泉之水，此“水”蜿蜒流淌至广告代理机构、广告传媒、自由职业者、专业调研机构、受众等，最终换得接触受众的机会（见图1-5）。我们比较容易理解广告费在流向广告代理机构、自由职业者、专业调研机构、广告传媒的同时分别换得了广告代理机构、自由职业者和专业调研机构的服务、媒体的广告版面与时段的事实，但不太容易理解广告费流向消费者/受众，因为消费者/受众并没有与广告主有直接的经济往来，广告主也未将广告费的一部分划拨给消费者/受众，但考虑到受众可以免费或以极低定价接收媒体服务的现实，便不难理解广告费在这其中所扮演的角色：广告费的一部分实际上为受众垫付了其接受媒体服务的（至少部分）费用。

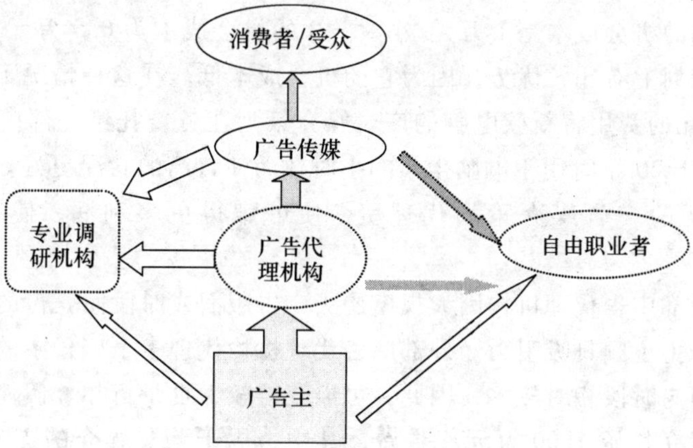

图1-5 广告费的分配

二、广告代理机构

广告代理机构主要指受广告主的委托来规划或完成广告主部分或全部广告业务的组织。有些广告主可以将全部广告业务委托给外部广告代理机构，有的则只将部分业务委托给外部广告代理机构，另一部分业务由自己的广告部承担，还有些需要对广告有更强控制的广告主，则拥有属于它们自己的专属广告代理机构（图1-5中的广告代理机构以虚线表示）。需要说明的是，即使将全部广告业务委托给外部广告代理机构的广告主一般也会自设一广告部，作为其与外部广告代理机构相衔接的接口（譬如广告主举行定向说明会、选择广告代理公司时由其广告部与外部广告代理机构接触）。

无论广告主选择外部广告代理机构还是专属广告代理机构都是理性选择的结果。广告主选择外部广告代理机构的行为可以用比较优势原理来解释。所谓比较优势（绝对优势与相对优势）是指根据机会成本比较一种物品的生产，可以说生产一种物品机会成本较少的生产者在生产这种物品中有比较优势①。一般认为，商品或服务提供者各自专门生产自己有比较优势的物品，经济的总产量就会增加，经济规范的扩大可以使每个人的状况都更好。广告主和外部广告代理机构是否各自专门生产自己有比较优势的物品了呢？

举例来说，A 为某电脑生产厂商，B 为某外部广告代理机构。假定 A 完成一款新电脑广告媒介策划需要 20 小时，在同样的 20 小时内，它可以生产出 N 台电脑，赚取 20 万元。与电脑生产厂商相比，由于 B 专门从事广告代理业务，拥有富有战略眼光和创造性的专家、全面的媒介知识、丰富的为顾客出色完成任务的经验及能力，因此 B 完成这款新电脑的广告媒介策划只需要 15 小时，在同样的 15 小时内，它可以做市场调研赚取 7.5 万元。在这个例子中，A 自己做新款电脑广告媒介策划的机会成本是 1 万元/小时，B 的机会成本为 0.5 万元/小时，B 在做广告媒介策划上有比较优势，因为它的机会成本低。在这种情况下，A 只要支付小于 20 万元的费用将新款电脑的广告媒介策划业务委托给外部广告代理机构 B，便可因省下 20 小时用于电脑生产的小时数而使自己的状况更好。B 只要收到大于 7.5 万元的广告媒介策划代理费，便可赚得更多利润，使自己的状况更好。

另外，外部广告代理机构因大规模购买广告版面或时段而获得的较大幅度价格折扣对广告主也颇具吸引力。外部广告代理机构代理多个广告主的业务，其购买的媒介版面与时段相对较多，因此，可以获得较大批量折扣。假使两个广告主各自向电视媒介投资 1000 万元广告费，其中，用于购买媒介的支出占一大半，两个广告主分别用 700 万元购买电视广告时段。二者的区别在于广告主 A 选择使用专属广告代理机构，而广告主 B 选用外部广告代理机构。广告主 A 一年能购买的广告时段有限，因此媒介未提供多少折扣。广告时段价格为 30 万元/10 秒。广告主 B 选择使用外部广告代理机构，该广告代理机构每年可购买 600 个小时的广告时段，传媒很乐意为这样的大客户提供批量折扣，广告时段价格为 25 万元/10 秒。在其他条件都相同的情况下，广告主 A 用 700 万元只买到 2333 秒广告，

① ［美］曼昆著，梁小民译：《经济学原理》（第 2 版·上册），生活·读书·新知三联书店、北京大学出版社，2001 年 12 月第 2 版，第 54 页。

而广告主 B 用同样的价钱可以买下 2800 秒的广告时段。

既然如此，现实中为何仍有一些广告主会选择使用专属广告代理机构呢？这就需要引入另一概念：交易成本。

在最广泛的意义上，交易成本包括所有那些不可能存在于没有产权、没有交易、没有任何一种经济组织的鲁宾逊·克鲁索（Robinson Crusoe）经济中的成本，包括信息成本、谈判成本、拟定和实施契约的成本、界定和控制产权的成本、监督管理的成本和制度结构变化的成本等一切不直接发生在物质生产过程中的成本。早在 1937 年，罗纳德·哈里·科斯（Ronald. H. Coase）就用决定市场价格的成本（交易成本），解释了厂商（组织）的出现①。交易无论是发生在组织内还是发生在组织外，都会产生交易成本，但在某些情形下，组织内交易成本可能低于市场交易成本。

当广告主将广告业务委托给外部广告代理机构时，外部广告代理机构对广告对象（某种产品与服务）的介入一般较晚（多在产品或服务研发成功，甚至是生产出来之后才介入）。而当广告主的广告业务由专属广告代理机构承担时，由于不存在保守商业机密的顾虑，因此专属广告代理机构可以从一开始就紧密参与广告项目的运作，包括前期市场调研、产品的市场定位、产品设计等，因而对项目的了解更透彻。这就节省了广告主选择外部广告代理机构时可能产生的与外部广告代理机构沟通信息的成本。同时，当广告主将广告业务委托给外部广告代理机构时，广告主与外部广告代理机构毕竟是不同的利益主体，要达成一笔交易，二者需要谈判价格及时间进度、拟定和实施合同、监督广告策略的实施及效果等。而当广告主选择专属广告代理机构时，以上活动所涉及的各种交易成本皆可节省。

综上所述，广告主无论是选择外部广告代理机构还是选择专属广告代理机构都有利有弊，选择外部广告代理机构的好处在于：第一，可以充分发挥比较优势，将广告主的资源配置到最能产生效益的地方；第二，可以利用规模经济，节约成本。但其弊端则是可能增大两个组织间的交易成本。选择专属广告代理机构的好处在于可以节约交易成本，但却有可能不能充分利用社会分工、专业化服务所带来的效益。广告主在选择外部广告代理机构或专属广告代理机构时，只能权衡利弊，择优从之。

选择外部广告代理机构或是专属广告代理机构的粗略判断依据可表示为：

$F = F_{(A)} - F_{(T)}$

$F_{(A)}$表示充分利用比较优势、规模经济时所节约的成本。$F_{(T)}$表示交易成本。

粗略地看，如果 $F>0$，广告主可以选择外部广告代理机构；如果 $F<0$，则

① ［英］约翰·伊特韦尔等编：《新帕尔格雷夫经济学大辞典》，经济科学出版社，1996 年版。

应当选择专属广告代理机构；如果 F＝0，选择外部广告代理机构与专属广告代理机构皆可。

一般而言，广告主的广告部门的业务越熟练、广告投放频次/密度越大、媒介版面与时段的购买规模越大，其使用外部广告代理机构所节省的成本越小。反之，则其使用外部广告代理机构所节省的成本越大。

交易成本可以分为外部交易成本与内部交易成本，有关广告产品与服务的信息越复杂，广告实施越难以监督，外部交易成本就越高，反之，则越低。广告主的广告部门受公司其他部门的制约程度越大，内部交易成本就越高，反之，则越低。

判断广告主是更适宜采用外部广告代理机构还是更适宜采用专属广告代理机构时要考虑的因素可参见表 1－2。

表 1－2　广告主选择采用外部广告代理机构或是专属广告代理机构时要考虑的因素

要考虑的一般因素	要考虑的具体因素	更适用于采用外部广告代理机构	更适用于采用专属广告代理机构
比较优势	广告业务熟悉程度	低	高
	广告投放频次/密度	小	大
规模经济	媒介购买规模	小	大
交易成本（外部）	广告产品与服务信息的复杂程度	低	高
	监督广告实施的难度	低	高
交易成本（内部）	广告部门受公司上级及其他部门的制约程度	高	低
		$F_{(A)} > F_{(T)}$	$F_{(A)} < F_{(T)}$

在现实中，常能观察到采用专属广告代理机构的广告主多为大型集团公司，原因就在于大型集团公司的广告投放频次/密度和媒介购买规模相对较大。此外，在采用外部广告代理机构的情况下，广告主往往可以采用多种措施降低交易成本。譬如广告主倾向于与熟悉自己情况的广告公司（或广告公司里的某位客户主管）长期打交道，形成较稳定的客户—代理合作伙伴关系，原因在于长期对广告主负责的广告公司客户主管在与广告主打交道的过程中逐渐将广告主的经营理念、企业文化、市场定位、市场结构等积累为自己的知识背景，这些背景知识可以成为促进广告公司客户主管理解客户新广告项目中产品与服务信息的消化酶，从而降低广告主与外部广告代理机构沟通信息时所产生的交易成本。再如，广告主倾向于选择信誉度高的广告代理机构，这种选择也可以降低监督广告实施所产生的交易成本。

三、广告传媒

从广告经济分析角度看，我们更倾向于将广告传媒视为注意力资源的经营者。广告传媒对注意力资源的经营主要表现在销售广告空间或时段［印刷媒介（如报纸、杂志、户外看板、直邮、黄页等）销售广告空间；广播与电视媒介销售广告时段；互联网等销售广告时段与空间］、研发注意力产品、协助广告的生产等。

需要注意的是，并不是所有传媒都是广告活动的参与者。譬如出版社与唱片公司只经营内容，并不经营受众的注意力资源，因此并不是广告经济意义上所指的广告传媒。

广告传媒一般都设有广告部，不同广告传媒广告部的机构设置与职能范围各不相同。以成立于1987年7月的中央电视台广告部（其前身是1979年10月成立的广告科）为例，其机构设置及职责如图1－6[①]所示。

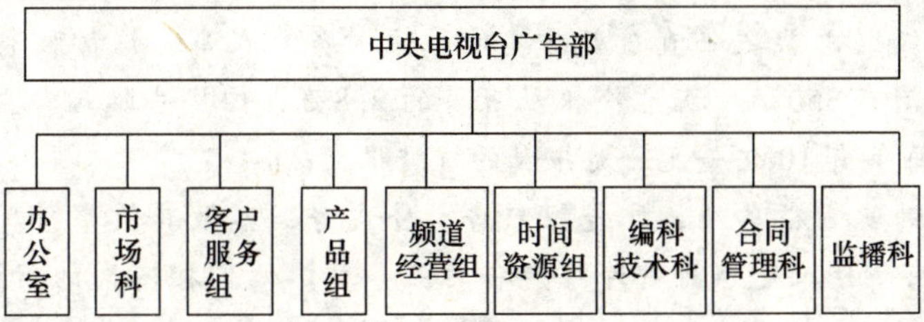

图1－6　中央电视台广告部机构设置示意图

1. 办公室

负责广告部行政管理、业务管理的统筹协调部门。

2. 市场科

负责研究与开发市场。

3. 客户服务组

负责客户市场的开发、维护和管理。

4. 产品组

负责研发广告产品，提出广告产品营销策略，协调相关部门共同实现广告资源价值。

5. 频道经营组

负责协同时间资源组，负责各频道承包项目及自营广告产品的销售与

---

① 中国中央电视台广告部：http：//ad. cctv. com/04/02/index. shtml。

管理。

6. 时间资源组

负责黄金资源招标产品及一套电视剧等常规时段广告产品的销售与管理。

7. 编播技术科

负责广告部广告的审查、编辑、播出和技术支持。

8. 合同管理科

负责广告部广告合同执行的集中统一监督管理。

9. 监播科

负责各频道节目及广告播出情况的监播。

[**参考资料**]

四大报纸怎样运营广告

《纽约时报》的广告部属报社新闻、言论、经营三大部门中的经营部门，由报社三个高级副总裁之一直接领导，地位比财务、人事、销售服务等部门都要高。整个部门有350人，只占全报社雇员的2.8%，但广告收入却占了报社总收入的2/3，每年有10亿美元，对报社的贡献很大。

广告部的职责很单纯，就是拉广告、登广告，不做其他事情。在广告部的350人中，有250人是专门对外拉广告的业务员。他们按不同的行业分成小组，如化妆品、时装、电影、汽车、金融等，一共有45个小组。

《纽约时报》的广告有一部分来自广告代理公司，但主要还是靠自己的人员去争取客户。因为他们自己有足够强大的广告业务人员。这些广告业务员要拉广告有一定的指标，但不是计件工资，也不是按比例提成，他们是报社的正式职工，按照聘用合同确定工资多少。

——何洪泽：《2.8%雇员创造2/3总收入　纽约时报怎么做广告》，《环球时报》

《金融时报》的广告部是一个重要的商业推销部门，与市场营销部并行。市场部推销的是报纸，广告部推销的是报纸版面。广告部根据行业和地区的不同分成金融组、汽车组、奢侈品组等小组，还有专门负责《FT杂志》、《特别报道》、《怎样消费》等《金融时报》特色产品的人员。

广告部负责向客户和代理商直接销售《金融时报》的成套产品，包括报纸、杂志和网络版。在激烈的媒介竞争中，《金融时报》区别于其他竞争对手的两个重要因素是读者定位和品牌影响力。

广告部工作人员被要求提供准确、可靠、明晰的报纸和读者信息给客户，经常、适时地与客户联系。最重要的是必须向客户提供优质的服务，灵活而创造性地为他们提供广告方案。

——施晓慧：《〈金融时报〉广告营销秘诀：靠实力吸引广告》，《环球时报》

《朝日新闻》的广告业务主要依靠广告局经营。广告局共有431名员工，下设“营销部”、“营业支援部”和“整理·管理部”。

营销部主要负责广告的营销业务，下设九个广告及其他分部，各部的核心业务就是跑企业、“拉广告”。

营销支援部的主要任务是和营销部门密切合作，向潜在的广告主企业和单位介绍该报的情况和特色，结合企业的实际情况和需要，提出大量具有创意的广告方案，积极促进这些企业在报纸上刊登广告。

整理·管理部下设广告整理部和广告管理部。广告整理部主要负责与广告制作、广告最终上版、付印部门的合作，协调处理一些因突发性事件导致原定广告版面不能落实的问题。管理部主要负责广告费用的计算及收费等工作。

广告部职员自己从不接广告，他们主要向企业介绍媒介的特色、推荐报社的广告策划、创意以及准备举办的企业与消费者亲密接触的各种活动。广告部员工的工资同拉了多少广告没有一点关系。这些人员的收入均根据报社有关规定确定，没有任何提成。

《朝日新闻》刊载的广告全部由签订代理合同的广告公司提供。即使是广告部职员争取到的广告也一样要由广告代理公司处理，报社也同样要向广告代理公司支付大约15%的手续费。报社从不向广告刊载企业直接收取广告费，而是向广告代理公司收取。广告主则向广告代理公司支付刊载费用。

——张莉霞：《朝日新闻文化广告最多　业务人员一律没提成》，《环球时报》

韩国经济新闻社（以下简称韩经社）专门负责广告业务的广告局隶属与编辑平行的经营部。韩经广告局有36人，其中管理人员4名，企划人员2名，制作人员7名，营销人员23名。广告局创造报社总收入的60%～80%。

营业部是广告局的主体，由一位副局长分管，下设三个营销部。韩经社广告局采取的办法是委托广告代理商与自己直接拉两手并行。开拓和经营广告主要依靠代理商去做，代理商不做或做不下来的则由报社营销人员直接出面。从实际结果看，代理商做成的广告金额多，而报社做成的广告数量多，因为代理商拉广告主要以大企业为对象，低于一定金额的广告不做；报社营销部则以中小企业为主，广告价格相对低廉。

报社掌握的代理商分两种：一种是资质较好、具有一定规模的代理商，报社与其签有担保合同；另外一种是报社未与其签订担保合同的信用状况不明的小代理商。利益分配方法是：分别向两种代理商支付广告费的15%和5%～10%。韩经社广告局密切同客户、代理商的关系：一靠优质服务，也就是及时发布市场信息，提供优质高效、价格合理的广告服务，让客户得到实际利益。二靠“人脉”关系，韩国特别讲究“人脉”即人际关系，没有“人脉”，广告营销就举步维艰。

广告部员工的工资和整个报社一样是实行“单一户奉制”，即不分经营人员还是记者、编辑，只要职称或级别相同，就拿一样的工资，区别在于所拿的补贴不同。

——曹世功：《韩国报纸超过一半是广告》，《环球时报》

四、自由职业者

广告自由职业者包括自由作家、摄影师、音响师、印刷人员、市场调研员、国外市场顾问、直邮服务的提供者等。自由职业者在广告活动中扮演的角色是协助广告主、广告代理机构和广告传媒的活动。

广告主、广告代理机构和广告传媒雇用自由职业者的原因很多，最重要的原因往往是自由职业者比内部员工提供的服务要便宜些。

广告活动所涉及的领域很多，所需人才也很杂，但对某些人员的需求并不具有持续性。譬如中国某广告公司接到一个韩国客户委托的为期 180 天的项目时，需要一名韩语翻译，并且，该广告公司在这一年内不可能再接一单韩国客户项目。该广告公司有两种选择，一种是新进一名能够胜任韩语翻译工作的员工，合同期为一年。另一种是到市场中雇请一名自由职业者。不管采用哪种形式，广告公司都要为翻译支付工资。那么劳动力的工资是如何决定的呢？

劳动供给与劳动需求共同决定劳动市场的均衡。当劳动供给曲线与需求曲线相交时，市场达到均衡状态，此时的工资水平为均衡工资。在此工资水平上，所有想找到此工作的劳动者都找到了工作，所以需要劳动的企业都买到了自己所需要的劳动（见图 1－7）。

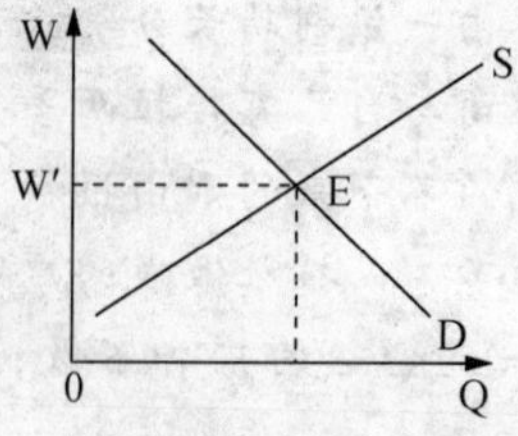

图 1－7　劳动市场的均衡

在图中 S 表示某一职业的劳动供给，D 表示某一职业的劳动需求。S 与 D 相交于 E 点，此时 E 点所对应的工资水平（W′，可用元/月、元/周、元/小时等表示）就是劳动力市场处于均衡状态的工资水平，E 点所对应的劳动量（可用工作时数/月或工作时数/周来表示或用工人数来表示）就是该职业劳动市场处于均衡状态的劳动量。

假定整个韩语翻译员市场的劳动力供给为 S，需求为 D，如果广告公司从市场中临时聘请一名自由职业者，其支付的工资应是市场中的均衡工资（W'，假设为 200 元/每人·天），雇请 180 天的话，共需支付 3.6 万元。如果广告公司新进一名合同期为一年的翻译，即使广告公司只需要翻译 180 天的劳动，受一年期合同的限制，也要支付翻译一年的工资。因为虽然广告公司只需要 180 天的劳动量，但受一年期合同的约束，翻译不能到市场中寻找新的雇主，以 200 元/每人·天的市场价格出卖自己的劳动力，因此，广告公司即使不需要翻译服务也要支付翻译因此蒙受的损失。当然，在一年期合同内，翻译完成 180 天的翻译工作后，可以被公司安排从事其他劳动，譬如市场调研，但调研员的市场价格是 100 元/人·天，当翻译从事调研员工作时，公司不得不支付 200 元/人·天，这对公司来讲，并不合算。总之，在这种情况下，公司临时雇用自由职业者更划算。

同样道理，当广告主（广告公司、广告传媒）在某一阶段的工作量非常态地突然增大时，根据工作量的需要临时雇请一名自由职业者比新进员工合算；某则洗发水广告需要一名极擅长拍头发的摄影师时，临时高薪雇请比在较长合同期限内持续支付高额工资更经济。

五、专业调研机构

专业调研机构的产品为各种调查数据、调研报告。广告主、广告代理机构或广告媒体当然可以自己开展调研，获得所需数据，但在某些情况下，这些组织向专业调研机构购买数据产品不仅便宜而且高质。当前中国国内著名的专业调研机构包括央视—索福瑞、AC—尼尔森、新生代等。

六、受众（消费者）

广告主愿以不菲价格购得广告版面与时段的原因在于读者/听众/观众亦是广告主所售商品或服务的消费者。由于受众同时亦是广告主所售产品或服务的目标对象，广告主为了获取销售收入，就需要引起消费者的注意、赢得消费者的好感以致促其采取购买行为。为达此目的，广告主可选的一个重要手段便是广告。虽然就整体而言，可视受众与目标对象是重合的，但就一具体媒介与具体广告主来讲，媒介受众与广告主目标对象之间则会存在以下几种情况：第一，完全重合；第二，完全不重合；第三，部分重合。在第一种情况下，媒介对广告主最具吸引力；在第二种情况下，媒介对广告主毫无吸引力；第三种情况介于两者之间，且更为常态。广告主要购买的只是与目标对象相重合的那部分受众（即目标受众）的注意力，因此，广告传媒经营者制作出色香味俱佳的“内容”不仅要吸引受众，而且要吸引与广告主目标对象相重合的受众，商业媒体常遭诟病的症结亦多出于此。

第四节 广告在经济中的地位

广告在经济中的地位可从两个层面来看，一是广告在传媒经济中的地位。以传媒广告收入的量及其在传媒总收入中的比重来衡量。历时态地看，传媒广告额绝对值的增加，意味着广告对传媒的贡献增大了。共时态地看，某一媒体广告额在广告总额中的比重越大，表明广告在该传媒经济中的地位越重要。二是广告在宏观经济中的地位，以广告额在国民经济中的比重来衡量。广告额在国民经济（譬如 GDP 或 GNP）中的比重越大，表明其在国民经济中的地位越高。

一、广告在传媒经济中的地位

自 1983 年以来，中国各类媒体的广告额总体呈上升势头（见图 1－8），这从一个侧面反映出广告对传媒经济的绝对贡献越来越大。

2006 年中国广告经营额为 1573 亿元，其中包括广告公司的 631.1 亿元和媒体的 941.7 亿元。媒体广告收入在报社、杂志社、广播电台、电视台、其他（包括户外、直邮、互联网等）中的分配情况如下：电视台 42.9%，报社 33.2%，其他 15.2%，广播电台与杂志社分别为 6.07% 和 2.56%。在 1983～2006 年这个时间段中，自 1995 年起，电视广告额稳定地超过报纸，跃居第一位。1991 年，广播广告额首次超过杂志，居第四位。

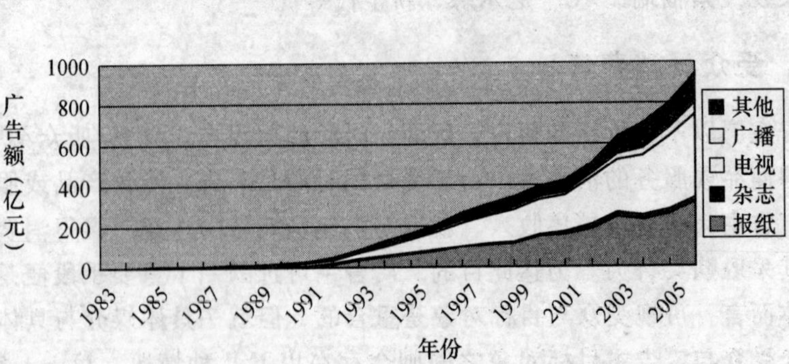

图 1－8　1983～2006 年中国媒体广告额面积图

除广告公司收入外，1997～2006 年中国各类媒体广告额在媒体广告总额中的比重如图 1－9 所示。

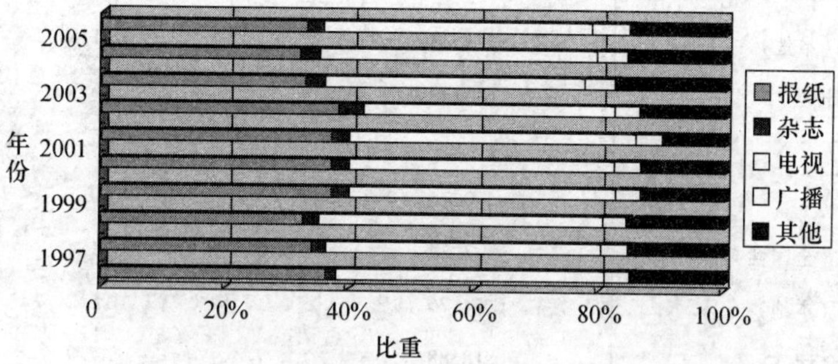

图 1－9　1997～2006 年中国各类媒体广告额比重

美国的统计口径与中国有所不同，其数据更详细（见表 1－3）。2002 年，美国报业广告收入占广告总收入的 18.6%，杂志社占 4.6%，电视台占 17.8%，有线电视台占 6.9%，广播电台占 7.9%，其他（包括直邮、黄页、户外广告与因特网等）占 44.2%。

表 1－3　2002 年美国各传媒行业广告收入在广告总收入中的份额[①]

各传媒行业	广告收入（10 亿美元）	占美国广告总收入的比例（%）
报　纸		
全国性	6.81	2.9
地方性	37.23	15.7
报纸合计	44.04	18.6
杂　志	11.00	4.6
无线电视		
四大电视网	15.00	6.3
辛迪加*	3.03	1.3
插播广告（全国性）	10.92	4.6
插播广告（本地）	13.11	5.6
无线电视合计	42.06	17.8
有线电视		

① Colin Hoskins, Stuart Mcfadyen, Adam Finn: Media Economics－Applying Economics to New and Traditional Media, Saga Publications, 2004, p. 251.

续表

各传媒行业	广告收入（10 亿美元）	占美国广告总收入的比例（%）
有线网络	12.07	5.1
插播广告（本地）	4.23	1.8
有线电视合计	16.30	6.9
无线电广播		
网络	0.78	0.3
插播广告（全国性）	3.34	1.4
插播广告（本地）	14.76	6.2
无线电广播合计	18.88	7.9
黄　页		
全国性	2.09	0.9
地方性	11.69	4.9
黄页合计	13.78	5.8
直　邮	46.07	19.4
商业出版物	3.98	1.7
户外广告		
全国性	2.06	0.9
地方性	3.11	1.3
户外广告合计	5.17	2.2
因特网	4.88	2.1
其　他		
全国性	23.41	9.9
地方性	7.32	3.1
其他合计	30.73	13.00
全国性合计	145.44	61.4
地方性合计	91.45	38.6
总　计	236.89	100.00

注：* 包括 UPN、WB 和 Pax。

资料来源：Crain Communications，Inc.（2004b）。

在传媒产业内，广告对不同类别媒体的作用大小（以广告收入在总收入中的比重来衡量）并不完全相同。从美国的情况看，免费报纸与广播电台几乎 100% 的收入来自广告；广播电视台近90%的收入来自广告；非免费报纸中的日报近80%的收入来自广告；不同类别杂志对广告的倚重程度差异较大，从50%左右到90%左右不等。收费电视、电影来自广告的收入很少，图书与唱片几乎无广告收入①。

需要注意的是，在不同地域内，广告对同类媒体的作用也会有所不同。以报纸为例，图1－10显示，美国（87%）、加拿大（73%）、澳大利亚（67%）等国报业收入的一半以上来自广告，日本（39%）、法国（41%）报业来自广告的收入则不足一半。

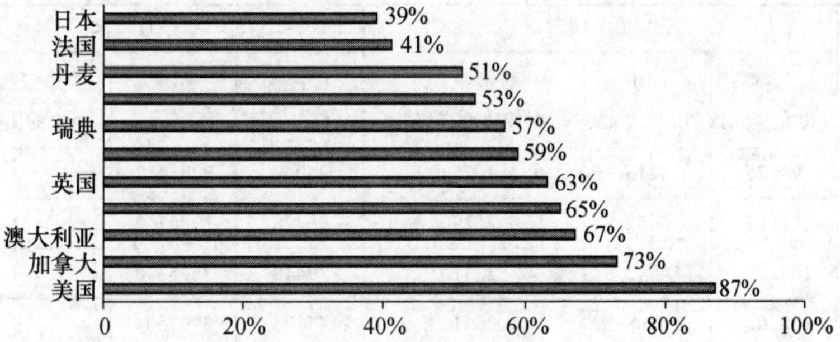

图1－10　广告在报业总收入中的比重

注：数据来自《世界出版趋势》，2001。

由以上情况可以得出结论，广告在不同类别传媒经济中的地位存在差异。一个基本规律是，媒体向受众收取的服务费越低，广告在传媒经济中的地位越高。

二、广告在国民经济中的地位

谈到广告在国民经济中的地位，就不能不谈到相对常数。相对常数原理由麦库姆斯（McCombs）在1972年发表于《新闻学专论》（Journalism Monographs）中的“市场中的大众传媒产业”（Mass Media in the Marketplace）一文中首次明确提出。麦库姆斯使用从1929～1968年的全国性数据，检验了媒介消费与宏观经济间的关系。他发现，在这40年间，虽然美国发生了很多历史性事件，包括大萧条、第二次世界大战，电视在美国家庭中迅速普及、广播、报纸、杂志产业受到电视产业的巨大冲击等，但受众的媒介消费支出在总体消费支出中所占的比重变化不大，1929年为3.46%，1968年为3.14%，40年的平均值为3.04%，标准差为0.2%。麦库姆斯因此用相对常数原理描述传媒产业与宏观经济之间这种

① Alison Alexander, James Owers, Rod Carveth, C. Ann Hollifield, Albert N. Greco: Media Economics－theory and practice (Third Edition), Lawrence Erlbaum Associaties, 2004.

相对稳定的关系①。

相对常数原理提出之后虽然也曾不断引起后人的质疑、批评与发展，但广告作为传媒产业的重要组成部分，其与宏观经济间的确保持着相对稳定的比例关系。以美国和日本为例，自1985~2003年，美国广告额在GDP中的比重相对稳定地保持在2.09%~2.52%之间。日本广告额在GDP中的比重则相对稳定在1.08%~1.26%之间（见表1-4）。

表1-4 1985~2003年美国与日本广告额在GDP中的比重

年份	美国			日本		
	广告额（10亿美元）	GDP（10亿美元）	广告额在GDP中的比重（%）	广告额（亿日元）	GDP（亿日元）	广告额在GDP中的比重（%）
1985	94.75	4213	2.25	35049	3235412	1.08
1986	102.14	4452.9	2.29	36478	3386740	1.08
1987	109.65	4742.5	2.31	39448	3525300	1.12
1988	118.05	5108.3	2.31	44175	3792504	1.16
1989	123.93	5489.1	2.26	50715	4085347	1.24
1990	129.59	5803.1	2.23	55648	4401248	1.26
1991	126.4	5995.9	2.11	57261	4682344	1.22
1992	132.65	6337.7	2.09	54611	4804921	1.14
1993	139.54	6657.4	2.10	51273	4842338	1.06
1994	151.68	7072.2	2.14	51682	4900053	1.05
1995	162.93	7397.7	2.20	54263	4969222	1.09
1996	175.23	7816.9	2.24	57715	5099840	1.13
1997	191.307	8304.3	2.30	59961	5209373	1.15
1998	206.697	8747	2.36	57711	5145954	1.12
1999	222.308	9268.4	2.40	56996	5072243	1.12
2000	247.472	9817	2.52	61102	5114624	1.19
2001	231.287	10100.8	2.29	60580	5058474	1.20
2002	236.875	10480.8	2.26	57032	4982756	1.14
2003	249.156	10987.9	2.27	56841	4978209	1.14

注：美国基础数据来自http://www.census.gov/statab/www/；日本基础数据来自《电通广告年鉴'04/05'》，平成16·17年版，株式会社电通编集。

① Maxwell McCombs: Mass Media in the Marketplace, Journalism Monographs, 1972, pp. 38-47.

中国的情况有所不同，1983～2004年间中国广告额在GDP中的比重自0.04%持续上升至0.93%，2005～2006年又落至1999年的水平（见表1－5）。

表1－5　1983～2006年中国广告额在GDP中的比重

年份	广告额（亿元）	GDP（亿元）	广告额占GDP比重（%）
1983	2.33444	5934.5	0.04
1984	3.65275	7171	0.05
1985	6.23174	8964.4	0.07
1986	8.44778	10202.2	0.08
1987	11.12004	11962.5	0.09
1988	14.9348	14928.3	0.10
1989	19.98998	16909.2	0.12
1990	25.01719	18547.9	0.13
1991	35.08926	21617.8	0.16
1992	67.8675	26638.1	0.25
1993	134.0873	34634.4	0.39
1994	200.2623	46759.4	0.43
1995	273.269	58478.1	0.47
1996	366.6371	67884.6	0.54
1997	461.9638	74462.6	0.62
1998	537.8326	78345.2	0.69
1999	621.9767	82067.5	0.76
2000	712.6559	89403.6	0.80
2001	794.9	96500	0.82
2002	903.14	102398	0.88
2003	1078.7	116694	0.92
2004	1264.6	136515	0.93
2005	1416.3	182321	0.78
2006	1573	209407	0.75

美、日、中三个国家的情况一方面证明在成熟的发达国家，广告额与GDP之间的确表现出相对稳定的关系；另一方面也说明在中国这样的发展中国家，广告额与GDP的比重表现出稳定上升的势头。美国与日本的情况说明相对常数原理有一定的合理性，中国的情况则说明影响“相对常数”的因素还比较复杂。

[参考资料]

美国各产业广告支出在销售额中所占的比重

表 1-6 美国各产业的广告支出占销售额的百分比①

产　业	广告支出占销售额的百分比（%）
与传媒相关的	
杂项出版业	12.9
电视广播台	9.3
电影与视频制作	8.4
有线和其他付费电视	7.7
家庭视听设备	6.9
期刊出版和印刷	6.7
图书出版和印刷	4.5
传播服务	3.7
录像带租赁	3.5
录音和录像店	1.7
电影院	1.5
报纸出版和印刷	1.3
无线电广播台	1.2
广播与传播设备	0.9
其　他	
贷款经纪人	38.4
健康服务	32.5
蒸馏和混合酒精	14.9
娱乐公园	10.7
食品和类似产品	10.2
饮　料	9.2
香水、化妆品和盥洗用品	7.4
家具店	5.9
预先包装的软件	3.5
收音机、电视机及其他电器零售商	3.2
无线电通讯	2.9
无线电通讯之外的电话	2.5
摩托车和汽车	2.4
杂货店	1.0
汽车美容、加油站	0.9
药品和私人用品店	0.8
医院和医疗服务计划	0.4

资料来源：Crain Communications, Inc. (2004a)。

① Colin Hoskins, Stuart Mcfadyen, Adam Finn: Media Economics - Applying Economics to New and Traditional Media, Saga Publications, 2004, p. 250.

第五节 广告的经济作用

广告是个多面体，广告的作用亦表现在多个方面。有人将广告的作用归纳为四个方面：营销作用、沟通作用、经济作用、社会作用①。本节重点谈广告的经济作用。

威廉·阿伦斯（William F. Arens）称广告的经济作用犹如台球的开杆（见图1－11）。企业从开始做广告的时候起，经济上的连锁反应便开始发生，连锁反应的结果虽然难以预料，但却与击球的力量及经济环境密切相关②。

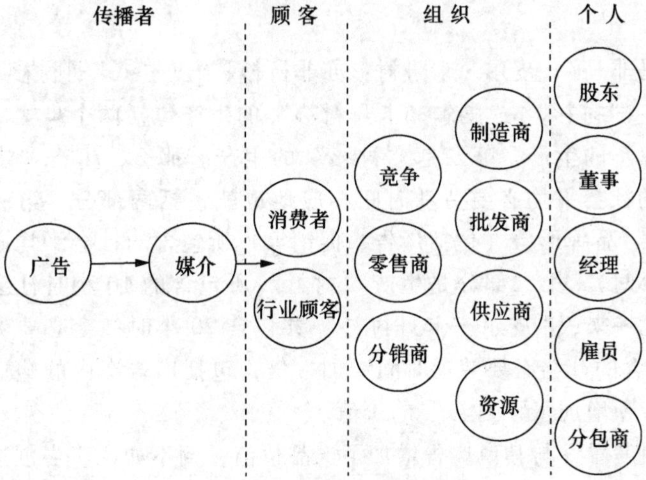

图1－11 广告的经济作用

一、广告与产品价值

同一工厂同一工人生产的同一件衬衣如果贴的是皮尔·卡丹的商标，可能会卖到1000元，但如果贴的是一个不知名的商标，则可能只卖到100元。尽管价格常与价值有所偏离，但价格毕竟是由价值决定的，同一价值的衬衫价格相差10倍似乎有些难以理解。那么是否是“皮尔·卡丹衬衫”的价值高于“衬衫”

① ［美］威廉·威尔斯、约翰·伯奈特、桑德拉·莫瑞亚提著，张红霞、杨翌昀主译：《广告学：原理与实务》（第5版），云南大学出版社，2001年10月第1版，第11页。

② ［美］威廉·阿伦斯著，丁俊杰、程坪等译：《当代广告学》（第8版），人民邮电出版社，2005年1月第1版，第53页。

的价值呢？或者说皮尔·卡丹品牌广告增加了“衬衫”的价值呢？要理解此问题首先要明确“皮尔·卡丹衬衫”≠“衬衫”。

接下来我们可以从两个角度理解价值，进而解释广告对产品价值的影响。

第一，用劳动价值论的观点理解价值，即产品的价值由产品所包含的社会平均必要劳动时间决定。

劳动价值论认为：①产品之所以有价值是因为需要劳动才能生产出来。②各种产品的价值是由产品所含的社会平均必要劳动时间决定的。假定生产一件衬衣需要花 10 小时的社会平均必要劳动时间，那么不管该件衬衣的品牌是否做广告，工厂工人生产这件衬衣所含的社会平均必要劳动时间都应是 10 小时。如果将皮尔·卡丹衬衫等同于普通衬衫的话，由于广告并不影响工厂工人将原材料加工为一件衬衫所花费的社会平均必要劳动时间，所以广告似乎并不会增加产品价值。

但“白马非马”，皮尔·卡丹衬衫亦非衬衫。“皮尔·卡丹衬衫”=“皮尔·卡丹品牌”+“衬衫”。“皮尔·卡丹衬衫”的生产包括两个步骤，第一是“皮尔·卡丹品牌”的生产，第二是“衬衫”的生产。那么，生产“皮尔·卡丹衬衫”所包含的社会平均必要劳动时间相应地也就包括两部分，第一部分是塑造“皮尔·卡丹”品牌形象（包括广告、促销等）所包含的社会平均必要劳动时间（假定为 10 小时），第二部分是生产“衬衫”所包含的 10 小时社会平均必要劳动时间，如此一来，“皮尔·卡丹衬衫”共包含 20 小时社会必要劳动时间，比“衬衫”所包含的社会必要劳动时间增加一倍，包括广告在内的塑造皮尔·卡丹品牌形象的劳动增加了“衬衫”的价值。

从这个角度看，与其说广告增加了产品价值，倒不如说广告创造了新的价值（即品牌价值）。品牌商品的价值是品牌价值与商品价值之和。

第二，站在消费者的角度理解价值，即产品的价值与其说取决于包含在产品中的社会平均必要劳动时间，倒不如说取决于消费者从拥有（或消费）这件商品所获得的效用（或者说是满意度），而效用（或者说满意度）则是个主观性很强的概念。

假定同一工厂工人制作的两件衬衫所包含的社会平均必要劳动时间都是 10 小时，它们的产品功能一样，差别仅在于一件贴有皮尔·卡丹商标，而另一件未贴。对消费者而言，这两件衬衫的差别可就大了。我们常能从现实生活中观察到，身穿皮尔·卡丹衬衫的消费者似乎能获得更大的满足，因为穿上贴有皮尔·卡丹商标衬衫的消费者不仅能从穿着“衬衫”上获得物质层面上的效用，而且还能从“皮尔·卡丹衬衫”所暗含的社会地位、社会身份中获得心理层面上的效用。穿未贴有知名商标衬衫的消费者则只能获得物质层面上的效用。“皮尔·卡丹衬衫”对消费者的价值要高于“衬衫”对消费者的价值。另外，还有一些广告向消费者传播产品的新用途，使消费者在消费同一产品时获得了更多效用（满意度），从而增加了产品的附加值。譬如舒洁最初的广告将自己宣传为卸妆纸巾，后来又被宣传为一次性手帕纸巾。当其被消费者仅用作卸妆纸巾时所产生的效用假定为3，而被用作一次性手帕纸巾时所产生的效用假定为5，定位为一次性手帕纸巾的广告因给消费者的消费带来更高的效用而增加了同一产品的价值。

无论站在哪个角度理解产品的价值，都可以看出广告倾向于增加产品的价值。20世纪60年代中期，动机研究之父、著名心理学家欧内斯·迪希特（Ernest Dichter）亦从心理学角度对此进行了证实。他说，产品的形象部分是由广告和促销塑造的，它应该是产品本身固有的特征[①]。1984年理查德·凯尔斯德姆（Richard E. Kihlstrom）和麦克·瑞沃丹（Michael H. Riordan）在《政治经济期刊》上发表了一篇题为《作为信号的广告》的文章。作者在文中指出，广告的内容无关紧要，重要的是广告主做广告（特别是昂贵广告）的行为向消费者传递出这样的信号：我们的产品质量高。广告作为信号暗示出有时无法直接言明的产品品质。此外，仅仅通过使产品更为人所知，广告就可以使产品更符合消费者的理想，在消费中得到额外的满意度，进而增加产品品牌的价值[②]。

二、广告与价格

虽然许多学者都倾向于相信广告会增加产品的价值，但广告是否一定会提高反映产品价值的价格呢？直观上看，答案似乎是肯定的，并且我们偶尔也会听到一些产品直销人员在说服人们购买时会说：我们的产品不做广告，无须支付高昂的广告费，因此成本要低于做广告的同类产品，这样一来，我们产品的销售价格就可以比同类产品低。言外之意是，这样实惠的产品您不买实在不明智。这样的说服理由乍听起来很有道理，是啊，广告费虽然从广告主的口袋掏出，但“买的没有卖的精”，广告主最终还是要将这笔支出算到产品成本中去。可是再细一想便不难发现，权且不论做广告的产品与未做广告的产品是否价值相当，单看“做广告的产品一定比不做广告的产品价格高”这个推断就颇值得怀疑。20世纪60年代，美国一些州允许眼镜和验光服务做广告，有些州则禁止这种广告。经济学家李·宾哈姆（Lee Benham）1972年在《法学与经济学杂志》上发表了一篇文章，该文章把各州有关眼镜和验光服务广告的法律差别作为一个自然实验。研究的结果是，在那些禁止广告的州里，对一副眼镜支付的平均价格是33美元。在那些不限制广告的各州中，平均价格是26美元。也就是说广告使平均价格下降

① Ernest dichter: Handbook of Consumer, Motivations (New York: McGraw - Hill, 1964) p. 6, p. 422.

② Richard E. Kihlstrom and Michael H. Riordan: Advertising as a Signal, Journal of Political Economy, June 1984, p. 427.

了 20% 以上①。

李·宾哈姆这个研究表明，在 20 世纪 60 年代的美国眼镜市场上，广告让消费者知道了市场中有什么东西出售，可以买到什么产品，消费者因掌握更多信息而拥有更多选择，结果是广告促进了竞争并使消费者得到较低的价格，但这并不证明广告对价格只有单一方向的作用。实际上，广告既有增加产品成本、提高产品价格的作用，又有降低产品成本、降低产品价格的作用。李·宾哈姆研究所发现的事实应是两支力量合力作用的结果。在现实中，如果广告对产品成本的增加作用大于对产品成本的降低作用，则广告将使产品的价格上升，反之则下降（见图 1－12）。

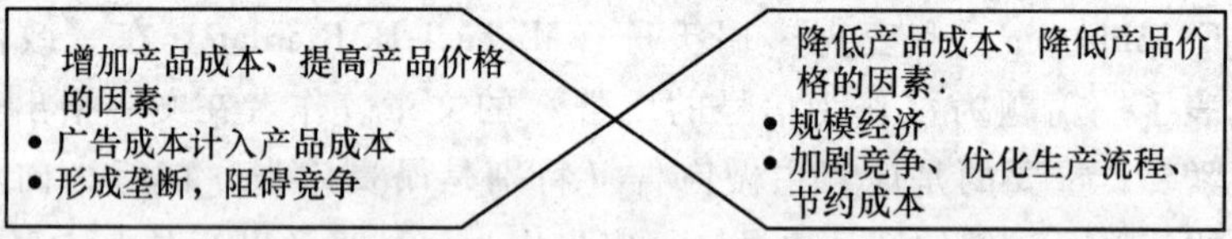
增加产品成本、提高产品价格的因素：
• 广告成本计入产品成本
• 形成垄断，阻碍竞争
降低产品成本、降低产品价格的因素：
• 规模经济
• 加剧竞争、优化生产流程、节约成本

图 1－12 广告对价格的影响

总的来看，广告增加产品成本、提高产品价格的因素主要表现在两个方面。

第一，广告成本计入产品成本，由购买产品的消费者来承担。广告成本最终的确都要计入产品成本，由消费者来承担。但一般情况下，虽然单笔广告费数额巨大，但是考虑到受众面巨大，产品销量巨大，在大多数产品中，与产品的总成本相比，分摊在每一单位产品上的广告成本通常很低。譬如一瓶可乐的成本中大约有 1 美分是广告费。一辆标价 20000 美元的新车所含的广告成本一般不超过 400 美元。

第二，广告有助于形成垄断，增强原有品牌的市场势力，阻碍竞争，导致产品价格居高不下。虽然广告是否会导致垄断仍有争议，但不能否认，原有品牌广告主的广告投入所形成的品牌忠诚需要新进入者投入足够多的成本才能将其打破。在新进入者尚不具备足够大的实力与原有品牌广告主争取消费者眼球时，原有品牌广告主很可能会用广告保护其垄断地位、维护其市场势力，使产品价格大于竞争市场中等于边际成本的价格，以赚取垄断利润。

譬如南非的钻石公司戴比尔斯（De Beers）控制了世界钻石生产的 80% 左右，它不仅凭着对一种关键资源（钻石）所有权的垄断成为钻石行业的垄断者，而且还支付大量广告费让消费者相信其他宝石都无法替代钻石，从而使戴比尔斯

① ［美］曼昆著，梁小民译：《经济学原理》（第 2 版·上册），生活·读书·新知三联书店、北京大学出版社，2001 年 12 月第 2 版，第 396 页。

公司免于卷入与其他宝石公司间的竞争，以此获得更大的市场势力。居于垄断地位的戴比尔斯公司不是钻石价格的接受者，而是钻石价格的制定者。消费者享受不到竞争市场结构中等于边际成本的价格。

广告可能会导致产品成本降低，降低广告产品价格的因素也很多，择其要者如下：

第一，广告使某一品牌产品广为人知，无论是中间商还是零销商都乐意将该品牌置于自己的销售渠道，从而增大该品牌的产品销量。销量大的产品常会产生规模经济（譬如可以在大批量购进原材料时获得较大折扣、可以充分利用机器厂房等固定资产、可以在与中间商、零售商的谈判中赢得主动），规模经济有助于降低产品的价格。

第二，在零售业中，价格一直是许多广告重要的组成元素（譬如苏宁电器、国美电器等），为了以价格取胜，广告主自己也有努力优化生产流程、节约成本的激励。广告主节约成本的内因将直接表现为产品价格的降低。

三、广告与需求价格弹性

需求价格弹性＝需求量变动的百分比/价格变动的百分比。由于一种物品的价格与其需求呈负相关关系，因此，需求价格弹性计算公式中的分子与分母的正负符号总相反。但在计算时，一般会去掉负号，取其绝对值。一般认为，需求价格弹性大于1时为富有弹性，小于1时为缺乏弹性，等于1时为单位弹性。譬如某种品牌护肤霜的价格下降10%时需求量增加20%，则该品牌护肤霜的需求价格弹性为20% ÷10% =2，该商品富有需求价格弹性。

广告会降低还是提高广告商品的需求价格弹性？对此问题有两个解释模型——市场势力模型与广告信息模型。市场势力模型认为广告是增加产品差异性和降低消费者使用替代品意愿的方法，可以降低广告商品的需求价格弹性；而广告信息模型观点则认为广告可以提供关于替代品的信息，因此可以提高广告商品的需求价格弹性。这两种观点看起来针锋相对，但实际上分别适用于不同的产品类别。

尼尔森（Nelson）认为，消费者用两种不同的方法评估商品质量。一是在购买前通过检视（inspection）来获得关于商品质量的信息，二是购买商品并使用，然后知道商品质量如何。根据上述两种方法哪一种能更便宜地评估商品质量，商品可分为搜寻商品（search goods）与经验性商品（experience goods）两类。搜寻商品的质量在购买前可通过检视（inspection）来估量，而经验性产品的质量的需要在买后通过体验（experience）来估量。在尼尔森的模型中，价格是商品的搜寻特征，因此它可以在购买前确定。尼尔森假定，消费者能通过一次检视来决定搜寻物品的价值，能在一次购买后确定经验性商品的价值。

对任何产品来说，消费者都可在是通过搜寻获得产品质量的信息还是通过体验来获得关于产品质量的信息之间做出选择。体验成本构成消费者愿意承担的搜寻成本的上限。因此，当消费者决定去搜寻信息而不是购买体验时就意味着搜寻成本低于体验成本。

对于搜寻品来说，由于广告提供了关于品牌质量的更便宜的信息源，因此广告的引入会降低搜寻成本。信息成本的下降将导致消费者增加他们随机尝试的品牌数量。由于任何品牌商品的需求弹性都与消费者考虑的替代品的数量呈正相关关系，因此广告增加了搜寻商品的需求弹性。

此外，做广告之前每单位质量价格低的品牌（效率高的厂商）会比每单位质量价格高的品牌（效率低的厂商）有更高的积极性去做广告。这将导致消费者转向单位质量价格低的品牌，这种转向很可能会导致需求弹性的增大①。

四、广告主与商誉

广告是促使商誉（Goodwill）形成的力量。有人研究了19世纪欧洲的商品市场结构，发现由于那时生产标准化程度低，制造业的产品很复杂，并且每一生产者生产的产品都与其他生产者生产的产品有差异。所以在生产者——→批发商——→零售商——→消费者的链条中，批发商处于主导地位，由批发商而非生产者扮演着始动功能（Function of initiation），即由批发商决定生产者所生产物品的数量与规格。生产者只是根据批发商的订单制造商品，并且依赖少数批发商的商誉。零售商从批发商那里批发商品，对批发商亦有很强的依赖。在此情况下，处于不利位置的生产者自然力图摆脱批发商的主导，寻求建立与公众消费者的直接联系。要达到这样的目的，方法之一便是借助广告确立公众的品牌意识，使消费者对自己所生产的产品或提供的服务有特定的需求，通过广告建立起生产者在消费者心目中的良好商誉②。

对企业来讲，商誉的价值体现在两个方面：一是保障市场需求稳定，使企业更具竞争性，可以相对稳定而有效地运营；二是在一定程度上成为阻止新竞争者进入市场的壁垒。

五、广告与进入壁垒

按贝恩的定义，进入壁垒是指在位企业能够获得超额利润而没有引致潜在企业进入行业的一种状态。贝恩强调规模经济、绝对成本优势、产品差别、必要资

① James M. Ferguson: Advertising and Competition; Theory, Measurement, Fact, Ballinger Publishing Company, 1974, pp. 29 – 31.

② The Economists Advisory Group: The Economics of Advertising, 1967, produced by Hutchinson Benham Ltd. pp. 46 – 47.

本量四种经济性进入壁垒。结构性进入壁垒包括绝对成本优势壁垒、规模经济壁垒、资本量门槛壁垒和产品差异壁垒。

广告可以增强包括有形差异与无形差异在内的产品差异。产品有形差异表现在包装、颜色、规格、型号等方面，无形差异则表现在社会知名度、美誉度等方面。既有产品已通过广告形成产品差异，并引导消费者对具有此差异特征的品牌形成偏好。譬如农夫山泉的广告向消费者传递“有点甜”的产品特征及富有责任感的企业形象（每喝一瓶水便有一分钱捐给缺水贫困地区），这就使农夫山泉异于同类产品、同类企业，结果形成消费者对农夫山泉的偏好。

有研究表明，大多数消费者都倾向于购买既有知名产品，而非不知名的新产品——即使习惯性购买的知名产品并不能令其百分之百地满意。消费者这种倾向使潜在进入者处于相对不利的位置。新进入者必须在消费者接受这种新产品前承受“闯入损失”（break loss），亦即新进入者必须在产品引入阶段承受大笔销售成本以击垮消费者对老品牌的偏好。

六、广告对市场集中的影响

广告是否会导致市场集中度的提高一直是个饱受争议的问题。1973 年，欧恩斯坦（Ornstein）、韦斯顿（Weston）、因特里格特（Intriligator）和雪弗（Shrieves）研究了 100 个生产资料产业和消费品产业。他们发现，前四厂商集中度既与广告支出呈密切的正相关关系，又与广告—销售率呈密切的正相关关系。在他们看来，回归分析显示的高正相关系数表明广告中存在规模经济。几位研究者还注意到产业集中与产业增长呈负相关关系①。

1973 年，尼尔森在考察广告与市场集中间的关系时，发现必须考虑搜寻产品与经验性产品间的差异，耐用品与非耐用品间的差异。他根据自己的研究结果宣称，由于广告对集中存在方向相反的两种影响，因此广告对市场集中的影响难以事先确定。他指出一方面效率高的厂家比效率低的厂家有更高的积极性去做广告。这些效率高的厂商的规模在广告前就比效率低的厂商高，他们更大的广告投入会增加自己在销售中的地位，从而有助于提高市场集中。但另一方面广告使市场进入更容易，这将降低市场集中。因此，即使市场集中度的确随广告而提高，市场中的厂商也不易结盟，原因是市场进入亦很容易，新进入者的威胁降低了既存厂商间达成结盟的有效性②。

---

① Ornstein, S. I., Weston, J. F., Intriligator, M. D., and Shrieves, R. E: 'Conceptual Framework of an Econometric Model of Industrial Organization', in J. Fred Weston and Stanley I. Ornstein, eds. The Impact of Large Firms on the U. S. Economy. Lexington, Mass: D. C. Heath and Company, 1973, Chapter 2, pp. 23 – 55.

② Nelson, Phillip: The Economic Consequences of Advertising 转引自 James M. Ferguson: Advertising and Competition: Theory, Measurement, Fact, Ballinger Publishing Company, 1974, p. 33.

1974年，莎顿（Sutton）注意到许多有关产业集中与广告强度集中间关系的研究将广告强度视作市场结构的决定因素，而另一些研究则将集中视作广告强度的决定因素。莎顿选择后一种观点。他声称“虽然广告会影响产业中厂商拿到的市场份额，但这种影响将取决于最初的市场结构，因此市场结构作为决定性的解释性变量仍保持不变。”① 他还提出的另一个重要问题是广告与产业集中间的关系是线性的还是非线性的。莎顿预测广告与产业集中间呈非线性关系。他的一个有趣的观点是消费者需要信息，因此卖家积极提供广告，消费者对信息的需求和卖家提供广告的积极性将随着产品革新速度而变动。他强调，一般认为“在中度集中的垄断市场中竞争性的产品革新非常重要”②。因此在中度集中产业中，通过产品革新而竞争的产业的竞争程度越高，广告投入就越大。莎顿据此预测广告强度在集中度低的产业中将较低，并在中度集中水平上，随着集中度的提高而增加，在高集中度水平上，随着集中度的提高而降低。

关于广告与产业集中的讨论还有许多，但是存在很多不一致的地方，这也恰恰印证了广告与产业集中的关系是个相当复杂的问题，受到许多变量的影响。正如“广告对经济的作用如同台球的开杆”所暗示的那样，桌面上各个小球的运动方向随机性如此之大，组合方式如此之多，以至于要用简单的公式或模型描述广告与市场间的关系，常会显得捉襟见肘。

［参考资料］

“钻石恒久远，一颗永流传”

戴比尔斯公司于1888年成立于南非。20世纪30年代，由于全球经济不景气，该公司主席欧内斯特爵士决定削减90%的产品以止住亏损，同时着手成立钻石贸易公司，由他的儿子哈里·欧内斯特亲任掌门，专事新钻石产品的开发。哈里将目光投向潜力巨大的美国市场。他将“时尚”作为钻石产品的全新定位，与当时负有盛名的普奈尔饰品公司联手打造精美钻石首饰，目标锁定富人市场。但这一块的市场份额显然太少，公司经营业绩不升反降。哈里有些心灰意冷，认为钻石饰品的时代已经要成为历史。他打算说服父亲淡出钻石行业，转攻黄金饰品。此前，公司还有一大堆积压的钻石饰品，哈里就联系好莱坞的赞助商，将这些钻石饰品作为一年一度奥斯卡颁奖典礼的赠品，为公司的下一步发展扩大影响力。1945年，当哈里将一条镶有24克拉钻石的项链递到影后琼·克劳馥手心时，克劳馥问是用什么做的，哈里答钻石，克劳馥又问：“钻石，它有些什么特别的

① Sutton, C. J.: Advertising, Concentration and Competition, Economic Journal 1974, 84 (March): p. 57.

② Sutton, C. J.: Advertising, Concentration and Competition, Economic Journal 1974, 84 (March): p. 60.

意义呢？”“钻石代表了坚硬、亘古不变的品质，无论时间多久，它依然会保持今天的美丽和光鲜！”“要是一个人，能有像钻石一样的爱情那该多好啊！”克劳馥有些伤感。说者无意，听者有心，哈里似乎一下子找到了钻石的灵魂，他当即调整营销策略，以爱情为主线，打出了名满全球的广告：“钻石恒久远，一颗永流传”。结果，象征爱情的钻石产品不仅一举改变了城市人的婚恋习俗，而且打开了哈里梦寐以求的普通消费者市场。到20世纪60年代，80%的美国人订婚都选择钻戒作为信物，钻戒被消费者认为与其他宝石非常不同，它不是许多宝石中的一种，而是独特的爱情信物。步入21世纪，戴比尔斯公司占世界钻石生产的80%左右，在全球的年销售额已逾50亿美元。

戴比尔斯公司每年都支付的大量广告费使消费者将钻石与其他宝石（翡翠、红宝石、蓝宝石等）区分开，从而减少了钻石产品的可替代性。即使戴比尔斯提高钻石的价格或是其他宝石降低价格，也不会对消费者的钻石需求造成显著影响。

本章小结

广告是由明确的出资人为消除自己与目标对象间的信息不对称而发起的，由出资人、代理机构、公共媒介、自由职业者、专业调研机构及受众等共同参与的经济活动。该经济活动由一系列交易组成，最核心的交易是广告主购买受众的注意力。此交易成立的必要前提是广告传媒与受众间的交易，即广告传媒为受众提供信息、娱乐、教育等服务，获得受众的注意力及订阅费。与广告核心交易相联系的另一重要交易为广告主与广告代理机构间的交易。

广告经济分析从经济层面研究社会环境中广告产业与国民经济间的关系、广告参与者的经济行为及广告与产品价值、价格、市场集中度间的关系等。其研究取向有别于从传播学或市场营销学所做的广告研究。

依照广告主的身份特征，广告包括商业广告、政治广告和个人广告三大类，公益广告不在本书范围之内。

广告活动的主要参与者包括广告主、广告代理机构、广告传媒、自由职业者、专业调研机构和受众。广告主是广告活动的发起者和广告的投资主体。广告代理机构受广告主的委托来规划或完成广告主部分或全部广告业务。广告主是否选择外部广告代理机构代理自己的广告业务取决于比较优势、规模经济和交易成本（内部与外部）等因素。

广告传媒是注意力资源的经营者，其职能主要是销售广告空间或时段、研发注意力产品、协助广告的生产等。

自由职业者协助广告主、广告代理机构或媒体完成特定的业务。自由职业者群体的存在可以随时为广告主、广告代理机构和传媒提供廉价的劳动力。

专业调研机构向广告主、广告代理机构、广告传媒提供所需要的调研服务。

受众是广告活动指向的对象。受众有两种身份，第一是传媒产品的读者/听众/观众，第二是广告主的目标消费者。对广告主来讲，受众的这两种身份经常是不完全重合的。

尽管对不同媒体来讲，广告收入在其总收入中的比重有多有少，但一个不争的事实是，广告是许多商业媒体的一个重要经济来源。相对常数虽有争议，但不少发达国家的广告额在国民经济中能长期保持一个相对稳定的比例却也是个事实。不同产业类别对广告的倚重程度不同。

一般而言，广告倾向于增加产品的价值。广告既有降低广告产品或服务价格的力量又有提高其价格的力量，这两种力量的合力外显为广告对某一特定广告产品或服务价格的影响。

广告对产品需求价格弹性的影响也是个复杂的问题，比较有代表性的两个模型分别是市场势力模型和广告信息模型，前者认为广告是增加产品差异性和降低消费者使用替代品意愿的方法，可以降低广告商品的需求价格弹性；后者则认为广告可以提供关于替代品的信息，因此可以提高广告商品的需求价格弹性。

广告是促使商誉形成的力量。对企业来讲，商誉的价值体现在两个方面，一是保障市场需求稳定，使企业更具竞争性，可以相对稳定而有效地运营。二是在一定程度上成为阻止新竞争者进入市场的壁垒。

广告对市场集中度的影响饱受争议。众多研究者莫衷一是的结论说明广告对市场集中的影响绝不是个简单的降低或是提高的问题，而是个需要剖析影响广告集中度的相关变量的问题。

思考与操作

1. 回忆一下你曾经在什么场合使用或听到过广告这个概念，并分析在那些场合中，“广告”一词分别指的是什么？

2. 查找资料，了解美国竞选广告（不仅指总统竞选广告）的经费来源及分配情况。

3. 调研一家企业广告业务的委托情况（委托给外部广告代理公司了吗？全部委托还是部分委托等），并解释该公司为何采用那种代理方式。

4. 采访一家媒体是怎么开展广告活动的，并以新闻报道的形式整理你的采访内容。

5. 选择几家你最有兴趣的媒体，比较广告在这几家媒体中的经济地位。

6. 请设计一项验证广告与市场集中间关系的研究。

第二章　广告主

【本章概要】

广告主投资广告的最终目的

商业广告影响销售的复杂机理

广告预算的各种方法

广告预算的意义

广告的边际收益

双头垄断市场结构中广告主间的博弈

【学习目标】

理解为何商业广告主投资广告的最终目的在于销售

掌握商业广告影响销售的复杂机理

了解政治广告主投资广告的最终目的在于选票

尝试运用各种方法制定广告预算

认识广告边际收益对广告主广告投放决策的重要价值

理解双头垄断市场结构中广告主间的博弈

广告主是广告活动的发起者与出资人。没有广告主的投资，便不会有广告。本章将先探究广告主投资广告的目的，然后聚焦商业广告的广告主确定广告预算的方法。最后谈谈广告主在进行广告决策时可能考虑的几个问题。

第一节　广告主投资广告的最终目的

笼统地说，广告主投资广告的目的在于消除广告主与目标对象间的信息不对称。但这种笼统的说法对认识广告主的行为细节没太大意义，就像你用自己的一双肉眼认识分子层面的事物没有意义一样。

有研究者将广告主投资广告的目的罗列为：促销产品、服务、观念、形象、人物和广告主想要广而告知的任何事物；刺激基本需求和选择性需求；抵制竞争对手的广告；帮助销售人员；增加产品的使用；提醒与巩固；降低销售的波动性①。这种罗列很详细也颇有道理。但本节关注的主要是广告主投资广告的最终目的。就商业广告主、政治广告主、个人广告主来说，他们的行为分别遵循不同的逻辑，因此，投资广告的最终目的存在差异，商业广告主投资广告的最终目的在于销量；政治广告主投资广告的最终目的在于选票；个人投资广告的最终目的千差万别，难以概括。

一、销售——商业广告主投资广告的最终目的

广告主作为广告的投资者，必须拥有投资的资本。商业广告主的广告资本来自其经营实体产业的收入。譬如联想电脑厂商制造电脑赚取收入，该厂商将收入的一部分预算为广告投入，这部分广告投入便为联想电脑的广告投资，也正是在这个意义上体现出广告产业依附于实体产业的特征。

商业广告主作为市场中的行为主体，其行为遵循市场逻辑，即投资的目的是为了获得商业回报。商业广告主被假定为追求利润最大化的行为主体，利润＝总收益－总成本，广告投资属于商业成本部分，在广告投资既定情况下，由广告投资带来的收益越大，越符合广告主利润最大化的追求。总收益（R）＝价格×产量（P×Q）。就价格因素来说，竞争企业的价格（P）等于边际收益（MR），垄断企业的价格（P）大于边际收益（MR）。在价格既定情况下，销售的量（Q）越大，总收益（R）越大。从这个意义上看，商业广告主投资广告的最终目的就是销售。对此，大卫·奥格威说："我们的目的是销售，否则便不是在做广告。"大卫·奥格威对商业广告主投资广告目的的解释一语中的，这句闪耀着格言式光辉的陈述代表了广告主的切身利益和价值观，因而深受广告主们的青睐。依据竞争情况的不同，广告主的最终目的可以是增加销量，也可以是维持原有销量。增加品牌认知、形成对公司的良好形象等只能视做广告主投资广告的阶段性目的，从成本—收益角度分析，广告主投放广告的最终目的只能是销量（增加或维持）。杜邦公司参与应用与经验设计方法衡量广告效果先锋小组成员迈克尔·哈尔伯特也曾指出："每当一项运用上述目标（如增加认知）的研究结果出版或在会上发表时，我总有一种抑制不住的冲动去质问作者：'这又会怎么样呢？'如果作者能够说明，广告在事实上确实增加了品牌认知和建立了对公司的良好态度，但这又有什么根据因此应该增加公司的资金投入呢？他们对此的回答通常是，如果人们知道某一品牌或对公司有良好的态度，更多的人就会购买这一产品，但是

① Sally Dibb, Lyndon Simkin, William M. Pride, O. C. Ferrell: Marketing - Concept And Strategies, Houghton Mifflin Company, 1997.

为什么在最初的研究设计中不去考虑这一关键的影响呢?"① 如果认知不影响销售，为什么要费心衡量它呢？如果认知与销售密切相关，那为什么不直接衡量销售呢？

迄今为止，人们对广告与销售间的关系得出以下几点认识：追加的广告投资总是可以得到一定的销量回报，但是这个回报率多随着投入的增加而下降；广告投入导致的销量增长有一个上限，这个上限受文化环境和竞争环境的限制，超过这个上限，无论广告预算增加多少，都不会再取得多大效果，存在一个广告低限(Threshold Level of Advertising)，低于广告低限的广告开支对销售不产生影响；即使不做广告，也有可能产生一定的销售。图 2－1 简单地反映出广告额与销量间的关系②。

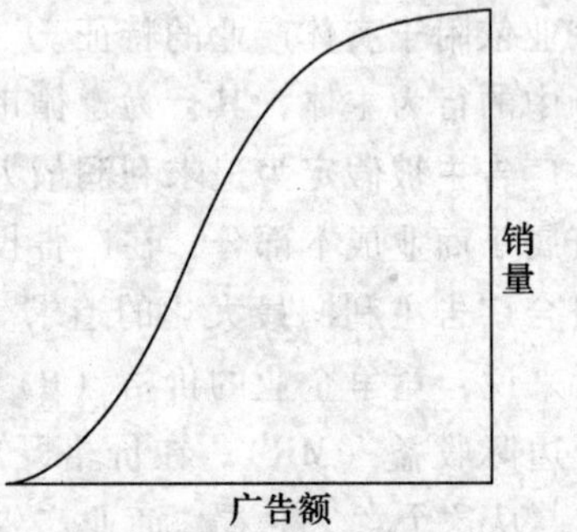

图 2－1　S 曲线销售反映模式

不过，需要注意的是，我们虽不将提高认知、促成积极态度等视作广告主投放广告的直接目的，但是广告效果的多层次又确实客观存在，广告对中间变量的影响反映出广告影响销量的复杂性。

1. 广告为何会带动销量

广告主做广告的最终目的是促进销量的增加。接下来的一个问题便是，广告为何会带动销量?

(1) 广告——质量保证的信号

麦克卢汉"媒介即讯息"的观点强调对社会而言，媒介内容并不重要，重要的是媒介本身。换言之，媒介"说什么"并不重要，重要的是媒介自身。与麦克卢汉的观点有着异曲同工之妙的是有研究者认为即使看起来没什么信息的广

① Rajeev Batra、John G. Myers、David A. Aaker 合著，赵平等译：《广告管理》（第 5 版），清华大学出版社，1999 年 9 月第 1 版，第 90 页。

② ［美］艾莉森·亚历山大等编，丁汉青译：《媒介经济学：理论与实践》（第 3 版），中国人民大学出版社，2008 年 6 月第 1 版，第 268 页。

告，实际上也会告诉消费者关于产品质量的某种信息。信息并不在于广告的内容，而在于广告的存在与费用的昂贵。

曼昆则以两家麦片生产企业——波斯特和凯洛格——为例分析了作为产品质量信号的广告：波斯特和凯洛格都将有每盒售价 3 美元的新麦片上市。为使事情简单，假设生产麦片的边际成本是零，因此 3 美元全是利润。假定每个公司都知道，如果把 1000 万美元用于广告，就能有 100 万消费者试用自己的新麦片。如果消费者尝试过后不喜欢麦片，他们只会买一次，如果喜欢，他们会买许多次。波斯特根据市场研究知道它的麦片味道一般，虽然 1000 万美元广告费可使 100 万美元消费者每人买一盒，但一共只能得到 300 万美元的销售额，因此它不打算做广告。而凯洛格知道，自己的麦片口味极好，尝试过的每一个人第二年每个月都会买一盒，因此 1000 万美元广告费带来 3600 万美元的销售额，在这里广告就是有利可图的，因此凯洛格会选择做广告。再来看消费者的行为，消费者看到凯洛格的广告会想："如果凯洛格愿意花这么多钱为新麦片做广告，那么它肯定是好的。"于是消费者会去尝试购买凯洛格的新麦片，此时，凯洛格通过为广告支付货币的意愿向消费者传递了其麦片质量的信号①。并且消费者在购买凯洛格麦片时，广告中所传递的有利形象（譬如关心家人健康的母亲、温馨和谐的家庭氛围等）会被消费者不自觉地投射到自己身上（譬如获得"我是个关心家人健康的人"的心理暗示），从而获得额外的满意度（价值）。

（2）广告——疏通中间商（批发商、零售商等）渠道

批发商、零售商连通厂商与消费者。没有批零渠道的畅通，即使市场中既有厂商的供给，又有消费者的现实需求，也难形成现实销量。广告既向消费者发出质量保证信号，也在向批发商、零售商发出质量保证信号。精明的中间商会在广告将带来消费者需求的预期下，产生增加进货的激励，甚至有的中间商以广告投放量作为衡量是否经销厂商产品的标准。

（3）广告——塑造品牌形象

广告可以使广告产品从众多同类产品中脱颖而出，以鲜明的形象在消费者心目中立体起来。广告可以塑造品牌形象的奥秘就在于拉扎斯菲尔德提到的大众传播"授予地位的功能"，即任何一种问题、意见、商品乃至人物、组织或社会活动，只要得到大众传媒的广泛报道，都会成为社会瞩目的焦点，获得很高的知名度和社会地位②。广告主付钱给媒体，传媒日复一日地传递精心策划的关于某一产品或服务的正面信息，自然也就授予广告产品或服务显赫的地位、鲜明的形象，广告塑造的品牌形象有助于促进产品销售。

---

① ［美］曼昆著，梁小民译：《经济学原理》（第 2 版 · 上册），生活 · 读书 · 新知三联书店、北京大学出版社，2001 年 12 月第 2 版，第 388 页。

② 郭庆光：《传播学教程》，中国人民大学出版社，1999 年 11 月第 1 版，第 115 页。

首先，品牌可以让消费者因节省购买前判断所需花费的时间与精力而更青睐品牌产品。

假使你要与张三、李四两个人分别做成一笔生意，张三是你的老熟人，你已与其有多年的生意往来，并且在这多年的交往中，他几乎没让你失望过，也正是基于双方交往的良好记录，你打算与其做成这笔生意。李四则是个新客户，你以前从未与其有过生意往来，对他的脾气秉性、诚信程度也不太了解。在这种情况下，你与谁的那笔生意会做成得更快些呢？当然是张三了。在与李四签合同之前，你可能要花更多的时间去了解他的资信情况。同样道理，有鲜明形象的品牌就像消费者的老熟人一样，而一个没有品牌的产品则像是个陌生人，消费者站在货架前面对一个有品牌的产品与一个没有品牌的产品时，他可能会更迅速地断定有品牌产品的质量。而如果要决定买一个没有品牌的产品，可能他要花更多的时间去阅读产品成分甚至是咨询周围人的意见。

其次，品牌的存在让消费者相信企业有更大的激励保持产品质量，保障品牌信誉，从而对品牌质量更放心。

品牌往往是企业用金钱垒起的。塑造品牌的支出对企业来说属于生产成本，而其产出便是品牌价值（或者说是良好的声誉）。品牌价值越大的企业，越怕因质量问题遭到批评。三聚氰胺事件让“三鹿”把半个世纪积累起的149.07亿元品牌价值（三鹿网站上自称经中国品牌资产评价中心评定的价值）半年工夫就变成零甚至负数的事实则从反面说明了质量对于品牌的重要性。比较而言，没有品牌的企业无须额外支付塑造品牌的成本，如果因质量问题遭到恶评，也不会因此让一笔钱打了水漂。如此来看，有品牌的产品如果质量出问题可能遭受的损失常大于没有品牌的产品，因此会更重视保证产品质量，珍视自己的声誉。

以麦当劳和某地方小吃店为例，麦当劳用大笔广告预算打造出方便、安全、健康的快餐食品的品牌形象，如果一家麦当劳店出售的食品不合格，基于麦当劳的知名度，这件事情便会因具有很大的新闻价值而出现在媒体上。麦当劳多年用昂贵广告建立起的良好声誉便会受损。结果，它不仅会失去出售不合格食品那家店的销售额和利润，而且会失去全国许多分店的销售额与利润。地方小吃店即使某一天出售的食品吃坏了消费者的肚子，一种可能是因关注此小吃店的人如此之少，以致媒体认为这件事件不具有很大的新闻价值而不予报道，小吃店的不卫生只能通过倒霉消费者的口头传播被少数人知道，然后小吃店失去少数顾客的生意；另一种可能是即使报道了，小吃店至多被当地卫生部门勒令整顿几天，损失的利润要少得多。甚至该小吃店还可以换个地方换个名字重新开业。也就是说麦当劳出现质量问题所带来的潜在损失如此之大，以致其有巨大的激励努力保障产品质量。如果消费者相信这样的逻辑，自然会因更信任品牌产品的质量而选择购买。

2. 广告促进销售的复杂机理

我们每个人都知道一颗消炎药的功效是消除炎症，可我们并不一定真正晓得，这颗药起效的内在病理和药理学知识。同样道理，我们也都知道广告主投放广告的最终目的是促进销售，但在许多情况下，广告达成促销目的的过程、逻辑性的机理结构却不是那么显而易见。原因主要在于以下三个方面①：

第一，横向来看，广告仅仅是影响销售的众多因素之一，难以将其对销量的作用独立分开考虑。

第二，纵向来看，广告对销量的影响受许多中间层次变量的影响，难以确定在不同条件下哪一个中间变量对销售最为重要。

第三，广告对销量的影响具有时滞性（见图2－2）。

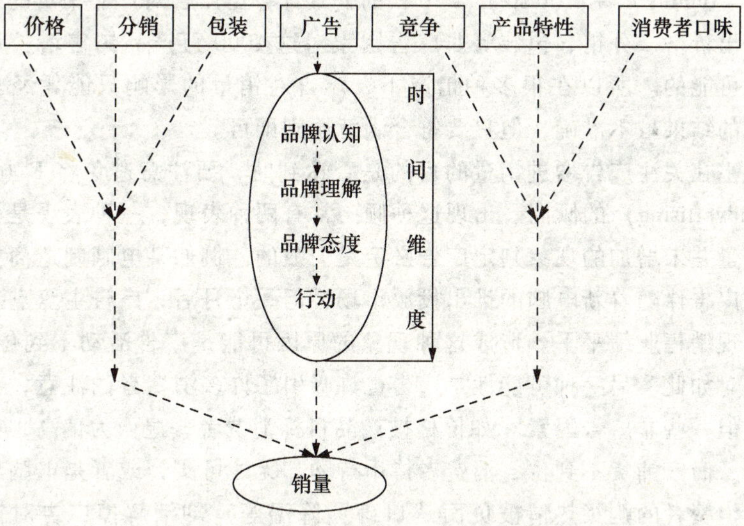

图2－2 广告促进销售的复杂机理

（1）广告只是促进销量的手段之一——木桶效应

价格、分销、包装、竞争、产品特性、消费者口味等与广告一样，都会影响到产品销量。可用函数表示为：

F（Sale）＝f（price）＋f（promotion）＋f（package）＋f（competition）＋f（quality）＋f（taste）＋f（advertising）＋…

形象地讲，如果将销量视为木桶中的水量，那么价格、分销、包装、竞争、产品特性、消费者口味、广告等均为箍成木桶的木板。木桶中水的多少不取决于

① 参见 Rajeev Batra、John G. Myers、David A. Aaker 合著，赵平等译：《广告管理》（第5版），清华大学出版社，1999年9月第1版，第69～96页。

某一块木板的长度，而是取决于最短那块木板的长度。同样道理，产品销量不取决于广告这一因素对销量的影响，而是取决于价格、分销、包装、竞争、产品特性、消费者口味、广告等诸多因素（尤其是对销量增长影响最小的那一因素）对销量的影响。

假定某商品2007年10月的销量为1000万，2008年10月份的销量为2000万，如果你不能确保除广告之外的诸因素（包括价格、分销、包装等）在2007年10月与2008年10月均保持不变，那么你就不能判断广告在这一年内为该商品广告主带来翻一番的产品销量。当然，如果你能准确地分离出价格、分销、包装等非广告因素对这1000万产品销售增长量的贡献，当然也可以用f（advertising）=F（Sale）-［f（price）+f（promotion）+f（package）+f（competition）+f（quality）+f（taste）+…］的公式计算出广告对产品销量的影响。可是，分离出价格、分销、包装等非广告因素对这1000万产品销售增长量的贡献几乎是不可能的。所以在很多种情况下，广告对销量的影响只能凭经验大体估算，估算的结果虽不准确，但只要符合满意原则即可。

广告主在关注广告增进销量的目的是否达到时，要注意避免将F（Sale）等同于f（advertising）的倾向。出现这种倾向常有两种表现，一种表现是根据广告投放后销量并未增加的现象判定广告必定是失败的。例如某电脑制造商推出一款新电脑，广告伴随着新电脑的推出投放市场，但一个月后，广告主盘点新产品的销量，发现销售业绩平平。造成这种现象的原因可能是广告活动不到位造成的，但并不绝对如此。另一种可能性是广告也许吸引了许多消费者的注意，甚至是购买兴趣，但一些非广告因素（如价格被产品目标消费者普遍认为偏高，或者分销渠道不畅，商家铺货不到位，消费者持币待购却无处可买，或者是电脑质量不过关，潜在消费者的购买热情被负面“口碑”降温等）却消解掉广告对销量的正向作用。在后一种可能性下，将销量并未增长完全归结为广告失败就有些不公平了。这种情况在日产汽车公司推出其新的豪华汽车“无限”（Infiniti）时的确曾发生过。日产汽车公司为该新豪华汽车投入一大笔广告预算后，在最初的一个月中销量并不大，许多人认为造成此种情况的原因在于广告的失败，但实际上广告吸引了相当多的人索取有关资料和走访经销商，许多人不买这款新车是由于经销问题造成的。

另一种表现是将广告投放后销量的增加完全归功于广告。例如在“给王老吉带来400%销量增长的广告”① 的案例中，介绍者称2002年底，生产王老吉的加多宝公司将广告业务委托给成美（广州）行销广告公司。随着“怕上火就喝王

① 草根网：《给王老吉带来400%销量增长的广告》，http：//www.20ju.com/content/V2524.htm，2006年12月。

老吉”广告语在媒体上的频频曝光，2003 年罐装王老吉的销售额比去年同期增长了 400%，从 2002 年的 1 亿多元猛增至 6 亿元，而且其产品开始走出广东和浙江。在央视广告播出后不久，全国各地的订单就如雪片般飞来。

再如，《金泰熙最新电视广告曝光　小脸美女带动产品销量》称韩国某饮品播出著名女演员金泰熙代言的广告片后，销量就创新高，2007 年累计销量达到了 1.5 亿瓶以上，2008 年第一季度每月的销售仍保持在 1500 万瓶[①]。

无论是王老吉的案例还是韩国某饮品的案例都表现出广告投放在前，销量增加在后的特点，即使根据经验判断出时间上存在先后顺序的广告与销量两个变量之间确实存在因果关系，但由于广告只是“销量木桶”上的一块木板，在不能确定价格、分销等非广告因素给定不变的情况下，绝对地将广告视为解释销量的充分条件显然欠妥。

也正是由于广告、价格、分销、包装、产品性能等因素对广告主最关心的产品销量的影响作用难以明确地分别评判，因此许多广告主或者是广告从业者都倾向于将广告视做整合营销的一个环节，有时甚至刻意强调整合营销，淡化广告。以整合营销代替广告自然有其合理性，但广告与其他营销工具相比，毕竟有着不一样的特点。广告还是应当作为一个独立的研究对象存在。

（2）广告对销量的影响受许多中间层次变量的影响——水滴石穿效应

广告对销量的影响受许多中间层次变量制约的现实增加了广告主判断广告是否有效的难度。

“通常广告并不直接导致预期的行为，而是在宣传、关联或劝导方面的作用更大，这些将导致预期的效果。”[②] 销量只反映广告影响消费者行为变量的结果。在广告的作用表现为销量增加之前，广告已开始影响到品牌认知、品牌态度等。众多研究者关注到广告的效果层次，譬如 DAGMAR（defining advertising goals for measured advertising results）构建出的“效果层次模型”为：

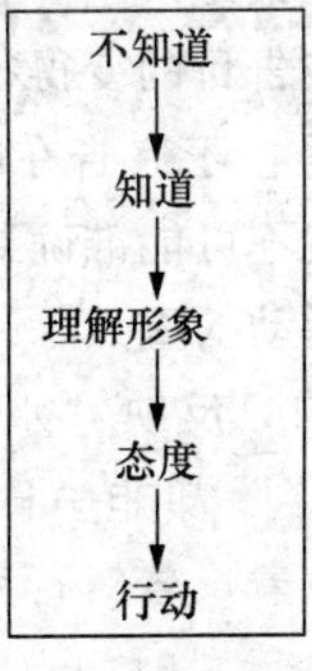

① 《金泰熙最新电视广告曝光　小脸美女带动产品销量》，http://www.hanyule.com/，2008 年 3 月。

② Rajeev Batra、John G. Myers、David A. Aaker 合著，赵平等译：《广告管理》（第 5 版），清华大学出版社，1999 年 9 月第 1 版，第 80 页。

20世纪20年代国际推销专家海英兹·姆·戈得曼（Heinz M. Goldman）总结的AIDA模型（也被称为“爱达”模型）认为，有效的人员推销应该能够吸引注意（attention）、激发兴趣（interest）、创造欲望（desire）、导致行为（action），随后又发展出AIDMA（Attention——注意，Interest——兴趣，Desire——欲望，Memory——记忆，Action——行动）模式。近些年，日本电通公司基于网络时代市场特征而重构出AISAS（Attention——注意，Interest——兴趣，Search——搜索，Action——行动，Share——分享）模式，其要点是，AISAS模式相比AIDMA模式，渴望和记忆被更加广泛地搜索取代了，并且增加了信息的分享环节（口碑）[①]。基于种种分层次的效果模式，广告销售目标的实现与否也应作为一个效果层次来衡量。

基于广告效果的多层次性，广告主常需制作不同的或补充的广告（作为广告活动的一部分）以应付广告反应中的“补偿原则”。所谓“补偿原则”是心理学家威廉姆·麦克魁尔提出的一个概念，用以指某则在吸引人们注意力方面很成功的广告作品可能在激发人们对广告产品兴趣方面没什么作用的广告反应现象。譬如使用明星代言人的广告虽因明星的存在而很容易吸引众人的注意，但由于看这则广告的人更多地注意了那个代言人而较少注意到广告产品。

广告主虽可投资系列广告以实现增加销售的最终目的，但广告主面临的一个困扰是因难以明晰广告效果模式各层次间转换的机制而无法准确判断其他层次的效果对销售到底有何意义。以AIDMA模式为例，该模式只是告诉人们，广告可以吸引注意、激发兴趣、创造欲望、促使记忆、导致行动，没有导致购买行动的广告也许在吸引注意（或者是激发兴趣、创造欲望、促使记忆）等方面作用非凡，但却未能清楚地表明怎样使注意到该产品的广告对产品产生兴趣，怎样使对产品产生兴趣的人产生需求欲望，怎样使产生需求欲望的人记住该产品，怎样使记往该产品的人真正购买此商品，最终产生广告主最希望得到的销量。也就是广告致效的多层次性使促进销售的广告目的变得很复杂。广告主难以判断广告促进销量之目的的实现在多大程度上得益于广告在吸引注意、激发兴趣、创造欲望、促使记忆等层面的效果，因而也就不可能准确判断在不同条件下哪个中间变量对销售最为重要，并应当成为广告活动的重点。

形象地说，广告对销量的影响只反映“水滴石穿”那一刻的情况，却不反映“石穿”之前的情况，但“石穿”却非一日之功。广告对中间层次变量（如认知、态度等）的影响又确实影响着广告对行为变量的影响。客观地讲，广告对销量的影响不应该被静态地看做是后一时间点 t_1 上的销量（St_1）与前一时间点

① 喻国明：《2007年中国传媒产业的三种转型》，报刊经营模式创新论坛，http：//finance. sina. com. cn/hv/20070425/16423540641. shtml。

t_0 上的销量（St_0）之差（可记作 F（S）$=St_1-St_0$），而应该被动态地看作各时间点上广告对各层次变量（认知、理解、态度、行为）所产生效果的渐次累积。由于广告对中间变量的影响如何转变为对行为变量的影响的机制不甚清楚，因此，要把握广告对即时销量的影响有着相当难度。

譬如某广告主 2008 年 3 月投 1000 万元做广告，当月的销量为 100 万件，4 月时的销量为 110 万件。假定价格等非广告因素保持不变，在这一个月内，增加销量的成本约为 1000 万元/（110 万件 -100 万件）=100 元/件。仅从促进销售角度看，这样的成本对广告主来讲过高，不过调查结果显示，虽然广告活动对促进销售没有明显效果，但在广告投放后，品牌认知率提高 50%、品牌理解提高 40%、品牌态度（喜爱该品牌）提高 20%。面对这种情况，如果广告主由于未看到预期的销量增加而决定停止广告投放，那么，已投入的 1000 万元广告费中的相当一部分就会变为沉没成本。如果广告主因相信假以时日广告在其他层面上的影响有可能外显为行动层面上的效果（购买）而决定增加广告投放，那么他也会因难以判断品牌认知、品牌理解、品牌态度方面的效果如何转化为销量的增加以及接下来的广告活动要着重针对哪个层面才能最有利于销量增加目标的实现等问题而犯难。

（3）广告影响销售的滞后性

广告影响销售的滞后性是指从广告投放到广告使消费者采取实际购买行为间存在着时间间隔的现象。譬如一个从 1 月开始历时 6 个月的广告活动对销量的影响可能要到 11 月时才表现出来。

广告影响销售的时间滞后性在不同的行业都有体现。有研究报告以某车的广告费用及销售量为例，利用 SPSS 统计软件，使用 Remove 方法，建立自回归滑动函数模型①：

$$y=15221.485+16.705x+8.776x_{t-2}+0.408y_{t-1}$$

$$(1.639)\qquad(3.192)\quad(1.394)\qquad(2.356)$$

$$R=0.745\qquad F=7.066\qquad D-W=1.850$$

y：某车的销售量；

x：某车的广告费用；

x_{t-2}：某车滞后二期的广告费用；

y_{t-1}：某车滞后一期的销售量，即前一期的销售量。

报告分析，从上面的函数模型可见：当期广告费用与当期销售量呈正相关关系。这是因为企业经过多年的市场经营，已经积累了一定的市场经验，对市场的

① 《浅谈广告效果的时滞性》，hc360 慧聪网汽车行业频道，http：//big5. chinabgao. com/gate/big5/www. chinabgao. com/freereports/2938. html。

季节波动有一定的认识，从而调整其广告的投放量；当期销售量与滞后二期的广告费用呈正相关关系，这是因为广告效果的滞后性是无法避免的，只是滞后时间的长短不同而已，从上面的模型可知该车的广告滞后期为 2 个月；当期销售量与前一期的销售量呈正相关关系，这与企业根据上期销售量定本期广告费用，从而影响当期销售量的现实相符。

广告滞后性的存在增加了广告主准确判断广告影响销量的难度，使广告主难以迅速做出关于投放量、投放重点的决策。

现实中常出现这样的情况，在广告投放持续一段时间后，广告主由于短时间看不到销量的增加，因而放弃继续广告投放，结果使已有的广告投放打了水漂。但是，也许再坚持一下，销量就会“柳暗花明”。

二、选票——政治广告主投资广告的最终目的

政治广告（特别是竞选广告）也需要大笔投入。1992 年台湾“立委”选举，候选人经费低则千万新台币，高则达两三亿新台币。1996 年 3 月，李登辉自导自演台湾“全民公投”，成为第 8 届“总统”。李连配候选，仗着媒体优势强化曝光率，李连配的旗帜看板遍布全省各地，选举文宣费用高达 20 亿至 30 亿新台币[①]。

表 2－1、表 2－2 分别列举了历年美国总统竞选费用和国会竞选费用。这些竞选费用中相当多的部分都用于在各种媒介（报纸、广播、电视、互联网）上做广告。

表 2－1　美国总统竞选费用　　单位：百万美元

年份	1960	1972	1980	1988	1992	1996
实际数额	30	138	275	500	550	700
不变数额（1960）	30	98	99	127	118	132

表 2－2　美国国会竞选费用　　单位：百万美元

年份	1986	1988	1990	1992	1994	1996
总额	400.6	408.3	403.7	528.3	615.4	652.6
民主党	193.8	220	214.9	285.5	301.7	304.5
共和党	206.1	187.2	187.8	238.3	309.5	348.1

资料来源：Roper Center，America at the Polls，1996，转引自张立平：《金钱与政治腐败——试论美国竞选经费改革》。

---

① 陈飞宝：《台湾大众媒体与政党权力之争》，《台湾研究》，1999 年第 4 期。

在西方国家，政治广告主的广告资本多来自政党或代理政党的政治候选人向个人或非政府的企业、组织所做的政治募捐而非国家，这一制度安排最根本的一个理念来源于自治。“既然政府组织从本质上来说是人民自己的事，从社区组织到县/市、州政府再到联邦政府，这一治理系统的层次不是由上而下形成的，而是自下而上形成的，而各级政府的建立最初都源于公民欲实行更有效的治理。因此，竞选费用自然应该依靠私人的或非政府的自愿捐款来负担。此外，用捐款而不是公费来竞选的另一个理由可能与美国个人主义传统有关，美国人喜欢将选择权交给个人，因为，公费表面上是由国家花钱，其实这些钱是纳税人的钱，它来源于公民和企业。捐款时，个人可以选择是否捐款、捐多少款、向哪一个候选人捐款，而公费则将决定权从公民手中拿走，统一给所有合格的候选人分配资金。”①

政治广告主投资的最终目的在于选票。政治人物借助广告树立起一个形象（image），创造出象征性的人格，为原本不属于经济领域的政治候选人加上商业价值，实现人格的商品化。商品化的人格变成一种符号，可在市场中被品评、销售、消费，从而使政治候选人得到选民的选票。

当然，与商业广告一样，竞选广告的投入（广告额）与产出（选票）间的关系难以准确度量。2008 年美国威斯康星大学麦迪逊政治学教授肯·戈尔德施泰因率领威斯康星大学“广告项目”团队分析 TNS 媒体信息调研公司调查数据，指出竞选效果不一定和广告开销成正比。罗姆尼堪称美国第 44 届总统选举中最富有的竞选人之一，他的竞选阵营估计他的个人资产在 1.9 亿到 2.5 亿美元之间。他在广告方面花费约为党内对手麦凯恩的 3 倍，预选成绩一度骄人。然而，在 2008 年 2 月 5 日“超级星期二”20 余场共和党预选中，他所获共和党全国代表大会宣誓代表票仅约为麦凯恩的 1/3，只能退出竞选。

[**参考资料**]

恶俗广告引起的思考：达到促销目的的广告就是好广告吗?

“好”与“坏”总是站在某一特定立场上作出的判断。同样的下雨天，对急需消除旱情的农民来讲是“好”事情，但对因雨天误了行程、失去一单重要合同的商人来讲，却是件“坏”事情。同样道理，由于广告主与消费者的切身利益与价值观并不完全一致，因此达到广告主促销目的的广告也许会令广告主欣喜不已，但却未必会让消费者赞其为“好”广告。恶俗商业广告便是典型例子。

① 张立平：《金钱与政治腐败——试论美国竞选经费改革》，《国际论坛》，2001 年第 5 期。

譬如脑白金广告。在2000年到2005年网络评选的“十大恶俗广告”中，脑白金一直占据着前三名的位置。脑白金电视广告片的每个版本几乎都围绕着送礼这一主题进行。虽然自脑白金广告片播出以来，观众不胜其烦，但不得不承认这则广告使1998年问世时只花了10万元进行商业广告投放的脑白金一跃成为全国性的强势品牌，并且创造出2000年销售额12亿元的市场奇迹①。

与脑白金广告“小恶见大恶”的是2008年春节期间播出的恒源祥广告。2008年2月6日（除夕）夜开始，北京奥运会赞助商恒源祥在全国多家电视台黄金时段播出一则长达1分钟的电视广告片，在这则广告片中，由北京2008年奥运会会徽和恒源祥商标组成的画面一直静止不动，广告语则由“恒源祥，羊羊羊”变成了“恒源祥，北京奥运会赞助商，鼠鼠鼠”，12生肖逐个下去，一路到“猪猪猪”，其单调创意和高密度播出，遭到许多观众炮轰②。该广告活动也算是恒源祥营销部门的案头格言——尽力压缩成本，创造“令人记住”的传播效果，重复、持续，宁愿被骂也不能被忘记——的一次应用。虽然并无确切数据表明这个饱受恶评的广告活动到底为销售做出了多大贡献，但如潮的评论也表明这则广告确实被人们注意到，并且记住了。

恶俗广告并非中国人之首创。追根溯源，早在20世纪30年代电台广播开始成为主流媒体的时候，英美烟草公司的总裁乔治·华盛顿·希尔就运用了这种恶心重复广告法。当时电台的播音员不断重复“幸运牌香烟顶呱呱”的广告语，令听众不得安宁。为了向公司内部反对这样做广告的人证明自己的方法有效，希尔有一次开董事会的时候，恶狠狠地往光可鉴人的会议桌上吐了一口浓痰，然后掏出手帕，一边擦一边说：“这样确实让人恶心，可正因为这样让人恶心，所以你一辈子都忘不了。”③

总而言之，恶俗广告如果因其“恶”其“俗”而被消费者注意到、记住了，甚至购买了，拉动了销售，对广告主来讲自然是“好”广告。但又因其“恶”其“俗”而引起观众的反感，对观众来讲却又是“坏”广告。同时，恶俗广告“好”与“坏”共存的两面也说明消费者对广告作品的恶评并不一定会导致其拒绝购买该广告商品，或者说消费者品评广告作品的标准与其决策是否购买时考虑的因素并不完全一致。

---

① 中国营销咨询网：《“脑白金广告”是怎样提炼成的?》，2007-05-01 08：01：31，http：//www.51cmc.com/article/AD-Criticism/200705/200705010801314530.shtml。

② 新华网：《恒源祥12生肖广告遭炮轰 观众称无法忍受》，2008-02-15 09：48：23，http：//news.xinhuanet.com/newmedia/2008-02/15/content_7609759.html。

③ [美]威廉·曼彻斯特：《光荣与梦想：1932～1972年美国社会实录》，海南出版社，2006年5月。

第二节 广告主的广告预算

在广告运作过程中，广告主非常关心的问题之一便是广告预算。预算是指经法定程序批准的政府、机关、团体和企事业单位对未来一定时期内的收入和支出作出的计划。广告预算简单地讲就是广告主对未来一定时期内广告支出与收入的预估与安排，是企业财务活动的重要内容之一。不过，需要注意的是广告预算更多考虑的是投入因素，其收入主要根据产品销量的增加、市场份额的扩大等因素，通过检测手段间接地计算出来，是一种事后行为。因此，在讲广告主确定广告预算的方法时，偏重介绍广告主如何确定广告支出。虽然在很多案例中，广告预算由广告主委托广告代理公司制定，但由于广告预算归根结底是广告主预算的支出，故此节安排在广告主一章内。

广告预算中最大的支出项目一般为购买媒体广告版面或时段的支出，除此之外，与广告有关的调查研究费、制作费、行政管理费等皆从广告预算中支出。美国人查尔斯·帕蒂（Charks Patti）和文森特·布拉斯科（Vinent Blasko）制定了黑表、白表、灰表，并认为白表是当然的广告费用，黑表不宜作广告费用，灰表则介于两者之间（见表 2-3）。

表 2-3 白表、灰表与黑表[①]

分 类	主要费用项目
白表（white list）	媒体版面、时间及费用、黄页广告、广告事前测试劳务、地方合作广告、企业广告、存储广告宣传资料、消费者比赛之媒体费
灰表（grey list）	广告资讯费、期刊订阅费、为消费者印商品目录、阅读率或视听众研究、给消费者的广告信函、广告部门旅行或招待费、不定期刊物广告版面、参加比赛空白表格费用、销售员工的广告辅助品、交互广告附件、财务广告、赠品处理费用、广告协会会费、广告部门薪水
黑表（black List）	入户分发样品、折价券回收费用、对经销商的广告信函、搭配推广商品费用、工业名单

一、确定广告预算的方法

广告主（或受广告主委托的广告代理公司）确定广告预算的常用方法包括销售百分比法、利润百分比法、销售单位法、竞争对抗法、市场份额法、目标任

① 转引自谭英双编著：《广告经济分析》，西南师范大学出版社，2000 年 8 月第 1 版，第 67 页。

务法、试验调查法、精确定量模型法、任意法等。其中最常用的是销售百分比法。

1. 销售百分比法

销售百分比法指根据前一年或前几年的平均值计算销售总额与广告支出总额的百分比，然后根据该百分比及下一年销售额确定所需用广告预算的方法。销售百分比法建立在一系列假设之上，譬如基期与预测期的销售结构、价格水平等情况基本不变、销售预测比较准确等。

销售百分比法计算公式为：

$$B_{(A)t}=\frac{E_{(t-n)}+\cdots+E_{(t-3)}+E_{(t-2)}+E_{(t-1)}}{S_{(t-n)}+\cdots+S_{(t-3)}+S_{(t-2)}+S_{(t-1)}}\times S_{P(t)}$$

其中 $B_{(A)t}$ 表示 t 年的广告预算。$E_{(t-n)}$ 等分别表示第 $(t-n)\cdots(t-3)$、$(t-2)$、$(t-1)$ 年的广告支出。$S_{(t-n)}\cdots S_{(t-3)}$、$S_{(t-2)}$、$S_{(t-1)}$ 等则表示第 $(t-n)\cdots(t-3)$、$(t-2)$、$(t-1)$ 年的产品销量。$S_{P(t)}$ 表示 t 年计划的产品销量。

如果只根据前一年的销售额与广告支出额确定百分比，则上述公式可简化为：

$$B_{(A)t}=\frac{E_{(t-1)}}{S_{(t-1)}}\times S_{P(t)}$$

举例来说，某公司 2006 年的广告经费与销售额分别是 100 万元和 300 万元，2007 年的广告经费与销售额是 150 万元与 400 万元，2008 年的广告经费与销售额是 200 万元与 500 万元，公司经理估计 2009 年的销售额是 600 万元，那么 2009 年的广告预算应该是：

$$\begin{aligned}B_{(A)2009}&=\frac{E_{(2006)}+E_{(2007)}+E_{(2008)}}{S_{(2006)}+S_{(2007)}+S_{(2008)}}\times Sp(2009)\\&=\frac{100\text{ 万元}+150\text{ 万元}+200\text{ 万元}}{300\text{ 万元}+400\text{ 万元}+500\text{ 万元}}\times 600\text{ 万元}\\&=225\text{ 万元}\end{aligned}$$

也有操作者简单地使用下面的公式：

$$B_{(A)}=[S_{(t-1)}+S_{P(t)}]\times x\%$$

$S_{(t-1)}$ 表示上一年的销售额，$S_{P(t)}$ 表示在接下来的一年内，可能增加或减少的销售额。x% 则为一个设定的标准百分比，该标准百分比根据广告主传统上的做法及整个行业的平均值制定。

举例：某广告主 2008 年的销售额为 5000 万元，根据对 2009 年市场需求的估计，2009 年的销量可能会增加 500 万元。广告主所在行业一般将 9% 的销售收入用于广告，如此一来，2009 年该广告主的广告预算大体为：

(5000 万元 + 500 万元) × 9% = 495 万元

在现实操作中，该方法还有许多不同的变身，但该方法总的特征就是根据以往的销售确定将来的广告预算。

为保证产品及本身的健康发展，企业通常将产品年销售额的2%～3%预算为广告费用。譬如春兰1997年的产值为110亿元，其广告费用为3亿元（约为2.7%）；扬子江药业1996年的销售额为7亿元，其广告投入为4500万元（约为6.4%）。当然，也有一些企业的广告预算与销售额严重失调，导致销售额难以承受广告预算之重。譬如1996年中央电视台标王秦池酒厂的年销售额只有8亿元，却将3.2亿元花在广告上（占销售额的40%），为日后危机埋下隐患。

一般而言，由于不同行业的产品特性、市场结构等存在差异，因此，其广告支出占销售额的百分比也各不相同，具体情况可参照表2-4①。

表2-4　各行业广告支出占销售额的百分比

行　业	广告支出占销售额比率（%）	广告支出年增长率（%）
空调、加热器、冰箱	1.5	2.6
服装和其他纺织品	5.6	9.1
汽　车	0.9	2.0
烘烤食品	9.9	-7.5
饮　料	7.5	6.9
书籍、出版和印刷	3.3	5.8
瓶装和罐装饮料及水	2.7	2.4
香　烟	4.4	-2.5
通信设备	1.5	-3.0
计算机及办公设备	1.2	1.9
计算机及软件批发	0.5	14.4
建筑机械设备	0.2	-1.1
百货商店	2.6	1.8
玩　具	15.1	14.0
金融服务	0.9	20.1
食　品	6.3	4.7
旅店、旅游	3.6	3.4
冰激凌及冷冻餐后食品	3.6	-1.1
保险代理服务	1.1	8.3

① 英友咨询·邵钦豪：《广告投放的数据化决策——从“盖中盖”的广告投放谈起》，《中国广告》，2000年第6期。

续表

行　业	广告支出占销售额比率（%）	广告支出年增长率（%）
珠宝店	4.3	-2.4
麦芽酒精饮料	5.5	-0.1
证券代理商	1.8	-17.1
香皂、清洁剂	9.9	8.3
女士及儿童内衣	4.2	9.6
女士服装店	2.6	1.9
报纸出版印刷	3.4	0.1
香水、化妆品	8.8	6.8
电话公司	1.9	1.3

注：广告花费与相应销售额并不存在一个变动不居的比例关系，此表中数据仅为2000年大概情况，仅供参考。

销售百分比法的优势在于，将广告投入与广告主最关心的销售直接挂钩，能令广告主满意，并且操作简单。

销售百分比法最大的缺陷就是倒“果”为“因”——假设销量导致广告，而不是广告导致销量。结果是，处于销售下降期时，使用这种方法预算广告经费的广告主将会减少广告投入，但是这种做法可能会进一步减少销售。除此之外，在选择特定百分比方面，除了过去的经验并没有任何合理的基础。客观地看，该方法所假设的前提条件多与现实情况不符（例如受市场供求、同业竞争以及国家宏观经济政策等的影响，产品的销售不可能准确预测）。尽管存在如此多的不足，销售百分比法还是凭着运用简便、能直观地反映出广告主对销量的追求和有利于稳定广告主在行业中的市场份额等优势而被普遍采用。鉴于广告预算本来就是一项在无数的不确定性中寻找相对可靠结论的任务，运用销售百分比法确定的广告预算虽不完全准确，仍比没有任何依据的臆测有价值。

利润百分比法与销售百分比法很相近，差别仅在于将销售百分比法中的销售额指标换做利润指标。

2. 竞争对抗法

竞争对抗法是广告主根据竞争状况并以竞争对手的广告费为基准来确定自己广告预算的方法。有研究表明，在同一范围之内，人们能够回忆起来的商品数在3~7个之间。在消费者的记忆中，接触次数越多的广告被回忆起来的位置就越靠前。与竞争商品相比的广告占有份额（Share of Voice，SOV）与回忆的排行有很大关系。形象地讲，广告投放量越大的广告主在媒体上发出的声音越大，如果你的声音不够响亮，很可能会被淹没掉。基于这样的理论，广告主可以采用竞争对抗法来确定自己的广告经费。

竞争对抗法是一种竞争博弈中的"tit for tat"方式的应对方法，由美国人R. H. 科利于1961年提出。该方法建立在企业之间广告同质、广告效果只与广告发布频次呈线性关系的前提之上。

竞争对抗法有两种计算方法：

1）市场占有率法。其基本公式为：

$$广告预算=\frac{对手广告费总额}{对手市场占有率}\times本企业预计市场占有率$$

假定某汽车公司竞争对手2008年的广告费总额为1000万元，市场占有率为10%，该汽车公司预计的市场占有率为20%，则其2008年广告预算应为2000万元。

2）增减百分比法。其基本公式为：

广告预算 =（1 ± 竞争对手企业广告费增减率）×上年广告费

假定某房地产公司竞争对手每年广告费的增加率约为2%，该公司上年广告费为1000万元，则其2008年的广告预算为1020万元。

采取竞争对抗法制定广告预算建立在对竞争对手广告投放数据的把握上。在现实操作中，由于竞争对手的广告预算常为商业机密，因此，广告预算制定者所依据的竞争对手的广告预算有时并不是具体广告费金额，而是监测得到的竞争对手广告的GRP（总收视率）数据。

图2－3显示的是A公司某罐装咖啡采用竞争对抗法确定电视广告投放的案例。纵轴表示GRP。A公司罐装咖啡的竞争对手主要是B、C、D三家公司，根据逐月数据，A公司只要将对罐装咖啡的广告投放量保持在4000GRP便可超过竞争对手。

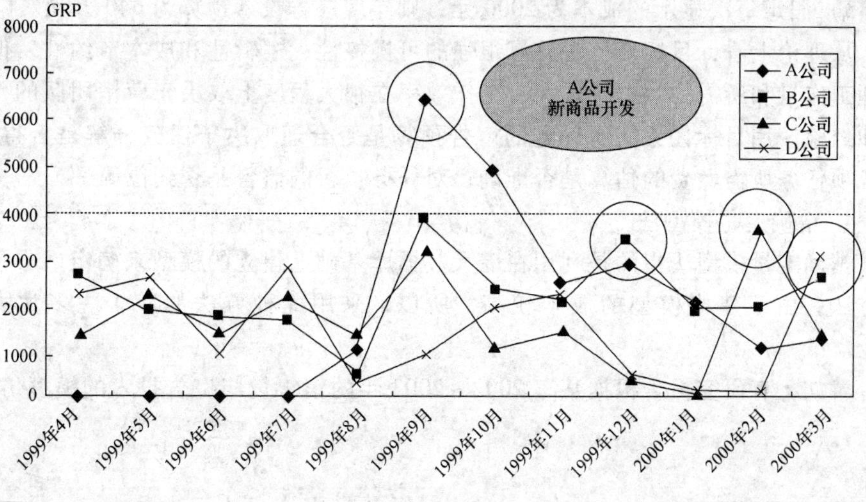

图2－3 某罐装咖啡采用竞争对抗法确定广告预算

注：案例来自电通公司。

这种方法的好处主要在于树立一个参照物，避免因相对落后而被竞争对手超越。但缺陷在于如果选择了错误的竞争对手或者对竞争对手的广告经费判断失误再或者竞争对手自身确定的广告经费不合理都会直接影响到自己广告预算的合理性。

3. 目标任务法

根据广告目标及达成此目标所需执行的各项任务来确定广告预算的方法为目标任务法。美国营销学专家艾伯特·弗雷（Albert Frey）总结这种方法的具体操作程序为：首先确定企业在特定时期内希望通过广告活动达到的短期目标与长期目标；确定潜在市场和消费者特征及其对企业产品的知悉情况及态度；根据市场和产品特点确定有效的媒介形式和广告实际暴露频次；确定广告费用。

下面请看用目标任务法确定广告预算的一个实例[①]：

某咨询公司曾与一家糖果公司共同研究，用目标任务法为一种新型口香糖制定一广告预算，步骤如下：

1）确定市场份额目标：400 万名消费者，即预计的市场潜在消费者（5000 万名）中的 8%。

2）通过经验及实验测试的方法确定关键指标。

假设：广告触及率为 80% 时，试用者成为忠实使用者的比率为 40%。

3）因此，在 80% 的有效受众中，需要被说服试用该产品的比率为 25%（400 万/40% =1000 万，5000 万 ×80% =4000 万，1000 万/4000 万 =25%）。

4）再通过经验及实验测试得到：必须对每个 1% 的目标受众进行 40 次显示，才能达到上述的 25%。因此 80% 目标受众，需要 3200 次显示。

5）假定每次显示的成本为 2000 元，则年度广告投入预算为 640 万元。

从理论上看，目标任务法具有很强的可操控性、逻辑性和成本节约性。但是管理工作量和所需的数据量较大、工作效率在很大程度上取决于营销团队的判断力和经验。用目标任务法所确定的广告预算是否合理取决于任务分解是否得当；对各项任务所需经费的估算是否准确；对任务执行的监督是否到位等。

4. 精确定量模型法

精确定量模型法指的是利用在庞大数据库基础上建立的模型来确定广告预算的方法。由于建构模型的成本较高，所以，采用此种方法的广告主多为大型企业。

譬如，有研究报告根据某车 2002 ~2003 年的销售量与广告投入的模型仿真，

---

① 英友咨询·邵钦豪：《广告投放的数据化决策——从“盖中盖”的广告投放谈起》，《中国广告》，2000 年第 6 期。

建立一元二阶函数①：

$$y = 10278 + 62.204x - 0.0171x^2$$

$$R_2 = 0.7027$$

y：某车的销售量；

x：某车的广告投入。

单从该函数公式来看，销售量随着广告投入的增加而增加（即 x 的系数为正），但是广告投入到达一定的量后，它对销售量的促进作用将减弱（即 x^2 的系数为负）。公式规整明确，但如果建立公式时所采用销售量与广告投入两组数据不能保证是在价格、分销等非广告因素既定情况下的数据，那么公式描摹现实的精准程度将打上折扣。尽管有此缺陷，用定量的方法估计广告对销量的影响仍不失为有价值的努力。

另外，也有一些调查公司或研究机构开发出一些广告预算软件系统，广告主利用广告预算软件系统制作广告预算应属于精确定量模型法的范畴。北广准星科技有限公司研发的“预算奇才”（Smart Budget）系统是众多广告预算软件系统之一。该系统通过建立广告效果与媒介投放 GRP 及相关成本的关系，以广告 ROI（Return on Investment，投资回报率），即每单位成本的广告效果的最大化为目标，采用非线性优化技术，决定广告的最佳预算②。

量入为出法即把自己所有剩余资金都投到广告上的方法。一般资金有限又准备推出新产品或服务的小公司会用此法。

总的来看，制定广告预算是项既需要动用理性、逻辑，又需要动用感性、经验直觉的工作。制定广告预算本身也需要成本投入，一般来说，所采用的预算方法越理性、复杂，制作广告预算的成本越高，所采用的预算方法越感性、简单，制作广告预算的成本就越低。但是，需要注意的一点是，花高成本使用复杂方法（如精确定量模型法）制定的广告预算未必一定会比使用简单方法（如量入为出法）制定的广告预算带来的广告效果好。

二、广告预算的作用

预算广告经费本身就是个在无数不确定性中寻找相对确定性的事情，因此，以上所提及的各种方法虽都有不尽如人意之处，但毕竟还是为广告主提供了一种有相对依据的解决途径。

具体来讲，广告预算的作用表现在以下几个方面：

---

① 《浅谈广告效果的时滞性》，hc360 慧聪网汽车行业频道，http：//big5.chinabgao.com/gate/big5/www.chinabgao.com/freereports/2938.html。

② 夏征宇：《理性的世纪　理性的回归——谈广告投资回报率预测与广告预算制度的模型化方法及应用系统》，《中国传媒经济》（第 2 辑），第 36 页。

首先，使广告活动表现出一定的科学性。有人说，广告既是一门艺术，又是一门科学。如果说广告创意人员创意广告作品的活动更多地体现出广告的艺术性的话，广告预算人员采用一套规范程序制作广告预算的活动便体现出更多的科学性。艺术主要凭经验与直觉从事，科学则遵循一定的程序，表现出一定的信度与效度。在同一种预算方法下，不同的预算者采用同一套数据，可以大体得到相似的结论。当然，广告预算毕竟不像自然科学那样严密整饬，其间或多或少地夹杂些经验与直觉的判断。尽管如此，广告预算使广告花费不再是某个人一拍脑瓜蹦出的数据，而是依据某一方法、某套数据得出的具有一定科学性的结论。

其次，反映广告主广告活动的范围与方向，确保广告费用的配置方式最符合广告主的利益。俗话说"巧妇难为无米之炊"，广告活动受制于预算的支出。预算规模的大小直接反映出广告主可以开展的广告活动的范围与深度。假设 A 广告主预算的广告经费仅为 100 万元，那么广告主在确定广告投放时间、广告媒体组合时，必须要考虑到 100 万元预算的约束。为使问题简化，假定 A 广告主需要将这 100 万元分别配置到媒体购买与创意制作两项工作中，媒体购买以 10 秒为单位，平均每 10 秒广告时段的费用为 10 万元，创意制作服务以 100 小时为单位计费，每 1 单位的花费为 5 万元。如此一来，广告主可以采用以下各种组合花费 100 万元广告预算（见表 2－5）。

表 2－5　广告主可能的几种消费组合

	媒体购买量（秒）	创意服务购买量（小时）	媒体购买支出（万元）	创意购买支出（万元）	总支出（万元）
组合一	100	0	100	0	100
组合二	80	400	80	20	100
组合三	60	800	60	40	100
组合四	40	1200	40	60	100
组合五	20	1600	20	80	100
组合六	0	2000	0	100	100

表 2－5 中的组合方案实际上都落在图 2－4 所表示的预算约束线 AB 上。预算约束线外的 C 点因超过 100 万元的预算而难以实现（譬如创意需要 100 万元请一名当红明星做代言人），预算约束线内的 D 点因没有充分利用 100 万元的预算而不理想。E 点落于预算约束线上，为可实现的广告预算组合方案。据此可以首先判断不在预算约束线上的各种预算方案都应被排除。接下来的一个问题是应该选择落于预算约束线上的哪种预算方案。预算组合一与组合六首先应被排除，因为没有创意的广告或者是没有媒体购买的广告都无法实施，无法产生实际效果。

假定组合二、组合三、组合四、组合五分别能使销售收入增加 90 万元、100 万元、80 万元、60 万元，则组合三的配置方式显然最符合广告主的利益。

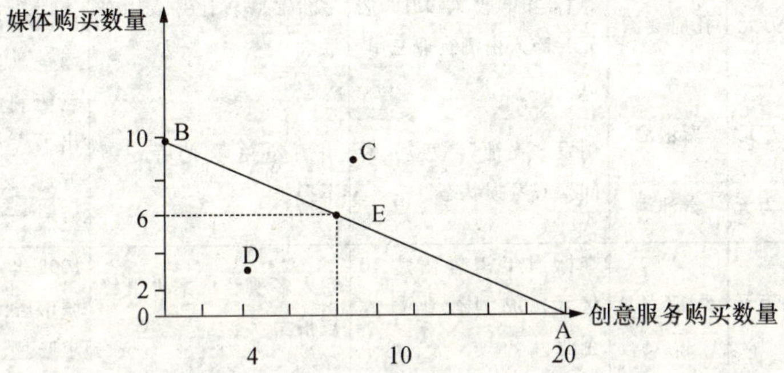

图 2-4 广告主的预算约束线

再次，为评价广告投资效果提供依据。一般认为，一项投资的投入产出比越高，则该项投资越划算。获得投入量的数据当然是计算投入产出比的前提条件。检测广告效果的方式有许多种，最直接的一种方式便是计算广告作为一项投资的投入产出比，常用的方法是将广告带来的销售额上升幅度与广告投入进行比较，此时，广告投入就充当了广告效果检测的基数，只有明确了一项广告投入情况，广告效果的评价才有意义。

[**参考资料**]

昔日“标王”今安在?

相对小广告预算来说，大广告预算当然可以为广告活动提供更多的腾挪空间。但是大广告预算未必一定会给广告主带来令人满意的销售业绩。这一点从昔日一些在广告上一掷千金的“标王”身上可略见一斑（见表 2-6）。

自 1995 年起，中央电视台广告部开始通过招标的方式选取“标王”。所谓“标王”就是在某年度中花最多广告费拿到中央电视台最贵广告时段的广告主。表 2-6 显示 1995~2005 年中央电视台历届“标王”的情况。除 2004 年、2005 年的“标王”蒙牛和跨国公司宝洁外，其他“标王”多在昙花一现之后或“泯然众人矣”或干脆销声匿迹了。

以秦池酒为例，该酒厂本是山东一家县属酒厂，1995 年该厂斥巨资夺得 1996 年中央电视台黄金时段广告“标王”，1996 年销售业绩直线上升，销售收入、利税分别为 9.5 亿元和 3.2 亿元，是上年的 5 倍和 6 倍；秦池酒厂 1996 年以 3.2 亿元再夺 1997 年度“标王”，但却风光不再。3.2 亿元“标王”费约占该厂

表 2-6 央视历届“标王”情况简表①

年份	中标价	标王	投标前期	投标后期	行业发展
1995	3079 万元	孔府宴酒	夺标当年收入 9.18 亿元，跨入白酒行业三甲	零价品牌转让并入山东联大	1995 年，白酒产业是中国的热门行业，白酒企业当时可以获得巨额利润，全国涌现出了大小白酒企业 4 万多家，竞争空前激烈
1996	6666 万元	秦池酒	引发“秦池”效应，瞬间摆脱亏损状态	川酒勾兑曝光后一蹶不振	
1997	32000 万元	秦池酒			
1998	21000 万元	爱多 VCD	夺标当年销售额达 10 亿元，成为行业最大企业	卷入多项经济案件最终被拍卖	1998 年彩电普及后，城市居民对 VCD 的需求旺盛。产业界形成 VCD 热潮，VCD 企业在同一时期兴起，竞争十分激烈
1999	15900 万元	步步高	取代爱多，成为行业第一	失去入围前十名资格	
2000	12600 万元	步步高			
2001	9350 万元	娃哈哈	依靠小孩厌食饮料迅速崛起，是当年纯净水市场的第一品牌	品牌老化和局限已日渐明显	在 2000 年前后，饮料行业代表企业如娃哈哈、农夫山泉等迅速崛起
2002	7874 万元	娃哈哈			
2003	10889 万元	熊猫	产销量大幅提升，仅上半年就完成百万目标	销量小、研发弱、前景堪忧	2003 年手机产业掀起热潮
2004	31000 万元	蒙牛	凭借区域心智资源优势，随着乳制品行业的渐兴而崛起		
2005	38515 万元	宝洁	首个参加投标的国际品牌		

1996 年销售收入的 30%，利税的 100%。广告预算大则大矣，广告主却难以承受其重，1997 年秦池酒厂不堪广告费重负，被迫中途转卖广告时段。

那些早已成为明日黄花的“标王”的经历说明：第一，广告预算应当具有科学性。第二，广告应与产品、分销等其他营销元素相互配合，才能取得最好的投入产出效应。

第三节 广告主投资广告时关心的两个问题

广告主投资广告时所关心的问题很多，这里只谈两个问题：广告的边际收益与双头垄断市场结构中广告主间的博弈。

① 陈晟强：《招标的错?》，《大市场——广告导报》，2005 年 4 月，第 106 页。

一、广告的边际收益

广告主的最终目的在于销售，广告主经常面临的问题不是要不要投放广告的问题，而是是否再多投放一单位广告的问题。后一个问题关注的就是广告的边际收益——额外增加的广告投入是否会引起相应比例的销量增加。简单地讲就是，如果广告主将广告投放翻一番，是否会使销量翻一番甚至更多。

广告的边际量有时以物理形式来衡量（譬如将广告篇幅或时段扩展一倍，是否会使销量增加一倍），有的则以广告花费来衡量（譬如广告经费增加10%是否会使销量增加10%甚至更多）。不过，这种差异并不影响对广告边际收益问题的讨论。

一些经济学家认为广告的边际收益是递增的。市场营销和研究者一般也都认同这一观点。广告从业者更是相信广告存在边际收益递增，至少在某些情况下如此。支持广告边际收益递增的最强有力的观点来自心理学。钱伯林（Chamberlin）将支持广告边际收益递增的心理学观点及其他观点归结如下①：

第一，（广告）肯定会控制购买者的意识，当广告控制了购买者的意识时，额外的广告花费就会产生递增的收益。

第二，当组织的总支出增加时，广告花费也增加……对更多资源的利用意味着利用这些资源时的专业化程度更高。

第三，最有效的媒介可能是那些需要花大量广告费才能使用的媒介。随着广告费的增加，广告费可以被持续花到更有效的媒介上，如此一来，成本曲线就会表现出收益递增的倾向。

第四，最有效的媒介选择可能涉及几种媒介的组合运用。

泰斯勒也曾提到受广告刺激出现的口口相传（word of mouth）的信息交换可能使广告的边际销量递增②。

广告边际收益递增也得到一些实证研究的支持。

斯特沃特（Stewart）发布的一则报告称："也许该项研究最重要的发现是广告要取得有效的购买效果必须重复。与品牌认知迅速增长形成对比的是，在品牌认知转化为购买行动之前存在一个时间差。例如，直到第15个每周连续播出的广告出现之后，花在每个额外卖出产品上的广告成本才最低。如此一来，在此测试条件下，只有三四个插播广告的广告活动极其无效，而持续重复则会增加广告

---

① Chamberlin, Edward: The Theory of Monopolistic Competition: A Reorientation of the Theory of Value. Cambridge. Mass: Harvard University Press. pp. 133 – 134. 转引自：Julian L. Simon: Issues in the Economics of Advertising, University of Illinois Press, pp. 3 – 22。

② Telser: The incidence of Advertising in Manufacturing Industries, Oxford Economic Papers, March, 1966.

支出的效率。”①

“持续的广告接触形成被消费者认知的有利状态，因此在广告支出持续增加并达到最高点时，广告主马上停止投放广告，此时新增一名尝试者（尝试购买 Sara Lee 鸡的消费者）的成本最低。”②

虽然广告边际收益递增被广泛接受，但某些研究得出的结论恰恰是广告边际收益递减。泰斯勒研究了第二次世界大战前三大香烟品牌的销售与广告间的关系。该研究考虑了广告的滞后效应，并对广告与销售做了回归分析。泰斯勒发现：“回归分析……支持广告费大得足以使厂商的广告边际效力（Marginal Effectiveness of Advertising）递减的假设。”③

另两项采用控制实验法所做的实证研究也证明了广告边际效用递减的假设。

控制实验一：杜邦公司的特氟纶实证研究。

杜邦公司是开展广告定量研究的先驱之一。一次早期的实验开展于 1962 年秋季，是关于广告对特氟纶炊具的促销效果的研究。实验设计是这样的：选择 4 个城市在数月内每周接受 10 分钟的白天商业广告；5 个城市每周接受 5 分钟的广告；4 个城市作为控制组，不接受广告。各城市随机地并入三个实验组。销售数据采集是通过电话访问每个实验城市的 1000 名家庭主妇，询问购买特氟纶炊具的情况。结果如下：广告最多的城市的销量高出广告少和不做广告城市销量的 30%。为了确定广告的持续效应，该实验于 3 个半月后又重复了一次，结论不变。该实验结果一方面证实广告在一定程度上能增加产品销量和市场占有率，但另一方面也证实了广告投入增加一倍并不能使销量增加一倍④。

控制实验二：密苏里山谷石油公司的减少广告的实验。

该实验采用了四组实验城市。第一组接收 50% 的常规广告量；第二组接收 2 倍于常规的广告量；第三组接收 3 倍的广告量；第四组作为控制组，接收常规的广告量。减少广告量的实验组的市场销量与控制组的销量没有显著的差异，从结果可知，广告量可以削减一半，并且不会影响销量。广告量为控制组 2 倍的实验组在第一年的销量增长 17%，第二年增长 23%，第三年增长 36%。广告最多的实验组在这三年中的销量增长分别为 16%、11%、16%。该实验说明随着广告量的增加，销售反应曲线反而下降⑤。该实验再次直观地证明了广告边际收益递减。

① Stewart, John Benjamin: Repetitive Advertising in Newspapers: A Study of Two New Products. 1964, Boston: Harvard University, Gaduate School of Business administration, Abrstrct, p. 295.

② Stewart, John Benjamin: Repetitive Advertising in Newspapers: A Study of Two New Products. 1964, Boston: Harvard University, Gaduate School of Business administration, Abrstrct, p. 293.

③ Telser, Lester G.: Advertising and Cigarettes, Journal of political Economy, 70 (October), pp. 471 - 499.

④⑤转引自王恭容、白平：《较切合实际的广告预算方法》，《四川经济管理学院学报》，2005 年第 4 期。

另一较有说服力的研究来自史瑞尔（Shryer）。史瑞尔用实证方法比较了重复投放直邮广告的结果，得出结论："在一新杂志中不管以什么形式刊登的第一则广告作品的效果会好于以后在同种杂志中刊登的同一则广告作品的效果。"①

例如某广告主分别在2月6日、2月27日、3月6日和3月12日分别花90美元在芝加哥 Examiner 上刊登广告作品，这三次投放分别带来的订单是258份、94份、57份和25份。这四次投放的广告投入在增加，但是带来的收益却逐渐减少，以致使每份订单的广告成本由0.35美元增至3.60美元。

1950年施瓦布（Schwab）的研究再次证实了史瑞尔的发现。施瓦布估计一个全页广告作品刊登后的30~90天内再次刊登该广告作品所拉动的销量只是第一次广告的70%~75%。在短时间内的第三次刊登所拉动的销量只是第一次的45%~50%②。

史瑞尔还发现，花在小幅广告作品上的每一美元产生的回报高于大幅广告作品。

从以上讨论可以看出，关于广告边际收益的讨论莫衷一是。除直邮的证据较有说服力地证明了广告的边际收益递减外，其他无论是广告边际收益递增还是边际收益递减的例子都有可辩驳的地方，这再次证明了广告与销售间关系的复杂性。

二、双头垄断市场结构中广告主间的博弈

SCP分析认为，市场结构会影响到市场主体的行为，而市场主体的行为则影响其绩效。广告属于广告主的行为之一，因此从理论上看，广告主的广告投放行为受到市场结构的影响。

市场结构可以简单地被认为是产品及其替代品的竞争结构。梁小民认为，可以三个标准来划分市场结构：第一个标准是市场集中率，即大企业对市场的控制程度。判断市场集中率有两个客观标准。一个是四家集中率，即一个市场上最大的四家企业所占的市场份额，用这四家企业的总销售额除以整个市场的总销售额即可算出。例如，某个市场总销售额为1000亿元，其中最大的四家企业销售额之和为600亿元，这个市场的四家集中率就是600亿/1000亿=0.6。另一个是赫芬达文·赫希曼指数（HHI），计算方法是在一个市场上取50家最大的企业（如果没有50家，就全取），把它们每家市场占有率平方求和。例如，某行业中最大的企业市场占有率为9%，其后依次为8.7%、8%……第50家为0.15%，则 $HHI=9^2+8.7^2+8^2+\cdots+0.15^2$。这两个标准可以准确地衡量一个市场的市场集

① Shryer, William A.: Analytical advertising, 1912, Detroit: Business Service Corporation. p. 347.

② Schwab, Victor O.: Successful Mail-Order Advertising, 1950, In Roger Barton ed., Advertising Handbook, New York: Prentice-Hall, pp. 579-615.

中率。

第二个标准是进入限制，即企业能否自由进入或退出一个市场。一般来说，一个市场进入限制越低，越容易进入，竞争程度就越高；反之，如果进入限制越高，则越难进入，垄断程度就越高。

第三个标准是产品差别。产品差别指同一种产品在质量、外形、包装、品牌、服务等方面的细微差别。1933 年美国经济学家张伯伦在出版的《垄断竞争理论》一书中首次提出产品差别的概念。张伯伦强调，有产品差别就会引起垄断，因为有差别的产品可以用自己的产品特色垄断一部分消费者，即垄断自己的目标客户①。

根据这三个标准，市场结构可以被划分为完全竞争、垄断竞争、寡头、垄断四种。这四种市场结构的划分和特征如表 2－7 所示。

表 2－7 四种市场结构的划分和特征②

市场类型	厂商数目	产品差别程度	对价格控制的程度	进出一个行业的难易程度	接近哪种商品市场
完全竞争市场	很多	完全无差别	没有	很容易	一些农产品
垄断竞争市场	很多	有差别	有一些	比较容易	一些轻工产品、零售业
寡头市场	几个	有差别或无差别	相当程度	比较困难	钢、汽车、石油
垄断市场	唯一	唯一的产品，且无相近的替代品	很大程度，但经常受到管制	很困难，几乎不可能	公用事业，如水、电

第一章中“广告的经济作用”一节已谈及广告对市场集中度、进入壁垒、产品差异的影响，广告对这三个因素的影响直接反映出广告对市场结构的影响。此部分着重谈市场结构对广告投放的影响。

在完全竞争市场结构下，企业是价格的接受者，所售商品的价格 = 边际成本 = 边际收益。企业拿到的仅是平均利润。而在垄断的市场结构下，企业可以拿到垄断利润，获得更大竞争优势。正因为如此，如果广告主相信可以借助广告使市场结构由完全竞争转为垄断的话，投放广告自然是不错的选择。

---

① 梁小民：《划分市场结构的三个标准》，2004 年 10 月，中国经济学教育科研网，http：//www.cenet.org.cn/article.asp？articleid = 15940。

② 高鸿业等：《西方经济学》（第 2 版），中国人民大学出版社，2000 年 4 月第 2 版，第 209 页。

如果说竞争市场结构下企业做广告很容易理解的话，双头垄断市场结构中广告主如何选择呢？

假定某一双头垄断市场的容量一定，市场中 A、B 两厂商除广告之外的其他条件均相同，如果让其在做广告还是不做广告间做出选择的话，结果会怎样呢？

请看两厂商的收益（利润/年）支付矩阵（图 2-5）。

该矩阵显示，如果两厂商都不做广告，它们瓜分市场，各得 4 亿元利润。如果两厂商都做广告，它们仍然瓜分市场，但由于都要承担广告费用，利润减少了，都只拿到 3 亿元利润。如果一家厂商做广告而另一家不做，做广告者将把另一家的顾客吸引过来，因而得到超过一半的市场利润（5 亿元），不做广告者只能拿到 2 亿元利润。显然，无论对厂商 A 而言还是对厂商 B 而言，做广告都是其优势战略，所以策略组合（做广告，做广告）将是 A、B 博弈的纳什均衡解，双方都愿意选择。

		A厂商	
		做广告	不做广告
B厂商	做广告	(A，B)：(3亿元，3亿元)	(A，B)：(2亿元，5亿元)
	不做广告	(A，B)：(5亿元，2亿元)	(A，B)：(4亿元，4亿元)

图 2-5 A、B 两厂商的支付矩阵

上述分析反映的是两寡头一次性博弈的结果。现实情况却是市场中两厂商将进行长期反复的博弈。虽然重复博弈形式上是基本博弈的重复进行，但博弈的行为和结果却不一定是基本博弈的简单重复，因为博弈双方对于博弈都有重复进行的意识，会使他们对利益的判断发生变化，从而使他们在重复博弈过程不同阶段的行为选择受到影响，因此，需要把整个重复博弈过程作为整体进行研究。现在假设 A 厂商与 B 厂商每月进行一次同样的博弈。当他们最初达成不做广告的协议时，还规定，如果一方违约他们以后会永远选择做广告。如此一来，每个人都知道，假定全年利润在各月份平均分配，欺骗会使自己的利润从 0.33 亿元（4 亿元/12）增加到 0.42 亿元（5 亿元/12），但这种利益只能维持一个月，以后，利润将变为 0.25 亿元（3 亿元/12），并停留于此水平上。只要参与者都非常关心未来的利润，他们就会放弃欺骗一次获得暂时利益的做法，而选择合作。

我们从现实生活中经常能观察到双头垄断市场中的厂商选择了都做广告的策略组合，譬如可口可乐与百氏可乐。如何解释此种现象？

解释此现象的关键不在于否认双头垄断市场中的厂商将会进行长期反复的博弈，而在于看到潜在市场进入者造成的威胁。我们可以将 A、B 视为在位企业，在广告支出同销售收益呈正相关关系且市场容量一定的假设下，如果在位企业不做广告，而新进企业做广告，那么新进企业将瓜分走部分市场份额，从而损害在位企业的利益。如果在位企业做广告，则可以抢先做广告获得先动优势，增加新进企业的市场进入成本，形成进入壁垒，从而保护自己已有的市场份额。从这个意义上说，广告不再是在位寡头厂商争夺市场份额的工具变量，而是为阻止第三方进入以维护既得利益所进行的一项长期投资。但是这是否就意味着寡头市场结构中的厂商必定会选择做广告呢？未必。如果有法律规定某一行业内的厂商均不许做广告的话，寡头市场结构中的厂商就可以顺利地摆脱困境，使自己的状况更好。因为法律也适用于新进入者，在位厂商不用担心新进厂商通过做广告分走自己既有的市场份额。此理论也在现实中得到印证。1971 年，美国国会通过了禁止在电视上做香烟广告的法律。该法律实施后，香烟广告减少了，而烟草公司的利润反而增加了。这样的结果令许多观察者开始明白为何烟草公司未利用自己在政治上的影响力抵制禁止在电视上做香烟广告的法律。

[辅助阅读]

广告是盐①

俗话说，好厨子一把盐，坏厨子也是一把盐。对企业来说，广告就是这把盐。

启发我的这则《百喻经》中的寓言题为“愚人吃盐”。说的是，有一个愚人到别人家去做客，他嫌菜没有味道，主人就给他加了点盐。菜里加盐以后，味道好极了。愚人就想：“菜之所以鲜美，是因为有了盐。加一点点盐就如此鲜美，如果加更多的盐，岂不更加好吃？”回家之后，他把一把盐放进嘴里，结果又苦又咸。我把广告比为盐，这则寓言或许可以这样理解，某企业产品销售不好，别人让它做广告。企业做广告后，销路打开。于是就想，做一点广告效果如此之好，做更多广告岂不更好？于是就争得了中央台的广告标王，结果企业垮台了。说得更具体一点，这不就是秦池酒吗？

广告对产品销售的作用正如盐对菜味的作用一样。但菜味道好坏的基础还是菜本身，如果用烂白菜叶子或臭鱼烂虾去做菜，盐加得再适当也没用。同样，广告起作用的基础还是产品的特色与质量。

许多企业的误区正在于混淆了广告与产品的关系。菜的好坏关键在菜本身，

① 摘选自梁小民：《寓言中的经济学》，北京大学出版社，2005 年版。

产品销售好坏的关键也在产品。名牌企业之所以成为名牌，主要靠的不是广告，而是产品。只有做出有特色的好产品，广告才起作用，没有好菜往哪儿加盐呢?谁都知道耐克是名牌，但这个名牌首先是做出来的，而不是靠广告吹出来的。产品的特色与质量是企业的生命，也是产品销售成功的基础。广告是锦上添花。

当然，菜再好也离不了盐，产品再好也要广告宣传。广告对产品销售的成功有重要作用，我们经常说这是差异化战略。这就是说，企业要创造出有自己特色的产品。有些产品的特色容易辨认，例如外形、包装上的变化，但有些产品的特色并非一目了然，比如内在的质量差别。而且，一种产品是否有差别还取决于消费者的认知程度。简单说，只要消费者认为某种产品有特色，它就有特色，而无论它与其他产品有多少差别。广告正是要把细微的产品差别告诉消费者，或者让消费者感觉到，实际上产品并没有多大的差别。

在现代社会里，名牌本身就是无形资产，名牌产品既是质量的保证，也是消费者某种身份的象征。创名牌固然靠产品好，但也离不开广告。没有巨大的广告投入和成功的广告设计，再好的产品也难以成为名牌。需求的广告支出弹性在正常情况下为正数，正是因为广告的这些积极作用，这也正是现代社会中广告支出日益增加的原因。如果运用适当，广告支出引起的需求量增加的百分比大于广告支出的百分比，就称为广告支出富有弹性。这才是成功的广告。

把广告比为盐，就要掌握一个度。俗话说，好厨子一把盐，坏厨子也是一把盐。看来做菜的秘诀之一在于盐放多少，如何放。所以，菜谱上总讲放盐“适量”。对企业来说，广告就是这把盐，多了不行，少了也不行。厨师放盐靠的是经验，不同的行业和企业做多少广告和如何做广告，固然有些理论指导，但关键也是经验。

本章小结

广告主是广告活动的发起者与投资人。商业广告主投资广告的最终目的在于促进销售；政治广告主投资广告的最终目的则在于选票。

广告之所以能带动销量是因为广告是质量保证的信息；广告可以疏通中间商（批发商、零售商）渠道；广告塑造的品牌形象可以让消费者更青睐品牌产品，对品牌产品的质量更放心。

广告促进销售的机理很复杂。横向来看，广告仅仅是影响销售的众多因素之一，难以将其对销量的作用独立出来。纵向来看，广告对销量的影响受许多中间层次变量的影响，难以确定在不同条件下哪一个中间变量对销售最为重要。此外，广告对销量的影响具有时滞性。正因为如此，整合营销广受广告主的青睐。

广告主（或受广告主委托的广告代理公司）制定广告预算的方法很多，最常采用的是销售百分比法。销售百分比法建立在一系列假设之上。其优势在于将广告投入与广告主最关心的销售直接挂钩，能令广告主满意，并且操作简单；最大的缺陷就是倒“果”为“因”——假设销量导致广告，而不是广告导致销量。竞争对抗法是广告主根据竞争状况并以竞争对手的广告费为基准来确定自己的广告预算。根据广告目标及达成此目标所需执行的各项任务来确定广告预算的方法便为目标任务法。精确定量模型法指的是利用在庞大数据库基础上建立的模型来确定广告预算的方法。广告预算的作用是使广告活动表现出一定的科学性；反映广告主广告活动的范围与方向，确保广告费用的配置方式最符合广告主的利益；为评价广告投资效果提供依据等。

一些经济学家认为广告的边际收益是递增的，市场营销和研究者一般也都认同这一观点。广告从业者更是相信广告存在边际收益递增，至少在某些情况下如此。但也有不少实证研究证明广告的边际收益是递减的。

从博弈论角度看，双头垄断市场结构中 A、B 厂商静态博弈的纳什均衡解是双方都愿意选择做广告。但在多次博弈的情况下，只要参与者都非常关心未来的利润，他们就会放弃欺骗一次获得暂时利益的做法，而选择合作。可在现实中不少双头垄断市场中厂商仍选择做广告的策略，解释此现象的关键不在于否认双头市场中的厂商将会进行长期反复的博弈，而在于看到潜在市场进入者造成的威胁。如果法律规定某行业所有厂商都不能做广告，则在位企业不必担心新进入者会瓜分走部分市场份额，当该行业在位企业都放弃做广告时，在位企业的利润有可能普遍提高。

思考与操作

1. 为什么说商业广告主做广告的最终目的在于促进销售？

2. 广告为何可以促进销售？

3. 假使你是某广告代理公司客户主管，所负责的广告主希望今年的销量可以较去年提高 10%，你根据销售百分比法确定广告主应为此预算 5000 万元广告费，这笔广告预算的投放时段是今年全年。自 1 月 1 日 ~2 月 28 日该公司共投放 1000 万元广告费，3 月 10 日的一份调查报告显示，该公司的 3 月销量较去年同期并无太大变化，广告主对此颇有怨言，请考虑你将如何确定问题出在哪里？如何向广告主解释？

4. 请设计一个可以验证广告边际收益的试验。

5. 双头垄断市场结构中的厂商为何会积极投放广告？

第三章　广告代理公司

【本章概要】

广告代理公司的概念

广告代理公司的历史发展

广告代理公司的分类

广告代理公司的收费方式

广告代理公司进入海外市场的动力以及考虑因素

跨国广告代理公司在中国的发展

【学习目标】

了解广告代理公司的发展

把握不同类型的广告代理公司的经济优势与劣势

了解广告代理公司的不同收费方式

分析广告代理公司拓展海外市场的动力以及考虑因素

随着商品经济的日益发展，社会分工的逐渐细化，广告活动的范围逐渐扩大，内容逐渐丰富，一些专门从事广告相关经济活动的机构也应运而生，这就是我们所熟知的广告代理公司。

关于广告代理公司的定义，业界和学界有“林林总总”的说法。

《当代广告学教程》认为：“‘广告代理公司’是指受广告主委托，为广告主拟定广告活动方案，并根据方案购买媒体，创作广告，实施广告活动及相关业务的经营机构。”①

美国广告代理公司协会（4A）给出的定义为：“一个广告代理公司是由创意人员和营业人员组成的独立的商业性机构。广告代理公司帮助那些为自身产品或服务搜寻顾客的销售者开发、准备并在媒体上发布广告。”②

《现代广告全书》认为广告公司是商品经济日趋繁荣、高度发达的必然产物，也是社会分工细化的结果。该书将广告公司界定为：“广告公司是依法成立的专门从事广告经营服务的企业。介于广告客户与广告媒体单位之间，专门从事

---

①②何辉：《当代广告学教程》，中国传媒大学出版社，2004年3月第1版，第67页。

广告策划、设计、制作、代理、咨询以及某些发布等活动。”①

借鉴前人定义，我们可以简单地将广告代理公司视为置身于广告活动中、以代理为核心业务的经营性机构，也称广告代理机构或广告公司。本章将广告代理公司视为独立的经济体，在此基础上介绍广告代理公司的相关经济活动。

第一节 广告代理公司的发展

一、世界广告代理公司发展史

“生产力决定生产关系，生产关系反作用于生产力”，这是人类社会发展的一条基本规律。当生产力发展到一定阶段时，广告代理公司便应运而生。广告代理公司与广告活动中的其他参与者所构成的生产关系反过来又有利于促进生产力的发展。

1. 生产力水平较低时期相对简单的广告行业生产关系

早期殖民扩张为欧洲的原始资本积累起到了巨大的作用，为欧洲商品经济的发展奠定了基础。14、15 世纪，新航路的开辟为欧洲的殖民国家提供了更多的原料产地，大规模的殖民扩张带来更多的生产资料和更加廉价丰富的劳动力资源，随着欧洲经济中心逐渐由地中海沿岸转移到大西洋沿岸，大西洋沿岸各国的生产力得到了巨大的进步，原有的封建生产关系不能适应生产力发展的要求，逐渐被新兴的资本主义生产关系所取代。

17、18 世纪资本主义制度在欧洲的建立，为商品经济的发展进一步扫除了制度上的障碍，大大刺激了商品经济的发展。商品经济是商品生产和交换的总称，商品交换的前提是交换双方信息的流通，因此产生了早期以传递信息为主的叫卖活动。

据史料记载，世界最早的广告组织是中世纪法国出现的一种口头叫卖组织。1141 年法国的贝星州出现了一种 12 个人组成的叫卖组织，在法国国王路易七世的特许下，叫卖组织在大街小巷进行叫卖活动，传递货物的信息，从而更好地促进交易的实现。从传递信息的角度而言，叫卖组织类似于广告代理公司。

随着商品经济的发展，仅仅靠叫卖已经远远不能满足交换的需要。早期报纸出现后，产生了更接近于现代人理解的广告代理公司的雏形。

1610 年英王詹姆斯一世命两个骑士成立广告代理店，这可以算是世界最早的广告代理店，他主要为报刊招徕广告。到 1786 年，英国人威廉·泰勒因为

① 王大路、杨荣刚：《现代广告全书》，辽宁人民出版社，1994 年 9 月第 1 版，第 893 页。

Maid stone Journey 承揽了第一则广告而成为英国第一个广告代理商；1800 年，英国伦敦一青年詹姆斯·怀特创立了 White & Sun 公司，其主要业务是将报纸版面推销给广告主，并向报社收取佣金①。

2. 第二次工业革命促进广告行业生产力迅速发展

19 世纪中后期到 20 世纪初是值得人类永远回忆的一段历史。随着第二次工业革命的开展，各种先进技术逐渐得以广泛应用，社会生产力得到了空前的飞跃。

第二次工业革命以电力的广泛使用为标志，发电机和电动机的产生促进了新的交通工具的使用，新的运输手段的发展极大地推动了大宗消费市场的突飞猛进。随着大型商场的出现，分销方式也发生了变化。布西科于 1852 年创建了“好市场”百货商店，并首创了现代促销方法。报刊成为一种重要的媒介，越来越需要广告的支持②。

第二次工业革命几乎同时发生在几个先进的资本主义国家。美国作为第二次工业革命的重心之一，在此期间经济得到了巨大的发展，直接促进了广告代理公司的发展。

美国人沃尔尼·B. 帕默（Volney B. Pdmer）最早为各家报纸招揽广告，并于 1841 年在费城开办了一家广告代理公司，许多著述视帕默的代理报纸广告的公司为第一家广告代理公司。帕默在 1845 年和 1847 年，又先后在波士顿和纽约开办了公司。他不仅是报纸和广告客户的中介人，而且常为客户撰写文案，帕默向报纸抽取 25% 的佣金（后逐渐减至 15%）。广告代理业独立于媒体始于 1865 年，乔治·P. 罗威尔（George. P. Rowell）在自己的广告代理活动中，从报纸、杂志社大量购进版面，随后以略高的价格转卖给广告主。他的广告活动在当时很受出版商的欢迎。1888 年罗威尔创办了美国第一家广告专业杂志《印刷者油墨》(Printers lnk)③。

随着社会经济的进一步发展，广告活动的专业化和职业化从美国开始，并由美国传至欧洲许多国家。1869 年，N. W. 艾耶父子在美国的费城创立了具有真正专业广告代理公司意义的广告代理公司，即艾耶父子广告代理公司。该公司经营的重点从单纯的报纸版面转到为客户服务，为客户制作广告，帮助客户制定广告策略，并注重广告效果。

20 世纪初期，广告代理公司的发展十分迅速。美国广告业自开始便引导广告代理公司发展大潮，一大批著名的广告代理公司产生了。在 20 年代末的经济

① 刘昕远：《广告学概论》，中国轻工业出版社，2007 年 3 月第 1 版，第 105 页。

② ［法］雅克·朗德维、阿尔诺·德·贝纳斯特著，綦玉宁译：《广告金典》，中国人民大学出版社，2006 年 12 月第 1 版，第 505 页。

③ http：//baike. baidu. com/view/16888. html.

大萧条时期，广告代理公司做了大量工作，对使美国工商企业摆脱经济萧条起到了极其重要的作用。美国广告业的发展带动了全世界广告业的活跃和发展。从广告业态势来看，第二次世界大战后世界上出现了以美国为核心领导、西欧和日本为重要主体的世界广告业的大发展①。

二、近代中国广告代理公司的发展

19世纪末，中国民族资本主义的发展为广告业注入了新鲜的活力。由于资本竞争的加剧，报纸刊数和广告版面迅速增加。1899年《通俗报》的六个版面中，广告即占四个半版。报纸广告的广泛出现，标志着我国近代广告的发展进入了一个新的历史时期。随着报刊广告的发展，一个新的职业——广告代理商——在我国产生了。

广告代理商由报纸广告代理人演变而来。我国早期的报纸广告代理人是做拉广告生意兼卖报纸的，后来逐渐演变为专业代理人，单纯依靠给报纸、杂志拉广告为业。1872年，《申报》广告刊列中就有“苏杭等地有欲刊告白者，即向该报店司人说明……并须作速寄来该价，另加一半为卖报人饭资”。这里的所谓“告白”，就是广告，“卖报人”就是最初的广告代理人，“饭资”为广告代理费。广告代理人开始时只是四处奔走，为报纸承揽广告业务，从中收取佣金，后来随着报纸广告业务不断扩大，报馆内设置了广告部，广告代理人则演变为报馆广告部的正式雇员，以后又出现了专营广告制作业务的广告社和广告代理公司。

我国的广告代理公司最早产生于现代工商业繁荣的上海。起初，上海地区许多有经济实力的外商企业为了加强竞争，为了推销其所生产的洋货，都各自办了广告部，其中英美烟草公司广告部规模最大，它的广告部和图画间，就从中外各方邀请画家绘制广告。

随着民族资本主义经济的发展，在激烈的商战中，一些有实力的民族工商业者（如南洋兄弟公司等）也开始向广告业投资，在自己组织内部设立广告部。而一些小型的企业只能依靠外部力量来制作广告，早期广告代理公司就此诞生②。

20世纪初及20年代前后，外商在上海创办的广告社有克劳、彼美等广告代理公司，中国人创办的广告社有明泰广告社、联合广告代理公司等。30年代初，上海已有大小广告代理公司一、二十家，广告代理公司的业务以报纸广告为主，其他形式的广告，如路牌、橱窗、霓虹灯、电影、幻灯片等，大体都各有专营公司。

除了上海之外，这一时期其他城市的广告代理公司也有所发展。武汉在1920

---

① http：//bbs. iader. com/redirect. php？ tid = 41539&goto = lastpost.

② 刘昕远：《广告学概论》，中国轻工业出版社，2007年3月第1版，第65页。

年开办了第一家广告代理公司——兄弟广告代理公司，北京最早的广告社是1920年创办的杨本贤广告社，天津比较著名的有大陆广告代理公司、新中国广告社等。

无论是在世界还是在中国范围内，随着经济的发展，广告代理公司的数量日益增多，经营范围也越来越广，广告代理公司之间的竞争也变得更加激烈，如何应对各种挑战，适应新时代、新技术对于广告代理公司发展的新要求成为未来广告代理公司发展的重要问题。

三、现代中国广告代理公司的发展状况

自1983～2007年，中国广告代理公司经营额持续上升，1992年和1993年的增速分别达到169.12%和147.71%。自1995年起，广告代理公司在广告经营总额中的比重接近或超过40%。广告代理公司与其他竞争者的差距呈拉大趋势（见表3－1）。在众多广告渠道瓜分中国广告市场“蛋糕”的热潮中，广告主支付的广告费用有不少被广告代理公司拿走，广告代理公司是最大的获利者。为什么会如此？

表3－1　1983～2007年中国广告公司广告经营额

年　份	广告公司广告经营额（亿元）	增长率（%）	占总营业额比重（%）
1983	0.48	—	20.60
1984	1.10	128.70	30.10
1985	1.51	37.35	24.24
1986	2.16	42.73	25.52
1987	2.82	30.78	25.35
1988	3.04	7.82	20.35
1989	3.97	30.60	19.86
1990	4.79	20.68	19.15
1991	6.93	44.58	19.74
1992	18.64	169.12	27.47
1993	46.17	147.71	34.44
1994	70.60	52.90	35.25
1995	107.12	51.73	39.20
1996	156.79	46.36	42.76
1997	194.14	23.83	42.03
1998	230.11	18.53	42.79

续表

年份	广告公司广告经营额（亿元）	增长率（%）	占总营业额比重（%）
1999	277.81	20.73	44.67
2000	317.73	14.37	44.58
2001	370.98	16.76	46.67
2002	395.65	6.65	43.81
2003	444.84	12.43	41.24
2004	565.20	27.06	44.69
2005	615.4	8.88	43.45
2006	631.3	2.58	40.10
2007	688.5	9.06	39.55

数据来源：中国广告协会。

第一，成熟广告主对整合营销日渐重视。纵观历史，广告主的观念经历了生产观念、产品观念、推销观念和整合营销观念的变化。自20世纪90年代起，产品同质化和消费水平的提高使企业萌生了品牌营销的观念，中国广告主逐渐从推销观念阶段向整合营销观念阶段转变。对广告主而言，整合营销实质上就是“批处理”自己产品、劳务、观念的推广工作。提供“一揽子”服务（如麦肯·光明广告有限公司的业务范围包括广告代理、设计、制作、印刷、发布及相关咨询服务；产品的造型及包装设计等）的广告公司也就相应地越来越受到广告主的青睐。

第二，广告载体大膨胀使供不应求的载体市场变为供过于求（当然，是相对性的供过于求），广告活动由媒体主导型变为媒体与广告公司并重型，在争夺广告额的谈判中，广告公司的“话语权”增大。中国广告市场开放较早，早在20世纪90年代初，个体、私营、外资等性质的广告公司就纷纷建立。1995年时，世界排名前列的著名广告公司均已进入中国市场，这一年，全国最大广告公司前十位中跨国公司就占了一半，其营业额占到总量的6%①。这些广告代理公司（特别是一些外资广告公司）在人才质量、工作效率、经营理念等方面都较有优势，为满足成熟广告主的“批处理”需求提供了可能。需要与可能相结合，广告代理公司获得了强劲的发展动力。可以预测的是，未来几年，广告代理公司还将继续提高自己在广告额总量中所占得的份额。由于中国本土广告公司良莠不齐、力量分散，总体还较脆弱，一番优胜劣汰在所难免，国际广告公司的本土化、木土广告公司的国际化是大势所趋。“随着合资广告公司数量的增加和外商独资广告公司的出现，广告公司之间的竞争势必加剧，广告专业人才缺乏的矛盾

① 数据参阅《机遇与挑战并存　中国广告市场97展望》，《现代广告》，1997年第1期。

更加突出，中国中小广告公司将会受到冲击，大批经营管理落后、实力较弱的广告公司将被淘汰；部分中小广告公司有可能通过兼并或联合的方式扩大自身规模。”① 从整合营销的角度考虑，未来的广告公司可能会在坚持传统广告代理公司做法的同时，扩大经营边界，加大市场调查。广告公司与客户的关系可能会由单纯的“代理”转向“联营”。广告代理公司还可能会不甘于媒体代理的角色而力图控制媒体。

2007 年在全世界广告业增幅不大的情况下，中国广告的营业额仍然保持着两位数的增长速度，这种持续快速稳定的增长依托的是中国经济的崛起。2008 年，伴随着中国经济的快速发展，加之北京奥运会的强力拉动，广告代理公司的发展将保持上扬态势。广告代理公司 2007 年业态调查显示，高达 79.7% 的被访广告代理公司预期在 2008 年的营业额将会增加，这一比例较 2006 年数据高出 8.6 个百分点；72.6% 的被访广告代理公司预期 2008 年税后纯利润会增长，这一比例较 2006 年数据高出 10.5 个百分点；70.2% 的被访广告代理公司对“未来一年广告市场的预期良好”这一说法表示认同，认同率达到了近四年的最高值②。

在 2007 年营业额增长率最快的前十家公司中，有两家公司实现了 110% 以上的增长率，三家实现了 90% 以上的增长率，六家实现了 50% 以上的增长率（见表 3-2），中国大陆的广告代理公司表现出了越发强劲的势头。虽然广告代理公司自身的营业额大幅增长，但是广告代理公司营业额占总体广告营业额的比重增长放缓。2006 年中国广告经营单位数量的增长率高于中国广告业营业额增长率，中国广告行业迎来了大量的新进入者，2007 年这一趋势继续扩大并且创造了广告经营单位数量增长率高于营业额增长率的新高。中国广告业将进入下一个由资本和技术启动的稳健性增长新阶段③。

表 3-2　2007 年营业额增长最快的前十家广告代理公司④

排　序	广告代理公司名称	营业额增长率（%）
1	思美传媒股份有限公司	114
2	中航文化股份有限公司	111
3	分众传媒（中国）控股有限公司	91.7
4	上海中视国际广告有限公司	69.4
5	上海机场德高动量广告有限公司	64.3

① 屈建民、吕志诚：《关于我国加入 WTO 后广告监管的应对政策与措施》，《现代广告》，2002 年第 3 期。

② 《2007 年度中国广告业生态调查报告》课题组：《热衷开发新媒体忽略创意的一年》，《现代广告》，2008 年第 3 期。

③④《现代广告》编辑部：《2007 年中国广告业统计数据报告　中国广告业增长 10.68%》，《现代广告》，2008 年第 4 期。

续表

排 序	广告代理公司名称	营业额增长率（%）
6	北京华闻旭通国际广告有限公司	54.4
7	中视金桥国际广告有限公司	49.1
8	北京恒美广告有限公司上海分公司	44.5
9	上海扬子江广告有限公司	38.2
10	江苏永达广告有限公司	33.3

［参考资料］

布雷德·梅杰斯对广告公司的一些看法

布雷德·梅杰斯是位于南卡罗来纳州格林威尔的Socoh集团的执行总裁。他曾为一些全球最大的广告代理公司和促销宣传公司工作，也曾在一些规模相对较小的公司中任职。他认为：

大型/公共的代理公司的业务将比以往更加局限于大的跨国公司。对于这些大型代理公司而言，如果为小型的客户服务就不可能有什么利润可言。由于跨国客户的存在，大型代理公司在与他们合作时还是有相当利润空间的。

中等规模的广告代理公司一直是广告创意最主要的来源。20年来，他们一直保持着一种蓬勃的发展趋势，而这种趋势也必将延续下去。随着这些广告代理公司的发展，他们将有足够的资源去聘请那些有实力的专业人才。一旦没有了公共所有权的束缚，这些人才将创作出令人振奋的作品。这些作品将会引起广告客户和一些目标顾客的注意，而这些中等规模的广告代理公司也将对较大的广告代理公司产生吸引力，成为他们收购的目标。一旦被收购，他们就必须在母公司为他们设定的位置上运作下去，这一点非常重要。

有趣的是，小的广告代理公司不仅将继续存在，而且只要管理得当，还会不断地繁荣发展下去。在一定程度上，小的代理公司能否成功，其关键在于公司的财务管理状况。

有一种趋势虽然不算普遍，但正有着发展的趋势，即小型的广告代理公司常常因为某个自己无法独立完成的项目而与其他的代理公司（通常是具有互补性的）合伙。不过，双方都无意永久地合作下去，只是为了满足短期的客户需求①。

① ［美］J. 托马斯·拉塞尔、W. 罗纳德·莱恩著，王颖、钟丽、王宇田译：《克莱普纳广告教程》（第15版），中国人民大学出版社，2005年版，第165页。

第二节　广告代理公司的类别

世界上没有两片完全相同的树叶，也没有两家完全相同的广告代理公司。不同的广告代理公司在不同的领域里发挥着各自的职能。我们按照不同的分类标准将广告代理公司划分为不同的类别，并在此基础上分析不同类别广告代理公司的经济优势和经济劣势。

一、按业务范围大小分类：专业化广告代理公司与综合型广告代理公司

专业化广告代理公司指专门从事广告经营活动中某项业务的代理公司，通常又可以分为广告调查监测公司、广告策划公司、专业媒介购买公司、创意工作室、广告制作公司等。综合型广告代理公司指提供包括市场调查、广告策划、广告创意与设计制作、媒体策略分析、媒体购买、媒体监测、公关以及业务咨询等全方位服务的代理公司，亦可称为全方位服务广告代理公司。专业广告代理公司贵在“专”，综合型广告代理公司则以“全”取胜。综合型广告代理公司尤其是大规模的综合型代理公司在成本方面往往更具优势。专业化广告代理公司往往由于“船小好掉头”，因此其在反应速度、市场调整方面表现会更好。

从经济角度看，无论是专业化广告代理公司还是综合型广告代理公司都各有优势和劣势。

1. 专业化广告代理公司的经济优势与劣势

专业化广告代理公司向客户提供自身所擅长的、人力资源丰富的、能够形成竞争优势的一项或者某项业务，便于客户择其所长。

（1）专业分工提高生产效率

亚当·斯密在《国富论》中，以制造扣针业为例论述了分工和专业化对提高劳动生产效率的作用。按照扣针业的运作方式，不仅全部工作是一个专门的行业，而且其中大部分部门也都分成了专门的行业。一人抽丝，一人拉直，第三人切断，第四人削尖，第五人磨光顶端等，这样，扣针的制造分成了 18 道工序。在一个只有 10 个人的小厂里，有些人必须要承担两三道工序。虽然很穷，没有必要的机器设备，这个小厂却能每天造针 12 英磅，每英磅有中等大小的针将近 4000 枚，因此，10 个人每天能制造 4.8 万枚，就是说每人每天制针 4800 枚。如果他们都独自分别工作，没有一个人受过专业训练，那他们每人每天肯定不能制造 20 枚针，或许连一枚都造不出来。这就是说肯定不能完成他们现在由于适当

分工和各种操作的结合所能完成的工作量的 1/240，甚至连 1/4800 也不能完成①。

专业化广告代理公司的最大优势就在于专业化程度高，这其中既包括专业的人才和经验也包括专业的设备、技术和方法等。对于专业化广告代理公司而言，虽然只能提供广告主所需要的一系列服务中的一种，但只要做好专业化的文章，充分发挥比较优势，专业化广告公司也能在其专业范围内充分显示其经济优势。一家广告创意公司可以通过不同的项目小组同时为不同的客户制作广告，这些客户可能来自于各个行业；一家调研公司可以同时为多家企业提供调研服务；一个大型的媒介购买公司也可以将自己所购买的媒介版面分配给不同的广告客户等，专业化的广告代理公司如同制作扣针的每一个工匠，在各自的领域精耕细作，专业化广告代理公司的分工协作大大提高了整个广告行业的生产效率。

（2）学习曲线的存在

学习曲线的概念由怀特（White）在 20 世纪 30 年代提出，最初指在飞机的制造过程中，随着员工熟练程度的提高，第二架飞机的装配时间只有第一架飞机装配时间的 80%，第四架飞机的装配时间是第二架飞机装配时间的 80%，是第一架飞机装配时间的 64%；第八架飞机用时是第四架飞机的 80%，是第一架飞机的 51.2%，装配一架飞机的时间随着装配数量的增加而逐渐减少。图 3-1 中的学习曲线反映了生产产量与生产成本间的反向关系。在学习阶段，劳动者和管理者在工作过程中不断吸收新知识、学习新经验，企业掌握的经验越来越丰富，企业的产品质量更加过关，工人们从学习中获得经验，操作更加熟练，生产成本逐渐下降②。

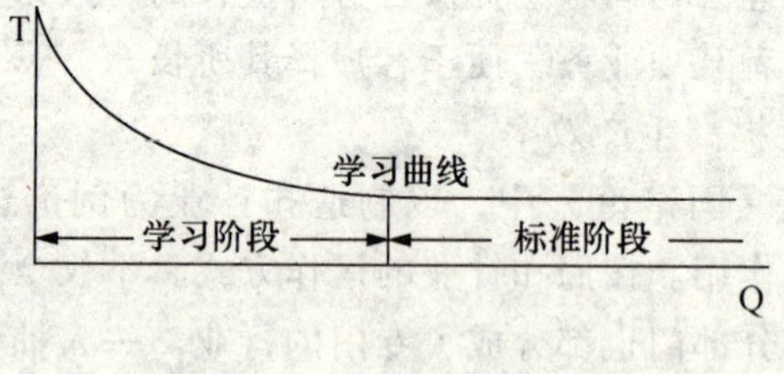

图 3-1 学习曲线③

注：T 表示单位产品劳动时间，Q 表示产品数量。

类似的学习曲线也存在于专业化的广告代理公司之中。譬如专业化的调研公司的员工长期使用各种软件、设备，对设备的操作更加熟练，数据分析更加精

① ［英］亚当·斯密著，孙善春、李春长译：《国富论》，万卷出版公司，2008 年 1 月第 1 版，第 4 页。

②③杨社教：《学习曲线在企业成本预测中的应用》，《经营管理》，2007 年第 6 期。

准，能在较短的时间内掌握新技术，这有利于公司调研成本的降低。

在以创意为核心的广告创意公司中还存在另外一种学习曲线——产品创新即广告创意所形成的学习曲线。

福斯特（Foster）从学习经验曲线的概念推论出产品创新的S型学习曲线（见图3－2）[①]，沿着该曲线移动，表示基于某一特定技术的产品创新，其效益的增加会逐渐递减，而要获得更好的产品绩效，则必须移至另一技术曲线，也就是说产生不连续的创新时才能有更好的组织绩效。而麦基（Mckee）以福斯特的模式为基础，指出不同的组织学习形态会导致不同的创新形态[②]，如单循环学习只会导致增量的（Incremental）创新，而不连续的（Discontinuous）创新则需要双循环学习才能够实现，可见组织学习对组织创新有促进作用。

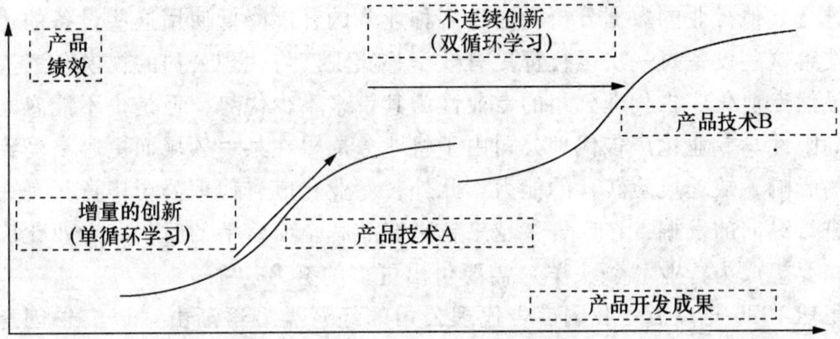

图3－2　产品创新学习曲线

注：资料来源：Mckee. D（1992）：An organizational Learning Approach to Product Innovation Journal of Product Innovation Management，Vol. 9：234.

广告代理公司的创意没有固定的标准，但是不能总是按照常规思维，因此，对于广告代理公司而言长期积累的经验成为一种创意标准。广告代理公司必须要有突破各种创意模式的能力，在广告创意中另辟蹊径才能赢得更多客户的青睐，创造更好的效益。

专业的创意人才是广告代理公司得以不断创新的重要保证之一，高素质的人才是公司最重要的财富。专业化的广告代理公司为员工提供了更多的从事相关专业活动的机会，广告代理公司可以代理多个不同行业的广告，员工有参与多种类型创意的机会，不同的思想碰撞产生更多的火花。专业经验的不断积累是专业工

① Foster. G：Financial Statement Analysis，Englewood Cliffs，NJ：Pentice－Hall. 1986.

② Mckee. D：An Organizational Learning Approach to Product Innovation. Jounal of Product Innovation Management，1992，Vol. 9：234.

作人员做出更好的创意、迸发更多灵感的基础，员工在工作小组中不断学习，专业素质不断提高。对于广告代理公司来说，拥有更多高素质的专业员工意味着更高的专业生产率、更高质量、更高水平的广告服务和更具创意的广告作品。

(3) 大型专业设备的使用

专业设备通常在某一特定领域发挥作用，对于一个需要使用专业设备的广告代理公司来说，专业化的数据分析、处理、收集系统是其必不可少的设备，随着广告主对数据精度、广度等的要求越来越高，广告代理公司在规范完善调查范围、规模的同时，也需要使用一些更加精密的数据处理设备以及分析软件系统，设备系统的先进与否直接影响到调研数据的精确性与全面性，而调研数据的精确与全面则是广告代理公司有效的核心竞争力之一，大型设备的运行成本、维护费用往往较高，广告代理公司可以通过开展多元业务，做广告市场调研与分析的同时也进行其他行业的数据分析，通过多种业务的开展降低使用这些设备的边际成本，使得这些设备每一次运行都更有效率，实现广告代理公司的规模经济。

虽然专业化广告代理公司的专业性为其带来不少优势，但是也不能忽略专业化的局限性。专业化广告代理公司由于将业务局限在某一领域而更容易受到行业波动的影响，缺乏风险转移的能力。此外，专业化广告代理公司毕竟只是在某一方面进行纵向的发掘，在广告主越来越讲究品牌全面营销的时代，专业化广告代理公司要想成为行业“领头羊”需要付出更多的努力。

虽然 1986 年以后，我国广告代理公司的经营类型逐渐由“以广告创意为中心”转向“提供全面服务”，但是仍然有很多专业化的广告代理公司在广告经济活动中扮演着重要角色。对于一些只是需要部分完善其广告代理业务的成熟品牌来说，选择专业化广告代理公司就比较适合，而且费用也比较低。

2. 综合型广告代理公司的经济优势与劣势

综合型广告代理公司所提供的服务是综合型、全方位的，通常包括市场调查、广告策划、广告创意与设计制作、媒体策略分析、媒体购买、媒体监测、公关以及业务咨询等。以奉行“Total Communication”经营哲学的电通公司为例，该公司的业务包括公共关系、体育营销、视觉软件开发、创意、媒体策划/购买、市场调研、促销、新媒体/数字广告等各个领域（见图 3 – 3）。

综合型广告代理公司一般以业务小组的形式来提供业务代理，其服务完善，代理费用也比较可观。综合型广告代理公司由于业务涉猎的范围比较广，因此能有效利用公司的内外部资源，用有限的资源，以最小的成本尽可能为客户提供满足其需求的不同类别的服务。如此一来，综合型广告代理公司较易实现范围经济和规模经济。“在广告业内，规模经济和范围经济都很显著。代理机构既得益于规模经济，又得益于范围经济，广告业中的大公司通常比小公司从规模经济和范围经济中受益更多。"① 综合型广告代理公司一般较专业型广告代理公司大，因此，其在规模经济与范围经济上的表现更突出些。

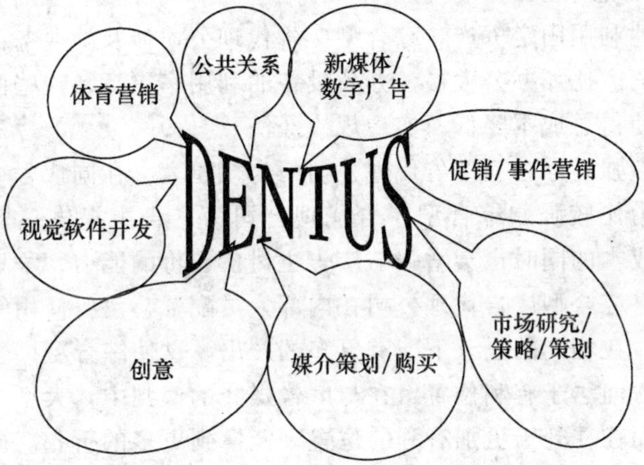

图 3-3　电通的"Total Communication"

(1) 范围经济的实现

范围经济存在于单个企业的联合产出超过两个各自生产一种产品的企业所能达到的产量之时（两个企业投入分配到的投入物相等）②。换句话说如果一个企业生产两种或两种以上的产品付出的成本较之于单一生产这些产品的企业所付出的成本之和小的话，该企业就实现了范围经济。对于一个综合型的广告代理公司来说，由于其为广告主提供的服务种类多，在公司内部可以实现资源共享。以人员的分配为例，在综合型的广告代理公司里，一个创意制作部门的员工同时也可以兼做前期的市场调研员，这种安排从个人层面看有利于个人通过前期的亲自实践更加了解市场，更有创作灵感，从公司层面看，有利于充分利用内部资源，节约成本。以电通为例，电通的服务范围包括广告、促销、公关、互联网、节目制作、商品开发、活动等，当其承接一项广告业务时，所需的各种人才和经验都能从公司内获得，公司内部的这种人才和经验的共享有利于综合型的广告代理公司实现范围经济。

另外，广告主从品牌形象的角度考虑，有时也倾向于与同一家广告代理公司合作开展多项广告活动，以便使不同的活动传递出的品牌信息有统一感，从而更加有利于建立品牌形象。

① ［美］艾莉森·亚历山大等编著，丁汉青译：《媒介经济学：理论与实践》（第 3 版），中国人民大学出版社，2008 年 6 月第 1 版，第 263 页。

② ［美］平狄克、鲁宾费尔德著，张军等译：《微观经济学》，中国人民大学出版社，2000 年 9 月第 4 版，第 70 页。

（2）规模经济的实现

规模经济的获得来自由规模增加所引起的生产成本的下降、经营管理费用的下降和对规制环境的正面影响等。

①更充分地利用固定资产。综合型广告代理公司涉及的业务面比较广，因此公司一些固定资产比如办公大楼、办公设备的利用率更高，这些固定成本平摊到各项业务中，使得总成本降低，实现规模经济。

②谈判力较强。综合型广告代理公司因为规模大，在同广告主、广告媒体进行谈判时谈判力比较强。综合型广告代理公司为广告主提供多方面的一条龙服务，节约谈判成本的同时也会增强与广告主讨价还价的能力，争取到更大比例的代理费。此外，综合型广告代理公司在内部人员配置、设备使用等很多方面实现了资源的共享，在相同的投入下能有更多的产出。这使综合型广告代理公司在赢得大广告客户方面居于有利位置。在与广告媒介的谈判中，大型综合广告代理公司因购买量大而往往处于更加有利的位置，能拿到更多的折扣。同样，大型综合广告代理机构在购买由公司外机构或自由职业者所提供的服务（拍片、制作等）时能获得更有利的合同价格，仅仅因为它们与供给者之间存在大规模业务并且能把从外部购得的服务频繁地用于许多客户的广告中。

③同时代理存在竞争关系的多家广告主。综合型广告代理公司可以同时代理存在竞争关系的多家广告主。譬如丰田与本田是存在竞争关系的两家广告主，为保守商业机密，它们一般不会将广告业务委托给同一家广告代理机构，但是规模大的综合型广告代理机构可以将它们分别分派给信息相对隔离的两个部门，以打消两大广告主的顾虑。这样，广告公司就可以将他们的业务尽纳囊中，其营业额自然上升。

④有实力参与到大型活动中去，形成一定的进入壁垒。综合型广告代理公司往往规模大，拥有雄厚的实力，可参与到大型事件营销中。譬如电通可以参与到奥运会中去，受奥委会委托代理其转播权与顶级赞助商赞助权的运营，从中赚取佣金。

⑤可以通过游说对政治体系实施更大影响，谋得更好的政策环境。大型的综合型广告代理公司由于在其领域的权威和影响力，可以对政府所做的关于劳动法、税收或自由竞争立法等施加影响。最重要的是，他们可以对直接与广告产业有关的决策——如广告内容的审查、媒介购买政策等——实行游说[①]。

二、按与广告主的关系分类：外部广告代理公司与专属广告代理公司

如果从广告主的角度来分类，又可将广告代理公司划分为外部广告代理公司

① Gillian Doyle: Media Economics, An Elgar Reference, Cheltenham, UK Northampton, MA, USA, 2006, p. 286.

和专属广告代理公司。本节重点分析专属广告代理公司和外部广告代理公司各自的经济优势和劣势。

1. 专属广告代理公司的经济优势和劣势

随着广告主自身经营规模的扩大，广告客户为了节省经费，掌握更多的主动权，有可能成立企业的专属广告代理公司，尤其是一些工业公司拥有一些科技含量很高的产品，这些产品经常会含有新的工艺。对于这些公司来说，成立专属广告代理公司可以让内部的技术人员参与广告制作，从而提高整个过程的效率，还可以避免由于外行人员参与创作而导致的无穷无尽的简报①。

此外，专属广告代理公司还可以根据企业需要直接向媒介购买时间、版面并得到佣金，同时还可以为企业提供各类其他的所需要的广告服务。

相比外部广告代理公司，专属广告代理公司有很多优势，比如因更了解公司的经营理念、与公司高层之间的沟通更方便快捷而使一系列的广告活动更具针对性，能更好地传播公司文化，塑造公司形象等。

另外，专属广告代理公司由于其本身所具有的对于公司的归属感，在整个工作过程中员工会更有激情，更有动力，如果做得好，可以进一步拓展业务，为其他公司代理广告业务，也会大大提升公司的整体盈利水平。福克斯集团是亚特兰大一家拥有两种不同风格餐馆的餐饮集团。它曾与一家广告代理公司进行过合作。后来，该公司创办了自己的专属广告代理公司，负责创意概念、文案、广告布局、广播文稿等一系列工作。它利用艺术工作室和电脑制图公司来完成广告的美术制作，聘请广播制作公司来制作广播广告。它还购买了所有的专属印刷媒体并通过媒体购买公司来安排它所购买的广播时段。不独此，它还经营着直邮、店内营销、公共关系和促销等业务②。

尽管专属广告代理公司有众多优势，但是其劣势也不容忽视。主要表现为专业化和客观性的差强人意。作为公司的一部分，专属广告代理公司的经营业绩对于所属公司来说是很重要的，如果公司内部缺乏有效的监督，有可能出现专属公司的负责人为了彰显其经营业绩而夸大广告投放效果的情况，会导致公司在评估广告效果时主观因素过大，使得结论缺乏客观性。另外，通常专属广告代理公司是一个管理中心，它的经营需要搜集不同的外部服务并对其进行管理。由于它不必具有其他辅助职能，因而这样的公司可以尽量少地雇佣员工，这就会直接导致专属广告代理公司专业从业人员的缺乏，如果没有具有专业知识的人员来操作的话，就很难保证广告质量，从而影响广告效果，更甚者不仅没有节约成本，反而会增加一些不必要的开支。此外，专属广告代理公司容易陷入“不

---

① ［美］J. 托马斯·拉塞尔、W. 罗纳德·莱恩著，王颖、钟丽、王宇田译：《克莱普纳广告教程》（第15版），中国人民大学出版社，2005年8月（第1版），第148页。

② 同上，第149页。

识庐山真面目，只缘身在此山中”的困境，从而失去了客观性和来自外部的更多灵感。

2. 外部广告代理公司的经济优势和劣势

相比专属广告部门，外部广告代理公司不论是综合型的还是专业化的也有其明显的优势。表现之一是可以跳出一家公司的视野局限做决策，比如前期调研时，外部广告代理公司由于同时和不同的广告主接触，更容易分析出彼此的差异性对于那些产品具有替代性的广告主来说，这种差异性的洞察显得尤为重要。

除此之外，外部广告代理公司有更加专业、更具效率、评测结果更加客观等优势。但需要注意的是，外部广告代理公司对于广告主的了解基于彼此之间的沟通，这种了解是从广告主确定和广告代理公司的合作之后才开始的，并且建立在广告代理公司利益基础之上，这种专属性的缺乏使得外部广告代理公司对于广告主的了解程度较之专属广告代理公司要弱很多，因此也更容易导致在相关广告活动中交易成本的上升。另外，从员工工作的积极性上来考虑，外部广告代理公司代理很多广告主的业务，对于这些员工来说，他们只有广告代理公司员工这一重身份，不像专属广告代理公司员工那样拥有既属于广告代理公司也属于企业的双重身份。面对同一项业务，有着双重身份的员工的积极性常会高于单一身份的员工。

很明显，对于广告主来说，成立专属广告代理公司使广告活动更易于沟通，广告活动的全过程更易协调和控制，同时也能更有利于保护商业机密。相比专属广告代理公司，广告主与外部广告代理公司的沟通成本会更高一些，监控代理活动开展情况的难度也会加大，因此在现实操作中，广告主必须根据自己的实际情况，做出正确选择。

综上所述，专属广告代理公司与外部广告代理公司的差异可用表3-3表示。

表3-3 专属广告代理公司与外部广告代理公司的对比

	成本	专业化程度	与广告主的沟通	专属性	对于广告主的了解程度	对广告过程的监督控制	客观性	员工的积极性
专属广告代理公司	较低	较低	较好	强	高	强	较差	较高
外部广告代理公司	较高	较高	一般	弱	一般	弱	较好	一般

[参考资料]

表 3-4　各类广告代理公司优缺点一览表①

	综合型广告代理公司	专业广告代理公司	专属广告代理公司
优点	拥有全面技能；拥有各方面经验；可以对你的公司用旁观者的客观态度进行观察，提出意见；你可以从他人的错误中吸取经验教训，他们替你承担了所有的工作；工作中可以持续保持接触	你可以为工作的每一部分挑选涉及的真正专家；你可以借此填补能力的不足，而无须购买代理商的全部服务；可能更便宜；可能速度更快	所有的一切都在你的掌握之中，充分理解面临的问题；工作进行当中你一直在学习；可能速度更快；很可能更便宜
缺点	对你们行业缺乏了解，不具备专业知识；无法把所有的时间都花在和你们打交道上；对小客户可能工作做得很不够；很可能费用极高	需要你们进行精心控制并与之加强协作，因此，你们必须有这方面的经验；需提供特别详细的简报——任何时候都是如此；很难一下子得到额外服务	因为没有人能通过检查，所以很容易出错；缺乏必备技能；缺乏专门知识；观念局限在框框里，没有外部人员提供不同的观念或者刺激

第三节　广告代理公司的收费方式

广告代理公司在社会发展中扮演着重要的角色。从宏观层面看，广告代理公司对于广告市场的整体容量、分配、流向等起到了很好的调节作用；通过一系列的广告经营活动，对广告信息所传播的对象以及周围的环境产生影响甚至形成了一种时尚。从微观的层面来看，广告代理公司为媒体提供稳定的广告业务来源，简化了媒体的组织机构，使媒体能专注于内容的制作，为广大受众提供更加优质的服务。但我们必须清醒地意识到，广告代理公司首先是一个营利性的商业组织，需要有一定的商业利润才能保持正常的运作，本节将介绍广告代理公司的各种收费方式。

一、代理费

在各种收费方式中，代理费（Commission）是最普遍的一种方式。代理费起

① ［美］约翰·威廉姆斯赫尔斯特、阿德利安·马克著，周扶平译：《当代广告运作》，企业管理出版社，2001 年 8 月第 1 版，第 116 页。

源于19世纪20年代的美国，始于艾耶父子广告代理公司。到20世纪50～60年代，美国、加拿大、日本、西欧等国家开始接受15%的代理费成为国际惯例。

此外，按照国际惯例，户外媒介的代理费比率是16.7%。在我国，根据《广告管理条例实施细则》，承接国内广告业务的代理费是广告刊播费的10%，承接外商来华广告的代理费是15%①。

在实际操作中，广告代理机构与广告主亦有可能协商制定一个比较合适的佣金比率，一般低于15%。降低佣金程度适当时，可挤去广告代理业盈利中的“泡沫”，有利于广告主得到更实惠的广告服务。但当佣金降至不适当程度，甚至出现“零佣金”时，广告代理业就有可能出现恶性价格竞争。

“恶性价格竞争”其实体现了商品间的恶性竞争。当市场上同质化商品出现供大于求的情况时，就有可能产生恶性价格竞争。当出现了越来越多的提供类似服务的广告代理公司时，代理费就成为广告主在选择广告代理公司时一个很重要和直接的考虑因素。“零佣金”使广告代理公司通过价格优势来突出自己在激烈竞争中的差异化，但往往也会因为过度关注价格而忽略了广告服务质量。尤其是对于小型的广告代理公司而言，“零佣金”使得公司的利润空间越来越小，更加缺乏创新资源的投入，创新不足又会导致广告服务质量的下降，进而加剧“恶性价格竞争”的激烈程度，最终形成恶性循环，破坏整个广告行业的生态。

此外，零佣金多为短期行为——没有一个实体能在很长时间内只为别人提供服务而不需收回成本——零佣金在某些时候是为了挤走竞争对手后，在一个相对垄断的环境中赚得更多利润，一个垄断或者寡头的广告市场意味着广告主可选择机会的减少。

代理费实际上使广告主与广告代理机构形成委托—代理关系，广告代理公司以广告主的代理人的身份来从事相关的经济活动，广告主是委托人，广告代理公司是代理人，代理人是行为人，委托人是行为影响的一方②。在委托—代理关系中，常常因为双方信息不对称而导致市场失灵。在广告主和广告代理公司的委托代理关系中，这种信息不对称往往是因为相比广告代理公司而言，广告主缺乏广告创意、媒体投放和广告效果评估等方面的相关专业知识。尽管广告主可以采取措施监督广告代理公司的代理活动，以避免或降低广告代理公司在执行代理活动中损害自身利益的可能性，但监督常因成本高、评价手段和标准难以掌握而收效甚微。鉴于这种情况，在广告主和广告代理公司的委托—代理过程中，有可能出现广告代理公司为了追求自己的目标而牺牲广告主利益的情况。正如吴敬琏所说：“在信息不对称的情况下，信息强势方面可以利用自己的信息优势，通过损

① 张金海等：《全球五大广告集团解析》，《现代广告》，2006年第6期。

② ［美］平狄克、鲁宾费尔德著，张军等译：《微观经济学》，中国人民大学出版社，2000年9月第4版，第497页。

害信息劣势方面的利益而获益。”[①]

广告代理公司在做代理时损害广告主利益的一种可能做法是力主大的媒介购买预算。根据代理费制的规定，广告代理公司所收取的代理费通常是广告主媒介购买费的15%。媒介购买费与广告代理公司的代理费成正比关系，因此，广告代理公司有通过增加媒介购买预算而提高广告代理费的激励。举例来说，按照某广告主的广告投放目标，无须购买黄金时段的电视广告资源，50万元的媒体购买支出就足够了。此时，广告代理机构大约只能拿到50万元×15%=7.5万元的代理费。为了多拿一些代理费，广告代理机构有可能力主购买黄金时段电视广告资源，假设购买黄金时段电视广告资源会令广告主的媒介购买支出增至100万元，此时，广告代理机构的代理费便会增至100万元×15%=15万元，但广告主因承担了不必支出的成本而利益受损。正如研究者所说：“广告代理机构可能会选择最贵的媒介——一般是黄金时段的电视——不管这种选择是否是广告活动策略和触达目标受众所要求的。”[②] 为了避免因为委托—代理而可能产生的一系列问题，广告代理公司开始采用实费制和成果回报制等新的收费制度。

二、实费制

实费制（Fee）是指广告代理公司把耗费在广告业务中的员工的时间和精力换算成工时，拟定单价，再计算总额的收费方式[③]。由奥美广告代理公司总裁大卫·奥格威率先实行的，这项收费制度虽然看起来更合理、更符合广告主的利益，可是由于在很多环节无法精确的测量员工所付出的精力，换算方法也没有一个客观的尺度，因此在实际操作中较少被单独使用。实费制有时会与代理费方法一起使用。

三、成果回报制

成果回报制即广告主根据广告效果向广告代理公司支付费用，如果不能产生实际销售，则不能获得相应的利润的收费制度。由于广告主投资广告的最终目的是增加销售（量），因此成果回报制度最能反映广告主的利益。

成果回报制度被广泛运用于网络广告中。相比传统媒体，网络广告可以较方便地利用技术优势监测广告的实施效果（比如在一定时间之内，广告的浏览率和点击率是多少，用户浏览广告的时间长度以及用户的地域分布等），有助于广告主评估广告效果。网络广告的计费方式包括CPM（Cost Per Thousand；千人成本）、CPC（Cost Per Click；每点击成本）、CPR（Cost Per Response；每回应成

---

① 吴敬琏：《中国腐败的治理》，《战略与管理》，2003年第2期。

② ［美］艾莉森·亚历山大等编著，丁汉青译：《媒介经济学：理论与实践》（第3版），中国人民大学出版社，2008年6月第1版，第260页。

③ 倪宁：《广告学教程》，中国人民大学出版社，2004年1月第2版，第113页。

本)、CPA (Cost Per Action; 每行动成本)、CPP (Cost Per Purchase; 每购买成本即用户点击旗帜广告并进行在线交易后，才按销售笔数付给广告站点费用)、PFP (Pay－For－Performane; 按业绩付费) 和 CPS (Cost Per Sales; 以实际销售产品数量来换算广告费用) 等。

除了网络，广告主在其他媒体的广告投放也可能采用成果回报制来进行广告支付。2000 年 7 月 1 日起，美国 P & G 放弃了代理费制度，转而实行成果回报制度，将支付给广告代理公司的费用与其营业额直接挂钩。

成果回报制也受到广泛的争议，因为影响销售业绩的因素有很多，广告不是解释销量的唯一条件，因此由广告代理公司为销量增减负全责显然有失公平。虽然在现实中业者想方设法地分离广告对销量的效用（如可口可乐公司和卡夫等公司建立了复杂的统计模型来决定促销费用和品牌销售额之间的关系），但由于影响因素多且可控性差，对广告费用效果的度量仍然不是很精确。大多数情况下，广告主在制定广告预算决策时依靠的是更加量化的分析。衡量广告效果的一种方式是把以前的销售额和以前的广告费用相比较；另一种方式是实验法，例如，为了衡量不同的广告支出水平的效果，可口可乐在不同的市场上广告支出不同，然后衡量由此导致的销售额的差别。它在一个市场花费正常的广告支出，在另一个市场上花费正常支出的一半，在第三个市场花费正常支出的两倍，如果三个市场情况类似，而其他营销手段一样，则这三个市场的销售额差异应该与广告支出相关，公司也可以设计更加复杂的、包括其他变量的试验①。但是对于广告主来说，设计类似的试验需要花费很高的成本，而且风险很大，在实际操作中往往有很多意外会影响实验效果。因此在很多情况下，广告主更愿意采用几种付费方式相结合的方式。譬如可口可乐公司所有的广告代理都是按照服务费（协商或者实费）加成果回报制的方法收费的。这种收费体系使得广告代理公司不必担心可口可乐会减少广告预算，广告主也能够从自己的投资上获得最好的回报。

[想一想]

案例中广告代理公司采用的是何种收费方式?②

由某广告代理公司提供的服务按照市场上每小时的费率（同等条件下公司能够从外界购买的费率）计算每月代理服务费。该公司提供给客户的收费表如表 3－5所示，请根据此表判断该广告代理公司采用的是何种收费方式。

---

① [美] 菲利普·科特勒、加里·阿姆斯特朗等著，何志毅等译:《市场营销原理》，机械工业出版社，2006 年 7 月第 1 版，第 328 页。

② 《本土广告公司：低水平同质化正在被外资打败中》，http://www.999hong.com/u111Hong/14995－137368.aspx。

表 3-5 收费表

广告代理公司	小时费率表（美元）
创意总监	150
文案写作	100
艺术总监	100
制作监察	95
计算机设计	130
排字和打印	130
计算机美工	130
调研/策划	130

第四节 广告代理公司进入海外市场的动力

随着世界经济一体化进程的加剧，越来越多有实力的公司不仅在本土范围内拓展自己的业务，同时还将更多的目光聚焦到了海外市场。通用电器首席执行官杰克·韦尔奇曾说过："在 20 世纪 90 年代，全球化已成为不容忽视的现实。衡量（企业）成功与否的标准将只有一个：国际市场占有率。成功的企业通常依靠在全球各地找到市场而获胜。"[①] 在一场场海外并购大潮中，广告业的巨头们也不甘示弱，纷纷瞄准自己的海外目标，开始在海外市场一争高下[②]。目前排名前 20 位的广告代理公司和集团几乎都已被超大型传播集团纳入囊中，形成 WPP、宏盟（Omincom）、阳狮（Publics）、电通（Dentsu）、埃培智（IPG）五大核心，分割了全球广告业绝大部分市场，足迹遍布六大洲的 100 多个国家[③]。

跨国广告代理公司通过设在全球各地的办事处或者在不同地区成立的公司来为客户服务。这种跨国广告代理公司始于 1986 年，当时小小的伦敦盛世广告代理公司在短短两年时间里发展成为一个拥有超过 135 亿美元资产的大型跨国广告代理公司。它的出现是广告业中一个极富意义的变化，因为该公司在很短的时间内发展成为世界最大的广告组织，并真正改变了全球广告业[④]。

---

① Neol M. Tichy and Stratford Sherman, Control Your Destiny or Soneone Else Will, New York, Harper Business, 1994, p. 222.

② 陈刚：《广告代理公司混沌中聚形》，《现代广告》，2008 年第 3 期。

③ 《现代广告》编辑部：《国际巨头活动频繁》，《现代广告》，2007 年第 4 期。

④ ［美］J. 托马斯·拉塞尔、W. 罗纳德·莱恩著，王颖、钟丽、王宇田译：《克莱普纳广告教程》（第 15 版），中国人民大学出版社，2005 年 8 月第 1 版，第 127 页。

20世纪80年代后期，开始出现大型广告代理公司相互兼并的高潮。BBDO环球、BBD和Needhamharper三家大型广告代理公司合并组成了奥姆尼康集团。英国萨奇兄弟广告代理公司买下了著名的贝茨环球公司组成了萨奇—萨奇集团。英国的跨国传播集团WPP先是收购了著名的智威汤逊广告代理公司，随后又买下了当时世界上最大的跨国广告代理公司“奥格威集团”。这一兼并浪潮的出现标志着国际广告业超级垄断时代的到来[①]。在此之后跨国广告代理公司的海外拓展规模越来越大，涌现出了越来越多的“巨无霸”。

全球最大的广告、营销和企业传播服务集团宏盟集团主要通过以下网络开展运营：三家全球性广告代理公司所组成的网络、美国一流的本土广告代理公司组成的网络、由全球175家专业传播公司组成的网络，以及由两家世界著名的媒体策划和传媒购买服务商组成的传媒集团。其机构遍布30多个营销传播领域，覆盖200多个战略品牌平台，服务全球范围内100多个国家超过5000家客户[②]。

跨国广告代理公司进入海外市场的经济动因主要表现在如下几个方面：

一、适应经济全球化的需要

世界经济正在发生一个根本性的变化，我们正在逐渐远离由于跨国界贸易和投资的障碍，由于距离、时区和语言以及由于各国政府管制，文化和企业制度的差异而形成的各民族经济间相对孤立的世界。我们正在走向各民族经济结合为一个相互依存的全球经济制度的世界，这通常被称为全球化[③]。随着人力、资本等要素在世界范围内自由流通的障碍逐渐减少以及通信、信息处理和运输技术的迅猛发展，全球化的市场逐渐形成，各大公司纷纷开展海外业务，在全球市场上一争高下。

大多数全球市场往往是通过营销活动创造出来的。而广告营销在众多海外营销方式中有着举足轻重的地位。各大跨国公司在进入海外市场之前，往往会通过做广告首先闯进消费者的认知领域，这就成为广告代理公司进军海外的有力刺激因素之一。李奥贝纳广告代理公司的主席指出：“随着世界越变越小，我们需要品牌形象具有一致性，这样身处全球不同市场的人就不会对该品牌的真正含义感到困惑不解。”[④] 在这样的背景下，广告代理公司随着客户的拓展战略来开辟自己的海外市场也就顺理成章了。表3-6是BBDO环球公司为了使自己更好地为全球各地的企业服务而设立的全球各地分公司的一览表。

---

① 崔银河：《广告学概论》，中国传媒大学出版社，2007年8月第1版，第161页。

② 于娜：《宏盟集团的中国故事》，《广告主市场观察》，2008年第8期。

③ ［美］查尔斯·W. L. 希尔著，周建临等译：《国际商务：全球市场竞争》（第3版），中国人民大学出版社，2002年5月第1版，第5页。

④ Coke Seeks Ad Formula with Global Appeal, Atlanta Journal – Constitution, 18, Novermber 1991, A5.

表 3-6 BBDO 环球公司国内与国际分公司及附属机构一览表

美洲	非洲	亚洲	欧洲	拉丁美洲
亚特兰大	约翰内斯堡	北京	奥斯陆	布宜诺斯艾利斯
芝加哥		香港	维也纳	利斯
洛杉矶		曼谷	布鲁塞尔	拉加拉斯
迈阿密		雅加达	布达佩斯	圣地亚哥
明尼阿波利斯		吉隆坡	哥本哈根	波哥大
纽约		新加坡	莫斯科	墨西哥市
南菲尔德		台北	布拉格	圣何塞
			斯德哥尔摩	利马
多伦多			伦敦	圣萨尔瓦多
卡尔加里			里斯本	圣胡安
			巴黎	危地马拉市
				马那瓜

随着通用、宝洁、松下、索尼、可口可乐等生产企业由本国经营到跨国经营再到全球范围内的经营与销售，广告代理公司也逐渐出现大型化、全球化的发展趋势。比如在 1984 年，美国著名的 DDB 广告代理公司同时在世界上十几个国家为大众汽车刊播广告，DDB 广告代理公司为此在这十几个国家专门建立了分公司，这些分公司不仅为大众汽车进行广告活动，同时还承揽所在国家许多企业的各类广告业务①。为了伴随自己的客户，源自美国的国际网络在世界各地建立了它们的广告代理公司，其中包括葛瑞（代理宝洁公司）、灵狮（代理联合利华）、麦肯（代理可口可乐）、BBDO（代理苹果电脑）、DDB（代理大众汽车）等②。

二、海外投资带来的高收益

在众多全球化因素中，海外扩张所能带来的高收益无疑是最强有力的因素之一。2004 年之后，五大广告集团纷纷进入经济高速发展的亚太地区及拉丁美洲。2004 年，WPP 集团完成对内部的整合之后，营业收入达到了 82.8 亿美元，与往年相比增长了 11.4%。2005 年第一季度的财务报表显示，整个集团的营业收入比去年同期增长了 16%，达到了 21.2 亿美元，排除并购和流通波动因素之外，比去年上升了 6%。第一季度 WPP 集团在所有区域市场的营业收入都达到了两位数的增长，在北美地区上升 16%，在欧洲地区上升了 15%，而在亚非拉地区则

① 崔银河：《广告学概论》，中国传媒大学出版社，2007 年版，第 143 页。

② ［法］雅克·朗德维、阿尔诺·德·贝纳斯特著，綦玉宁译：《广告金典》，中国人民大学出版社，2006 年 12 月第 1 版，第 517 页。

达到了22%的惊人增长①。

在日趋激烈的广告市场竞争中，衡量一个广告代理公司是否成功的首要指标就是其盈利水平。跨国公司往往能通过在海外市场的发展为自己带来更加可观的市场收益。2007年WPP集团欧美以外的市场收入占总收入的22%。宏盟在欧美以外的市场收入占总收入的15%；IPG亚太区收入占总收入的8.9%；HAVAS亚太区收入占总收入的4.7%；电通本土以外收入2006年是1337.9亿日元，2007年达到2178.32亿日元②；阳狮集团亚太区收入占总收入的10.7%。表3-7显示了PUBLICS集团2005~2007年收入地域分布。

表3-7 2005~2007年PUBLICS集团收入地域分布③

地区 \ 年份	2005年	2006年	2007年
欧洲	38.5	39.8	39.9
北美	43.2	42	42.7
亚太	10.7	10.7	10.6
拉美	5.1	4.9	4.6
中东、非洲	2.5	2.6	2.2

跨国广告代理公司拥有创造更多利润的空间是因为其拥有独一无二的发挥杠杆作用的机会。有四类重要的杠杆作用，分别是经验调用、规模经济、资源利用和全球战略④。对于跨国广告代理公司来说，经验调用所发挥的杠杆作用是比较明显的。广告代理公司不同于一般的工业品制造企业，广告代理公司所提供的多是调研结果、投放计划、监测效果等服务性产品。已有经验的积累影响着广告代理公司提供这些服务性产品的效率。广告代理公司可以把其经过实际市场测试的管理办法、策略、产品、广告诉求点、销售或促销的创意等应用到其他相似的市场中⑤。科学的调研方法、合理有效的评估措施都需要在长期的实践运用中加以验证和推广。在某一地区经过验证的有效经验可以在更大的范围内得到推广，再加上公司相对高效的营销管理信息系统，对于跨国广告代理公司来说，经验共享所引起的全球战略使得公司在海外市场的拓展中能更好地利用当地资源，发掘市

① 网易商业频道：《全球五大广告集团解析研究》，http://biz.163.com，2005-06-21，10:42:25，http://biz.163.com/05/0621/10/1MP0P75100021E8H.html。

② 《现代广告》编辑部：《你的公司被盯上了吗 六大跨国广告集团的中国胃口》，《现代广告》，2008年第8期。

③ 王润珏：《六大广告集团2007年持续增长》，《现代广告》，2008年第8期。

④⑤ [美] 沃伦·J. 基坎、马克·C. 格林著，傅慧芬、郭晓凌、戚永翎、浦军译：《全球营销原理》，中国人民大学出版社，2002年3月第1版，第21页。

场价值。同时，由于学习曲线的存在，跨国广告代理公司将员工培训的成本内化，并且具有创造性的资深员工间的定期交换，也能为更多的员工提供更多提高自身素质的机会。

跨国广告代理公司能够在多个市场同步提供服务并协调不同市场的广告活动，也能够集中统一地筹划多个国家的广告活动，其总部能够统一监管和控制其分支机构的工作质量，可以集中比较和分析各地分支机构汇集的媒体成本、市场条件及社会人口趋势等数据①。跨国广告代理公司通过这种集中管理职能性活动的做法达到全球规模的经济效益，从而为广告主提供更好的服务，也为公司创造出更多的利润。

另外跨国广告代理公司能充分利用组织成本，通过企业内部系统将成本内部化，将交易成本降低到最低，从而使其获得高于国内企业的利润。另外在经济急速增长的国家进行投资还能在当地获得更多的利益机会。由此可见，对外投资、拓展是确保跨国广告代理公司利益持续增的长一个有效方法。

全球化为跨国广告代理公司带来高收益的同时也使得广告代理公司与全球经济的发展关联更加密切，跨国广告代理公司也必须面对更多的来自全球经济局势变化的挑战。法国实力传播公司预计，由于受到全球金融危机的影响，2008 年和 2009 年全球广告市场的增速将大幅放缓。实力传播公布的一份报告预计，2008 年和 2009 年全球广告市场的增幅在 4.3% 和 4%，低于其在 2008 年 6 月份预计的 6.6% 和 6% 的增速②。如何承担全球化的风险，应对来自更大范围内的危机是广告代理公司在进行海外扩张之前所必须要考虑的重要因素。

三、技术进步推动广告代理公司向海外市场发展

技术是一个跨越国家和文化界限的普遍适用的要素③。技术的发展成为广告代理公司的海外市场重要推动力量。

20 世纪 90 年代以后，电子邮件、传真和电视会议使得身在世界各地的经理、员工、顾客通过电子邮件、MSN 等方式进行廉价快捷的沟通。比如针对某一个广告创意方案，不同地区的员工可以借助现代通讯设备实时交流，集思广益，制作出更具创意的广告作品。

简言之，技术使古人所言的“天涯若比邻”成为现实，使地球缩小为“村

① ［英］罗杰·贝内特、吉姆·布莱斯著，刘勃译：《国际营销》（第 3 版），华夏出版社，2005 年 6 月第 1 版，第 321 页。

② 新华网：《数据显示明年美国网络广告开支将下滑》，2008 年 10 月 24 日，14：28：10，http：//news.xinhuanet.com/newmedia/2008－10/24/content_10244837.htm。

③ ［美］沃伦·J. 基坎、马克·C. 格林著，傅慧芬、郭晓凌、戚永翎、浦军译：《全球营销原理》，中国人民大学出版社，2002 年版，第 19 页。

落”。在这小小“村落”中，低廉的沟通成本、管理成本激励着广告代理公司将触角伸向四面八方。

［参考资料］

世界五大广告集团全球业务覆盖与收入分布①

到2004年为止，五大广告集团在全球已经建立了数量庞大的分公司和办事处，除了传统的欧美市场以外，纷纷进入经济高速发展的亚太地区及拉丁美洲，甚至非洲都有它们的办事机构。

五大广告集团在全球范围内开展广告、市场营销、公关、网络、客户关系管理、咨询等业务，在100多个国家设立了独立的子公司和办事机构，以国际化的思维展开本土化的运作。

在WPP集团的全球营业收入中，来自北美、欧洲、英国的收入分别占其总收入的40%、26%和16%，来自其他国家与地区的收入为18%，显示了集团全球化的发展态势。从地域上看，WPP分布在104个国家，其中北美业务占业务总量的45%，欧洲占35%，亚太和拉丁美洲占20%。WPP已经在中国开设了13家广告合资公司，是中国最大的一家广告集团，在中国的市场占有率大约是10%～15%。

在奥姆尼康2004年营业收入中，来自美国的收入达52.23亿美元，较2003年增长10.6%；来自欧洲市场的收入达20.58亿美元，较2003年增长15.0%；来自英国市场的收入达10.85亿美元，较2003年增长15.2%；来自其他市场的收入达13.80亿美元，较2003年增长了18.19%。奥姆尼康在全球有30个广告和市场营销培训机构，150个战略品牌平台，1500个独立的广告代理公司，企业员工超过了6万人。

日本电通的业务主要分布在美国、欧洲、日本及其他地区，整个集团有100多家的子公司和合资公司。电通进入中国已经超过10年，从1998年到2003年，电通中国的业务增长速度都在100%以上，2000年达到201%的最高增速。截至2004年9月，电通中国有员工1128人，13家分公司，2家合作代理公司。

第五节　广告公司进入海外市场的考虑因素

目标市场的选择是跨国广告代理公司迈出国际化步伐的第一步，不同的跨国

① 中国广告人网：《全球五大广告集团解析研究》，2005年6月27日，http：//www.chinaadren.com/html/file/2005-6-27%5C2005627184537.html。

广告代理公司有不同的决策标准，而这些标准往往直接影响到公司的战略制定。通常，公司在选择判断时都会考虑的因素包括：

一、海外目标市场的市场容量和增长潜力

一般而言，广告代理公司要进入的海外市场的容量和增长潜力越大，广告代理公司的进入就越有利。海外目标市场的容量和增长潜力可从两个层面进行考察。第一是一般意义上的市场容量和增长潜力。近些年，中国经济的快速增长使其成为跨国广告代理公司看好的海外市场，跨国广告代理公司积极在中国开发新客户。第二是广告代理公司所服务的主要广告客户在海外目标市场中的发展空间。上海是中国经济水平最高的城市之一，该城市集聚的大量移民和手中握有巨大财富的少数中国人对奢侈品牌有着很强的消费力。2008 年，宏盟集团旗下的 BBDO 宣布在中国经济发展的一线城市之一的上海成立 Proximity Live，以满足其迅速扩张的奢侈品牌客户如芬迪、万宝龙和 Calvin Klein 等的需求。

二、广告主所进入的海外目标市场的文化差异

文化是千姿百态的，社会学家从来未能就文化的定义达成过共识。荷兰文化学家霍夫施泰德将文化定义为："能够将一组或者一类成员与其他成员相区别的一类思想的集合。"[①] 特普施泰拉和戴维则提出了一个更贴近商务的定义："文化是一套习得的、共通的、强制的、相互关联的符号，其含义为社会成员提供了一套准则。这套准则合力为各个社会所面临的生存和发展问题提供了必要的解决方案。"[②] 在长期的历史发展中，各个国家都积淀了自己的文化，形成了各自独具魅力的文化特色。

广告业作为文化产业的一部分，文化对其相关活动有重要的意义。对于跨国广告代理公司而言，海外市场与本国的文化差异是公司在进行扩张时的重要考虑因素。文化上的差异主要表现在语言、生活方式、社会价值体系等各个层面上。

一般而言，跨国广告公司母国文化与将要进入的海外市场的文化差异越小，则越易进入；反之，则越难进入。如果跨国广告公司要进入的海外市场的文化与自己原有文化差异大，则跨国公司进入该海外市场前，了解将进入市场的政策、履行进入手续时的成本常偏高；进入该海外市场后，管理者（一般来自母国）与被管理者（多来自本土）对对方行为的预期与解释更易出现不同，从而导致公司运行要经历较长的磨合期。

文化上的差异还会影响到跨国广告代理公司海外业务的创意环节。一方面，

---

① Geert Hotstede, Cultures and Organizations: Software of the Mind, London: McGraw-Hill, 1991, p. 5.

② Vetn Terpstra and Kenneth David: The Cultural Environment of International Business, Cincinnati, OH: South - Western Publishing Co. , 1991, p. 6.

与所进入海外市场中的社会价值体系相契合的广告创意会给跨国广告代理公司带来成功。譬如惠尔普洗衣机在印度市场取得成功在很大程度上应归功于广告公司所设计的广告创意很好地抓住了当地人的社会价值观。在一则印度的电视广告中，一位母亲正沉溺于自己的白日梦中：她的女儿在一次选美大赛中穿着白雪公主的礼服在舞台上跳舞，而在她的身后起舞的其他参赛者穿着的衣服都有些灰暗。毫无疑问，白雪公主获胜，这位母亲为自己令人称赞的家庭笑着醒来，并自豪地看着她的惠尔普白色魔力洗衣机①。另一方面，与所进入海外市场的内在社会价值体系不相契合的广告创意则可能给跨国广告代理公司带来麻烦。譬如2004年9月，由李奥贝纳广告公司广州分公司设计的立邦漆“龙篇”广告（见图3－4）刊出后，其创意方面的问题引发了一场不小的争议，很多读者认为广告创意有侮辱中华民族尊严的嫌疑。也有广告专家认为创意本身没有问题，只是忽略了广告与文化的联系。尽管对此广告的看法不尽相同，但这则广告创意确实给广告公司带来了一些麻烦。

图3－4　饱受争议的立邦漆《龙篇》广告作品

① ［美］菲利普·科特勒、加里·阿姆斯特朗等著，何志毅等译：《市场营销原理》，机械工业出版社，2006年7月第1版，第391页。

三、海外市场政治环境的影响

跨国广告代理公司在选择海外市场时，除受经济、文化方面的因素影响外，还受海外市场政治环境的影响。

1. 政治环境的稳定程度

海外市场的稳定程度是跨国广告代理公司发展的基本保障，试想在一个内战频频、动荡不安的国家或者地区谁能安心投资？

前苏联在发生政治经济巨变之后，出现了混乱。在此期间，新独立的共和国急于想和外国投资者进行生意往来，但是国家所存在的问题及其不稳定的政局使得许多投资者望而却步。

在南斯拉夫遭受空袭的 78 天中，北约不停地扔炸弹，麦当劳则不停地生产汉堡包。国家控制的媒体称："北约是罪犯，是侵略者"，这调动起了青年人的爱国热情，一夜空袭之后，一群群青年涌向街头，将贝尔格莱德的三家麦当劳分店以及其他一些城市的分店作为目标，捣毁窗户，在门和墙上写上侮辱性的话。麦当劳公司被迫临时关闭在南境内的 15 家分店[①]。虽然通过采取一系列措施，麦当劳渡过了这次危机，但这次危机让其他跨国公司（包括跨国广告公司）不得不在对外扩展时认真考察海外市场的政治稳定性。

政治环境的稳定是跨国公司海外投资的基础保障之一，跨国广告公司也不例外。包括跨国广告公司在内的许多大型国际公司通常都会采用系统的方法来评估进入市场的政治风险，旨在预测政治的不稳定性，以帮助管理层确定与评价政治事件及其对当前及未来的国际经营决策的影响。表 3 – 8 是一般的国家风险评估标准。通过这些评估，营销经理能够更透彻地了解一国内可能出现的各种问题和机遇[②]。

表 3 – 8　国家风险评估标准[①]

指　标　领　域	标　　准
政治经济环境	政治制度的稳定性
	经济制度的管制程度
	宪法保障
	公共行政的有效性

① ［美］菲利普 · R. 凯特奥拉、约翰 · L. 格雷厄姆著，周祖城、赵银德、张璘译：《国际市场营销学》（第 12 版），机械工业出版社，2005 年 8 月第 1 版，第 113 页。

② E. Dichtl and H. G. Koglmayr: Country Risk Ratings, Management International Review 26, No. 4, 1986: 6.

续表

指标领域	标准
国内经济状况	劳资关系与社会安定
	人口规模
	人均收入
	前五年的经济增长
	前两年通货膨胀
	外国人进入国内资本市场的难易程度
	当地高素质劳动力的数量
	对外国公民开放就业的程度
	环境法规
	交通和通信系统
外部经济关系	进口限制
	出口限制
	外国投资限制
	对品牌和产品的法律保护
	货币转移限制
	前五年的币值变动
	石油和其他能源进口导致的外汇流失
	当地通货兑换外币的限制

2. 广告产业政策

国家政治通过政策、规章和法律的变化直接影响商务环境。什么产业将受国家保护？什么产业将面临公开竞争等都是由各国政府决定的①。而这些政策无疑会影响到相关产业的生存与发展空间，以中国的广告业为例，虽然1986年由美国电扬广告代理公司与中国国际广告代理公司合资的电扬广告代理公司正式在北京成立，但直到2005年12月11日，中国才按照入世相关条款的约定真正明确允许外资广告代理公司独资经营。而在此之前，跨国广告代理公司虽然也在通过各种方式进入中国市场，但由于政策方面的限制，始终是磕磕绊绊。

综上可见，为了降低运营风险，广告代理公司在考虑拓展海外市场时，必须收集关于目标市场政治环境的各种信息，认真考虑一国政权的结构、政治气候和广告产业政策。

① ［美］马萨基·科塔比、克里斯蒂安·赫尔森著，刘宝成译：《全球营销管理》（第3版），中国人民大学出版社，2005年10月第1版，第152页。

［参考资料］

表 3－9　电通株式会社生活方式调查

项目＼地点	北京	孟买	东京	新加坡	曼谷
信仰（同意如下表述）					
子女应该照料年迈的父母	67	85	15	77	78
父母不应该依靠自己的子女	21	11	39	9	8
说不好	12	5	46	14	14
男人工作，女人持家	20	37	21	26	24
关心的问题（同意）					
个人安全	73	38	*	*	*
经济发展	70	62	48	67	87
生活开支	60	*	56	50	62
教育和文化	46	49	*	39	49
道德文明	38	*	*	*	*
健康和福利	*	48	68	55	49
污染	*	*	46	*	39
就业	*	*	37	*	*
全民权利	*	*	*	35	*
国家安全	*	50	*	*	*
国家形象（同意）					
勤奋工作	86	59	65	65	**
关心家庭	63	**	**	21	31
有趣味	**	53	**	**	**
讲礼貌	41	47	30	29	38
拙于谈判	**	**	45	**	**
忠于公司	**	**	42	**	**
封闭的社会	**	**	36	**	**
清洁	**	**	**	37	**
欣赏大自然	**	**	**	**	**
国家的任务是什么（同意）					
根据公意制定政策	65	56	68	50	67
提供全面的社会福利	68	68	65	56	63

续表

项目 \ 地点	北京	孟买	东京	新加坡	曼谷
为大众福祉约束个人权利	47	67	11	42	51
提倡凭能力竞争	33	26	25	26	38
采纳西方的制度	21	38	8	24	30
推举强有力的领导推进社会改革	11	35	5	18	14

注：＊不在前5项关心之列；＊＊不在前10项国家特征之列。

资料来源：Dentsu Institute for Human Studies.

第六节　跨国广告代理公司对中国市场的开拓

跨国广告代理公司对于中国市场并不陌生，表3－10显示了外资广告代理公司进入中国的时间。人们一般认为，外资广告代理公司在中国的真正投资始于1986年，以由美国电扬广告代理公司与中国国际广告代理公司合资的电扬广告代理公司正式在北京成立为标志。此后，世界各大广告代理公司纷纷进军中国市场，拉开了外资广告在中国的真正投资战①。

表3－10　外资广告代理公司进入中国时间

外资广告代理公司	进入中国的年份
李奥贝纳中国部	1979
博报堂向阳社	1980
电扬广告	1986
奥美办事处	1986

一、中国市场对于跨国广告代理公司的吸引力

跨国广告代理公司纷纷进入中国市场绝非偶然，吸引它们的是中国市场所提供的发展机遇。

1. 中国经济发展带来更多机遇

“如果你按照增长机遇的数量给世界市场排名的话，那么中国将是第一名，

① 周茂君、姜云峰：《跨国广告代理公司进入中国的心路历程》，《广告大观理论版》，2008年5月。

而美国则是第二名——自从19世纪以来，这样的情况还是第一次发生”，在WPP总裁苏铭天的眼中，中国就等于机会。尽管目前面对着全球经济的紧张局势，苏铭天仍认为中国是世界上最有吸引力的市场。“我倒是希望中国经济放慢一点，这样我们的竞争对手就要退出了，把一切都留给我们，”苏铭天开玩笑说，“当然，这是针对行业情况而言。”他预计，2010年左右，世界经济将回暖，中国经济也将重现“牛市”①。

中国是世界上最大的发展中国家，改革开放30年以来，中国经济取得了飞速发展。随着中国加入WTO，中国市场越来越与国际相接轨，越来越多的国际企业将它们的目光投向中国，从历史上看，中国是外资最愿意投资的地方。2008年央视的广告招标中，国际品牌中标额比去年增长了64.47%，占总额24.39%。中国已经成为全球最受关注的国际市场。目前，世界500强中的480多家企业已经进入了中国②。

整体经济的发展为广告市场的扩大注入了更多的活力。中国连续几年保持10%左右的经济增长率，按经验判断这意味着广告业增长的速率可达20%。即使中国经济在2008年北京奥运会之后有所放慢，至少也还有7%～8%，仍然是世界上最有吸引力的市场③。以阳狮集团为例，虽然它是五大广告集团中最后进入中国市场的，但其中国市场收入逐年增加。2003年中国市场的广告收入首次跻身全球市场收入前十名，2004年中国市场收入增长11.8%，与加拿大市场并列第七，2005年、2006年保持该名次，分别增长18.8%和8.9%④。

据实力传播2007年预测，中国将超过意大利成为世界第五大广告市场，尽管规模只有第四大广告市场英国的2/3，但是以现在的速度（年平均增长率18%，而英国为5%）继续增长，用不了多久，中国就会超过英国。2008年中国的广告支出将增加37亿美元（25%），仅次于美国，虽然事实上美国广告市场的规模是中国的10多倍，但其支出的增长最多是中国的两倍⑤。

2. 政策逐渐放开带来的更广阔的活动空间

中国的广告业政策是外资广告代理公司在中国市场拓展的重要推动力。1992年党的十四大召开后，国家对于广告业逐渐放开，任何经济成分只要具备条件都可以进入广告行业。2001年中国加入WTO，按照入世时的承诺，中国应在2003

---

① 《WPP集团总裁苏铭天：在我眼里中国等于机会》，金融界：http：/www.jrj.com，2008年9月26日。

② 舒是：《央视2008黄金资源广告招标增长18%》，《现代广告》，2007年第10期。

③ 张翃：《WPP总裁称中国将成第二大广告市场》，《财经》，2008年8月12日。

④ 婷婷：《思维力　热情　斗志——专访阳狮广告全球首席运营官Richard Pinder》，《中国广告》，2008年第6期。

⑤ 《实力传播预测全球广告市场——2008年北京奥运会将在全球创造30亿美元的额外广告支出》，《现代广告》，2007年第8期。

年12月10日后，允许外资控股广告代理公司。2005年12月10日后，允许外资设立独资广告代理公司。

2008年，中国国家工商行政管理总局、商务部联合发布了新的《外商投资广告企业管理规定》，新规定取消了“允许外资拥有中外合营广告企业多数股权，但股权比例最高不超过70%的限制，新规定自2008年10月1日起施行”①。

中国广告行业政策的放宽使跨国广告代理公司在中国的发展有了更多的保障，也成为更多广告代理公司进入中国市场的推动因素。

3. 中西方文化交流频繁，东西方文化差异逐渐缩小

2005年10月1日，美国历史上规模最大的中国历史展示活动在美国肯尼迪艺术中心开幕。这次“中美文化节”由中国文化部和美国肯尼迪中心联合主办，精心准备3年之久，投资数百万美元；文化节一共包括19个项目，34场演出和8项视觉艺术展；参演艺术团体13个，来自中国大陆、香港和美国的演职人员达900多名；有近40万观众亲历在华盛顿举办的艺术展演活动，另有100多万美国观众通过电视转播和网络方式参与文化节②。图3－5为肯尼迪艺术中心入口处悬挂着的中国文化节宣传条幅③。

图3－5 肯尼迪艺术中心入口处悬挂着的中国文化节宣传条幅

① 中国文化产业网：《中国发布新规，外商投资广告业放宽股权限制》。

② 新华网：《中国文化节完美落幕 中美文化交流谱新篇》，2005年10月30日，http://news.xinhuanet.con/world/2005－10/30/content_3702332.htm。

③ 中华人民共和国驻美利坚合众国大使馆：《孙家正表示“中国文化节”有助于中美加深了解》，http://www.china－embassy.org/chn/zmgx/t214934.htm。

此外，“中俄文化年”、“中法文化年”、“中德文化年”和“亚洲文化节”等大型国际文化交流活动的开展以及各种国际性展览会的召开，在展示传统悠久的中华文化的同时，也拉近了中国和世界的距离，让世人更加了解中国。越来越多的外国人来到中国学习、旅游、工作、生活。国家旅游局相关统计数字显示，2008年1~3月来华旅游入境人数达32601544人，同比增长7.04%。其中，外国人6252818人，同比增长14.59%[①]。

语言作为基本的交流符号度量着不同文化间的距离。因此不同语言间的相互学习、使用是拉近异质文化间距离的有效途径。在中国，掌握英语的人越来越多，在世界上，对汉语感兴趣的人也越来越多。据统计，2003年全球各地学习汉语人数为3000多万。隶属教育部的国家对外汉语教学领导小组办公室（简称“汉办”）相关负责人说，“汉语热”已成为全球语言交际系统中的一种普遍现象。近年来，学习汉语的人数增长很快，欧美国家学习汉语的增幅更是保持在每年40%左右[②]。“中国改革开放三十年来取得了巨大的成就，每一个国家都知道中国已经成为一个重要的伙伴，都希望加强同她在文化、经济、贸易等方面的合作。合作就需要沟通，每一个人尤其是现在的年轻人都深切地感受到需要与中国进行更多的交流与对话。”罗马尼亚驻华大使伊斯蒂奇瓦亚说一口流利的中文，他认为“汉语热”已经成为一种必然，因为世界需要中国[③]。

总之，种种迹象表明，中西间日渐频繁的文化交流有助于文化差异的缩小，而文化差异的缩小则使跨国广告代理公司更容易适应中国的“水土”。

二、跨国广告代理公司进入中国市场的特点

1. 进入中国市场的模式选择越来越多样化

广告代理公司选定了目标市场之后就面临着以什么样的“进入”方式打入该国市场的问题。通常，企业可以选择的市场进入方式可分为贸易式进入、合同式进入和投资式进入，每一种进入方式又都包含若干子形式。经济文献上讲的市场进入战略一般是指企业初次进入每一市场所采取的战略或方式。从动态的角度看，企业在特定的时期和条件下以某种形式进入海外市场，经过若干年后，企业在当地的经营形态会随着经营环境和企业自身条件的变化而进行调整[④]。

跨国广告代理公司进入中国市场时最早普遍采用的模式为合资，随着市场条件的变化，又先后出现独资与控股等进入模式。总的来看，跨国广告代理公司进

---

① 中华人民共和国国家旅游局：《2008年前三个月来华旅游入境人数达32601544人》，2008年5月20日，http：//www. cnta. gov. cn/html/2008 -6/2008 -6 -2 -21 -20 -14 -339. html。

② 《法制晚报》：《全球“汉语热”现象及背景》，2005年3月18日。

③ 刘双双：《驻华大使解读“汉语热”：世界需要中国》，中国新闻社，2008年7月9日。

④ 鲁桐：《论跨国企业海外投资的成功之道》，《世界经济与政治》，2007年第3期。

入中国市场的模式越来越多样化。

在海外市场中，政策和法律环境对跨国公司的相关市场活动具有最直接、最有力的影响。各个国家按照自己的不同国情制定相关的产业政策，中国也不例外。对于在中国的跨国广告代理公司来说，了解这些政策是其进军中国市场的重要前提。虽然独资能为跨国广告代理公司带来更大的利润空间，但是在2005年之前，受政策等因素的影响跨国广告代理公司多以合资的方式拓展中国市场，截止到1998年，全球排名前十位的广告代理公司全部以合资的形式进入中国市场（见表3－11）。

表3－11 外资广告代理公司在我国的合资情况（截止到1998年）①

投资方	国内合作对象	合资公司名称	成立年份		
			北京	上海	广州
电扬	中国国际广告代理公司	电扬广告有限公司	1986	1989	1992
奥美	上海广告有限公司	上海奥美广告有限公司	1993	1992	1993
麦肯	光明日报	麦肯—光明广告有限公司	1992	1992	1992
BBDO	中国广告联合总公司	天联广告有限公司	1992	1992	1993
Grey	国安广告代理公司	精信广告代理公司	1992	—	1993
盛世	长城工业公司、天马旅游公司	盛世长城广告有限公司	1992	1994	1992
DDB	北京广告有限公司	恒美广告有限公司	1992	1993	1993
电通	大诚广告中国国际广告有限公司	北京电通广告有限公司	1994	1995	—
博报堂	上海广告有限公司	上海博报堂广告有限公司	1998	1996	—
李奥贝纳	韬奋基金会	李奥贝纳广告有限公司	1995	1994	1992
智威汤逊	中乔广告有限公司	智威汤逊—中乔广告有限公司	1989	1991	1992
达彼思		达彼思（达华）广告有限公司	1994	1994	1993
灵狮	自设办事处		—	1993	1993

与其他的方式相比，选择与本土广告代理公司合作是跨国广告代理公司在市场进入初期的有效选择。合资的一个主要优点在于协同效应的实现。合作伙伴关系意味着共享资产和共担风险，当地合作伙伴可能带来的贡献有：土地、原材料、有关当地环境的专门知识（文化、法律、政治）、分销网络、与供应商和政府官员的私人关系等。结合国外合作者所拥有的技能与资源方面的优势，公司就

① 卢泰宏、何佳讯：《蔚蓝智慧》，羊城晚报出版社，2000年12月第1版，第401页。

能成功地进入这一市场①。对于跨国广告代理公司来说，虽然在进入海外市场之前对于当地的经济发展水平、消费习惯、文化观念等进行了了解，但是意识形态的差异往往只有亲身经历之后才能深刻感受。通过与本土广告代理公司的合作投资，跨国广告代理公司一方面节省了对于公司地址、办公设备等硬件设施的投入，另一方面也大大降低了因为文化环境的不适应而带来的市场风险。另外，通过与本土广告代理公司的合作，跨国广告代理公司一开始便有了和本土广告客户接触的机会，为日后的发展打下了良好的客户基础。对于本土广告代理公司而言，同海外广告代理公司尤其是在海外已经有一定知名度和一定规模的广告代理公司合作，也是学习先进经验、提高自身水平的一个良好契机。通过合资，中外双方广告代理公司各自发挥比较优势，实现资源的有效配置。

合资方式的弊端在于合资双方协商和控制往往需要大笔的费用，同时由于双方文化间的差异，往往造成缺乏信任和相互间的冲突（见表 3－12），使得双方有由合作伙伴变成竞争对手的风险。

表 3－12 中国合资企业外方与中方的目标冲突②

	外 方	中 方
计划	保持业务灵活性	维持企业与国家经济计划的协调
合同	字斟句酌，细致入微，可执行性	模棱两可，化简为繁，适应性
谈判	按部就班，一事一议	浑圆式，启发式
员工	效率最大化，产量既定的情况下人员越少越好	尽量多雇佣当地员工
技术	使技术的复杂程度与组织以及经营环境相匹配	尽快获得最先进的技术
利润	长期最大化，定期汇回国内	再投资于现代化建设，保持外汇储备
投入	减少不确定性和粗制滥造的原材料、零部件供应	提高国内采购比例
工艺	强调高质量	强调高产量
产出	进入并开发国内市场	出口换汇
控制	减少外部政治和经济对决策的干预	欢迎外国技术和资本，但防止外国势力对主权和意识形态的渗透

直到 2005 年 12 月 11 日，中国才开始允许外资广告代理公司独资经营，跨国广告代理公司才开始了在中国广告市场的大规模进军。

① ［美］马萨基·科塔比、克里斯蒂安·赫尔森著，刘宝成译：《全球营销管理》（第 3 版），中国人民大学出版社，2005 年 10 月第 1 版，第 316 页。

② M. G. Martinsons and C. – S. Tsong: Successful Joint Ventures in the Heart of the Dragon, Long Range Planning, 1995, NO. 1, p. 5.

2006年是中国广告市场进入一个新时代的起点，这一年，中国广告市场全面对外开放。蓄势已久的跨国广告代理公司纷纷发力，开展并购、战略合作、风险投资、媒介购买等活动，加速了在中国的战略扩张，在中国广告市场上拥有不可撼动的话语权。通过表3-13的各项重大事件可以看出，2005年以来WPP、宏盟、阳狮等国际广告巨头各显神通，一系列重大决策的目的只有一个——全面进军中国广告市场。WPP集团2006年在中国收购了包括奥维思、华扬联众、华通现代、黑弧、阳光加信在内的五家本土广告代理公司。2006年，法国阳狮13亿美金买下数字及直销行销公司Digitas，此项收购也是继WPP于2005年以17.5亿美金收购精信集团以来广告业最大的一宗并购案。2006年12月20日，麦肯—光明中国启动了一项强化中国管理团队的新的安排，涉及北京、上海、香港三个办公室的总经理。

表3-13 2005年以来跨国广告（传媒）集团发起的十起并购案[①]

年 份	母公司	新成立公司名称	事 件	方式	影 响
2005	WPP	福建奥美奥华广告代理公司	奥美控股福建最大的广告代理公司——奥华广告代理公司	控股	奥美广告代理公司进军福建，并成为福建最大的广告代理公司
2005	阳狮	博睿传播	阳狮集团整合旗下实力传播和星传媒体，成立博睿传播	整合	博睿年度媒介代理购买量达110亿元，占中国年度媒体投放的13%左右
2006	WPP	群邑控股公司	WPP集团整合旗下传立、迈势、灵立媒体、尚扬媒介及宝林，成立了群邑控股公司	整合	群邑在中国当年媒介承揽额超过80亿元
2006	宏盟	国安DDB	宏盟控股中信国安	控股	宏盟获得了北京国安公司的大量本土客户
2006	维亚康姆	维亚康母户外传媒广告有限公司	维亚康母收购北京流动媒体	收购	维亚康母拥有北京超过5000辆公交的广告发布权，在奥运会前夕控制了北京公交广告市场
2006	奥姆尼康	奥姆尼康上海办事处	奥姆尼康控股国内领先的终端营销公司尤尼森	控股	奥姆尼康开始控制广告产业的上游链条

① 周茂君、姜云峰：《跨国广告代理公司进入中国的心路历程》，《广告大观（理论版）》，2008年5月。

续表

年　份	母公司	新成立公司名称	事　件	方式	影　响
2006	阳狮	非凡传播公司	博睿收购四川非凡传播公司	收购	博睿拥有四川成南高速公路、成都绕城高速公路的全部户外广告经营权
2006	WPP	上海奥维斯市场营销服务有限公司	智威汤逊收购中国本土最大的促销公司之一——上海奥维思市场营销服务有限公司	收购	WPP 集团拥有奥维思公司大量本土优质客户，并成功地控制了上海广告的下游链条
2007	WPP	阿佩克思达彼思整合营销有限公司	达彼思与西部最大的阿佩克思合作	控股	WPP 集团将业务扩展到中国西部
2008	电通	电众数码广告有限公司	电通与分众传媒成立电众数码广告有限公司	控股	电通得以借助分众渠道资源进入网络媒体领域

2006 年之后，跨国广告代理公司多采取控股和收购的方式加大在中国广告市场的进军力度，并且将其经营范围逐步扩大，延伸到了广告的上游链条（比如奥姆尼康对于尤尼森的控股），广告的下游链条（如 WPP 对于奥维思的收购），并且进军新媒体领域（如电通借助分众拓展网络媒体）。在经历了进入阶段之后，跨国广告代理公司在中国广告市场中进入到更高层面的战略规划阶段，从表 3－14 中广告代理公司合纵连横案例榜可以看出，控股、收购或是为了进一步巩固其优势地位，或是为了拓展新的业务领域。精信（Grey）大中华区 CEO 林文河说："我要在 2010 年让精信成为现在的两倍。一半的成长要通过并购，一半来自自身的成长，现有客户产品线的拓展和新客户的拓展。"他表示要成为大中华区最具整合力的广告代理公司，线上线下的整合都要做到最好。"我们过去有大脑，但要到十个、二十个城市去执行完毕，让品牌和消费者在最终端的时候采取行动和品牌发生关系。所以这样的并购就是在战略上的互补。"①

2007 年，各大海外广告代理公司在中国广告市场的谈判和并购如火如荼。2 月 WPP 旗下的达彼思广告代理公司与中国西部最著名的阿佩克思广告牵手，成立阿佩克思达彼思整合营销有限公司；10 月 27 日，达彼思中国收购上海美施广告公司成立控股新公司达意美施。国际著名广告代理公司 BBH（Bartle Bogle Hegarty）也在 2007 年宣布在上海成立中国公司，这是 BBH 的第六个国外分支机构。作为首批直接获得在中国独资经营的国际广告代理公司之一，BBH 公司正式登陆中国，意味着在中国对国际广告代理公司独资经营政策开放之后，跨国广

① 《广告主市场观察》，《资讯声音》，2008 年第 8 期。

表 3－14 2006 年广告代理公司合纵连横案例榜[①]

	公司名称	合作方式	战略意图
拓宽市场线，全国延伸布局	传立浙江思美广告	战略联盟	传立借助思美了解本土广告代理公司运作，希望通过思美进入浙江广告市场
大型广告集团扩展新业务领域	智威汤逊上海奥维思	智威汤逊收购奥维思	智威汤逊加强与本土广告代理公司合作，给公司注入本土元素，同时利用奥维思的网络拓展线下营销业务
	宏盟尤尼森	宏盟控股尤尼森	尤尼森的加入完善了宏盟集团的线下业务类型，同时尤尼森公司可以借助宏盟集团高效的平台
	奥美集团黑弧广告	奥美并购黑弧	奥美通过并购黑弧涉足中国房地产业，与一线城市地产的不断动荡相比，二、三线城市则表现出一片繁荣，奥美正是看重了黑弧在二、三线城市地产业的优势
优势集中，提高地位	阳狮媒体集团实力传播和星传媒体	阳狮媒体集团整合实力传播和星传媒体的媒介购买业务，成立了博睿传播	博睿整合实力和星传庞大的媒体购买业务，提升了其面对媒体的议价能力，同时有利于更科学化、集中化的运作
优势互补	中信国安广告宏盟	战略合作	全球最大的广告企业和中国顶级国有企业结合，展现出国际企业本土化，本土企业全球化的思路
	维亚康姆百度	战略合作	合作开拓数字媒体市场网络技术和视频媒体内容的强强联合，抢滩网络视频领域阵地

告代理公司对中国市场的实质性举措，也意味着中国广告业格局将发生重大的变化[②]。

2008 年这种扩张活动持续进行，但并不比 2007 年火爆，而以平稳甚至低调的形态进行。据相关资料显示，截至 2008 年，全球五大广告集团都在中国设立了分公司。据不完全统计，跨国广告代理公司已经占到整个中国广告市场 40% 的份额，仅 WPP 一家就占到 10% ~15%。

① 《广告公司在玩耍中盘算扩张》，《现代广告》，2007 年第 3 期。

② 《现代广告》，观察，头条，2007 年第 1 期。

总体上，外资广告代理公司在中国的发展经历了扩张布局：完成对本土广告业的合围（2001~2005年）；并购重组：图谋主导中国广告市场（2005年12月以后）两个阶段[①]。在第一阶段中，外资广告代理公司主要选择与本土广告代理公司合资合作的方式来进入市场，而在第二阶段则更倾向于并购、独资或者控股的模式进行市场拓展。外资广告代理公司在中国广告市场中占据很大的比重，有数据显示，数量上占0.4%的外商投资广告代理公司，其经营额竟占中国专业广告代理公司总经营额的21%。外商投资广告代理公司户均经营额和人均经营额分别是我国专业广告代理公司户均经营额和人均经营额的52倍和24倍，是本土广告代理公司中最具有竞争力的国有广告代理公司户均经营额和人均经营额的13.4倍和14.96倍[②]。

2. 营业额出现不同程度的下降

与2002年相比，2007年各大广告代理公司的营业额增长率都出现不同程度的下降（见表3-15）。营业额增长率的下降与跨国广告代理公司在中国广告市场全面开放的政策明朗稳定后逐渐倾向于独资、控股引起的公司经营数量的高增长形成了对比。这也表明在人民币大幅升值的2007年，跨国广告代理公司对华实施的是战略性投资策略。比如世界第一大广告传播集团宏盟集团和世界第二大广告集团WPP在中国的竞争态势加剧，两家都选择了以并购为主要竞争手段，依靠强大的资本支持扩张在华的市场版图[③]。这也就使我们必须更加清楚地看到，营业额下降并不意味着赢利能力的下降，更大程度上是资本扩张造成的，跨国广告代理公司的资本扩张对于未来中国广告业和广告市场格局的影响不可估量[④]。

表3-15 六大综合型广告代理公司2002年和2007年营业额增长率对比表[⑤]

广告代理公司营业额增长率（%）	2002年	2007年
盛世长城国际广告有限公司	56.8	14.9
上海李奥贝纳国际广告有限公司	54.9	9.2
麦肯—光明广告有限公司	32.8	15.9
智威汤逊—中乔广告有限公司上海分公司	28.2	19.13
北京电通广告有限公司	41	20
广东省广告股份有限公司	15.4	11.8

① 周茂君、姜云峰：《跨国广告代理公司进入中国的心路历程》，《广告大观（理论版）》，2008年5月。

② 新华网：《外资重压下的危机 中国广告产业：羊与虎博弈》，2006年7月4日，9：55：54，http：//news.xinhuanet.com/newmedia/2006-07/04/content_4791619.htm。

③④实力传播：《2006年全球广告经营额4334亿美元》，《现代广告》，2007年第1期。

⑤ 《2007年中国广告经营单位排序报告》，《现代广告》，2008年第7期。

3. 由京沪穗下沉至二、三线城市

经济发展所带来的巨大的增长空间毫无疑问是中国市场最具吸引力的一点，这一点在跨国广告代理公司投资先入城市通常是北京、上海、广州这些经济发达地区上得以印证。1991 年，麦肯与光明日报报业集团在北京合资成立麦肯—光明广告有限公司，次年在上海、广州成立分公司，构成了其在 131 个国家 191 家广告代理网络中的一个重要节点。2006 年，上海、北京、广东三地的广告经营额之和达 767.5 亿元，占全国广告经营总额的 48.8%。

北京是中国的首都，是政府以及国家性的电视台所在，拥有强大的媒体资源，广告活动更容易产生全国性的影响力，在北京做国际性广告具有得天独厚的优势，达彼思北京公司现在服务着达彼思最大的客户诺基亚，成为诺基亚广告的国际服务中心。

广州是中国广告业发展最早的城市之一，也是最早对外开放的城市之一，一直以来广州都在努力塑造着其经济创新“领跑者”的角色。广州的广告多以房地产为主，有创意但也有较强的地方性色彩。

上海被称为“机会之城”，相比北京和广州，上海的广告市场似乎更具活力。从上海广告业占全市 GDP 比重看，仅 2005 年，上海广告业所创产值已占全市 GDP 的 3.09%，超过全国 0.77% 的指数，甚至超过发达国家平均 2% 左右的指数，也超过美国广告经营额占 GDP 2.46% 的比重。从经济指数上看，上海已具有形成国际广告中心城市的实力，成为驱动整个中国广告市场的“领航者”①。

上海是中国改革开放的窗口之一，是中国最国际化的都市，也是市场经济发展得较好的地区。20 世纪末到 21 世纪初的十年间，国际大型广告代理公司、广告人才急剧向上海汇流，形成了一股行业潮流。截至 2006 年底，上海共计外商投资企业 949 家，广告代理公司 99794 家②。经济和产业的辐射力和集聚力造就了相当庞大的市场规模，“如果没有在上海设立分支机构，开拓国际性客户时，是会遭到是否了解中国市场的质疑”，盛世长城 CEO 周佩莲如是说，“上海李奥贝纳是李奥贝纳在中国最大的公司，汇集了最顶尖的人才，上海分公司可以说是旗舰分公司”，李奥贝纳中国区董事总经理陈念端很满意上海公司创意实力的突出表现。李奥贝纳在中国拥有近 300 名员工，上海就占了一半以上。

伴随着 2007 年广告主渠道下沉和二、三线城市的蓬勃发展，广告代理公司在近年来也将触角伸向了二、三线城市。在 2006 年初，传立媒体先后在深圳、南京布点；4 月成立成都分公司；同时与杭州思美广告的战略联盟拉开帷幕，至

① 金定海：《上海广告业的效率与倾斜》，《现代广告》，2007 年第 4 期。

② 上海师范大学人文与传播学院广告系课题组：《在沪广告代理公司调整策略》，《现代广告》，2007 年第 4 期。

此，南方主要城市的布局点基本完成[①]。

4. 发展中偶有凝障

跨国广告公司拓展中国市场时所遇到的发展障碍主要体现在广告创意所表现的水土不服上。

2003年，由盛世长城为丰田公司创作的“丰田霸道”广告中，一辆霸道汽车停在两只石狮子之前，一只石狮子抬起右爪做敬礼状，另一只石狮子向下俯首，背景为高楼大厦，配图广告语为“霸道，你不得不尊敬”（见图3-6）。

图3-6 “丰田霸道”广告作品

这则广告刊登之后，引起了很大的争议。很多人认为广告中石狮子的“俯首”、“敬礼”含有很大的辱华意味。盛世长城北京分公司对于这则广告的创意初衷解释为丰田霸道是一款高档越野车，它的广告诉求是要彰显“霸道”在都市行驶中的威风感。前景中的石狮和背景中的高楼都是作为城市的象征物出现的。石狮在饭店门口、广场上非常常见，与卢沟桥的石狮没有必然联系[②]。整个事件闹得沸沸扬扬，虽然也有一些辩解的声音，但民众强烈的反感和抨击最终使丰田公司和盛世长城公司做出道歉。

[参考资料]

本土广告公司遭遇困境[③]

“本土广告公司小型化，资金的缺乏在当前变得越来越突出。”华中科技大

① 《广告代理公司在玩耍中盘算扩张》，《现代广告》，2007年第3期。

② 新华网：《盛世长城细解广告创意CEO一连串中文的“对不起”》，2003-12-0513：36：34，http：//news. xinhuanet. com/newmedia/2003-12/05/content_ 1215722. html。

③ 全景网：《本土公司：低水平同质化》，2005年10月26日13：39，http：www. p5w. net/news/cjxw/200510/t92255. htm。

学传播系主任舒咏平说。当前一些强势的客户已被跨国广告公司掠夺，资金的缺乏，致使本土广告公司发展受到了极大的制约，一些具有竞争优势的媒体难以合作，好的人才也难以留住。

在2004年11月18日的央视招标会上，参与投标的国际企业是上一年度的十多倍。宝洁、联合利华、高露洁、NEC、肯德基等国际品牌都中标成功。宝洁公司则以3.8515亿元首次夺得2005年央视新标王。中国本土领导企业也需要借助这些高端媒体拓展全国市场，塑造品牌高端形象。可以看出，跨国广告公司和本土广告公司在稀缺媒体资源上的争夺将会异常激烈。跨国广告公司通常有国际资本作为后盾，因此有实力拿到这些媒体资源。而对于本土广告公司而言，资金则成为“瓶颈”。

外资广告公司正凭借其在资金、技术、人才以及管理上的优势，对本土广告公司形成合围之势。中国本土广告公司将面临巨大挑战。一是这些广告公司凭借其雄厚的资金，先进的技术设备，科学规范化的运作理念以及国际性的策划创意资源等，吸引众多精英人才的加盟，使得本土广告公司人才缺乏的矛盾更加突出。二是对本土客户资源的争夺。跨国广告公司首先是伴随着跨国企业进入中国市场的，他们主要服务于一些大型的跨国公司。现在他们不再满足于仅仅服务这些企业，而是积极寻求与中国本土领导品牌和极具成长品牌企业的合作，以获得更大的利润空间。三是对中国高端媒体资源的争夺。外资公司由于有强大的资金作为后盾，能够拿到最有竞争优势的媒体，使得本土广告公司陷入十分尴尬的境地。

本章小结

伴随着经济进步和社会分工的进一步发展，广告代理公司应运而生。我们可以简单地将广告代理公司视为置身于广告活动中、以代理为核心业务的经营性机构。亦称广告代理机构或广告公司。

按照不同的分类标准，广告公司可以分为专业化广告代理公司与综合型广告代理公司、外部广告代理公司与专属广告代理公司。不同性质的广告公司有着各自的经济优劣势。专业化的广告公司往往能利用其专业化的人才和经验提高效率，在公司内部形成学习曲线等。综合型广告公司则可以通过更充分地利用固定资产与流动资产，同时代理存在竞争关系的多家广告主，以更强的谈判力，参与大型活动等来实现规模经济和范围经济。

广告公司的收费方式包括代理费制、实费制、成果回报制等。在各种收费方式中，代理费制是最普遍的一种方式。按照相关法律规定，我国广告代理制中的代理费的收费标准明确规定为广告刊播费的15%。在实际操作中，广告代理机构与广告主亦有可能协商制定一个比较合适的佣金比率，一般低于15%，但当佣金降至不适当程度时，甚至出现了“零佣金”的情况，则演化为恶性价格竞争。此外，代理费制使广告主与广告代理机构形成委托—代理关系，容易导致出现因信息不对称而产生的信息弱势者利益受损的情况。实费制是按照员工所付出努力来计算总额，由于很难精确测量员工所付出的精力，实费制有时会与代理费方法一起使用。成果回报制是按最终的广告效果来支付广告费用，被广泛运用于网络广告中，但由于影响销售业绩的因素有很多，这种计费方式也受到很大的争议。

为了适应经济全球化的需要，在海外投资发挥杠杆作用所能带来的高收益以及技术进步的有力驱动下，广告代理公司纷纷拓展海外市场。目标市场的选择是跨国广告代理公司迈出国际化步伐的第一步。广告代理公司选择目标市场时通常从海外目标市场的市场容量和增长潜力、海外目标市场的文化差异、海外市场政治环境等方面综合衡量。

中国经济发展带来更多机遇、政策逐渐放开带来的更广阔的活动空间以及中西方文化交流频繁，东西方文化差异逐渐缩小等因素使中国市场对跨国广告代理公司具有巨大的吸引力。跨国广告代理公司在进入中国市场的过程中呈现出进入模式选择越来越多样化、广告经营额有不同程度的下降、由京沪穗下沉至二、三线城市及发展中亦有凝障等特点。

思考与操作

1. 调研一家企业，考察一下它们如何选择不同类型的广告公司。

2. 假设你是一家公司的总经理，和广告公司合作时，你会选择何种付费方式？为什么呢？

3. 选择几家你最有兴趣的有着外资背景的广告公司，分析比较这些广告公司的优劣势。

4. 查找资料，了解跨国广告公司在中国市场的投资情况以及中国的相关政策。

第四章　广告传媒

【本章概要】

传媒的商业模式

中国传媒广告经营的特点及发展趋势

主要传媒的广告经营概况

传媒广告经营的行业结构

传媒组织中广告业务的位置及其与采编业务的关系

中国传媒广告联盟概况

中央电视台广告资源招投标分析

【学习目标】

区分传媒的三种商业模式

了解目前中国传媒广告经营的主要特点与发展趋势

把握各类传媒广告的经营特点

分析不同传媒广告投放的行业结构及其原因

认识广告业务在传媒组织中的位置及其变化过程

了解中国传媒广告联盟的现状、运作机制以及发展方向

了解中央电视台开展广告资源招投标活动的原因

谈到广告，人们自然会想到传媒。作为广告信息的主要承载主体和传播介质，传媒是广告产业的一个重要环节。随着中国传媒业产业化与市场化进程的不断深化，广告经营在传媒组织中的地位不断上升并成为一项主要业务，广告收入也成为传媒生存和发展的经济支柱。

本章从广告角度审视传媒，探讨传媒中的广告经营。拟从广告传媒的商业模式、目前中国广告传媒广告经营的特征与趋势、广告传媒的行业结构、广告部门在传媒组织中的位置归属以及传媒的广告联盟、中央电视台广告资源招投标六个方面来安排本章内容。

第一节 传媒的商业模式

商业模式（Business Model）是一个比较新的名词。尽管它第一次出现在20世纪50年代，但直到20世纪90年代才开始被广泛使用和传播。商业模式也经常被译为商务模式、经营模式、业务模式等，国内外学者围绕商业模式展开过一些讨论，蒂默斯（Timmers）认为商业模式是产品、服务和信息流的架构，并且描述了不同的商务参与者及其角色以及这些参与者潜在的利益和收益流来源①。霍金斯（Hawkins）提出商业模式是企业和其向市场提供的产品和/或服务之间的商业关系，是不同的成本和收入的结构形式②。彼得罗维奇（Petrovic）等认为商业模式是一个通过一系列业务过程创造价值的商业系统③。佩格努尔（Pigneur）认为商业模式是公司及其伙伴网络向一个或几个细分市场的顾客创造和交付的价值和关系资本，以此产生可盈利的和可持续的收益流的体系④。切萨布鲁夫（Chesbrough）提出业务模式应该具有六个功能：价值主张、市场分割、定义公司内部的价值链结构、评估生产产品的成本结构和利润潜力、制定竞争策略、获得和保持竞争优势⑤。

传媒经济研究者罗伯特·皮卡德（Robert. Picard）认为商业模式是比策略（包括公司策略、产品策略、市场策略或定价策略）更基本的东西。置身商业活动之外审视商业活动的基础和潜在特性才能创造和理解商业模式。商业模式涉及的内容包括业务操作方式、商业潜在基础和使商业能成功地交换活动及财务流。商业模式可以被描述为产品、服务和信息流的结构，包括对各种商业活动和其角色的描述。皮卡德还认为，当新产品或服务被推出或当产业处于重要变革阶段时，理解商业模式——公司或产品在此模式下运转或将要在此模式下运转——非常重要⑥。

传媒的商业模式可分为三大类，分别为单一内容产品模式、单一广告产品模式和二元产品模式。

---

① Timmers P: Business Models for Electronic Markets. Journalon Electronic Markets, 1998, 8(2): pp. 3 - 8.

② Hawkins R: The "Business Model" as a Research Problem in Electronic Commerce. Issue Report N. 4. 2001.

③ O. Peterovic, C. Kittl, R. D. Teksten: Developing Business Models for eBusiness. Vienna: Inter - national Conference on Electronic Commerce, 2001.

④ Pigneur Y: The e - Business Model Handbook, HEC working paper. 2000. Available onlineat: http://inforge. unil. ch/yp/Pub/00 - ebmh. pdf.

⑤ Chesbrough H and Rosenbloom R S: The Role Of the Business Model in Capturing, 2001.

⑥ Robert G. Picard: The Economics and Financing of Media Companies, Fordham University Press, New York, 2002. pp. 25 - 26.

一、单一内容产品模式

单一内容产品模式可表示如下（见图4－1）：

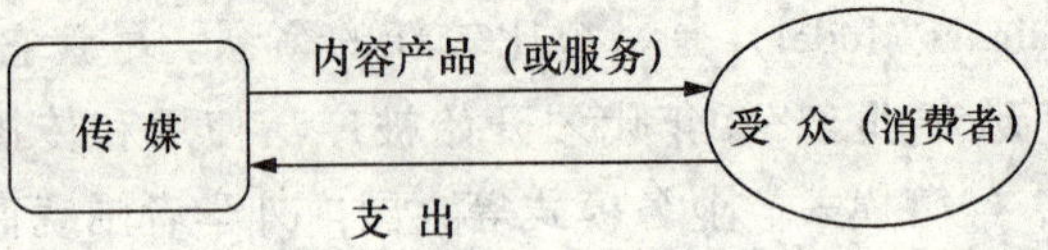

图4－1 单一内容产品模式

图书、唱片、付费电视等依靠内容开展商业活动的传媒所采纳的商业模式即为此种模式。在此模式中，受众购买图书、唱片或订购付费电视所提供的产品或服务，同时支出相应的费用。与单一广告产品模式和二元产品模式相比，由于广告主的退出，该模式中传媒与受众的交易关系直接而明了。受众放弃低价或免费享受这些传媒产品或服务的可能，作为回报，他们可以不必忍受广告的骚扰。

作为一种变通，上述基本商业模式可变身为图4－2。

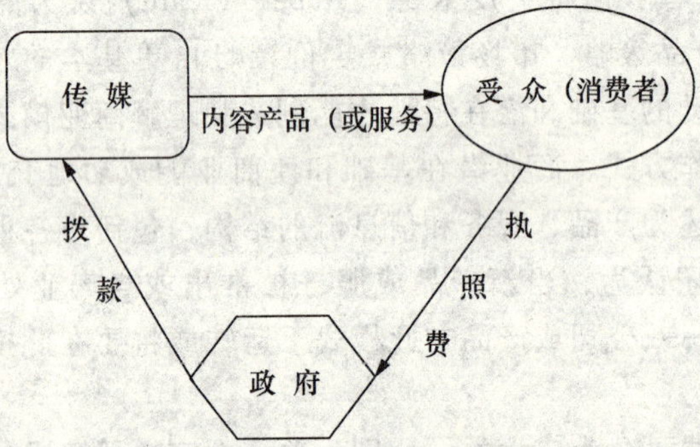

图4－2 单一内容产品模式的一个变身

BBC_1、BBC_2、NHK、VOA等公营传媒即属此种商业模式。

在此模式中，受众为接收传媒产品或服务而向政府交纳执照费，政府再拨付给传媒。需要注意的是，政府收取的执照费与拨付给该国公营传媒的费用并不完全一致，譬如英国所收取的执照费大部分会划归BBC，但并不是全部。另外，政府还可能从财政收入中拨付部分款项给传媒。

此模式既为变形，自然有不同于单一内容产品模式的地方。

第一，执照费并不完全表达受众的支付意愿。来自受众的执照费名义上是受众为接收传媒产品或服务而支付的费用，但由于此费用是依照政府规定强制收取的，因此，支付行为并不完全表达受众的支付意愿。

譬如英国有法律规定，凡是有电视机的家庭和事务所，每年都有义务缴纳广播电视执照费；不按时缴纳或拒不缴纳者，则要处以罚款甚至判刑。虽然每到换发许可证之前，都会有观众呼吁取消广播电视执照费，但在呼吁无效的情况下，观众即使十二分不情愿，也必须缴费。不过，收取执照费制定的不合理性仍屡遭诟病。

第二，执照费虽是公营传媒的主要收入源，但并非全部。以 2006 ~ 2007 财政年度为例，BBC 净收视费收入为 32.43 亿英镑，比去年增加 4.6%（1.42 亿英镑），占集团总收入的 77.64%[①]。NHK 来自收视者的收费为 6640.4 亿日元，占总营业收入的 98.34%[②]。

采用单一内容产品模式的传媒由于均不刊播广告，因此不属于本章所讨论的广告传媒之列，此不赘述。本节重点谈论广告传媒所采用的商业模式：单一广告产品模式和二元产品模式。

二、单一广告产品模式

属于此类商业模式的传媒基本只刊登广告信息，单靠出售广告资源赢利，一般不含有内容产品。较为常见的单一广告产品传媒包括直邮、户外、POP 等。其商业模式可表示为（见图 4－3）：

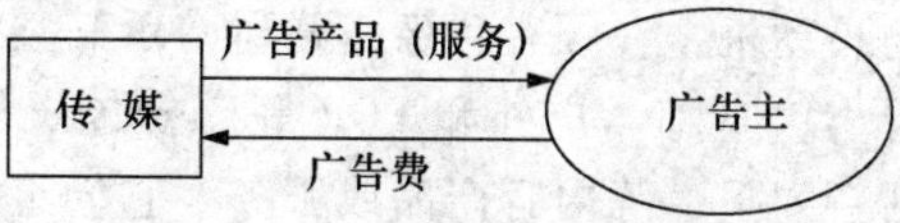

图 4－3　单一广告产品模式

直邮（Direct Mail）广告，是指通过邮件递送服务，将特定信息直接送至目标对象（潜在顾客、个人或企业）的广告，又称直邮广告。国外的直邮广告形式多种多样，主要可分为印刷品、电子目录和实物三大类。其最大的特点是小众化与个性化，特别适合分众时代的营销。

户外广告（Out of Home Advertising，简称 OOH），一般是指设置在户外的广告。可分为平面和立体两大类：平面的户外广告包括路牌广告、招贴广告、壁墙广告、海报、条幅等。立体户外广告包括霓虹灯、广告柱以及广告塔、灯箱广告等。在户外广告中，路牌、招贴是最为重要的两种形式，影响甚大。

① *BBC Annual Repor and Accounts* 2006 – 2007，http://www.bbc.co.uk/annualreport/.

② *NHK Annual Report* 2007，http://www.nhk.or.jp/pr/english/annual/annual.html.

户外广告有较强的地区性和消费者选择性，可以根据地区的特点、地区消费者的共同心理特点、风俗习惯等来选择广告形式，并提供反复宣传，加深受众对广告的印象。在一定程度上，户外广告可以做到强迫诉求，使路过的人即使不主动留意广告，也会在匆匆一瞥中对广告留下印象。户外广告很好地利用了消费者途中、公共场合经常产生的空白心理，一些设计精美的广告、霓虹灯常能在这时引起较高的注意率，更易使其接受广告。

POP 广告（Point of Purchase Advertising）即购买点广告，是对设置在购买商品的地点的各种广告物的总称。如商店的牌匾、店外悬挂的广告条幅、店内的装潢、橱窗的设计、柜台的摆放、商品的价目和展示卡、海报、折扣或服务告示、电子广告牌等，都是 POP 广告的具体形式。POP 广告，起源于美国的超级市场和自助商店里的店头广告。在传播效果方面，POP 广告最直接的作用是告知信息，告知顾客新品上市的信息，传达商品内容，强化店内顾客认知产品的品牌、特性；告知顾客产品使用方法。POP 广告是一种功能独特的广告载体，可与大众传播传媒并称为广告的两大支柱传媒。大众传播媒介主要作用于信息的发布，可称为传播阶段广告；而 POP 广告除传达信息外，还有直接的导购作用，能够引发消费者的购买行为，是一种促进购买阶段广告。在消费者对产品已有所了解的情况下，POP 广告可以加强其购买动机，增强其购买决心，完成消费。POP 广告通过刺激消费者视觉、触觉、味觉和听觉，使消费者感受到购物的乐趣，营造良好的售点氛围。可以说 POP 广告是购买行为发生的“最后一公里”中商品和顾客直接沟通的桥梁，它能在顾客匆匆经过时吸引其注意，驻足浏览时唤起其记忆，仔细比较时激发购买动机，在顾客犹豫踌躇时暗示其立即购买。

由以上介绍可以看出，直邮、户外和 POP 等广告传媒售卖的商品只有广告产品或服务，而不包括新闻报道等内容产品或服务。它们直接向广告主提供广告产品或服务，并借此赢利，而不是像报刊等传统传媒那样通过向受众提供内容产品来换取受众的注意力，再将受众的注意力卖给广告主。因此 POP 广告、直邮广告以及户外广告等广告传媒的商业模式属于单一广告产品模式。

三、二元产品模式

“从经济角度看，传媒产业不同于一般产业，原因为其在所谓的二元产品市场中运作。传媒生产一种产品，却参与两个独立的商品与服务市场。每一市场的表现都会影响到另一市场。”① 在二元产品市场中运作的传媒所采用的商业模式即为二元产品商业模式（见图 4 -4）。采用此种商业模式的传媒既刊播新闻、娱乐等资讯，又刊播广告信息。

① Robert G. Picard: Media Economics - Concepts and Issues, Saga Publications, 1989, p. 17.

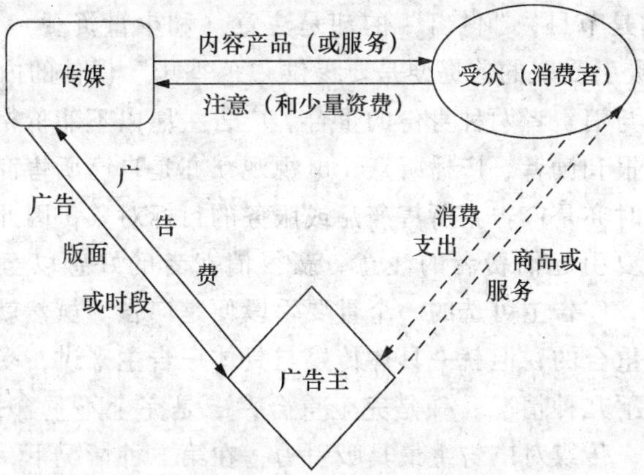

图 4－4　二元产品商业模式

注：严格地讲，虚线所表示的关系并不包含在传媒二元产品模式中，但为了完整说明该模式的运转，亦将广告主与消费者之间的关系勾勒出来。

首先，受众作为社会人，有信息、娱乐、社会化和教育等方面的需求，传媒向受众提供可满足其上述需求的产品和服务。受众在消费传媒产品和服务时，不管是否付费，都需付出自己的注意，使传媒产品和服务所附带的广告信息有机会接近自己。

其次，广告主向传媒支付广告费，以换取广告版面或时段，获得接近受众（消费者）的权利。传媒与受众构成一个买卖传媒产品或服务的市场，传媒与广告主之间则构成一个买卖广告版面或时段的市场，连通两个市场的纽带为受众（消费者）。受众在第一个市场中"付出"的注意（或传媒产品接近自己的机会）恰是第二个市场中广告版面与时段所承载的、广告主有购买意愿的"物品"。

二元产品模式揭示出在采用二元产品商业模式的传媒组织中，管理者重视传媒产品与重视受众的一致性。欧文和怀德曼甚至这样强调理解商业广播电视是生产观众而非节目的重要性："一位电视产业分析家可能犯的第一个也是最严重的错误就是假定由广告支撑的电视网是在做广播节目的买卖。实际上并非如此。广播公司是在做生产观众的买卖。这些观众，或者接近他们的方式，被卖给广告主。电视台的产品以人和时间维度来计量。产品的价格以每单位广告时间——一般是 20 秒或 30 秒——的千人成本来报价。"①

二元产品商业模式有两个关键点：

第一，传媒带着一根看不见的"倒钩刺"。加拿大著名传播学者麦克卢汉曾指出，电视台貌似"免费"为观众提供节目，但却是以节目为"诱饵"，悄悄地收获观众的"注意"，并将其以不菲的价格卖给需要此资源的广告主或宣传者。

① Owen, B. M. &Wildman, S. S. Video economics. Cambridge, MA: Harvard UniversityPress. 1998, p. 3.

受众“吞下”的是节目，“付出”的却是注意（和少量资费）。“饵”香方能引“鱼”来，传媒吸引受众的前提便是要提供“色香味”俱佳的内容。

第二，受众与消费者两种身份的重合。广告主愿以不菲价格购得广告版面与时段的原因在于报刊读者、广播听众、电视观众亦是自己所售商品或服务的消费者。由于受众同时亦是广告主所售产品或服务的目标对象，因此广告主为了获取销售收入，就需要引起消费者的注意、赢得消费者的好感以至促其采取购买行为。为达此目的，广告主可选的一个重要手段便是广告。虽然就整体而言，可视受众与消费者是重合的，但就一具体传媒与具体广告主来讲，受众与目标消费者之间则会存在以下几种情况，一是完全重合；二是完全不重合；三是部分重合。在第一种情况下，传媒对广告主最具吸引力；在第二种情况下，传媒对广告主毫无吸引力；第三种情况介于两者之间，且更为常态。广告主要购买的只是与目标消费者相重合的那部分受众的关注，因此，传媒经营者制作出“色香味”俱佳的“内容”不仅要吸引受众，而且要吸引与广告主目标消费者相重合的受众，商业传媒常遭诟病的症结亦多出于此。

受众与广告主目标消费者两种身份的重合度对某一二元产品传媒的市场竞争力有重要影响。就目前的传媒生态环境来看，受众碎化是降低传媒受众与广告主目标消费者之间重合度的重要力量。与此同时，我们能看到传媒采用各种各样的办法帮助广告主找到与目标消费者重合度较高的受众，譬如重视受众调查、向广告主提供多种增值服务（如提供受众信息、举办活动）等（见图4－5）。尽管如此，受众碎化乃大势所趋，这一方面导致数据库营销受到青睐；另一方面也导致广告传媒策划更为重要。数据库营销可以实现精准投放；传媒策划则可以借助传媒组合使广告信息通过多种通道覆盖尽可能多的目标消费者（见图4－6）。

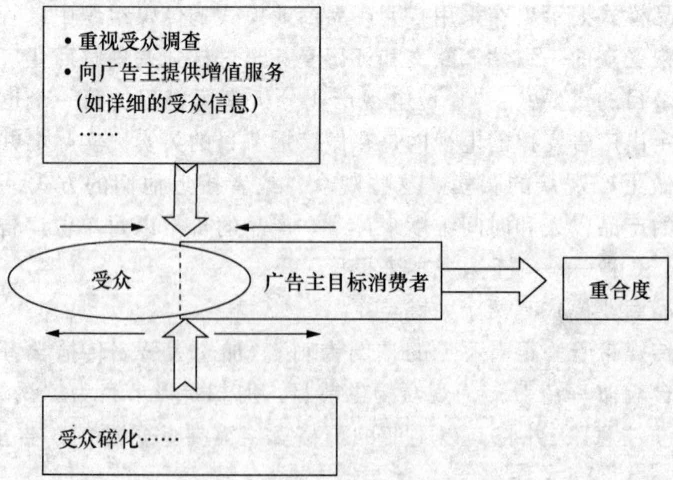

图4－5　传媒受众与广告主目标消费者的重合度

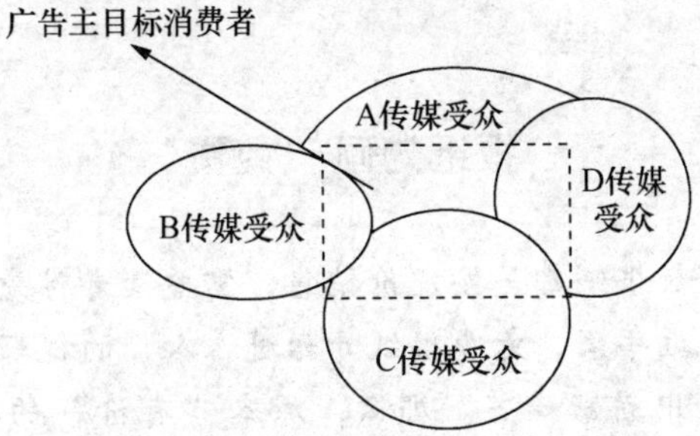

图 4-6　传媒组合的运用

注：中间方框表示广告主目标消费者。广告信息借助 A、B、C、D 四种（甚至更多种）传媒实现对目标消费者的覆盖。

二元产品模式又可分为两类：一类为传媒只获取受众的注意力，而不要求受众为获得信息服务而付费（简称Ⅰ型二元产品模式），如免费报纸、免费电台、免费电视、免费杂志等；另一类为传媒既获取受众的注意力，又要求受众为获得信息服务而支付一定费用（简称Ⅱ型二元产品模式），如非免费报纸、杂志等。在此只简单介绍一下免费报纸。

免费报纸，顾名思义即无需读者付费、可免费阅读的报纸。全球首份免费日报是 1995 年出现于瑞典首都斯德哥尔摩的《地铁报》（即 *metro*）。2003 年 8 月，解放日报报业集团主办的《Ⅰ时代报》在上海地铁沿线亮相，成为中国第一份免费日报。根据世界报业协会 2007 年公布的调查统计结果，过去 5 年中，全球免费报纸的发行量翻了一番多，从 1200 万份增长到 2800 万份，提高了 137%。

与传统报业不同，免费报纸在内容产品市场收入缺失，其盈利途径完全依靠向广告主出售广告资源，即广告收入是其维系生存发展的支柱来源。

免费报纸刊载的信息简洁、明快，可在短时间内读完，目标受众是相对年轻的职业人群，收入较高、生活节奏紧张、时间有限。大多在地铁、商业区等客流密集地区免费发放或设立报架由行人自取。其内容以各类广告资讯服务为主，新闻报道所占比例极少。免费报纸的定位就是“广告资讯服务纸”，而非“新闻纸”或“观点纸”。

广告是免费报纸最重要的收入来源，国外免费报纸所刊登的广告量大得足以让人产生报纸“广告为主，内容为辅”的感觉。降价会推动报纸有效发行量上升，并继而带动广告收益增加。免费报纸正是看到了这一点才采取了将价格战发挥到极致的先“舍”后“得”的策略。以发行上的“舍”（免费）换取随后广告上的“得”。免费发行是手段，更快地获取广告收益才是目的。

基于以上分析可以明确，采用单一广告产品和二元产品商业模式的传媒均涉身广告经营活动，是为广告传媒。

［参考资料］

报纸为何“免费”

中国目前绝大多数报纸都是按定价销售，需要读者付费阅读，这也是全世界范围内的主流形式。近年来，免费报纸开始进入人们的视野，并在愈演愈烈的世界范围内的报业竞争中崭露锋芒。那么，原本“有价”的报纸为何能够完全转变成“免费”的呢？

首先，读者大量流失使报纸备感压力。在二元产品模式中，报纸来自发行方面的收入在总收入中所占的份额虽然一般远小于来自广告方面的收入，但是能吸引来读者的报纸才会对广告主有吸引力。可是近些年，“报纸读者人数可能会持续下降。许多人——尤其是年轻人——似乎对当今的报纸内容不感兴趣，他们更多地使用其他媒介。”① 而报纸流失的年轻读者大都有着易于接受新事物、教育水平较高等特点，是未来消费的实力阶层。如何将流失的读者拉回并维持住现有读者（或者说提高报纸需求量）成为困扰不少报业公司的一个问题。

其次，报纸富有需求价格弹性（至少长期看如此）的特点使降价（甚至免费）成为提高需求量的有效手段。1993～2000年间，《泰晤士报》发起价格战，有研究者计算此期间第一年、前两年、前三年及七年间的需求价格弹性分别为0.5（缺乏弹性）、0.81（缺乏弹性）、1.25（富有弹性）、1.68（富有弹性）。在持续两年多的南京报业价格战中，有研究者计算出《现代快报》的需求价格弹性约等于2.8，《江苏商报》的需求价格弹性约等于1.5。这说明至少从长期看，报纸是富有需求价格弹性的商品，这就意味着报纸价格越低，受众需求量越大，报纸发行量就越大。免费报纸正是报纸降价的终极形式。

再次，信息越来越便宜使报纸降价（甚至免费）成为可能。信息采编及排版等成本在报纸成本中占有相当高的比重，但是在通信手段越来越发达的今天，信息采编等成本有降低之势，免费报纸所刊载的新闻信息不管是外购还是整合旗下其他媒体收集来的信息，采编成本都不高。这就使报纸免费有更大可能性。另外，报业集团投资创办的免费报纸还可通过整合利用原有的内容及渠道资源，极大降低运作成本，使免费报纸能够实现“开源节流”。

---

① ［美］艾莉森·亚历山大等著，丁汉青译：《媒介经济学：理论与实践》（第3版），中国人民大学出版社，2008年6月第1版，第123页。

第二节 中国传媒广告经营的特点及发展趋势

传媒广告市场是中国广告市场的重要组成部分，受整个广告市场形势的影响，中国传媒广告市场的发展也经历了迅速恢复期（改革开放初期）、高速增长期（20世纪80年代末~90年代末）以及平缓发展期（目前）三个阶段。总体来说，中国传媒广告市场的发展十分迅速，而且潜力巨大，为中国广告市场的增长作出了重要贡献。不过与美国等发达国家广告市场相比，中国传媒广告市场不管是在总量上还是在结构上都存在相当大的差距。随着传媒广告经营的不断进步以及传播数字技术的发展，中国传媒的广告经营也逐渐呈现出新的发展趋势。

一、中国传媒广告经营的特点

1. 起点低、增速快

（1）起点低

十年“文革”期间，“在重工业优先+强化计划的经济体制下，广告在国民经济中的地位日益下降”①。中国传媒广告经营数据的系统统计始自1983年，这一年，四种广告传媒中力量最强的报纸的广告额也只有7330.3万元。这表明，自20世纪80年代以来，中国传媒广告经营表现出“低起点”的特点。原因主要表现在三个方面：第一，实体产业的低起点。十年“文革”，百废待兴。许多实体产业均在“文革”中遭到冲击，改革开放后只能从一个低起点开始恢复重建。与此相适应，附属于依附行业的传媒广告经营也不得不从一个低起点起步。第二，经济格局的调整需假以时日。“文革”期间，在“重积累、轻消费”的经济格局下，广告被“釜底抽薪”②。改革开放初期，“重积累、轻消费”的经济格局虽逐渐被调整，但需假以时日。第三，文革期间大量报纸和杂志被取缔、查封，改革开放后传媒的恢复亦需时间。

（2）增速快

作为重要的广告信息传播途径与承载主体，传媒产业的广告经营一直是中国广告市场的构成主体，其中，报纸、电视、广播、杂志这四大传统传媒占有传媒产业广告经营额中绝大部分的份额。近20年的时间里，传统四大传媒广告经营总额从1983年的1.18亿元上升到2006年的797.9亿元，增长了676倍（见表4-1）。

---

① 黄升民：《广告观——一个广告学者的视点》，中国三峡出版社，1996年1月第1版，第34页。

② 黄升民：《广告观——一个广告学者的视点》，中国三峡出版社，1996年1月第1版，第40页。

表 4-1 1983~2006 年中国报纸、杂志、电视、广播广告经营额 单位：万元

类别 / 年份	报纸广告经营额	杂志广告经营额	电视广告经营额	广播广告经营额	总计
1983	7330.3	1081.1	1624.4	1806.9	11842.7
1984	11864.7	1297.2	3397	2323	18881.9
1985	22011.4	2809.3	8669.6	2670.7	36161
1986	25602.8	3565.2	11514.4	3564	44246.4
1987	35549.2	4542.9	16927.3	4721.2	61740.6
1988	50170.8	7056.7	25583.2	6383.7	89194.4
1989	62940.1	8506.4	36190.2	7459.9	115096.6
1990	67710.5	8683	56136.8	8641.6	141171.9
1991	96187.6	9989.3	100052.1	14049.3	220278.3
1992	161832.4	17266.6	205470.5	19920.4	404489.9
1993	377109.9	18447	294390.7	34944.3	724891.9
1994	505442	39506	447600	49569	1042117
1995	646768	38229	649800	73769	1408566
1996	776891	56096	907894	87267	1828148
1997	968265	52709	1144105	105776	2270855
1998	1043546	71328	1356380	133036	2604290
1999	1123256	89232	1561000	125000	2898488
2000	1464668	113400	1689000	152000	3419068
2001	1577000	118600	1793700	182800	3672100
2002	1884800	152100	2310300	219000	4566200
2003	2429000	243000	2550000	256000	5478000
2004	2307000	203000	2915000	329000	5754000
2005	2560000	249000	3553000	389000	6751000
2006	3126000	241000	4040000	572000	7979000

注：数据来源：《中国广告年鉴》，1984~2007 年版。

进入 20 世纪 90 年代，中国广告业开始高速增长。四大传媒广告经营额增速达到了 56.04%。广告市场在整顿后焕发出勃勃生机，1992 年和 1993 年，四大传媒广告经营额增速分别高达 83.63% 和 79.21%，1992 年电视广告经营额增速达 105.36%，1993 年报纸广告经营额比上年增长 133.02%，创下中国广告业发

展史上的最高增长纪录。1990～1997 年四大传媒广告经营额增速均超过 20%（见图 4－7）。

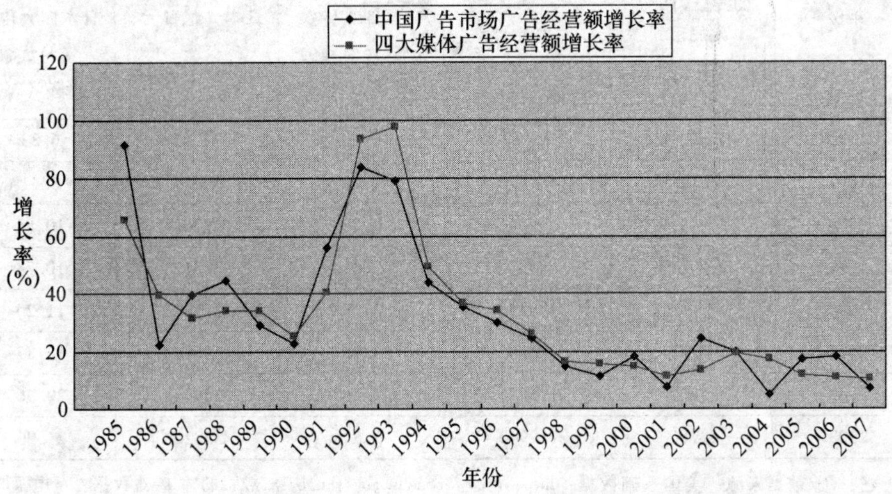

图 4－7　1985～2007 年中国广告市场经营额与四大传媒广告经营额增长率比较图

注：数据来源：《中国广告年鉴》，1995～2007 年版。

2. 规模小、差距大

(1) 规模小

中国传媒广告经营的起点如此之低，以致在经过 20 多年的快速发展后总体规模仍偏小（见表 4－2）。

表 4－2　1990～2003 年中、美、日三国四大传媒广告经营额比较

年　份	中国（百万人民币）	美国（百万美元）	中国四大传媒广告经营额占美国四大传媒广告经营额的比例（%）	日本（亿日元）	中国四大传媒广告经营额占日本四大传媒广告经营额的比例（%）
1990	1411.72	74426	0.39	35714	1.19
1991	2202.78	72811	0.57	36510	1.52
1992	4044.9	73640	0.99	34740	2.67
1993	7248.92	76859	1.64	32508	4.29
1994	10421.17	83934	1.76	33148	4.39
1995	14085.66	88955	1.90	35035	4.51

续表

年份	中国（百万人民币）	美国（百万美元）	中国四大传媒广告经营额占美国四大传媒广告经营额的比例（%）	日本（亿日元）	中国四大传媒广告经营额占日本四大传媒广告经营额的比例（%）
1996	18281. 48	95727	2. 30	37795	6. 33
1997	22708. 55	101875	2. 69	39357	8. 41
1998	26042. 9	109056	2. 88	37703	10. 88
1999	28984. 88	115307	3. 04	36882	10. 78
2000	34190. 68	125517	3. 29	39707	11. 20
2001	36721	112092	3. 96	38886	13. 87
2002	45662	115971	4. 76	35946	20. 36
2003	54780	119943	5. 52	35822	21. 96

注：① 数据来源：美国基础数据：http：/www. census. gov/statab/www/；日本基础数据：《电通广告年鉴‘04/05’》，平成16·17年版，株式会社电通编集；中国基础数据：《中国广告统计年鉴》。② 四大传统传媒只包括报纸、电视、杂志和广播。

由表4－2可见，中国四大传媒作为中国传媒广告市场的主要构成主体，与美国同期四大传统传媒广告经营额相比差距巨大。1993年，中国四大传统传媒广告经营额之和仅为美国的1. 64%。2003年是中国传媒业进入21世纪后广告经营额增长最快的一年，该年度中国四大传媒广告经营额增长率超过17%，即便如此，中国四大媒体广告经营额总量也只是美国的5. 52%。当然，中国四大传媒广告经营额与美国相比规模小亦是中国广告额远小于美国的必然结果。2000年，美国广告经营额占全球广告市场的41. 9%，而中国仅为0. 3%①。

日本四大传媒广告经营额虽然在十余年间增长缓慢，尤其是进入21世纪后，长期出现负增长，2002年更是达到了7. 56%的负增长率，2003年四大传媒广告经营额为35822亿日元，仅比1990年的35714亿日元增长了0. 3%。而在此过程中，中国传媒广告经营却“节节攀升”。尽管在这“一降一升”的过程中，中国四大传媒广告经营额与日本的差距渐次缩小，但到2003年，中国传统四大媒体广告经营总额也只相当于日本的1/5。

（2）差距大

中国传媒广告经营与世界传媒业发达国家相比存在着巨大的差距，不妨对比

① 杨步国：《整合——集团化背景下的报业广告经营》，武汉大学出版社，2005年1月第1版，第7页。

一下美、中两国传媒的广告经营情况。

美国是世界头号传媒帝国，美国媒体的经营规模和赢利能力极强。以时代华纳为例，2006年，它旗下的130种期刊的广告收入达到45.14亿美元，其中仅《时代周刊》年收入就达9.21亿美元，《人物周刊》年收入达到7亿美元。《华尔街日报》每年的赢利高达数亿美元。而NBC、ABC不仅规模巨大，营业收入高，赢利能力也很强。NBC电视网下属230家电视台和29家自营电视台，包括广告收入在内的年营业收入也近70亿美元，他们身后还有通用电气和迪斯尼这样实力强大的财团支持。强大的经济实力使得美国传媒在参与市场竞争方面拥有雄厚的物质基础，帮助他们成为世界传媒业的领导者①。

中国媒体经过改革开放后30多年的发展，市场竞争能力有了巨大的提升，经济实力也有了显著的提高，个别领域也开始走向世界。但总体而言，国内媒体普遍存在着品种单一、市场规模小、经济实力弱的状况。国内所有媒体吸纳的广告总额仅为1000多亿元，尚不到时代华纳公司一家营业收入的1/3②。由于经济实力弱小，国内媒体在市场竞争能力提升方面存在很多困难，包括资金、技术、人才等方面。同时抗风险能力也较弱，难以在竞争激烈和多变的市场环境中发展壮大，更无力应对国外强势媒体的挑战。因此，对于中国起点低、规模小的传媒广告经营来说，要谋求发展、增强竞争力还有很长的路要走。

3. 精准型广告传媒收入偏低

精准型广告传媒是相对于大众广告传媒而言，具有小众化与个性化传播特点。中国精准型广告传媒收入偏低。下面就以直邮广告为例谈谈这个特点。

直邮广告在欧美国家发展十分迅速，其最大的特点是小众化与个性化，特别适合分众时代的营销。直邮杂志是直邮广告的一种重要形式，在欧美国家，直邮杂志是仅次于报纸、电视的第三大传媒，美国直邮杂志广告营业额占整个期刊广告总量的20%，每年高达37亿美元。每年人均通过邮局的信函量超过600件，其中92%以上是商业信函，直邮广告经营额占美国广告总营业额的20%。在日本，直邮则占广告总营业额的12%以上。德国直邮广告投资额约占全国广告投资额的8%，直邮广告费支出列第三位。奥地利直邮广告投资额约占全国广告投资额的23%，列各类传媒之首。但是，在中国，人均年信函量不足6封，直邮在广告营业额中的比重还不足1%③。

另外，中国广告传媒对广告的倚重程度偏高。中国四大传媒71.6%的收入由广告收入支撑，这种情况在广播、电视方面尤为突出，广播传媒平均有91.2%的收入来自广告，而电视传媒的比例是84.8%；报纸、杂志情况稍有差异，其广告

① 赵文荟：《美国传媒业的启示》，《新闻战线》，2007年第3期。
② 尚恒志：《美国在线——时代华纳对传媒发展的启示》，《媒体经营》，2007年第3期。
③ 王云石：《中国DM杂志的现状及发展对策》，《编辑之友》，2007年第3期。

收入占总收入的比重分别达到 62.7% 和 33.4%①。

二、中国传媒广告经营的发展趋势

2007 年，中国四大传媒广告经营额达到 797 亿元，比 1983 年（1.18 亿元）增加了 675 倍，在 20 余年间保持了高速增长势头。从全国广告经营总额占 GDP 的百分比以及中国同发达国家的人均广告费比较来看，中国的广告市场还有相当大的增量空间。据统计，一般发达国家广告经营额占到 GDP 的 2% 左右，国际平均水平也达到了 1.5%。2007 年中国广告经营额达 1741 亿元，占 GDP 的 0.706%。在这种高速发展的背景下，传媒广告仍旧有相当大的潜力可挖。目前中国传媒广告经营的发展趋势表现出以下几个特点：

1. 传媒广告经营增速放缓

在 20 世纪 90 年代中期，中国传媒发展依然保持着 35% 的年平均增长速度。但从 1998 年起，传媒广告经营遭遇了和中国广告市场同样的问题，增长速度第一次降到 20% 以下。在此后的数年中，年平均增长速度一直维持在 15% 左右。可以说，传媒广告经营发展经历了 1992 年和 1993 年超高速度的增长后，在 1997 年出现了一个下滑的"拐点"。

由表 4-3 可以看出，1997 年以后，四大传媒广告经营额均表现出增速放缓趋势，其中，电视广告的增速放缓最为明显，其次是报纸、杂志和广播。1997～2006 年间，电视、报纸、杂志和广播广告经营额年均增长率分别为 15.23%、14.43%、20.34% 和 21.34%。与 1997 年之前电视、报纸、杂志和广播广告经营额分别保持 65.82%、46.31%、40.09% 和 35.85% 的增长率相比降幅明显。近几年来，中国四大传媒广告经营额增长率一直在 20% 左右徘徊，2004 年更是降至 10% 以下，此后几年内增长亦十分缓慢，按照这一趋势，传媒业增速放缓的状态仍将持续。

表 4-3 1984～2006 年中国四大传媒广告经营额增长率 单位：%

年份 \ 传媒类别	报纸	杂志	电视	广播
1984	61.85	19.98	109.12	28.56
1985	85.52	116.56	155.21	14.96
1986	16.31	26.9	32.81	33.44
1987	38.84	27.42	47.0	32.46
1988	41.1	55.33	51.13	35.21

① 杨步国：《整合——集团化背景下的报业广告经营》，武汉大学出版社，2005 年 1 月第 1 版，第 67 页。

续表

年份 \ 传媒类别	报纸	杂志	电视	广播
1989	25.45	20.54	41.46	16.85
1990	7.57	2.07	55.11	15.84
1991	42.05	15.04	78.22	62.57
1992	68.24	72.85	105.36	41.78
1993	133.02	6.83	43.27	75.41
1994	34.03	114.15	52.04	41.85
1995	27.96	-3.23	45.17	48.82
1996	20.11	46.73	39.71	18.29
1984~1996 平均增长率	46.31	40.09	65.82	35.85
1997	24.63	-6.03	26.01	21.20
1998	7.77	35.32	18.55	25.77
1999	7.63	25.10	15.08	-6.04
2000	30.39	27.08	8.19	21.6
2001	7.66	4.58	6.19	20.26
2002	19.51	28.24	28.80	19.80
2003	28.87	59.76	10.37	16.89
2004	-5.02	-16.46	14.31	28.51
2005	10.96	22.66	21.88	18.23
2006	22.10	-3.21	13.70	47.04
1997~2006 平均增长率	14.43	20.34	15.23	21.34

注：数据来源：《中国广告年鉴》，1995~2007 年版。

总的来看，报业增速放缓尤为明显。2005 年，全国各大报社的广告营业额大幅度下滑，平均跌幅达 15% 以上。此后，报业寒冬论甚嚣尘上。慧聪国际资讯的统计资料表明，2006 年中国报刊业经营总额为 760 亿元，其中，报纸总额为 691.5 亿元，同比增长 5.97%，不仅低于 2005 年 9.97% 的增速，而且再一次低于全国 GDP 的增长水平和各类传媒广告的平均增长水平。这是 20 年来报纸广告增长率的最低点。报业发展的现实表明，2006 年报业广告增幅呈现出进一步放缓的趋势。

国家整体经济进入了平缓发展时期、广告市场的逐渐规范化以及企业广告投放日趋理性等因素组合在一起，使得中国广告市场整体发展进入“拐点”期，作为广告市场的主要组成部分，传媒广告经营不可避免要受到这些因素的影响，从而导致增速放缓。

2. 传统传媒广告经营向新传媒渗透

与报业的渐趋弱势形成对比的是，新传媒的发展渐趋强劲。据中国互联网协会发布的《2007 中国互联网调查报告》显示，2007 年，中国广告市场的整体规模达到1760 亿元，其中互联网广告为 705 亿元，占广告市场规模不足 5%。但 2003 年至 2007 年的年均增长率均高达 65%，远远高出整体广告市场 13% 的增长速度。

在这样的形势下，报业等传统传媒的广告经营逐渐向新传媒渗透，通过传媒的融合，创造新型广告经营模式，开拓广告市场，成为当前的大势所趋。新闻出版总署在《全国报纸出版业“十一五”发展纲要（2006—2010 年）》中指出：报业经营模式由一元化报纸经营向多元化内容产品经营和信息增值服务的转变普遍实现，报业收入结构明显改善。在这样的背景之下，出现了中国内地第一家跨传媒的成都传媒集团，由原成都日报报业集团与成都广播电视台合并而成。之后成都传媒集团又马不停蹄地与新浪网签署战略协议，希望与新传媒合作，以达共赢目的。“报网互动”不是简单的报纸上网，而是基于传媒融合下的传媒联动，其中包括广告资源的互动，如对传统报纸的分类信息梳理后进行网络经营，以及提供组合式传媒广告投放服务。

美国在这方面给我们提供了良好的借鉴。据美国报业企业的预测，纸质传媒的在线广告收入将逐年增加，预计到 2010 年，在线广告收入占报业总收入比例将从目前的 6% 增加到 12% ~15%。2006 年美国报业协会发表的报告说，一季度全球报纸广告总收入同比增长 1.8%。报纸网站在线广告总收入为 6.13 亿美元，同比增长 34.9%，但增幅略低于去年同期；而传统报纸纸张版的广告收入则只增长 0.3%，为 105 亿美元①。

3. 精准型广告传媒前景看好

仍以直邮为例。在中国，20 世纪 90 年代末，直邮这一广告传播形式才开始兴起。目前，全国有近 80% 的企业采用直邮做过广告，江浙地区的大中小企业也几乎全部运用商函来推销产品。直邮广告可以实现“点对点”传播——将广告信息“一对一”地传递给真正的受众，具有高度的选择性和针对性。直邮广告主参照人口统计因素和地理区域因素选择受传对象以保证最大限度地使广告讯息为受传对象所接受。

中国目前的政策规定大大提高了直邮杂志的市场准入门槛，从一定程度上制

① 数据来源：《纸质媒体在线广告收入逐步增加》，中华新闻报，http：//www. cjas. com. cn。

约了其发展成熟。尽管如此，直邮杂志在中国还是发展迅速。从 1998 年中国出现第一本直邮杂志《生活速递》以来，这种传媒就分去了平面传媒广告的一杯羹。据不完全统计，国内直邮杂志正以几乎每天诞生一本的速度递增，国家工商总局一年审核批准的直邮杂志已超过 100 家，全国各地工商局审核批准的数量也十分可观，保守估计，全国注册的直邮杂志不下几千家，而目前正常出刊的直邮杂志也有 1000 多家。主要分布在北京、上海、广州、武汉等大城市。《生活速递》、《目标》、《乐广告》等均在北京等地发行，集中在高档社区，并成立发行公司①。直邮虽只是精准型广告传媒中的一种，但其发展前景可视作精准型广告传媒发展前景的一个缩影。

[**参考资料**]

互联网广告

互联网视频广告与传统媒体广告的争战已拉开序幕，虽然互联网将取代传统媒体的预言还为时尚早，但在两者的博弈中，互联网广告新形式、新模式的层出不穷显然是传统媒体所无法比拟的。

美国 eMarketer 的分析师大卫·赫尔曼认为，在 2010 年之前，互联网广告投放费用 10 美元里将会有 1 美元被分流进视频广告中。同时，eMarketer 研究机构也预计，美国的互联网视频广告花费会从 2006 年的 41 亿美元上升到 2011 年的 43 亿美元。ABI 的分析师 Cesar Bachelet 指出，随着网络影音市场的蓬勃发展，网友在线观赏影片的同时，也将浏览更多的网络广告，而这对网络而言，将产生巨大的收益，分析师也认为，由于这一趋势的带动，网络视频广告将大幅增长，一个新的掘金地正在逐步形成。

根据易观国际研究显示，2007 年中国广告市场的整体规模达到 1760 亿元，其中互联网广告为 705 亿元，占广告市场规模不足 5%。但 2003～2007 年的年均增长率均高达 65%，远远高出整体广告市场 13% 的增长速度，在广告高速增长的背后是互联网人群的极速扩张。2008 年 1 月 17 日，中国互联网络信息中心（CNNIC）对外发布了统计报告，指出进入 2008 年春天，中国已正式成为全球最多的上网人数国家。与此同时，中国网民的消费能力也在快速成长。根据易观国际公司最近发布的《中国互联网年度综合报告 2007～2008》显示，预计到 2011 年中国互联网市场规模将达到 137504 亿元，而中国网路人口总数也将达到 6 亿，从以上数据不难看出，中国的互联网广告充满了商机。

---

① 老刀：《DM 杂志：生存还是毁灭》，《今传媒》，2005 年第 5 期。

第三节　主要传媒广告经营概况

一、报纸广告

改革开放20年来，中国报业广告经营得到了迅猛的发展。在1984～2007年间，保持了31.65%的年均增长速度，2007年中国报纸广告经营额达到322亿元，是1983年报纸广告经营额的近440倍（见图4－8）。

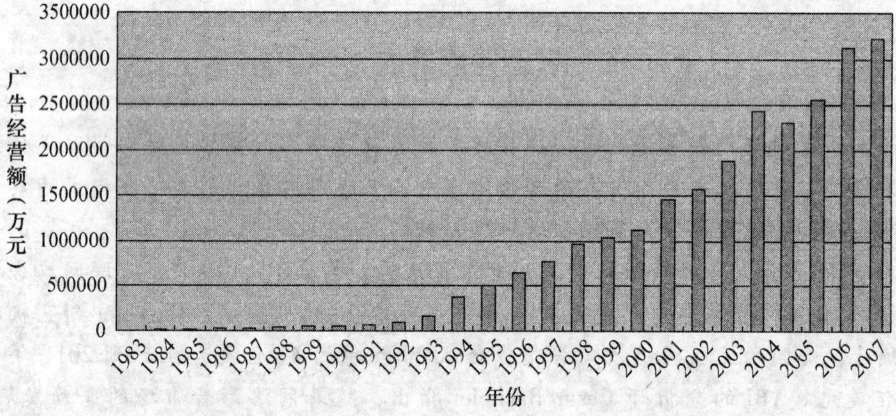

图4－8　1983～2007年中国报纸广告经营额增长图

注：数据来源：《中国广告年鉴》，1995～2007年版。

从图4－8中可以看出，总体而言，中国报纸广告经营的发展步伐较为稳健，1990～1993年是中国报业广告增长幅度最大的一个时期，1993年之后广告增幅开始减缓下滑，20世纪90年代中期基本保持高速发展，1997年后增长趋缓，2002年和2003年受整体经济以及广告环境影响，增速小幅回升。近几年则保持较低的增长率。

随着世界范围内报纸广告经营额增速下滑甚至负增长的趋势日渐明显，不少学者和业界人士提出中国报业进入“寒冬”时期的论断，甚至有人认为报纸正走向衰亡。如图4－9所示，我国报纸广告经营额进入21世纪后增速明显放缓，20世纪90年代中期以前报纸广告经营额年平均增长率在40%以上，而到20世纪90年代中后期至今，年平均增长率下降为14%，甚至出现2004年5%的负增长。报业广告不是一个独立存在发展的行业，其发展状况与经济环境的好坏息息相关。从慧聪传媒研究中心的监测数据来看，2007年前8个月报业的广告投放额为550亿元，同比增长11%，增长速度放缓，但绝对额还在增长①。

从全球来看，在2007年除了美国之外，世界其他国家和地区的报纸广告都在增加，只有美国报纸广告收入下降了3%。截至目前，报纸仍是全球仅次于电视的第二大广告传媒，广告收入超过电台、影院、户外广告以及网络广告的总和。其中，中国报纸2006年广告增加了16.13%，过去5年内累计增加了49.39%。

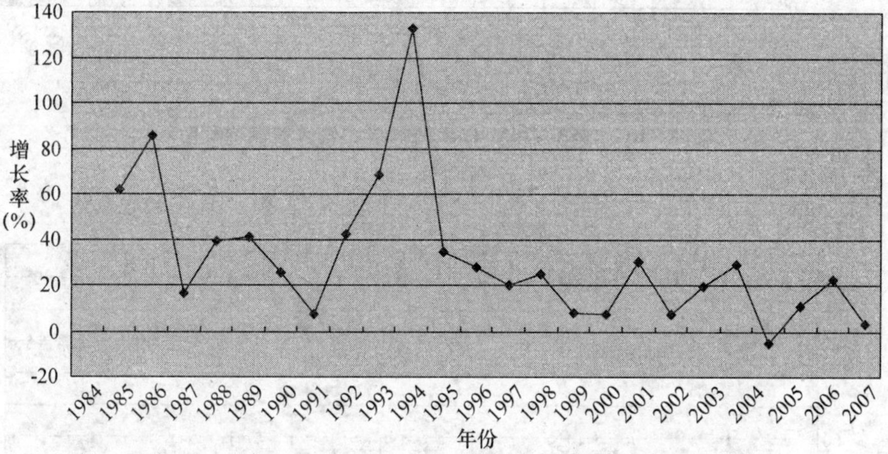

图4-9　1984~2007年中国报纸广告经营额增长率曲线图

注：数据来源：《中国广告年鉴》，1995~2007年版。

二、电视广告

在四大传媒中，电视广告经营额增幅最大，尤其是2001年之后一直保持高速增长，平均增长达到49.49%。同时，电视在四大传统传媒中广告经营额绝对值最大，1995年电视广告经营额超过报纸，之后便一直居于四大传媒之首。2006年电视广告经营额在四大传媒广告经营总额中占50.6%。目前，无论从广告市场份额，还是从覆盖率、到达率上看，电视广告一家独大的现状在短时期内仍然难以改变（见图4-10）。

如图4-11所示，电视所瓜分的市场蛋糕虽然自1995年起开始超过报纸，一跃成为中国第一大广告渠道，但自1994年起，其增长率持续走低，2000年上半年，电视广告首次出现负增长（-10.48%）。这实际上是电视广告强力推进后进入调整期的一个信号，中国电视广告的份额扩张渐入平台期。

① 数据来源：慧聪传媒研究中心，http://www.media.hc360.com。

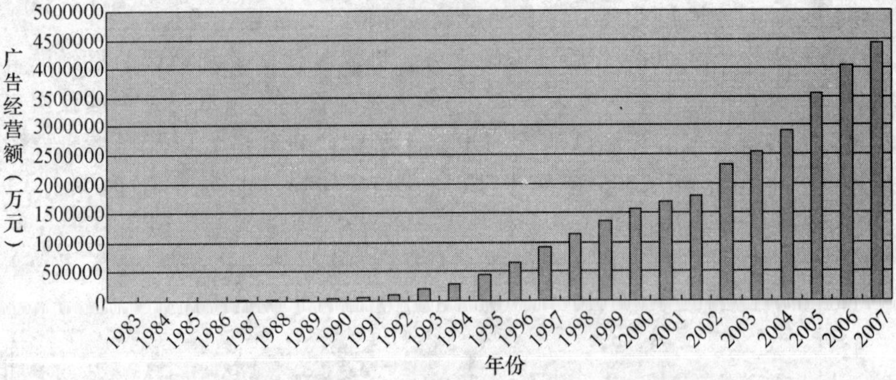

图 4－10　1983～2007 年中国电视广告经营额增长图

注：数据来源：《中国广告年鉴》，1995～2007 年版。

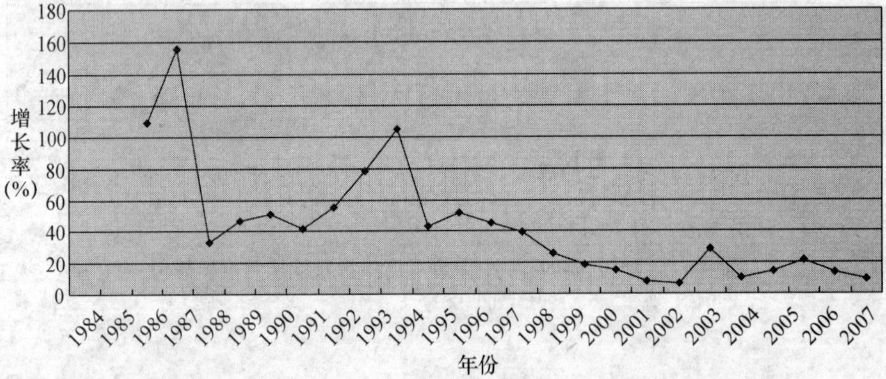

图 4－11　1984～2007 年中国电视广告经营额增长率曲线图

注：数据来源：《中国广告年鉴》，1995～2007 年版。

三、广播广告

中国的广播广告市场，从 1985 年开始就长期保持年均 20% 的增长率，在四大传统传媒中，广播广告收入的增长幅度也是位居前列。如图 4－12 所示，2007 年，广播广告经营额 62. 82 亿元，相比 2006 年的 57. 19 亿元增长了 9. 8%。中国广播广告市场已经成为一个超过 50 亿元的庞大市场，其中有 20 家左右的电台广告收入超过亿元，其中省级电台占了绝大多数。

广播传媒跨入 2001 年后，广告收入逐年递增，取得了骄人的成绩，广播广告在中国广告市场中的占有率也逐年递增，从 2001 年的 2. 5% 上升到 2006 年的 3. 3%（据不完全统计）。据不完全统计，2006 年广播广告收入达到 57 亿元（见

图4-13）。受电视挤压，广播广告收入在总量中所占的份额仅高于杂志。1999年，广播广告出现了首次负增长（-5.9%）。但是随着中国汽车的普及，“动众”势力快速崛起，扩大了广播受众规模。美国的经验已经证明广播广告与汽车普及率呈正相关关系。汽车拥有量的不断增加在一定程度上将会拉动广播广告的增长。此外，广播“窄播”化也对吸引广告大有裨益。因此，广播广告未来的发展充满希望。

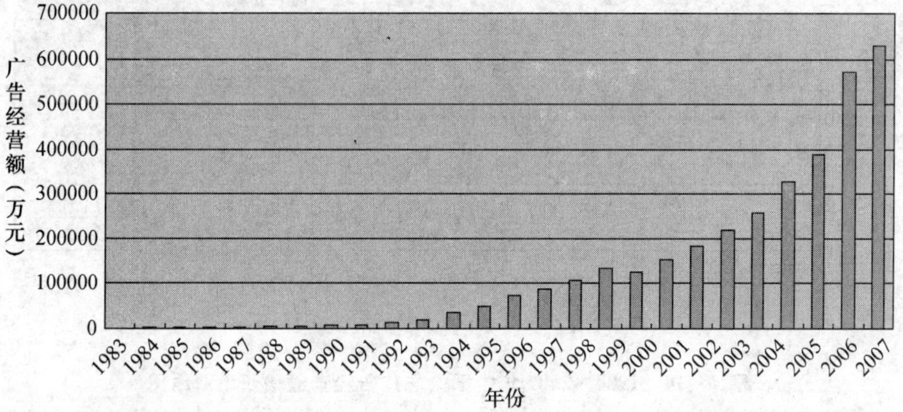

图4-12 1983~2007年中国广播广告经营额增长图

注：数据来源：《中国广告年鉴》，1995~2007年版。

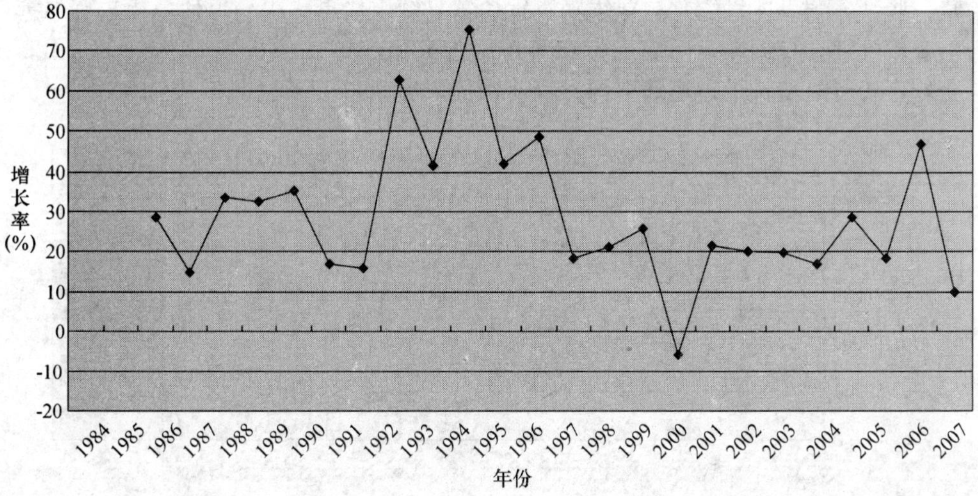

图4-13 1984~2007年中国广播广告经营额增长率曲线图

注：数据来源：《中国广告年鉴》，1995~2007年版。

四、杂志广告

1998 年之后杂志广告增长发力，广告经营额增长率一直高于电视和报纸。但是 2006 年，杂志广告经营额为 24.1 亿元，与上年相比，出现 3.1% 的负增长（见图 4－14）。

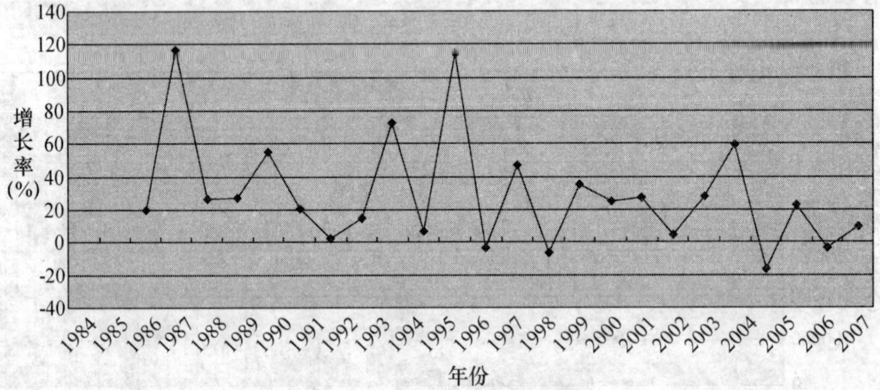

图 4－14　1984～2007 年中国杂志广告经营额增长率曲线图

注：数据来源：《中国广告年鉴》，1995～2007 年版。

近些年，中国杂志市场竞争激烈。为了生存，为了在未来的市场中占有一席之地，不同的杂志都使出了各自的绝招，但很多杂志还是在激烈的竞争中惨淡经营。此外，杂志广告经营额在传媒广告经营总额中比重较小。根据慧聪传媒研究中心的统计，在美国，杂志广告在总体广告支出中的比例占到 10% 以上，而在全球广告行业增长最迅速的中国，目前比例只有 2%～3%（见图 4－15）。

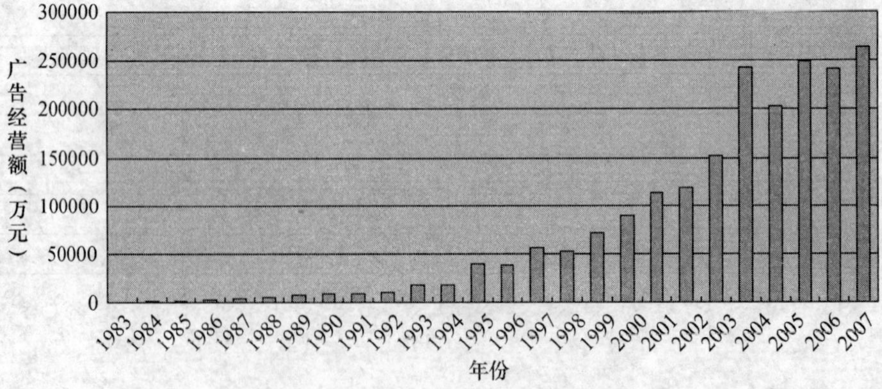

图 4－15　1983～2007 年中国杂志广告经营额增长图

注：数据来源：《中国广告年鉴》，1995～2007 年版。

目前，中国杂志行业的市场化程度并不高，吸引社会投资的力度也不大，这与中国国情相关。但是，随着社会的不断进步，杂志行业继续吸引各方面的投资，逐步走向市场化，是大势所趋。随着国家对外投资报刊出版业的开放程度加大和政策限制的放开，中国的杂志市场蕴涵着巨大潜力。

五、网络广告

从表现形式上看，网络广告可分为网幅广告（banner）、图标广告（button）、特别赞助（sponsorship）、在线分类广告（classified advertising）等。

1997 年 3 月，chinabyte 网站上出现了第一条商业性网络广告，标志着中国网络广告的诞生，至今已经历了 10 多年的发展。2006 年中国网络广告（不含搜索引擎在内）收入达 49.8 亿元，比 2005 年增长了 50.91%。中国互联网产业市场已开始在应用层面步入快车道。网络广告等多个关键领域已走出市场培育阶段。依据 2007 年 Nielsen Online & Nielsen Media 对互联网、电视、报纸、杂志四大主流传媒广告的监测，中国网络展示广告营业额为 934 亿元，占总市场份额的 2.1%。这体现出中国互联网营销和广告正在走向成熟，市场规模有所扩大。但是如图 4－16 所示，中国网络广告所占的整体广告市场比例很低。据 iResearch 的研究资料，2002 年中国网络广告营业额占市场总额的 0.55%。而在美国市场中，网络广告至少占到整个广告市场营业额的 2.5%（见图 4－16）。

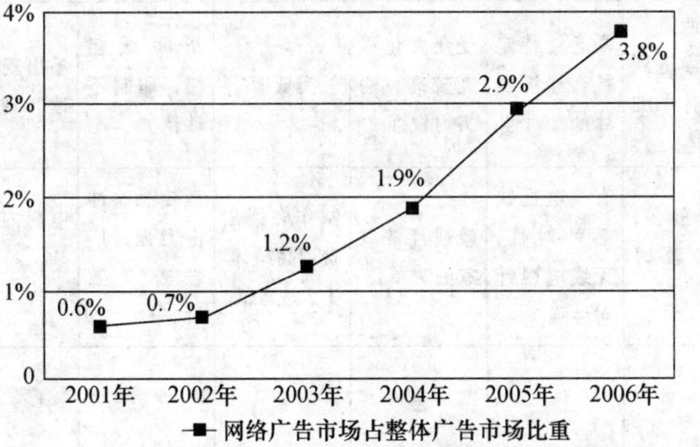

图 4－16　2001～2006 年中国网络广告经营额占广告市场比重图

注：①数据来源：iAdTracker（网络广告监测），http：//www.iresearch.com.cn；②版权归 iResearch 2nd（2006.1）。

六、户外广告

1992 年以后，户外传媒在激烈的传媒竞争中，也经历了一个从膨胀到回落，再到平稳发展的阶段。这一时期户外广告发展迅速，形式多样，列车等新兴的户外传媒逐渐被开发和利用。不过从总体来看，其发展势头仍不如传统的大众传媒。1999年，国家加大了对广告监管的力度，为户外广告的发展肃清了环境，使其在数量上出现突飞猛进的增长。2001年后，传媒伯乐、TOM、白马等公司上市并大规模收购户外传媒资源，预示着中国户外广告业将进入规模发展的全新阶段。

在中国，直邮、交通、POP等的广告经营额在广告经营总额中所占比重很少，此不赘述。

[**参考资料**]

主要传媒广告特征比较

根据各种传媒在广告传播范围、受众针对性、广告价格等维度上的差异，可对各传媒广告特征对比分析如下（见表4－4）：

表4－4 各种传媒广告特征对比表①

项目特征 / 广告种类	传播范围	针对性	受众购买力	价格	广告质量	受众关注程度	可信度
报纸广告	内容涉及广泛，渗透到社会各个细分群体	缺乏对特定社会经济群体的针对性	受众文化程度较高、购买力较强	较为低廉	新闻纸粗糙，印制不够精美	易出现“跳读”现象	报纸属于主流传媒，公信度最高
电视广告	大众覆盖，且收看时间长	有线电视缺乏针对性，无线电视针对性强	较强且常以家庭为单位	制作和播出费用高昂，但千人成本低	直接感、冲击力强，广告表现效果好	电视内容繁杂，易跳过广告	电视是主流传媒，最具权威性和影响力
杂志广告	受众规模有限	针对性强	较强，受教育水平高、消费能力强	较为低廉	印制精美，表现力较强	专业性杂志关注度较高	高专业性创造高可信度

① ［美］威廉·阿伦斯著，丁俊杰、程坪等译：《当代广告学》（第7版），华夏出版社，2000年1月第1版。

续表

项目特征 广告种类	传播范围	针对性	受众购买力	价格	广告质量	受众关注程度	可信度
广播广告	到达率较高，受众规模有限且较为分散	具有一定的针对性	一般	制作和播出成本很低	直接反复刺激，但只诉诸听觉，稍纵即逝	只能听，不能看，受众注意力较低	受众认可度一般
网络广告	受众范围极广，网络是真正意义上的全球性传媒	购买关键字等新型广告形式创造，高度针对性	消费能力强、年轻、易于接受新事物	广告费用低，但定向成本高，定价缺乏统一标准	广告形式新颖多样，提供信息详细	网络内容庞杂，受众难以专注	网络尚不属于主流传媒，受众信赖度低
直邮广告	集中覆盖、广泛到达	针对性强	针对高消费人群投递广告	单位成本高，约为报刊广告的14倍	根据消费者需要制作广告，人性化冲击力强	关注度较高，缺乏内容，难以保持受众注意力	缺乏内容支撑，易被视为垃圾
户外广告	达到率高	可根据人口分布特点投放，但缺乏针对性	选择高消费人群集中分布地区投放广告	单位暴露成本最低	冲击力强，需要与周围环境相适宜	关注度低且接触时间短	受众信赖度一般

第四节　广告传媒的行业结构

各行业在投放广告时，一般都要制定传媒组合策略。传媒组合既要考虑到预算因素、市场因素，又要考虑到传媒因素。传媒的市场覆盖率、定向偏好、受众质量、数量等因素都将影响行业广告投放的方向与数量。一方面，不同行业的广告诉求、广告形式、针对的目标消费者等存在差异；另一方面，不同传媒的广告呈现方式、广告表现效果、目标受众也不尽相同。因此，不同产业在投放广告时，必然综合考虑自身行业的广告特性以及广告传媒特征，选择适合本行业广告表现特性的传媒进行投放，同时还要重点考虑不同传媒的目标受众与自身目标消费者的重合程度，如此一来，不同类别传媒的广告经营就形成了不同的行业结构。

房地产、药品、食品等为广告投放量很大的十大产业。表 4-5 显示，2007 年这十大行业在电视、报纸、广播电台、杂志上的广告投放各有侧重，其中房地产行业尤其依赖报纸，投放在报纸上的房地产广告经营额占该行业投放在四大传媒上的广告经营额的 63.34%。这与报纸便于携带、收藏和反复阅读、承载大量信息、公信力相对较高等特点能满足房地产广告主的需要有关。化妆品与食品行业特别依赖电视，这与电视声图并茂、擅长感性说服的特点能满足食品与化妆品广告主的需要有关。另外，报社来自房地产行业的广告投放额约占前十行业广告投放额的近 1/5，来自房地产、药品和汽车的广告投放额占前十行业广告投放额的 35.46%，这意味着报纸对前一和前三行业广告的依赖性高于其他三大传媒，更容易受到这些行业经济波动的影响。

表 4-5　2007 年十大产业广告投放额（万元）及比重（%）统计表

电视台	比重	行业	报社	比重	行业	广播电台	比重	行业	杂志社	比重	行业
576034	13.00	食品	587013	18.21	房地产	75671	12.05	药品	27765	10.49	房地产
528567	11.93	药品	290339	9.01	药品	58065	9.24	医疗服务	26063	9.85	药品
417891	9.43	化妆品	265075	8.22	汽车	45481	7.24	保健食品	18863	7.13	汽车
合计	34.36			35.44			28.53			27.47	
297701	6.72	医疗服务	213127	6.61	医疗服务	44509	7.09	食品	17079	6.45	化妆品
291008	6.57	家用电器	180585	5.60	家用电器	44374	7.06	房地产	15311	5.79	食品
267614	6.04	房地产	125110	3.88	食品	38860	6.19	汽车	13837	5.23	医疗服务
266090	6.00	汽车	113370	3.52	服务	29284	4.66	家用电器	11860	4.48	家用电器
212264	4.79	保健食品	108474	3.37	保健食品	25678	4.09	化妆品	10043	3.80	保健食品
141429	3.19	酒类	87368	2.71	化妆品	25178	4.01	服务	8488	3.21	服务
124258	2.81	服务	45387	1.41	酒类	13690	2.18	酒类	7437	2.81	酒类

注：①“比重”指某行业在某类传媒上的广告投放额占其在四大传媒上广告投放额的比重。②“合计”指某传媒前三行业广告投放额在前十行业广告投放总额中的比重。③基础数据来源：中国广告年鉴网，http://www.nianjian100.com。

一、电视广告经营的行业结构

食品、药品、化妆品位居 2007 年电视广告十大行业前“三甲”。这几个行业更倾向于电视广告的原因在于：电视广告具有传播范围广、感染力强、诉诸感性刺激的特点。食品、药品、化妆品、家用电器行业的产品在销售上没有明显的地域区别，选择电视广告投放，能够在最大程度上扩展广告传播范围，扩大受众规模。同时，以上行业产品均属于日常消费品，消费者的购买决策简单，因此在广告中不需要过多的理性诉求，电视广告反复直观的感性刺激较其他传媒而言，更有助于广告的传播效果。此外，电视受众购买力强并且多以家庭为单位，正好迎合了以上行业的目标消费者定位（见图 4－17）。

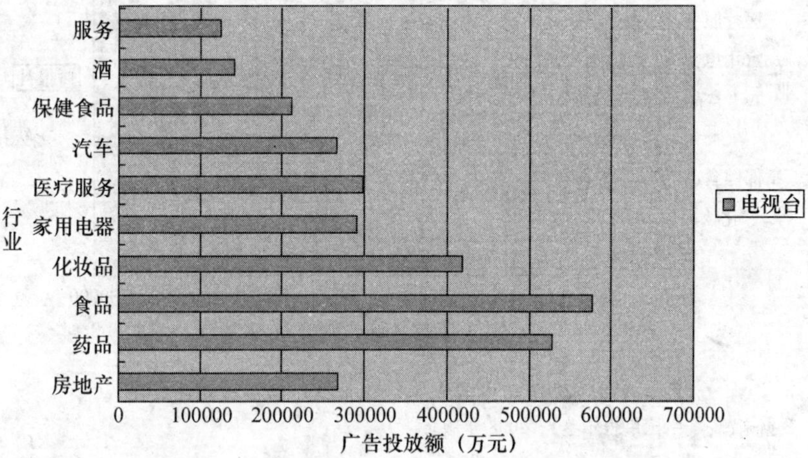

图 4－17　2007 年中国十大行业电视广告投放额统计图

注：数据来源：《中国广告年鉴》，2008 年版。

二、报纸广告经营的行业结构

房地产行业一直以来都是报纸广告投放的支柱性行业。随着近几年中国房地产市场的迅猛发展，房地产广告更是一路扶摇直上，其广告投放额占据广告市场首位，并成为报纸广告超级大户。在全国许多都市类报纸中，房地产广告要占到报纸全年广告总收入的 1/4 到 1/3。

作为传统行业，房地产业是个大行业，是“衣食住行”中重要的一部分。从长远来看，任何时候都少不了房地产广告，而且房地产业拥有雄厚的经济实力，使其必然成为广告投放大户。房地产广告投放更倾向于报纸，与报纸的传播特点密切相关。与电子传媒相比，报纸能够更充分地传达信息，而且保存时间长，使人们可以在报纸上了解到更为全面细致的信息。中国的报纸以地方性综合都市报为主流，地域区分明显，正符合了房地产行业目标消费者具有地域性的特点。此外，房地产行业产品不同于一般日常消费品，对于消费者来说做购买决策需要审慎考虑，而报纸作为一种印刷传媒，注重理性诉求，能够给受众提供更高的信赖感。因此，报纸对于房地产行业的广告投放具有强大吸引力。

此外，药品、医疗服务、家用电器行业作为传统广告投放大户，也在报纸广告投放中占有较大比重（见图4－18）。

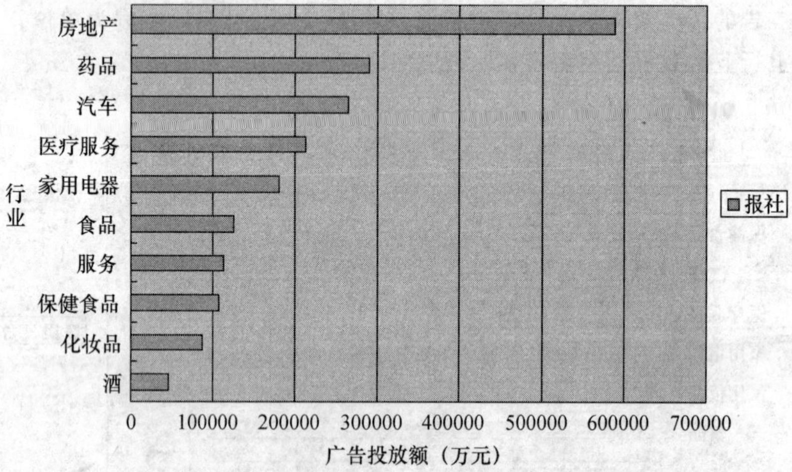

图4－18 2007年中国十大行业报纸广告投放额统计图

注：数据来源：《中国广告年鉴》，2008年版。

细加分析便会发现，不同类型报纸对各行业广告投放的吸引力是不同的。房地产、医药、通讯、机动车、人才招聘、家电、教育、保健品、旅游餐饮和商业流通业广告投放倾向于综合都市报和党政机关报；计算机行业倾向于综合都市报和行业类报纸；金融保险行业倾向于经济类报纸和综合都市报。不同行业的广告投放倾向于不同类型的报纸，以期使行业的目标消费者与传媒的目标受众有较高的重合度。

三、广播广告经营的行业结构

广播广告在传媒广告市场中所占份额较小，但近几年逐渐呈现上升趋势。其中，药品、医疗服务、房地产、食品等行业广告投放是其广告收入主要来源，且医药行业所占比重突出，如图4－19所示。医药行业的产品和服务相似性较强，一般不强调从视觉角度进行广告宣传，简单且廉价的广播广告便可将产品或服务内容介绍清楚，而且广播广告形式生动，能够反复播放加深对产品和服务的印象，符合医药行业广告的要求。广播对房地产广告亦有一定的吸引力，原因在于第一，广播传播地域性强的特点与房地产行业广告投放强调针对地方需求的要求相一致。第二，近年来汽车的快速普及使其背后的“动众”规模不断扩大，而“有车一族”与房地产潜在消费者的重合度较高。

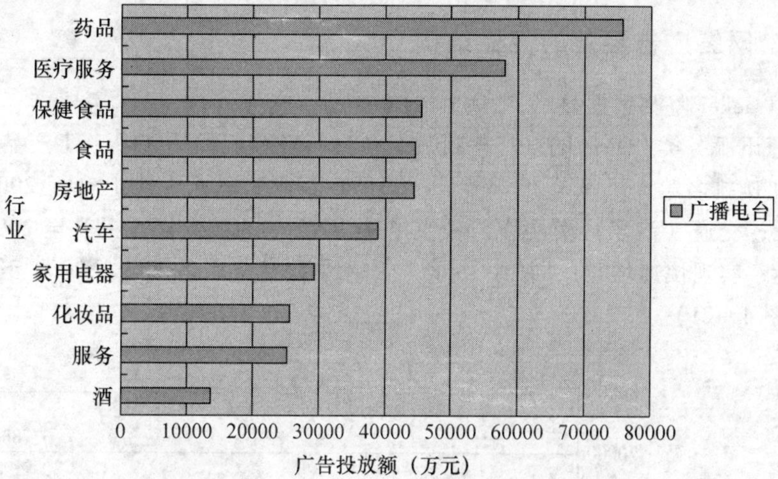

图 4－19 2007 年中国十大行业广播广告投放额统计图

注：数据来源：《中国广告年鉴》，2008 年版。

四、杂志广告经营的行业结构

同为印刷传媒，杂志的广告传播特点与报纸相似，因此房地产行业亦是杂志最主要的广告来源（见图 4－20）。不过与报纸相比，杂志的目标受众针对性更强，因此不同行业针对不同类型杂志进行广告投放的特点就更为明显。杂志正是凭借各自精确的市场定位吸引不同行业的广告投放。例如，化妆品、服饰行业倾向于时尚类杂志，人才招聘、金融保险、汽车等行业倾向于财经类杂志。

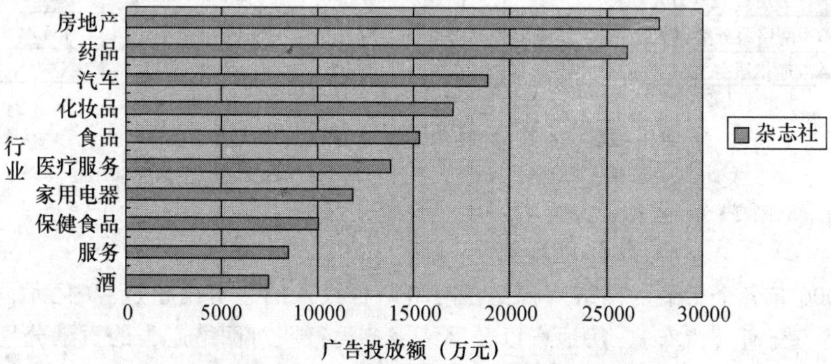

图 4－20 2007 年中国十大行业杂志广告投放额统计图

注：数据来源：《中国广告年鉴》，2008 年版。

五、网络广告经营的行业结构

iAdTracker 监测数据显示，2005 年 IT 产品、交通（汽车）、房地产、网络服务以及通讯服务类产品的网络广告投放量位居行业前五位。其中，IT 产品网络广告支出比例排名第一，其支出规模自 2001 年不到 1 亿元直线上升至 2006 年的 6.8 亿元；交通（汽车）类网络广告支出从 2005 年的 2.6 亿元上升至 2006 年的 4.6 亿元，实现快速增长；同时，房地产和网络服务类广告支出在 2006 年有所下降（见图 4－21）。

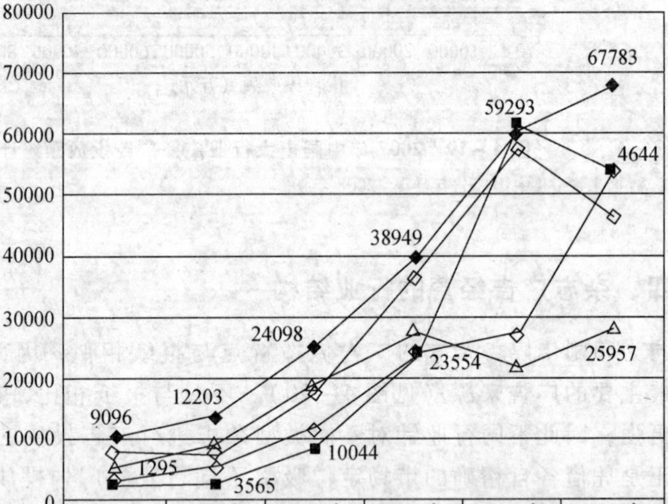

	2001年	2002年	2003年	2004年	2005年	2006年
◆ IT产品类（万元）	9096	12203	24098	38949	59293	67783
◇ 交通类（万元）	1475	3565	10044	23384	25957	54644
■ 房地产类（万元）	522	841	7226	23146	60906	53681
◇ 网络服务类（万元）	6319	6032	16847	35614	57101	45559
△ 通讯服务类（万元）	3953	7301	17469	26309	20913	27233

图 4－21　2001～2006 年主要行业网络广告支出图

注：①. 数据来源：iAdTracker（网络广告监测）。②根据 iAdTracker 监测中国大陆 100 多家主流网络媒体获得。③版权归 iResearch 2nd（2007.1）。

2006 年各个行业的网络广告主在网络广告投入的总费用超过 40 亿元，其中 IT 产品、交通（汽车）、房地产以及网络服务类行业对网络广告的贡献分别达到 20.5%、16.5%、16.2%和 13.8%（见图 4－22）。

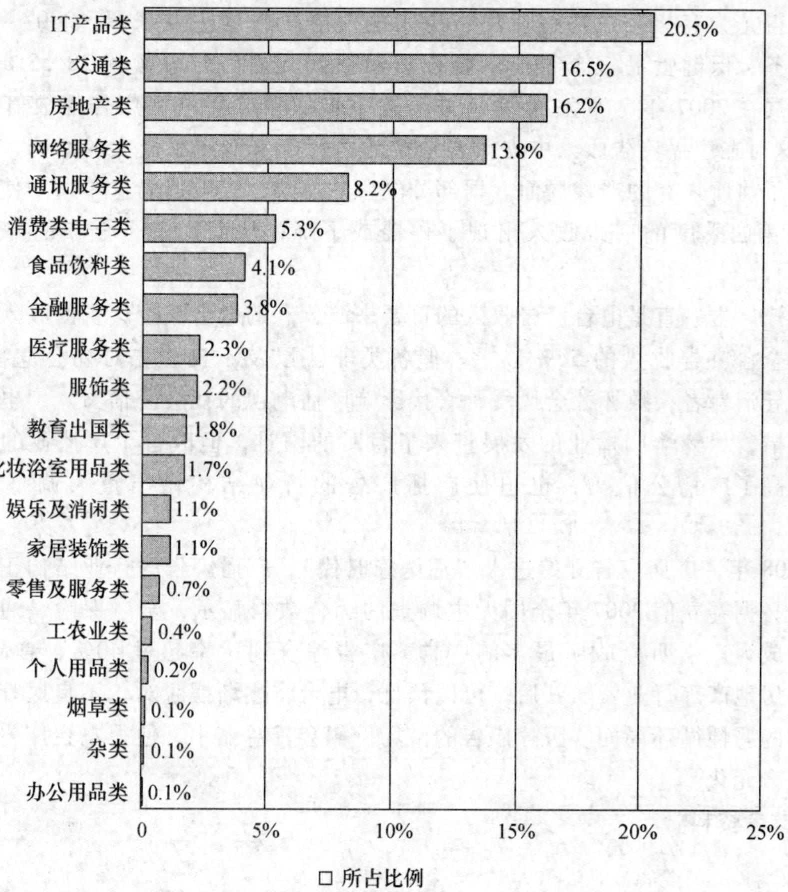

图 4-22　2006 年各行业网络广告支出图

注：数据来源：iAdTracker（网络广告监测），http：//www. iresearch. com. cn。

由于网络传媒的传播环境与 IT 产品之间存在着天然的契合度，网络传媒的受众主体是消费能力强、受教育程度高、乐于接受新鲜事物的年轻人，而这样的受众群体也恰恰是 IT 产品的目标消费者，因此 IT 产品选择投放网络广告更容易获得良好的传播效果。同时 IT 行业中存在着为数众多的中小型企业，其经济实力尚为薄弱，相比需要支付高昂费用的电视、报纸广告，制作及播出成本颇低的网络广告显然更具吸引力。此外，网络传媒传播范围极为广泛、广告效果可测量等优势，使得网络广告越来越受广告主的欢迎。

总的来看，四大传媒广告经营对少数行业的倚重程度偏高，2007 年电视、报纸、广播、杂志前三行业广告投放额约是总额的 30%，这对于媒体来说，并不是一件好事，甚至是一种隐患。因为这会降低媒体广告经营的抗风险能力，极易受到少数行业广告投放政策或经营业绩的影响。这一点在 2007 年的广播广告中表现得尤为突出。医药行业广告历来是广播广告的主要来源，2007 年药品、医疗服务、保健食品三个行业广告投放额达到广播广告总额的 28.53%。然而广电总局在 2007 年 7 月发布了《关于进一步加强广播电视广告播放管理的通知》，这对在广播广告收入中占重要地位的医疗广告造成了极大的影响，广播广告遭遇了前所未有的严峻局面。据部分电台的反映，广电总局这一通知使他们在 2007 年第四季度的广告收入出现了停滞或下降，从而影响了全年的广告收入增幅。

医疗广告一直是电台广告收入的重要来源，有的电台医疗广告的收入甚至能够占到全台广告收入的 50% 以上。但各类非法以及不良广告对社会危害极大，严重误导消费者，败坏社会风气，直接影响广播电视的社会公信力。广电总局的这一举措，尽管给广播业的发展带来了暂时的困难，但改善了广播业的发展环境，提高了广播公信力，也迫使广播广告的行业结构做出重大调整并寻求突破。

2008 年，广播广告开始进入“后医疗时代”，广播广告的行业结构正在发生着变化，据赛立信 2007 年全国无主调查的综合数据显示，金融保险、通讯等行业广告成为广播听众收听最多的广告，广告综合到达率超过 40%，食品餐饮、汽车、房地产等行业紧随其后。可以预见，电台将逐渐摆脱对于不良医疗广告过分依赖的恶性循环局面。医疗广告的市场份额会日益缩小，使得电台广告从单一化走向多元化①。

［参考资料］

表 4－6　全国六大城市广告投放前五大品牌②

北京					上海				
序号	类别	品牌	费用（百万元）	占总投资	序号	品牌	类别	费用（百万元）	占总投资
1	欧莱雅	化妆品/浴室用品	18.07	3.34%	1	麦当劳	娱乐及休闲	32.82	2.02%
2	霸王	化妆品/浴室用品	14.34	2.65%	2	三得利	饮料/酒精类饮品	29.47	1.82%
3	佳能	电脑及办公自动化产品	12.58	2.33%	3	佳能	电脑及办公自动化产品	28.78	1.77%

① 数据来源：CTR 市场研究—媒介智讯，http：//www.ctrchina.cn。
② 转引自《全国 8 大城市广告投放前 5 大品牌》，《市场观察》，2008 年第 9 期。

续表

北京					上海				
序号	类别	品牌	费用（百万元）	占总投资	序号	品牌	类别	费用（百万元）	占总投资
4	高露洁	化妆品/浴室用品	12.08	2.24%	4	强生露得清	化妆品/浴室用品	28.27	1.74%
5	玉兰油	化妆品/浴室用品	11.61	2.15%	5	玉兰油	化妆品/浴室用品	27.94	1.72%
	其他北京品牌		471.76	87.29%		其他上海品牌		1475.16	90.92%
深圳					沈阳				
序号	类别	品牌	费用（百万元）	占总投资	序号	品牌	类别	费用（百万元）	占总投资
1	玉兰油	化妆品/浴室用品	28.53	4.61%	1	玉兰油	化妆品/浴室用品	11.10	7.01%
2	欧莱雅	化妆品/浴室用品	19.36	3.13%	2	欧莱雅	化妆品/浴室用品	8.32	5.25%
3	力士	化妆品/浴室用品	15.53	2.51%	3	旁氏	化妆品/浴室用品	5.96	3.76%
4	安踏	娱乐及休闲	12.51	2.02%	4	护彤	药品	5.32	3.36%
5	达利园	饮料	11.82	1.91%	5	奥妙	清洁用品	5.14	5.24%
	其他深圳品牌		531.53	85.83%		其他沈阳品牌		122.58	77.38%
成都					南京				
序号	类别	品牌	费用（百万元）	占总投资	序号	品牌	类别	费用（百万元）	占总投资
1	玉兰油	化妆品/浴室用品	10.23	12.20%	1	雀巢	饮料	11.98	4.61%
2	力士	化妆品/浴室用品	4.90	5.85%	2	9快9	食品	10.19	3.92%
3	佳洁士	化妆品/浴室用品	3.64	4.35%	3	玉兰油	化妆品/浴室用品	9.06	3.48%

续表

成都					南京				
序号	类别	品牌	费用（百万元）	占总投资	序号	品牌	类别	费用（百万元）	占总投资
4	潘婷	化妆品/浴室用品	3.07	3.66%	4	麦当劳	娱乐及休闲	8.29	3.19%
5	碧生源	饮料/食品	2.75	3.28%	5	康师傅	饮料/食品	6.69	2.57%
	其他成都品牌		59.24	70.66%		其他南京品牌		213.73	82.22%

注：①数据来源：CTR 市场研究—媒介智讯 2008 年 6 月份。②以上数据是由 6 个城市频道为统计对象（不统计省台）。③广告费以媒体公开报价为统计标准，不含折扣。④频道监测时间 17：00 ~24：00。

第五节　传媒组织结构中的广告部门

组织指的是结构性和整体性的活动，即在相互依存的关系中人们共同工作和协作。组织有一定的结构，“组织结构是为了实现预期目标而用来联结组织中的技术、任务和人员的分工和写作的手段”①。

虽然传媒作为一个组织单位从整体上看有特定的目标，但传媒的广告部门和采编部门却有着不同的任务要求、工作流程，在某些特定情况下，这两个部门的短期目标甚至有可能不同，因此，常易出现矛盾冲突。譬如某报社采编部门根据新闻价值的要求，判断揭露某一大企业生产质量问题的稿子很有新闻价值，决定刊登。但该大企业亦是报社广告部门眼中的广告大户，因此广告部门认为此稿一登，大企业必将撤去广告，势必会影响到广告部门的经营业绩，因此坚决反对刊登此报道。此时，“登”还是“不登”便会成为报社采编部门与广告部门冲突的焦点。本节拟从组织结构角度分析传媒广告部门与采编部门间的关系。下面将分别以报社与电视台为代表分析广告部门在传媒组织结构中的位置。

一、媒体广告部门在组织结构中的一般位置

1. 报社广告部门在组织结构中的位置

随着经济发展和社会进步，广告业务在报社中的作用越来越重要，广告经营

① 邵培仁、陈兵：《媒介战略管理》，复旦大学出版社，2003 年 5 月第 1 版，第 268 页。

工作逐渐成为媒体组织的关键性活动之一，其在组织结构中的重要性日益突出。目前，国内外报社最普遍采用的是老板抓总，总编辑和总经理在其领导下分别主持编辑部与经理部工作的组织结构（见图4－23）。

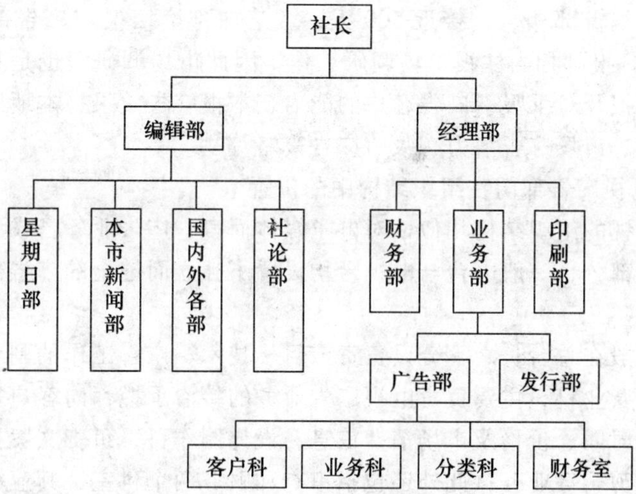

图4－23　报社组织结构图①

中国报社现在都比较重视广告业务，一般均设有广告部门，隶属关系各有特点，有的归属经理部，有的直属社委会，也有的对总编辑负责，比较规范的广告部门组织结构如图4－23所示。报社广告部门专门负责对外业务联系、广告业务的接洽、签约和实施发布工作，还包括对广告讯息进行设计和制作，负责审查广告刊载手续，并安排发布时间与版面，收款、结算广告费用等事宜。

规模较大的报社或报业集团一般还在广告部门下设分类广告、策划、广告编辑、分发、印刷监制、调研等专业岗位或小组，负责专业性较强的广告业务工作。

美国报纸广告部门的运作远比中国报纸复杂，因而其广告部门的工作人员也比中国同类报纸要多。美国小型日报的广告部门结构较为简单，主要有业务、调度、美术设计等科室。大中城市日报的广告部门则庞杂得多，通常按广告类别划分为4个主要部门，即本地陈列广告、全国广告、分类广告和财务部，另设由若干辅助部门，包括总务、美术设计、广告撰文、市场调研等。广告部主任常由副总经理或副总裁兼任，其职责就是确保对所有广告客户的优质服务，努力提高广告销售并确保其处于较高水平，对任何新增客户保持高度敏感，力争吸引更多的客户。四个主要部门各设经理及副经理或助理若干，部门的主要成员是广告业务

① 张殿元：《中国报业传媒体制创新》，南方日报出版社，2007年5月第1版，第71页。

员和推销员，各自有分工领域及大客户。除了少数全国性报纸，很多日报的广告部门人员众多。美国大型日报的编辑部人数众多，如本市新闻部、副刊部和体育部的员工通常在100人以内，但美国日报广告部的人数却可达数百人，甚至与整个编辑部的人数相当。如《纽约时报》广告部人数为400余人，《费城闻讯报》广告部人数与编辑部相当，接近500人，《芝加哥论坛报》广告部人数则超过500人。大型日报都相当注视市场调研工作，因此市场调研室也是重要部门，其职责是研究本报及对手吸引广告客户的能力、本报广告效果、本地区经济状况及对广告的影响、市场广告潜力、吸引广告策略等①。

2. 广播电视广告部门在组织结构中的位置

广播与电视的组织结构相似，对电子媒体而言，广告业务已成为整个媒体经营的重要组成部分，一般电台与电视台均设置了独立而健全的广告部门，且对其重视程度颇高。

电视台一般在总台长之下分设负责节目、技术、广告工作的副台长。广告部门一般下设：营业科，主要负责电视广告业务的接洽承揽，向客户提供本台各节目内容、广告时间、价格及市场消费信息；设计制作科，负责文案撰写、广告制作、进行拍摄剪辑等业务；此外还包括审查和财务两个科室，其业务运作与报刊相似（见图4－24）。

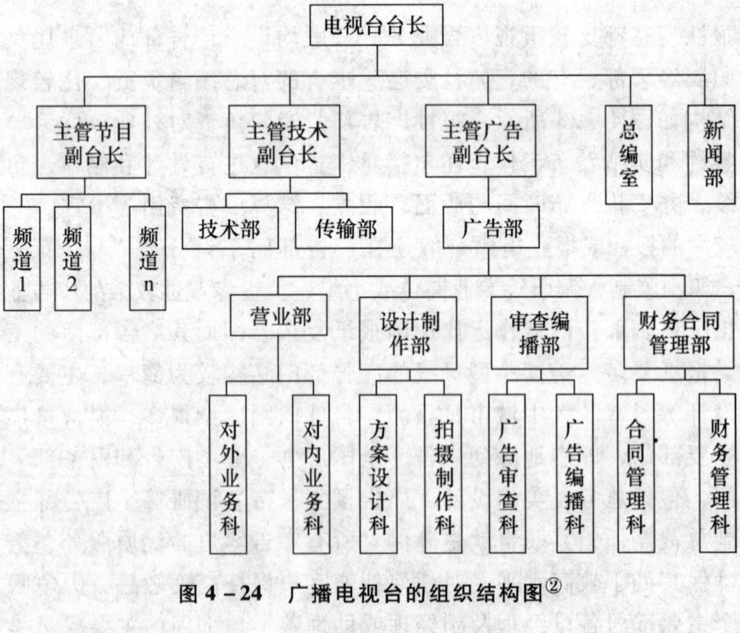

图4－24 广播电视台的组织结构图②

① 尹隆：《媒体MBA：报业广告经营理论与实务》，机械工业出版社，2006年9月第1版，第178页。

② 倪宁：《广告学教程》，中国人民大学出版社，2004年1月第2版，第106页。

二、媒体广告部门在组织结构中的演变

媒体广告部门在组织结构中的位置是不断演化、日趋完善的，受媒体所处的社会环境、经济发展状况的制约，并与其有机结合。

在传统观念下，传媒组织仅是一种文化传播机构，履行着“社会公器”的职责，新闻采编业务就是其最为核心和最为重要的业务，以报社为例，其社长领导下的总编辑负责制就是这种功能认定的产物。随着中国传媒产业属性的彰显和产业化进程的加快，媒体经营的重要性日益凸显，逐渐开始成为与采编同样重要的重大问题。在这种情况下，一些媒介单位开始改革自身的管理体制和运作机制，以适应新的要求，其中，通过调整媒介组织内部广告部门的位置来提升媒介经营活动的地位、优化广告经营组织结构，成为主要的改革形式，这也是中国媒介组织结构演变的主要特征。

较其他媒体而言，报纸作为一种广告媒体有着最为悠久的历史，报社的组织结构演变过程鲜明，接下来我们就以国内外报社的情况为例，介绍媒体组织结构及其广告部门归属的演变。

1. 社长领导下的总编辑负责制

在社长领导下的总编辑负责制中，除社长外，总编辑是最高决策人，其他部门如经营管理部门、行政部门等没有自主权。可以称这种组织结构模式为事业机构模式。目前只有少量报社沿用这种管理体制。其组织结构如图 4－25 所示。

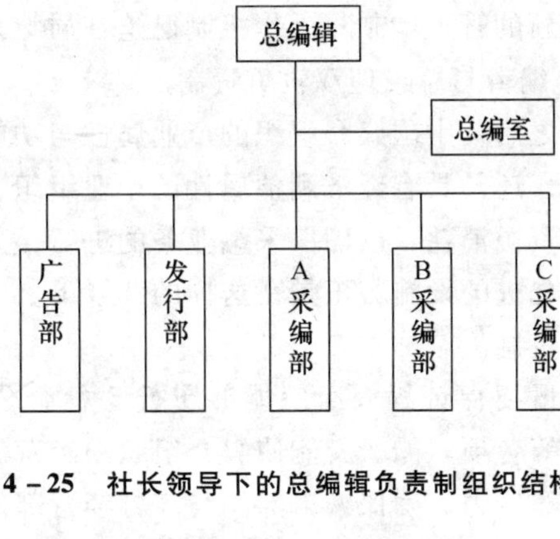

图 4－25　社长领导下的总编辑负责制组织结构图[①]

这种社长领导下的总编辑负责制适用于规模小、业务简单的报社。报社在这种模式下，主要精力用于办报，在一定时期为中国舆论建设作出了重大贡献，但

① 杨步国：《整合——集团化背景下的报业广告经营》，武汉大学出版社，2005 年 1 月第 1 版，第 150 页。

当传媒的产业属性逐渐凸显时，这种组织结构模式的弊病就表现出来了。首先，总编辑负责制无法协调采编与经营的关系。媒介的采编部门是非常重要的，即使在媒介产业化的条件下，它仍是媒介经营的基础，没有这样一个基础，媒介的经营只能是无本之木、无源之水。但是，要使采编真正成为媒介经营的基础，就不能没有经营部门的各种形式的参与，就不能不重视受众市场需求。传统的总编辑负责制向采编倾斜，难以实现两者的和谐发展。

其次，各部门的办事效率低。由于事事都得由总编辑过问，事事须经总编辑批准，而总编辑精力有限，不能及时处理完所有事宜，从而使很多事情被搁浅。久而久之，形成整个媒介组织拖沓的工作作风，这在市场竞争中，对经营部门来说是致命缺陷。

再次，旧体制容易滋生有偿新闻。所谓有偿新闻是指可望从新闻报道中获益的新闻当事者或关联者，向新闻媒体机构交付一定费用，以换取其指定的新闻报道在媒体上发布，从而获得其所期望的收益。编辑人员与广告人员职责越不分明，越容易产生有偿新闻。社长领导下的总编辑负责制使得总编辑必须和广告经营部门打交道，同时，编辑部人员也能借助自身优势插手广告业务，以谋取私利。

这种编辑部与广告部高度交叉的组织结构所产生的重要时代背景是：在计划经济时代，中国传媒组织收入主要依靠国家财政拨款，因此，管理层在日常运作中无需担心经营问题，从而使得广告业务得不到重视。

可是“时移事易”，当传媒的收入结构发生变化时，如果媒介组织再沿用旧管理体制，就不仅无法在广告经营上有所作为，而且还会使内容产品因质量下降而失去受众资源。构建新的管理体制与运作机制已迫在眉睫。

2. 社长领导下的总编辑与总经理双轨负责制

进入市场经济体制之后，中国媒介组织的产业属性与功能逐渐凸显，媒介组织不仅是文化传播机构，还是具有经济利益属性的产业组织，它需要通过自己的经营活动来补偿自身的资源消耗，以确保采编业务的进行，并以经营收入为采编提供更充足的资金和更先进的设施。正是在这样的背景下，中国媒介组织开始出现新的管理体制和运作机制。

新的运作机制必须既要保证媒介组织能够履行“社会公器”的职责和完成传播、娱乐、舆论监督等各项职能，又能使媒介组织的经营活动得以顺利高效运作，从而提高媒介组织竞争力，确保编辑部门与广告经营部门业务划分清晰、权责明确。双轨负责制正符合了这一要求，成为中国报业改革传统管理体制的选择。在这种模式下，媒介的组织结构模式如图 4－26 所示。

这种组织结构模式可称为企业机构模式。与总编辑统管采编和经营的单轨制相比，双轨制将报社的经营提升到与采编同等重要的位置，并行分头管理的格局，有利于报社对采编与经营两个性质截然不同的业务范畴实行更合理的管理和

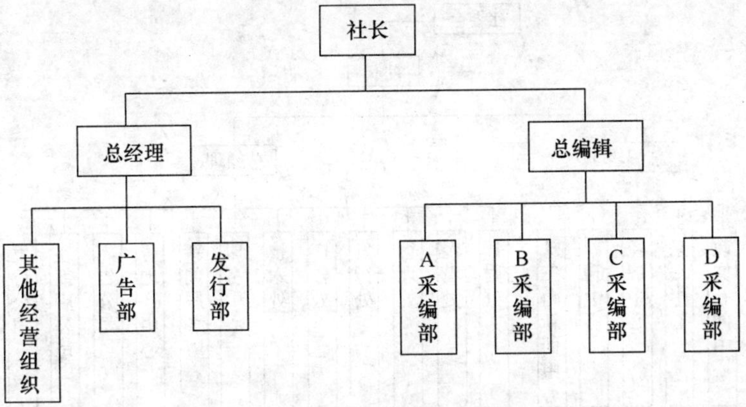

图 4-26　社长领导下的总编辑与总经理双轨负责制组织结构图①

运作，权责明确，更有效率。在市场经济和媒介产业化条件下，媒体组织实行社长领导下的总编辑与总经理双轨负责制，兼顾了媒体的双重属性与双重职责，为传媒组织的科学运作提供了体制上的保证②。

早在 20 世纪 80 年代，总编辑与总经理双轨负责制就作为一种趋势显现出来。1981 年，无锡日报社开始实行编辑部、经理部分工合作的制度。编委会把整个经营管理工作委托给经理部统管。1989 年，经北京市市委书记办公会研究批准，北京日报社开始将各种职能机构分为编辑部门、经营部门和行政部门三大系统。社长统管全盘工作，总编辑协助社长抓好报社的宣传报道工作，总经理则负责报社的经营管理工作③。1994 年，中共广东省委做出决定：羊城晚报社试行社长领导下的总编辑、总经理负责制。总编辑不再管钱管物，一心做好总编工作；总经理职权增大，负责报社的常规经营活动。中国成立的首家报业集团广州日报报业集团采用的就是这种管理体制（见图 4-27）。

从以上报社体制的变革过程可以看出，传统的党委会领导下的总编辑负责制实质上是以采编为主，负责经营管理的领导在党委会中所占比重较小，经营则被放在次要位置，经营管理功能依附于采编功能，广告被视为为媒介宣传的一种资源补偿。而总编辑与总经理双轨负责制与总编辑负责制相比，最显著的变化就是经营部门地位的显著提升，从以往附属于采编部门的机构上升到与采编部门平级的机构。在领导体制上，改变了原来重采编、轻经营的格局，采编和经营有了相

① 杨步国：《整合——集团化背景下的报业广告经营》，武汉大学出版社，2005 年 1 月第 1 版，第 152 页。

② 杨步国：《整合——集团化背景下的报业广告经营》，武汉大学出版社，2005 年 1 月第 1 版，第 153 页。

③ 屠忠俊：《当代报业经营管理》，华中理工大学出版社，1999 年版，第 182 页。

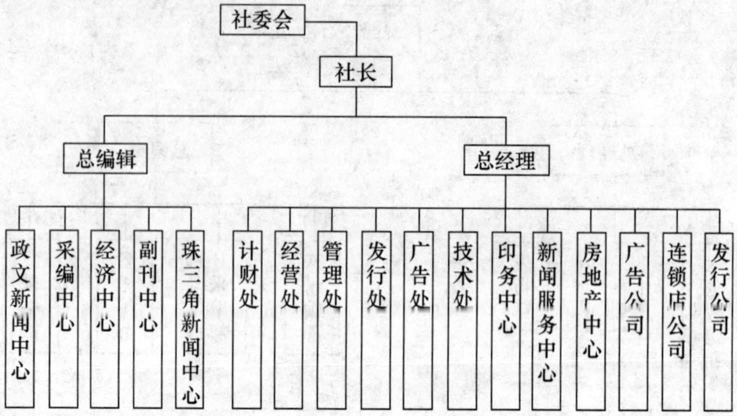

图 4－27　广州日报报业集团组织结构图①

应的领导决策机构，从而形成了采编和经营两翼并举、职责分明、各有主攻、协调运作的格局。这一变化来源于经营观念的强化。从媒介组织“事业单位企业化管理”到现在的报业集团化，传媒业只有顺应市场化潮流，通过高效的经营运作，才能在激烈的市场竞争中立足。做好内容产品，可以凝聚受众注意力，但要以受众注意力换取客户资源，实现受众市场价值，唯有借助包括广告在内的经营活动才能做到。可见，经营是媒介组织的重要组成部分。

经营观念强化必然推动媒介组织内部建立相应的管理体制，改变过去经营部门与传媒业经营发展不相适应的边缘地位。双轨负责制使得总经理拥有更大的自主权开展经营活动。目前，包括报社在内的大多数媒介组织不仅充分发展广告、发行和印务三大传统经营业务，还积极涉足其他产业经营，这些也是在传统的管理体制下无法实现的。

三、媒体广告部门与采编部门关系的处理

传媒业具有意识形态和产业双重属性，传媒组织的内容产品一方面反映一定的思想、价值观和世界观；另一方面也是一种商品，需要在市场中实现其价值。因此，无论是社会主义国家还是资本主义国家，不管出于何种考虑，在媒介组织管理体制的设计上，大都采用编辑和经营“两分开”的模式。广告业务属于媒介组织经营部分的内容，并且是一项重要的经营业务，因此，处理好采编业务和广告业务之间的关系，也是“两分开”的重要内容。

倡导“两分开”主要是希望能够将媒体运作中的采编与广告经营业务相互

① 杨步国：《整合——集团化背景下的报业广告经营》，武汉大学出版社，2005 年 1 月第 1 版，第 154 页。

分离，确保舆论导向正确，同时保证媒体广告经营活动高效运行。从理论上看，“两分开”的含义很明确：在媒体组织结构层面上，“两分开”体现为组织结构按职能划分为主，在操作层面上，“两分开”体现为采编与广告经营两大职能相对独立运作，如记者、编辑不能去拉广告、跑发行，强调明确分工；广告经营部门也不能随意干预报纸的报道和编排，以保证舆论导向正确和媒体公信力。而在整体运营层面，两大职能必须相互联系和衔接，在市场定位、产品设计、流程管理这些问题上，应该整体考虑。在采编部门与广告经营部门之间建立有效的利益传递机制，激发各部门的活力，并且防止各部门工作及绩效考核之间相互脱节[①]。

但是在现实操作上，“两分开”远没有那么简单，传媒业已从过去狭义的内容产品经营发展到经营内容产品阶段，采编和经营越来越难以分开，两者相互影响、相互依存，不可能彻底分开，互不干涉。而原本设想按照意识形态的强弱对媒介组织作区分，让意识形态强的媒介组织保持事业体制，而意识形态弱的媒介组织转制为企业的想法也过于简单，不能一概而论。因此，在实行采编与广告经营分开的过程中，不仅要针对媒介组织本身性质选择恰当的改革模式，而且还要针对媒介组织内部各细分环节进行设计，让媒介组织的采编与经营活动能够实现真正意义上的互利双赢、统分结合。

1. 党报的“两分开”改革

党报和党报集团的体制改革目前已经到了一个非常复杂、非常艰难的攻坚时期。一方面，党报的主要功能和核心内容仍然是新闻宣传，宣传又是具有意识形态的东西，是政策界定比较敏感的东西。可以说，只要党报的宣传功能不变，在现行体制下，它的市场性的产业化发展就必然受到限制。另一方面，报业的很大一部分是经营性的服务业务，它的意识形态成分、政策敏感性不强，而这些内容和具体的组织行为，是经营性的东西，体现着文化产业的具体内容和发展方向。

对党报集团来讲，“一体两制”是指在一个政策体制内同时实行两种管理办法，即党报集团本身的事业法人治理和集团作为出资人控股经营的企业法人治理并存，也就是说经营上的产业化集团和新闻宣传、舆论监督上的事业集团并存的运行机制。这种运行机制，既能适应目前的政治改革进程，也能符合文化产业对外开放的政策承诺。党报的“两分开”工作，应该实事求是地在这种大背景下进行探索和实践。

将党报集团中的党报实行“两分开”，集团本部和党报的采编部分实行新的事业体制，党报的经营部分和其他所有报刊的采编与经营全部纳入经营性的公司中去。这种设计思路采用“一体两制和分而不离”的“两分开”运行模式，即党报采编业务以外的所有经营业务、非党报采编与经营业务统一纳入市场化大经

① 胡金华：《论采编与广告管理的对立统一》，《记者摇篮》，2002 年第 10 期。

营范围，实行采编、经营“两分开”的总体思路。这个思路的难处是非党报作为经营性资产转换为企业的可接受性，到底在多大程度上被认可。作为试点单位，可望而不可即的政策能否网开一面，既实现了真正意义上的“两分开”，也为以后上市、融资创造了条件。因为，这个方案不存在关联交易，也不存在同业竞争问题，符合上市要求，对党报集团按现代传媒发展思路打开了空间。

至于高层管理的整体框架则以集团党组、管委会为主，对整个集团事务运筹享有最高决策权；以党报为主体的集团编委会，对报刊采编业务享有最后监督权和终审权；以传媒集团控股公司为主的董事局，对集团的资产享有最大的经营权和控制权。最终，形成党报集团统筹采编、经营，上下高度协调运转的“一体两制”的新型管理体制。采编、经营“两分开”后的组织架构如图 4－28 所示。

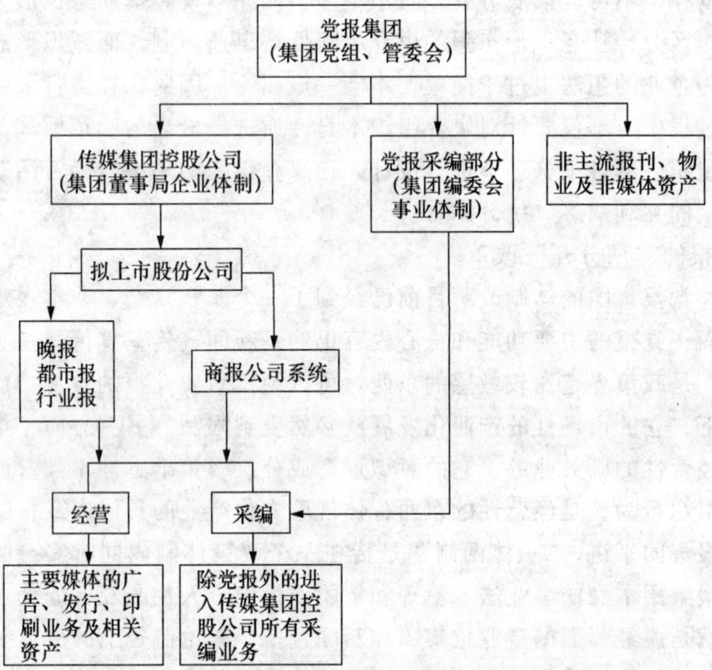

图 4－28 “一体两制和分而不离”的“两分开”组织结构①

这种模式在宣传政策上坚持了集团的事业性质，坚持了党管党报集团的基本点，更主要的是符合党报采编业务、经营业务分离，实行事业集团体制下办企业（经营部分）和事业集团下办事业（党报采编部分），并实现了事业与企业分开运作、分类管理的基本原则，党报、非党报的办报宗旨、思想、理念、服务范围一目了然。同时保证了党报采编业务事业单位的独立性质。使集团的报业结构进

① 梁金河：《党报集团“两分开”的改革构想》，《传媒》，2005 年第 4 期。

一步优化，读者覆盖面布局进一步合理，集团综合运营能力将大大增强。总的来讲，这种体制有利于从组织上保证宣传系统和经营系统的相对独立性。

可以说，这种“两分开”的模式实现了采编与经营的最大化分离，达到了分合相彰的目的，首先，解决了党报采编、经营的彻底分离；其次，解决了大家一直以来认定的报业采编、经营是一个难分难解集合体的问题。除党报外，所有采编业务进入大经营范围内，不再存在“两张皮”的问题，便于实际运作。

2. 商业报团：在经营与采编之间建立一道“墙”

与党报相比，商业报纸的意识形态较弱，在经营上受到的约束相对较小，在日常运作中实现“两分开”更多关注微观层面的业务模式。以香港的《南华早报》为例。香港《南华早报》创刊于1903年11月，主要报道香港、大陆及国际在政治、经济、文化、体育娱乐领域的新闻以及相关评论。《南华早报》集团现有两份报纸——《南华早报》、《周日早报》，五份杂志——《大都市》、《都市女孩》、《哈珀市场》、《车立》、*Maxim*，同时经营书籍、印刷、音像制品、房地产、零售业。《南华早报》是由嘉里集团控股的经营实体，集团涉及房地产、酒店管理、食品加工、工业制造等多个领域。

为防止媒体内容的商业化倾向，《南华早报》通过在经营与内容之间建立一道“墙”来保证其独立性。这主要体现在以下四个方面[①]：

一是分层决策。《南华早报》集团总裁只负责总体战略经营，而编辑部则聘请了资深专业报人颜仕强（原《澳大利亚人》总编）担任总编，并赋予他独立处理新闻的权力。除报纸的大政方针外，总裁对具体新闻操作从不过问，主要考核报纸的影响力、发行数，与广告、发行等其他部门的经营完全无关。

二是地理位置。《南华早报》港岛总部的编辑部和广告部有着完全隔离的办公空间，有各自分别的会议室、员工讨论区。地理位置不仅是空间概念，而且有着现实的意义，媒体操作与经营操作尽量减少沟通。人员没有交叉，理念互不影响，使得主编和编辑、记者可以独立思考、自主操作。

三是人事运用。各部门在人事制度方面也保持独立性，比如年末绩效评审后的职员薪金、晋升、人事变动等问题，编辑部、广告部、发行部和印刷部各个部门都是独立操作的。此外编辑部门普通员工的平均工资在各板块中是最高的，稳定的经济来源也保证了编辑记者们能够专注于新闻采编工作，而不会考虑借助其他途径如写“软文”等来提高收入。

四是部门间交流。《南华早报》对编辑部门与经营部门间的交流有着严格的限制。其他部门员工如需因公联络编辑部的编辑记者，要首先向自己的上级请示，理由充分、经批准后方可，反之亦然。整个交流过程处于监督之下，以杜绝

① 刘思齐：《南华早报——多元化经营中的采编独立性原则》，《新闻与写作》，2006年第4期。

影响编辑部独立性的情况发生。

这四方面的措施使无形的“墙”起到了切实可行的隔离作用，保障了《南华早报》编辑能够定夺报纸上的每一个细节，其权威与意志不容挑战。即使版面编辑发现文章涉及股东及客户利益后，最多只会要求记者仔细考察求证，但不会因为违背股东和客户利益不予以刊登文章，同时还会对其作专门注明。

关于“中海油收购美国尤尼科”事件的报道便是很好的例子。作为报纸的长期广告客户中海油每年多次在《南华早报》上刊登企业公报等商业广告。从2005年5月22日到8月底整个收购事件过程中，《南华早报》共发表104篇相关报道，其中大部分属事实报道，如7月18日商业版头条《中海油收购案面临困境》，其余为商业评论，如8月24日评论《中海油收购失败，大陆企业引以为戒》。报道事实准确，没有信息上的偏向性，对收购有利、不利的信息都有涉及。

正是由于这些制度和规定的有效实施，《南华早报》以报道的客观、公正而著称。它不仅影响了当地的政治生活、经济活动和娱乐业，而且吸引了大量的高端读者。报纸2004年的日发行量为10.2万份，覆盖23.8万读者，占香港9岁以上英文读者的5%，其中：36%的读者担任经理、总裁等管理职位，或是高级专业技术人员，79%有大学以上学历，有较高的购买能力和经济、政治上的话语权。高端的读者群正是吸引大量广告客户、提高投资者利益的保证。

媒介组织要实现经济目标，除了良好的经营管理和产品营销策略外，最关键的是产品质量，即采编部门能否及时、准确地提供给读者客观、公正、有价值的信息。媒体组织内部采编与广告部门间对立统一的关系建立在传媒组织承担的社会效益与经济效益间的对立统一之上。社会效益和经济效益的统一不仅是传媒组织追求的一个目标，也是传媒业发展的一种内在本质规定性。“两分开”的管理体制力图通过采编和经营在业务上独立但不分离的运行模式，是中国传媒业的发展从过去单纯的生产型体制转变为市场机制型体制，最终找到媒介组织利润最大化与承担社会责任的最佳结合点。因此，实行采编业务与广告业务“两分开”，并且做到协调互动、分而不断、联而不乱是遵循新闻宣传规律与市场规律的必然选择，是各媒体在文化体制改革大背景下探索创新的重要内容，也是媒体做大做强的基本途径。

[参考资料]

《南方都市报》经营与采编分离的实践①

1995年《南方都市报》创刊之前，作为报纸的筹办成员之一，程益中便提

---

① 根据张志安博士论文《编辑部场域中的新闻生产》整理，中国博士学位论文全文数据库，http://www.cnki.net/。

出报社要实行采访与编辑分离、采编与经营分离的基本制度。这一制度当时在全国都是独一无二的。那时不少媒体还没有实现彻底的经营与采编分离，甚至鼓励编辑部拉广告。

1995 年 3 月，《南方都市报》试刊，此后不久，时任副总编的程益中靠交情从鹤山县政府拉到 70 多万元广告，但他力排众议没有按惯例拿提成，成为采编与经营分开制度的践行者，守住了报纸的“底线”。

然而，市场因素对《南方都市报》编辑部的影响和控制却是无所不在的。作为市场化报纸的整体定位以及南方集团的利润支柱，管理者必须将扩大市场、提升发行、增加广告、完成指标当成报社上下共同努力的目标。

同时，市场因素对编辑部的控制不是直接的、强迫的，这直接体现于编辑部门与经营部门的“编营分离”制度。一般情况下，广告、发行等部门无权干预编辑部的新闻生产。另外，针对一些大广告商的利益诉求，区域新闻部会在报社高层管理者的协调下，对新闻做一些处理。但这种“处理”必须是“不伤害新闻本身最核心的东西”。在《南方都市报》编辑部，从业者对商业利益的控制和影响普遍持反感态度。一般情况下，如果广告部根据广告商利益向编辑部提要求，必须经由高层管理者才有效。同时，高层管理者也会视具体情况，尽可能地坚持编辑部新闻生产的“底线”。例如，广州报纸的广告投放大户——某著名房地产公司总裁获得全国“五一劳动奖章”后，编辑部曾回绝了报社广告部经理提出的为其刊登整版长篇报道的要求。经协商，记者以房地产业的最新动态为新闻由头，采写了一篇报道。并最终将报道刊登在“专版”，而非公司所希望的深度品牌栏目“对话”版。

目前媒体在实际操作中，采编向经营妥协的情况也时有发生。可见，采编与广告之间的矛盾是新闻专业受到市场控制的外在表现，体现出报纸背后各利益相关方的力量权衡。

第六节　广告联盟的经济学分析

广告联盟是广告传媒为应对新的竞争形势所采用的策略。各广告联盟所涉及的具体媒体、所涵盖的范围、所持续的时间等虽并不完全相同，但其实质皆为“合作竞争”的手段：合作——联盟内成员间的合作；竞争——与联盟外其他传媒展开竞争。从理论上看，传媒广告联盟是有效利用组织和市场双重优势的一种组织创新，它既可保持联盟成员的相对独立性，又可提高资源的利用效率，同时还增强了传媒的战略灵活性。可是，现实中出现的诸多传媒广告联盟大多“虎头蛇尾”，难以持续发展，原因何在？本节将探讨中国广告联盟的成因、运行机制及未来发展趋势。

一、联盟与广告联盟

迈克尔·波特（Michael E. Porter）认为，联盟是企业在保持各自市场地位独立的基础上建立的长期协定，“联盟是扩展业务空间而无需扩展企业，一般做法是通过与一家独立的企业签订协议来进行价值活动或与一家独立的企业合作共同展开一些活动”。战略管理专家蒂斯（Teece）提出，“战略联盟是两个或以上的企业为实现资源共享、优势互补等战略目标，而进行以承诺和信任为特征的合作活动，包括：排他性的购买协议、排他性的合作生产、技术成果互换、R&D合作协议以及共同营销”。斯巴克曼（Spekman）等人提出，“联盟是两个或两个以上的伙伴为了实现增强每个合作伙伴的竞争地位的目标，通过签订密切、长期、互惠互利的协定而实现资源、知识和能力共享的合作方式”。以博里斯（Borys）和杰米森（Jemison）为代表人物的观点认为联盟是组织之间全部长期合作关系的总称，联盟是一种混合型组织，是“为使用一个以上的组织的资源或治理结构而建立的组织安排”①。还有人指出，联盟就是指企业在保持各自相对独立的利益和社会身份的同时，建立的旨在通过完成共同的任务和实现共同的目标来寻求实现各自战略目标的长期合作关系。联盟是一种既包含竞争又包含合作的企业间关系，它既不是完全竞争的结果，也不是完全合作的结果，它没有把企业之间建立于市场交易基础上的竞争置之不顾，又是企业因为某些内外不可控因素，而不得不进行的一定程度的企业间合作②。

从以上有关联盟的界定可以看出，目前中国各媒体组建的广告联盟是媒介组织之间战略联盟的一种形式，这种联盟并非专注于媒介内容产品资源的战略联盟，而是要通过战略合作、战略运作、战略实施打造共同的权威传媒广告品牌，更好地走向市场、占领市场，“切分”竞争日趋激烈的广告“蛋糕”。

广告联盟是广告业发展到一定阶段的产物，是各成员企业为实现某些目标而结成的联合体。广告联盟成员希望借助联盟的影响力，把成功的广告策划和营销，把优秀的广告品牌和成功业绩推介给业界，致力于营造有序的传媒市场的竞争氛围，促进媒体间良性互动，进而达成广告客户、媒体业界、读者三赢的市场格局。

二、中国媒体广告联盟发展历程——以电视为例

目前，中国媒体组建的广告联盟主要集中在电视业和报业中，形式多样、种

① 邵培仁、陈兵：《媒介战略管理》，复旦大学出版社，2003 年 5 月第 1 版，第 161 页。

② ［美］威尔玛·苏恩著，刘建民译：《避开合作的陷阱——透视战略联盟之暗面》，中国劳动社会保障出版社，2008 年 1 月第 1 版，第 7 页。

类繁多，包括江苏省电视广告联盟、吉林省广告联盟、珠三角报业广告联盟、日报广告五强联盟等。其中省级卫视广告联盟组建历程较长，覆盖面最为广泛，影响力较强，因此以下将以省级卫视广告联盟为例进行简要介绍。

早在20世纪90年代初，各省级电视台之间曾有过一个广告联播体。但是由于很难形成一致的价格体系，广告联播体不了了之。20世纪90年代中后期，广告市场处于卖方市场，各省级台无意也没有联合作战的需要；然而后来几年随着省级台处境的日益窘迫，广告收入整体下降，各省级台开始认识到媒介环境的竞争态势已不容它们靠过去那种单一的广告推介来引起广告公司和广告主的重视，联合推广应时而生。

2001年中央电视台黄金时间招标会召开的前一天，31家省级卫视发布了《致广大客户的一封信》，初次向广告客户显示了省级卫视广告整合投放的优势，表达了省级卫视广告经营联合的意愿。

2001年11月23日，12家省级卫视在北京举办了“携手共创未来——媒体推展会”，并签署了《省级卫视联合服务公约》，各省级电视台在“公约”中承诺为广告客户提供最优惠的政策和最低的价位，形成了一个松散的广告“联卖”同盟。

2002年10月25～29日，全国省级电视台协作委员会在深圳发起并组织了“2003年省级电视台广告客户联系会”，决定从2003年1月1日起每天新闻联播前后65秒抽掉央视广告，进行省级卫视的广告“联播”，广告客户如需要在此时段进行多家卫视的广告投放，只需同代表省级卫视的“全国省级电视台广告协作委员会”协会谈判即可。卫视广告联盟由此开始进入“联播”阶段，当年实际签约广告1800万元，省级卫视联盟有了实质性进展。

2003年10月17～19日，中国广告协会电视委员会、全国省级电视台广告协作会在郑州召开“2004年度全国省级电视台广告策略研讨暨广告推广会”，并确定上海前景广告传播有限公司为省级台部分广告时段的代理广告公司，前景广告公司提出了包括黄金剧场套播广告的四大类十多种卫视整合传播产品，省级卫视广告联盟进入了“整合广告传播”阶段。

省级卫视通过几次大规模的会议和推介会，经历了从最初的“合作意愿表达”，到“广告联卖”，再到“广告联播”，最后正式提出“整合传播”这样几个阶段，终于结成了一个试图囊括全国省级卫视的广告联盟。从2004年至今，卫视广告联盟没有再发起大型推广动作①。

① 娄二鹏：《省级卫视广告联盟研究》，华中科技大学出版社，2006年版，第75页。

[阅读材料]

“媒介金牛市场”与“华东全垒打”

“媒介金牛市场”

“媒介金牛市场”，指的是经济水平中等偏上，同时存在着明显的媒介机会的市场。根据AC尼尔森调研公司的调研资料，湖南、浙江、安徽、山东四个市场属于典型的“媒介金牛市场”。这几个市场的金牛媒介都是在当地的第一地面媒体，某种程度上可以说，企业选择了这几个媒体，就为成功开拓当地的市场提供了强有力的保障。

2004年3月5日，黄山之巅。来自大长三角、大珠三角以及山东半岛经济圈的四家省级地面台、湖南经济电视台、浙江教育科技频道、安徽影视频道和山东齐鲁电视台宣布联盟，共同拓展最有投资价值的中国媒介区域市场。四家电视台宣布了一个颠覆电视广告招标传统的举措，推出“中国媒介金牛工程之无底价招标”，先向企业提供价值4000万元的广告时段，而中标企业前期不需要投入任何费用，只需在投放完成企业取得收益后再返还一定比例的报酬。此举完全打破了过去先埋单，后播广告的投放模式，广告投放进入了媒介品质背书时代。

“华东全垒打”

2004年9月，江苏广电总台城市频道的《南京零距离》、安徽经济频道《第一时间》、福建新闻频道《现场》和浙江钱江都市频道《城市新闻》四档新闻栏目宣布组成“华东第一品牌栏目联合体”，推出“华东全垒打”广告联播计划，拍卖四个民生新闻栏目的特约播映权。联合体成员以“民本”为共同价值取向，把“民生新闻”奉为一致的追求，一句话来形容便是“四大栏目、一种声音，华东市场、无限可能”。这既奠定了媒体合作的价值基础，也打造了共同的品牌效应，同时为客户在多个市场上进行整合传播提供了一个良好的平台。

“华东全垒打”是强势区域经济支撑下的强势媒体市场，具有良好的产品销售空间，这也是其能突破央视全面覆盖投放理念，脱颖而出的重要原因。四个栏目背靠的是中国经济半壁河山的“长三角”、“闽三角”。

“华东第一品牌栏目联合体”的推出是电视媒体在深化客户服务方面迈进的新的一步，说明电视媒体开始思考如何用品牌、媒体形象、整合的媒体资源为客户带来增值效果。充分发挥自己的品牌优势，提供独特的品牌产品，谋求给客户带来更大的品牌价值，是这些栏目寻求跨区域合作的初衷。

三、传媒建立广告联盟的动因

现实中，企业组建联盟的具体原因非常复杂。奥美（Ohmae）等人提出，企业发展联盟的动因在于应对不确定性。在他们看来，企业组建联盟具有进攻和防御两方面原因。发展进攻型战略联盟的出发点是：进入或创造市场，确定或设置产业标准，获得新的市场影响力，推动采取竞争性行动等。发展防御型战略联盟的出发点是：保护或者巩固现有市场地位，分担高额资金投入的风险，获得规模经济效益等。巴尼（Bany）认为，企业发展联盟的根本动因是为了追求范围经济效益。在组建联盟的过程中，企业可通过如下途径获得范围经济效益：开发范围经济，向竞争者学习，管理风险、分担成本，促进默契串谋，低成本进入新市场，低成本进入新行业和新行业环节，从行业或行业环节中低成本退出，管理不确定性。哈梅尔（Hamel）指出，企业组建联盟的动因在于学习，企业通过战略联盟所进行的学习可能涉及获取新技术、营销专长、生产专长等，其成果就是能够加快市场进入速度。在借助联盟学习的过程中，可能获得合作伙伴并不愿共享的知识和技术①。

就目前中国媒体广告联盟的情况分析，媒体组建广告联盟的动因主要表现在如下几个方面：

1. 获取稀缺资源，争夺市场份额

根据资源依赖理论：在资源有限的情况下，没有组织可以完全完成资源的自给自足。为了取得组织生存所需且为外部组织所控制的资源，该组织将会与外部相关组织互动联结，以取得所需资源。市场对企业需求的差异和企业拥有的资源的差异，是组建联盟的初始动因；特别是针对那些只拥有非常有限的社会关系，而又需要与市场以及已经存在的企业建立广泛联系的新企业来说，在资源稀缺的市场，联盟成为一种能够帮助企业获得外部资源的机制②。

受众注意力是广告传媒的重要资源，只有获得可观的受众注意力，才能吸引广告主的广告投入。相对于众多希望被受众注意到的事物（包括传媒）而言，受众注意力无疑是一种稀缺资源。目前来看，一方面，受众的注意力资源越来越多地被分配到除传媒之外的其他娱乐、休闲选项（如旅游、电脑游戏、DVD、CD 等）中；另一方面，瓜分有限受众注意力资源的广告传媒/频道亦越来越多。在如此激烈的竞争市场中，为了突破个别传媒凭借先天垄断优势一家独大、阻碍其他传媒获取稀缺的受众注意力资源的局面，联盟便成为一种选择。

以省级卫视为例。一方面，省级卫视覆盖全国，却在全国层面上受到 CCTV 的遮蔽。在中国电视广告市场中，央视一家就分食了近 1/3 的市场份额，并且其广告收入还有年年增长之势，2007 年央视广告收入突破 100 亿元大关，2008 年黄金资源广告招标已突破了 80 亿元。而 30 多家省级卫视的广告营业总额还不到

---

① 巫景飞：《企业战略联盟动因、治理与绩效——基于中国企业的经验研究》，经济管理出版社，2007 年 8 月第 1 版，第 39 页。

② 李蕾：《企业战略联盟与竞争力提升》，中国工商出版社，2007 年 10 月第 1 版，第 11 页。

央视一套的90%。虽然名义上是全国性频道，虽然有着全国范围的收视群体，但是广告收入仍然处于省级台的水平①。另一方面，省级卫视立足全省，却在省级层面上受到已相当成熟的省级广播电视台的挤压。省级广播电视台成立早，一向被视为省委省政府的重要“喉舌”，在本省新闻资源的获取与传播上拥有得天独厚的优势，省级卫视在这些方面难与其匹敌。争取省内受众注意力资源的策略受全国覆盖特点的制约似乎不可行，争取全国或某一区域的受众注意力资源便成为一种选择。可是面对央视广告经营一家独大的严峻局面，任何一家卫视都不可能有单独与其抗衡的战略资源。因此，各省级卫视结成联盟，管理和控制广告资源，从而在激烈混战的广告市场经营中降低风险与不确定性，通过联盟的方式形成稳定的市场价格，保持市场份额的稳步增长，并逐渐形成规模经济。

2. 强强联盟，整合优势资源

“资源基础理论”指出资源基础理论与资源依赖理论之间最大的不同在于前者假设资源是无限的、可创造的；而后者假设资源是有限的、具有僵固性。资源基础理论强调企业通过整合和利用有价值的资源来实现企业价值创造的最大化。资源基础理论将联盟视为获得企业资源的战略，即当资源不能有效地通过市场交易或并购获得的时候，联盟就可以与其他企业共享或交换资源，从而创造更大的价值。该理论强调每个联盟伙伴必须为联盟带来有价值的资源②。

以日报广告五强联盟为例。2004年底，沈阳日报报业集团、大连日报报业集团、宁波日报报业集团、无锡日报、厦门日报共同签署“中国·日报广告五强联盟”，发表“上海宣言”，宣告五强联盟的正式成立。这五个城市有很多区域优势。这五个城市的GDP总量已达10525亿元，人口达2500多万，人均GDP为5200多美元，接近中等发达国家生活水准。这五个城市有的是全国的经济特区，有的是拥有世界闻名的东方大港，有的正发展成先进的制造业基地，经济辐射能力强。这意味着五个城市有着巨大的消费市场和广告市场。五个城市的权威媒体聚集到一起，必将是优势受众资源的整合。

就省级卫视广告联盟而言，根据北京美兰德信息公司于2002年进行的第四次全国卫星电视频道观众收视状况调查，中国省级卫视频道已具有区域或全国影响。省级卫视全国累计可接收人口已经是全国总人口的6.3倍。省级卫视频道全国可接收人口数量四年增加20亿，增长了34.2%。“不含中央台9~12套，省级卫视全国覆盖人数增长明显快于中央台，近四年省级卫视覆盖人数增长是中央台的3.2倍。含中央台9~12套，省级卫视的增长也是中央台的1.3倍。”③ 卫星传送技术使省级卫视成为全国性频道，省级卫视收视观众中，本省观众与外省观众

① 禹建强：《央视与省级卫视的广告博弈》，《传媒观察》，2003年第9期。

② 负晓哲：《战略联盟理论与实践》，经济科学出版社，2006年7月第1版，第56页。

③ 张云、方世彤：《全国省级卫视广告整合传播》，http：//www. sina. com. cn。

人数之比为3:7。省级卫视各自拥有一定规模受众，覆盖面较为广泛，受众忠诚度较高，一旦各省级卫视结成联盟，其原本分散的受众规模与忠诚度也会有效地聚合起来，通过“广告联播”形成强大的受众注意力资源，使省级卫视联盟拥有可以与央视相抗衡，甚至优于央视广告的资源基础。

3. 节约交易成本，避免恶意竞争

罗纳德·科斯在《企业的性质》中提出了“交易成本”概念，市场交易过程是有成本的，认为交易成本包括寻找成本、签约成本、监督履约成本。而企业组织是市场机制的替代物，市场交易费用与组织协调管理费用相等的均衡水平确定了组织的边界。节省交易成本是企业成长的动力。威廉姆森（O. E. Williamson）在《资本主义经济制度》中提出了与交易成本密切相关的因素，包括资产专用性、交易的不确定性、交易频率。资产专用性是指在不牺牲生产价值的前提下，资产可用于不同用途和有不同使用者利用的程度。这里主要是指“沉没成本”①。

传媒出于节约成本的目的而组建广告联盟是显而易见的，以省级卫视广告联盟为例，各省级卫视结成联盟后，与广告主的业务谈判、协议签署便以联盟整体为单位进行，而不需要每个卫视单独与广告客户进行业务往来，从而大大降低了联盟成员的交易成本。媒体广告联盟是介于市场和各媒体组织之间的一种中间组织形式，超越了纯粹的市场交易关系。媒体广告联盟作为市场化的组织和组织化的市场，既可规避媒体与广告客户之间高额的市场交易成本，又可避免媒体完全内部化所导致的较高的组织成本。近年省级卫视的广告整体上供大于求，这种市场现实及相互压价必然使省级卫视在整个电视广告中所占的市场份额比例缩小，因而卫视联盟把各家省级电视台聚合起来的另一个主要目的是为了避免相互间的恶意竞争。

四、中国传媒广告联盟运作机制中存在的问题

就目前来看，中国已出现诸多传媒广告联盟“虎头蛇尾”、草草收场的案例，联盟运作机制的不完善是造成这种现象的根本原因。这里以省级卫视广告联盟为例，分析中国传媒广告联盟运作机制中存在的问题。

1. 广告联盟的治理机制

联盟的治理结构基本上分为：契约式结构、股权参与式结构和合资企业结构。中国目前绝大多数广告联盟采取的均为契约式结构。契约式结构是指合作伙伴之间通过签订契约性协议建立的联盟。在契约式结构中，联盟母体的资产规模、组织结构和管理方式都不发生变化，联盟的治理主要依赖订立协议规范，协

① 负晓哲：《战略联盟理论与实践》，经济科学出版社，2006年7月第1版，第52~53页。

议的内容包括约定合作事项和合作时间以及联盟成员的分配方案等。

契约式结构中契约是保持联盟关系的主要纽带，联盟内部的约束力不强，没有采取真正的“承诺行为”，导致契约式联盟关系的不稳定。联盟合作的范围有限，为了明确双方的权利和义务，需要在协议中明确提出合作范围。同时协调成本高，由于契约是约束联盟各方行为的主要手段，在联盟成立和发展的每一个重要阶段都需要进行周而复始的谈判，联盟成员需要为此付出较多的时间、精力和费用①。

以省级卫视广告联盟为例，2001 年 11 月 23 日，北京电视台、黑龙江电视台、山西电视台、重庆电视台等 12 家省级卫视签署了《省级卫视联合服务公约》。公约规定如下②：

①服务公约成员将对企业进行共同的维护和支持，促进企业在各地市场的销售和发展。对于通过卫视联合广告投放的客户和广告公司，不但能得到卫视频道的密切配合，而且可以得到当地省级台其他频道的大力支持。

②服务公约成员将为各自地区的重点企业提供与其他公约成员充分交流洽商的机会。

③服务公约成员将充分利用各自的地域优势，为客户提供有效的营销服务和软性宣传，帮助客户与当地管理部门进行协调和沟通，尤其对新产品的市场导入提供便利条件。

④服务公约成员信息、资源共享，为客户提供各种灵活的服务方式，使客户享受优惠的政策。

⑤服务公约成员对联合投放的广告公司，也会提供良好的服务和优厚的回报。

由此可以看出，省级卫视广告联盟治理机制为典型的契约式结构，其组织形式松散。从联盟层面看，12 家卫视似乎组成了一个利益共进退的联合体，而从个体层面来看它们又是分割的。这种安排反映出联盟既希望各成员在很多方面能够取长补短、优势互补，又希望避免各成员间的利益出现根本性冲突。但稍加分析就会发现这种愿景很难成立。首先从执行团队来说，各电视媒体各自派人员组成临时的协调机构，机构中的成员是平等的对接人角色，而不是有权限区别的上下级关系，找不出责任人的组织是低效或无效的组织。媒介广告联盟虽然有组织章程，但是其核心内容基本上只有利益诉求上的趋同，而没有彼此强有力的制约。另外，松散型组织沟通机制不畅的情况时有发生，而市场瞬息万变，需要联盟机构及时调整策略，经常性地与广告客户进行前期沟通、后期服务以及合作方

① 李蕾：《企业战略联盟与竞争力提升》，中国工商出版社，2007 年 10 月第 1 版，第 96 页。
② 赵曙光：《省级卫视联盟：卡特尔的梦想与约束》，《传媒观察》，2003 年第 11 期。

式的调整与修补缺陷。而媒介广告联盟的协调方式基本上是一年碰一次头，平时由各自对接的人保持联络。但是很多细节是需要各自的领导来沟通的，由于地理时空的原因大家要经常性地面对面交流成本太高，而彼此又缺乏电视电话会议等沟通的机制。一旦有突发状况，联盟机构的成员面对集体的事谁也无法作决定，机会就稍纵即逝[①]。

这次省级卫视联盟，没有统一价位，各省级电视台虽然承诺在这种整体营销的新广告投放方式中保证提供最优惠的政策和最低的价位，但是实际执行起来弹性却很大，因为公约条款过于空泛，缺乏实质性内容。而且，公约没有规定如何应付成员违反协议或者不予配合的情况，约束力基本为零。

2. 广告联盟的利益分配机制

联盟的收益如何在成员之间分配，是关涉联盟存续发展的一个重要问题。如果分配方案不当，联盟便不可能持续发展甚至不可能成立。因此，分配方案是联盟中的一个实质性问题。

通常联盟的利益分配方式有以下几种分配模型：第一种是基于资源投入量的分配模型：在企业生产合作实践中，普遍采用的是基于资源投入量的分配准则，也就是成员企业对合作生产总收益的分享，依据其资源投入量的大小按比例进行。第二种是基于单独生产收益的分配模型：它既反映了企业自身的资源转换能力，也间接反映了其投入合作的资源量。合作生产的总收益正是各企业资源与转换力共同作用的结果，所以按单独生产收益来分配收益体现了单个企业对合作生产的贡献[②]。

对于省级卫视联播内部成员来说，合理分配机制的建立既意味着不能实行“大锅饭”，又要综合考虑收视数据、市场容量、各台现实收入情况等方面的因素，根据各台的情况进行分配。省级卫视联盟在2003年郑州会议上确定了分配方案：广告额的10%按台平摊，其余90%根据收视率、覆盖率、当地GDP以及是否是主频道上星等因素分别占60%、15%、15%、10%进行分配。这种分配方案是现存省级卫视各台势力格局的反映，应该说比较合理地均衡了各方面的利益，是考虑了省级卫视自身的一些素质和所在地的经济实力的结果。但各家卫视的实力处于不断变化之中，各自的竞争策略也在不断调整，因此维持一个全国范围内的利益平衡有相当难度[③]。从客户的角度来看，不同级别、行业的客户通过广告公司投放的广告费用占广告总收入的比重在全国的业务发展是不平衡的，它们分别有自己重点经营的区域市场，广告投放是有所选择和偏重的，全国性的卫视投放平台所提供的服务未必能很好满足它们的区域性要求。

---

① 欧阳国忠：《媒介金牛市场为何“牛”不起来》，《现代广告》，2006年第10期。

② 负晓哲：《战略联盟理论与实践》，经济科学出版社，2006年7月第1版，第165页。

③ 新华传媒工场：《卫视联盟缘起：夺取更大的市场份额》，《广告大观》，2004年第2期。

“金牛市场”和“华东全垒打”等广告联播计划是否摆脱了利益分配问题的陷阱、从形式到内容等多个方面都有所突破，不得而知。不过可以肯定的是，联盟如何实现各利益团体以及个人利益间的均衡，避免表面遵守、暗地里违反协议、最终导致联盟趋于解体的结局是维持联盟发展的关键。就现在来看，影响联盟发展的主要因素就是利益如何分配、对违反组织规定者如何惩罚，以及如何实现有据可信的监察系统等问题。

3. 广告联盟的监督约束机制

媒介广告联盟建立后，其成员常会在各种机会主义的诱惑下，破坏联盟的约定，采取损害联盟整体利益的行为，最终导致自身以及联盟整体的利益都无法实现最大化。因此，联盟在运行过程中，必须建立相应的监督约束机制，通过制订规章制度来监督约束各成员的行为，避免违反联盟约定的情况，以保证联盟的维系和有效运作。

高效、稳定、灵活的联合体离不开一套科学、严格、公正的约束机制，只有具备了对违规行为的惩罚能力，联合体才能避免成为一盘散沙。包括省级卫视联盟的大多数广告联盟松散的组织形式以及空泛的规章制度，无法为联盟成员创造一个相互信任、密切合作、循规办事的环境，建立在此基础上的提高成员辨识能力、增大对收益的期望值等策略更不可能实现。即联盟的治理机制决定联盟不可能在成立初始便拥有一套健全完善的监督约束制度。

在实际运作中，广告联盟需要监督约束的一个最大的违规问题就是成员为了单独获得广告客户的预算而擅自降低联盟的价格标准，和广告商进行私下交易。电视广告折扣一般为4～5折，大客户甚至拿到2～3折。在这种情况下，媒体联合体在价格和折扣间就面临这样的悖论：做出折扣让步，就会使媒体联盟价格名存实亡；不做让步，区域媒体联合在影响力上还不及其他强势媒体。例如，2002年省级卫视广告联播的价格是刊例价的7折，明显高于单独洽谈所能拿到的价格折扣，于是娃哈哈、哈药六厂等大客户都绕过联盟，分别与各家卫视谈判签订购买合同①。

广告联盟要抬高广告价格，必须满足两个条件：一是有发现并惩罚违约者的能力；二是设定执行协议的成本必须比预期的收益低。为了解决这个问题，省级卫视联盟专门成立了“全国省级电视台广告协作委员会”，然而委员会仅仅停留在一个声明的地步，它不是高于各家卫视的一个权力机构，各家卫视并没有就各自的权利和义务签订正式的合作协议。联盟在任何环节都不具备凌驾于各台之上的权力，即使能够发觉欺骗行为，也只能听之任之。

① 赵曙光：《省级卫视联盟：卡特尔的梦想与约束》，《传媒观察》，2003年第11期。

4. 广告联盟的产品体系运作机制

从营销学视角出发，产品是营销4P中最为关键的因素，没有上乘优质的产品，一切营销活动便都成了“无源之水”。广告联盟首先存在的一个致命弱点是缺乏完备的产品体系。对于广告商而言，他们从卫视广告联盟那里购买的是广告时段或版面，广告联盟销售给广告商的广告时段和版面就是他们所经营的产品，要保持对客户的吸引必须不断推出满足他们各种需求的产品。

央视从1995年黄金广告时段首次招标开始，招标广告产品种类不断细化、花样翻新，从而具备比较完善的产品体系。央视还可以根据客户的需求、产品特点和支付意愿对这些广告时段进行调整组合。而卫视广告联盟的产品体系从整体上则无法与央视相提并论，在前两次联合推广中，各卫视根本没有能够拿出一个像样的产品体系。在2003年的郑州会议上，虽然联盟的广告代理公司——上海前景广告公司提出了四大类十多种的卫视整合传播产品，但由于广告时段的组合涉及节目编排和播出体制等重大问题，面对联盟内几十家利益主体，前景公司作为一家代理公司不可能像央视亲自“操刀上阵”那样具有很大的决策权力，因此它所设计的产品体系更多倾向于将各家卫视现有的特定广告时段“打包销售”。而在执行中由于省级卫视广告联播本身存在着政策、可操作性、利益平衡等无法绕开的种种问题，使得这种广告形式在执行中带有太强的不确定性，企业难免会对其中的风险心怀顾虑。因而联盟要取得广告客户的信任，必须建立起更有说服力和更容易操作的产品体系。

五、广告联盟的调整方向

综合以上广告联盟运作机制的介绍与分析，可以看出目前中国大多数媒介组织组建的广告联盟都存在诸多问题，这也是媒体广告联盟大都“虎头蛇尾”、没有取得实质性效果的症结所在。因此，广告媒体应对症下药，在运作机制等各方面进行调整，真正实现广告联盟应有的效益。

1. 强势媒体联盟区域化

一般说来，区域受众的收视习惯、收入水平、消费心理、消费行为等方面都比较接近，受众整体具有一定的同质性，广告客户能够在区域内统一传播方案，展开针对性的营销活动，媒体的市场力也因此大大增强。区域经济发展的落差小，可以减少协调成本并带来更高的执行能力。

另一方面，全国性的大客户毕竟是少数，那些处于成长期的区域性企业则占大多数，它们往往把持着一个和多个省区的市场，通常更青睐那些品牌力和影响力强、成本低、目标市场明确的区域性媒体。

因此，以市场力为主导重新建立区域联盟，先求得在各区域内的市场优势，然后再图更广范围的联合，不失为媒介联盟的一个长远之计。31家省级卫视联播所形成的传播网，其各项传播指标都比央视一套普遍高出很多，但其广告价格相加也大大超过了央视一套。而广告商所追求的永远是媒体的最佳性价比，即最低的千人成本和最高的收视率。根据覆盖、收视方面的数据，广告主要想达到全国性的传播效果，通过七八家相对比较强势的卫视频道就差不多可以实现。不少省级卫视已经认识到盲目的全国扩张策略可能会造成本土市场份额的流失，开始将经营重点重新放到所在区域，这一趋势为省级卫视区域性合作提供了可能。

2. 打造内容核心竞争力

媒体竞争力的基础是能否成功地为广告客户带来利益，而广告客户的利益最终建筑在每一个接触媒体的受众身上，从这个意义上看，打造内容核心竞争力、凝聚高质量的受众是媒体吸引广告主投资的关键。

自2001年起，央视开始实现广告收入的高速增长，这与其强力推行“频道专业化、栏目品牌化、节目精品化”的发展战略、在观众中的影响力日趋增强密不可分的。没有优质的媒体，就不可能有良好的广告经营业绩。

央视实行频道专业化、栏目品牌化，可以减少台内各频道间的内耗，有利于信息、人、财、物等资源的优化配置和管理，以实现社会和经济效益的最大化；同时也利于广告客户对广告的有效投放，创造广告的最佳收益。各家省级卫视现在都已经认识到了这一点，并开始求新求变，在有限的发挥空间里努力向频道专业化迈进，迅速找准自身定位，根据各自地理、地域和文化特色，创造既有自身风格特色，又有市场看点的栏目、节目，实现成为强势频道的目标。而联盟内各成员节目特色，频道强势的形成则是联盟吸引广告主投资的关键。

3. 科学评估，审慎联盟

目前，中国的媒体联盟形式多种多样，但多是一种姿态、形式和噱头，很难起到实际的作用。战略联盟作为竞争合作组织，其强调“竞合”，即在竞争中合作和在合作中竞争，竞争是其根本属性。反观中国媒体广告联盟的现状，除了股权式和少数针对特定竞争对手的战略合作之外，多数联盟都不具备联盟存在的条件，很难产生“1+1>2”的聚变效应。

在中国当前传媒业市场不规范、不成熟，全国性的传媒业大市场尚未形成，传媒业整体经营管理水平低下的情况下，中国的媒体广告联盟是不成熟的，为何联盟、与谁联盟、如何运作联盟等都是媒介组织亟待理清的问题。现在日渐成熟的广告主已经开始重新评估媒体、重新评估投入产出比、重新评估频道的效益，然后在此基础上重新整合广告资源。风险评估已经成为媒介健康运转的关键环节。对于跨媒体联合来说，科学的风险评估体系尤其必要。和谁合作，怎样合作，合作的风险指数多大，接受哪个企业的无底投标，扶植哪种产业以及用何种形式传播等，都需要事前的科学评估才能把可预测风险降到最小。

第七节　央视广告部招投标行为的经济学分析

2008年11月18日晚21点左右，经过十几个小时的竞标，中央电视台2009年黄金资源广告招标会在北京结束，招标总额达到92.5627亿元，较2008年增长15.3%。从中标企业的行业分布上来看，金融保险企业中标额度和数量继续扩大，这在世界金融危机大环境下尤其引人注目。此外，食品饮料、医药等与民众生活相关的行业和企业显得越来越踊跃。从中标企业的区域分布来看，北京、上海、广州依然名列三甲，江苏位列第四。

央视在中国广电领域的绝对优势为其广告经营带来了得天独厚的优势，近年来,尽管各个省级卫视也采取了诸如建立广告联盟之类的措施。试图打破央视这一垄断地位，但终因种种内外因素而半途而废。毋庸置疑，在未来很长一段时间内或说相当长一段时间内，央视在广告经营上一枝独秀的状况还将继续存在。

一、央视招投标——配置稀缺资源的有效方式

媒体通过将版面、时段所凝聚的受众注意力出售给广告主来获得广告收益。在媒体广告资源市场中，供给方为媒体，交易的商品是版面和时段，需求方为广告主。近二三十年来，中国媒体广告资源市场的供求关系随着经济体制改革的推进而处于变动中。

在中国从计划经济体制转向市场经济体制的初期，虽然中央电视台的广告资源从绝对量上看不可与今日情况同日而语，但由于那时许多企业并不擅长利用广告做市场推广，因此，在一定时期内，中央电视台广告资源的供求矛盾并不特别突出。可是，随着经济的发展，市场竞争日趋激烈，越来越多的企业需要借助广告进行市场推广，因此对于广告时段的需求逐渐增加，虽然在此过程中中央电视台所提供的广告资源量也呈增长之势，但央视的垄断地位及其在目前的电视台格局中具有绝对优势的覆盖率、收视率、公信力、品牌知名度等使广告主对其广告资源趋之若鹜。

按照一般的市场经济行为，当市场上出现了这种供不应求的情况时，会有更多的企业进入这个市场，一直到供求再次平衡为止。但是这种均衡的实现在媒体领域就显得不那么容易了。因为按照我国现行的制度，一个媒体尤其是电视台的创办是要经过很多程序的，更进一步讲，即使比较顺利地建立起来，拥有了可以出售的广告时段，广告主未必会购买。因为广告主通过版面或者时段所想要真正购买的是受众即消费者的注意力，媒体经济是一种影响力经济，一个没有影响力

的媒体所播放的广告对于受众来说没有吸引力，自然也就失去了对广告商的吸引力。

央视的广告资源尤其是黄金时段的广告资源相对而言成了一种稀缺商品，市场供不应求，如何有效地配置稀缺的广告资源成为央视广告部要解决的问题之一。

1995 年，央视广告部开始举行招投标活动。央视的广告资源被分割组合成众多标的物，采用竞价的方式，每件标的物都被配置给购买意愿最强烈、出价最高的广告主手中。其结果是央视从交易中获得尽可能多的收益，最想得到某一标的物的广告主如愿以偿，广告资源实现了有效配置。

举个简单的例子，假设央视某一广告资源需要出售。现比较以下两种情况：

情况一：不采用招投标。假设全国共有 A、B、C 三家广告主有意向购买某广告资源，C 的购买意向最强烈，他愿意出 420 万元购买，但由于信息不灵而错过了购买时机，结果只有出价较低的 A、B 两个广告主（假设 A 出价 300 万元，B 出价 350 万元）供央视选择，如此一来，原本可能卖得 420 万元的广告资源只卖了 350 万元。或者情况更糟：A 广告主暗中打通关系，媒体从该广告资源上只得到了 300 万元的收益。

情况二：采用招投标。广告资源都成为招投标的标的物，摆在桌面上寻找出价最高的买家，较有效地排除了关系、人情、行政权力的干扰。仍假设全国共有 A、B、C 三家广告主有意向购买广告资源，他们的购买意愿分别是 300 万元、350 万元、420 万元。当叫价超过 300 万元时，A 首先被淘汰掉；当叫价超过 350 万元时，B 又被淘汰掉；当叫价为 400 万元时，C 购得广告资源，并得到 20 万元的消费者剩余。此时媒体得到 400 万元的收益高于情况一中的 350 万元或 300 万元。

如此来看，央视采用广告招标的方式可以更好地实现稀缺广告资源的价值，实现稀缺资源的有效配置，同时也有利于广告主之间开展公平竞争，促进整体广告市场朝良性循环的方向发展。

二、央视招投标的两个变化

1. 央视招投标的标的物不断丰富

1995 年至今，央视招投标的标的物不断丰富。原因主要有两个方面：第一，越来越多有实力的公司参与投标，对于广告时段的需求量在不断扩大；第二，电视频道增加，所能提供给企业的广告时段也在不断地增多。央视自 1995 年实行“黄金时段”广告招标以来，每年部分广告时段的标的物底价会比前一年有 10% 左右的涨幅。同时，每年广告标的物的种类都在根据市场的需求不断调整和扩充。到 2005 年，标的物数量从最初的 13 块标版增加到 362 块，几乎增长了 28 倍[①]。在标的物的设置上，央视注重发挥其特殊资源的优势，比如限量增值纳入 2007 年招标的特殊广告资源主要以春节晚会和体育赛事这两类中央电视台的品牌节目资源为依托。

尽管总体标的物的数量在不断增加，形式也在不断推陈出新，但是黄金时段的价值却并没有因此而减少。为了充分发挥黄金时段的特殊性所能带来的经济效益，央视在制订招标价格时实行了价格歧视。在制订黄金时段的招标价和日常时段的招标价时实行了二级价格歧视，即通过对相同的服务（播出广告）不同消费量区段（黄金时段和普通时段）索取不同价格来实施。对于央视来说，实行价格歧视更能突显黄金时段的稀缺性，有效区分广告主的支付意愿，为其带来更多的收益。对于广告主来说，实行价格歧视会使其投标过程变得更加理性，避免因盲目追求黄金时段中标而给企业的未来发展带来不可承受重负的悲剧，毕竟秦池、爱多的“前车之覆”已给人留下了深刻印象。

此外，随着央视频道对于各个频道之间资源组合力度的加大，在投标资源的组合上也不断创新。2007 年，央视广告招标资源不仅包括 CCTV－1、CCTV－2、CCTV－3、CCTV－5、CCTV－8、CCTV－10 和新闻频道等强势频道的黄金时段资源，也包括 2007 年各频道的重大活动、央视国际网站、《中国电视报》等黄金广告资源，央视给予招标客户的不再是一个中央电视台的黄金时段套装，而是一个立体联动的黄金传播平台[②]。

央视将不同的广告资源组合也是实施价格歧视的一种手段，即将不同的广告资源实行捆绑销售。当两种不同的产品被分别定价的时候，因为对于每一种产品都会有一个购买者估价低于其他购买者，所以价格会被压低，而捆绑消除了这种影响，能够捆绑在一起的产品越多，捆绑的营利性就越大[③]。对于央视来说，将不同的时段“打包”不仅实现了差异化，也更好地整合了各个频道的广告资源，而且往往由于捆绑的价格相对较低而获得更多中小型广告主的青睐，广告组合既满足了广告主的多样化需求，也为央视带来了更加丰厚的广告收益。

2. 央视招标方式的变化

央视的招标方式经历了从暗标竞争、明标拍卖到明暗标结合即“暗标入围，明标竞位”的过程（见表 4－7）。

---

① 黄升民、王春美：《回顾与解读：CCTV 广告招标十三年》，《广告大观（理论版）》，2006 年第 6 期。

② 王梅：《1995～2007：央视标王的纵向分析》，《声屏世界》，2007 年 11 月。

③ 唐晓华：《产业经济学教程》，经济管理出版社，2007 年 8 月第 1 版，第 90 页。

表 4－7 CCTV 历年招标政策与招标时间设置（1995～2007 年）[①]

年度	招标政策	招标时间设置
1995	暗标	年标
1996	暗标	年标
1997	暗标	年标
1998	暗标	年标
1999	暗标	季标
2000	暗标	单元标
2001	明、暗标结合	单元标
2002	明、暗标结合	单元标、半年标
2003	明、暗标结合	单元标、半年标
2004	明、暗标结合	单元标、半年标
2005	明、暗标结合	单月标、半年标
2006	明、暗标结合	单月标、半年标
2007	明、暗标结合	双月隔日标、半年标

（1）暗标竞争

“暗标”是指拍卖之前起拍价和保留价严格保密，参与投标的广告主事先无法了解起拍价，电视台也不知道拍价和保留价的招标方式。在暗标的投标过程中，存在着投标方（广告代理公司/广告主）与招标方（电视台）之间及投标方之间的双重博弈。

电视台想获得尽可能高的回报，但是又不了解投标方的保留价。投标方想要以尽可能低的价格中标，而又担心竞标价格过低而失败，在这种情况下反而会出现抬高广告价格的可能。譬如投标方 A 与 B 是两家在市场中有着密切竞争关系的企业，双方都想争取到同一广告时间。假设电视台对这一广告时间的估价为 100 万元，而广告主普遍认为其正常价格应为 130 万元，排除其他的因素，如果只有 A 一个竞标者的话，A 就可以 130 万元的价格购得这个时段，但是面临 B 的竞争威胁，A 为了增加胜算的几率可能会将最初的竞拍价提高到 150 万元，B 出于同样的考虑会提高竞拍价，假定 B 以出价 180 万元竞标成功，那么最后的结果是，对于投标方来说，虽然在它的承受范围之内，但是付出了比正常情况下更多的费用，对于电视台来说，这个广告时段以 180 万元的价格出售，高于 100 万元的最低价，电视台获得了更多的收益。

另外，暗标的形式往往会引发关于中标结果是否公平的争议。因为拍卖方有可能凭借身份上的优势，以权谋私，与投标方勾结暗通标底或另做手脚，这种欺

① 黄升民、王春美：《回顾与解读：CCTV 广告招标十三年》，《广告大观（理论版）》，2006 年第 6 期。

诈行为比较隐蔽，不易察觉，无疑损害了集体的利益，为了避免此种情况的发生，央视采取了明标拍卖的方式，使整个招标过程更加透明、公开。

（2）明标拍卖

明标拍卖是指由拍卖方即央视在投标开始时确定一个起拍价，然后由各个参与投标的广告主公开竞价的招标方式，这种方式避免了暗标方式下的各种徇私舞弊行为，但也出现了新的问题即参与竞标的广告主尤其是几家大型的企业有可能提前串通好，共同压低广告价格。具体的做法就是当拍卖师公布某一时段的起拍价宣布拍卖开始的时候，往往只有一家企业举牌，在这种情况下，拍卖师只能降低价格直到多家企业举牌竞拍，此时的价格很自然要比起拍价低很多。

明标方式下的博弈很明显体现在广告主与电视台之间。原本相互竞争的广告主结成联盟，实行它们总利润最大化，投标方实现了合作性均衡，而电视台的利益则遭受损失。

在总结了明标和暗标各自的优劣势之后，从 2001 年起，央视采用了明暗标相结合的方式来进行招标。

（3）暗标入围，明标竞位

在这种招标模式下，广告主先通过暗标的方式争取入围，央视根据投标情况，公布入围名单，入围企业再通过公开竞价的方式来进行最后的对决。通过明标环节避免了单纯的暗标可能导致的徇私舞弊，使得招标过程更加公正公平，通过暗标环节又大大减少了明标拍卖时投标企业相互串通共同压价的可能性。对于追求中标的企业来说暗标环节的胜出对它们更有意义，因为入围明标竞争，意味着它们已经能比较明确地了解对手的竞拍情况，从而对自己的竞价策略做出调整。

任何事物都不是完美的。这种方式之下，广告招投标过程的主动权更多地掌握在电视台手中，通过暗标结果来选择参与明标竞价的企业，电视台更好地掌握了广告主的支付意愿，在此基础上制定的起拍价可能较高而使整个招标会成为大型企业的“表演赛”，一些中小企业则只能“重在参与”。

三、对央视广告招投标的两个思考

1. 垄断舞台与垄断企业

广告是竞争行为的一种形式：它是公司用来竞争的主要工具之一，吸引消费者转用自己的产品而不用其他竞争对手的产品[1]。对于处于激烈的行业竞争中的广告主来说，以尽可能权威的渠道将广告信息传达给尽可能大规模的目标受众是

---

① ［美］吉莉安·道尔著，李颖译：《理解传媒经济学》，清华大学出版社，2004 年 9 月第 1 版，第 29 页。

在市场竞争中获胜的必要条件。在目前中国的广告媒体中，央视作为唯一“国字号”的电视媒体，成为最具权威的电视媒体。央视广告打造了诸多的品牌基地，如内蒙古的乳业、晋江的服装、广东的家电、浙江的食品等，央视招标不仅被誉为“中国经济的晴雨表”，也成为品牌基地的“助推器”①。品牌的力量来自于央视很多得天独厚的优势，比如覆盖率、权威性等，这些“要素禀赋”使得相同时段，尤其是黄金时段的央视广告比其他电视台的广告能为广告主带来更多的收益，即更多的注意力资源，也为央视广告的高价格奠定了基础。

表 4-8 中央电视台历年广告标王②

年 份	中 标 价	标 王
2000	12600 万元	步步高
2001	2211 万元	娃哈哈
2002	2015 万元	娃哈哈
2003	18000 万元	健力宝
2004	3.1 亿元	蒙牛
2005	3.85 亿元	宝洁
2006	3.49 亿元	宝洁
2007	4.2 亿元	宝洁

央视“广告标王”中标价一路高升（见表 4-8），使得很多中小型企业望尘莫及。有人认为公司利用广告设置市场壁垒阻碍其他公司与自己竞争，大规模广告是把高生产启动成本强加于新入市者的一种手段，这也阻碍了竞争者的产生③。高额的广告费使得央视的广告时段也成了少数大企业的垄断舞台，实力雄厚的广告主借助央视的巨大媒体优势在市场上形成了更大的影响，成为市场的垄断者④。

秦池酒在 1996 年首次以 6666 万元的价码夺标即引发“秦池效应”，从亏损状态一下子大打翻身仗，1996 年上缴利税 2.2 亿元。1996 年，秦池实现销售额 9.5 亿元，利税 2.2 亿元，两项指标比夺标前增长了五倍和六倍。由于媒体的关注，秦池效应成为迅速打造品牌的一个样本。爱多电器有限公司 1994 年以 80 万元起家，在 1998 年夺标之后，当年销售额达到了 10 多亿元，迅速成为 VCD 行

① 王亦寒：《央视招标夯实品牌基地》，《现代广告》，2007 年第 1 期。

② 转引自王梅：《1995—2007：央视标王的纵向分析》，《声屏世界》，2007 年 11 月。

③［美］吉莉安·道尔著，李颖译：《理解传媒经济学》，清华大学出版社，2004 年 9 月第 1 版，第 31 页。

④ 彭伟步：《对中央电视台广告招标的理性分析》，《经济前沿》，2003 年第 2 期。

业规模最大的企业[①]。

不管是央视还是企业，最看重的就是垄断所带来的高利益。尽管也有不少地方电视台试图通过组建广告联盟之类的方式来打破央视在广告销售上的垄断地位，但终因种种原因而“虎头蛇尾”，不了了之。

近些年来，随着网络、手机等新兴媒体的蓬勃发展，对于央视的垄断地位形成了巨大的冲击。据中央电视台总编室的全国电视观众抽样调查结果显示，1997年全国有10.94亿人能够看到电视，到2002年全国的电视观众数量达到11.5亿人，五年间仅增加了2000万人。这说明电视观众的数量增长已经接近极限[②]。在经历了初期的“蹒跚”之后，新媒体已经进入了高速增长期，网络营销大行其道，正在逐渐消耗着传统媒体的势力，在这种强势的竞争生态中，依然有着绝对优势的央视广告对于广告主的吸引力是否会有所变化成为一个值得关注的问题。

2. 广告标王与市场标王

在央视的广告招标中，谁将成为新的“标王”是备受关注的焦点，尽管在近些年来央视出于各方面的考虑取消了“标王”的称呼，但“标王”的争夺依然很激烈。

央视的广告招标成就了一代“标王”，却也使得这些“标王”的发展面临了巨大的挑战。爱多电器一举成名之后，紧接着恰逢VCD行业发生转折。1998年3月前，VCD供不应求；6月，供过于求，爱多的拯救行动最终无效；再接着因拖欠材料供应商的款项太多，一些供应商停止供货，爱多VCD在市场上出现断货现象；为应付债务，爱多开出了空头支票；其后多元化战略的失败和高层人才的流失，更是将爱多逼上了绝境。

秦池在1997年以3.212118亿元再次夺得“标王”的称号后，巨额资金的投入使得秦池产业结构调整加快发展时资金不足。为了保证市场需求，秦池盲目增加生产线，扩大生产规模。1997年初以来，秦池的各项指标开始大幅下滑。后来，秦池中途被迫转卖广告时段，对产品和企业整体营销和品牌形象造成了不良后果。此后秦池大量勾兑白酒出售，被媒体披露后销售额迅速下降。1997年底，秦池销售收入比上年减少了3亿元。2002年，山东白酒企业经济指标披露，秦池的销售额为3819.1万元，只有1996年9.6亿元的1/30，利润一栏是“空”[③]

在秦池、爱多等曾经的“标王”纷纷落马之后，人们开始认真思考广告标王是否等同于市场标王的问题。对于广告主来说，在积极争取投标成功的同时，必须更加慎重地考虑自身所处产业的增长与竞争状况，企业和品牌发展的阶段；必须想好了“再出手”，避免一味追求轰动和“名狗效应”而将企业逼入发展窘境。

---

①③王梅：《1995～2007：央视标王的纵向分析》，《声屏世界》，2007年11月。

② 《CCTV广告招标——一年一度的垄断盛宴》，《中国新闻周刊》，2004年11月29日。

【讨论】

你认同以下材料中的观点吗?

请阅读下面一段材料，然后谈谈你是否认同材料中田涛的观点，为什么?

目前，中国经济对世界经济增长的贡献率已达30%，很多中国企业进入加速成长期，开始有了“走出国门”的冲动，这些中国企业需要让全世界更多地了解自己。CTR市场研究股份有限公司副总裁田涛认为，央视广告招标额增幅高于往年，不一定全部来自奥运的直接带动，但北京奥运会显然功不可没。多年来，中国经济一直保持高速增长，而奥运会的召开，进一步强化了企业对2008年中国经济和市场的信心。企业普遍将2008年视为营销突破的特殊年份。招标会现场，每举一次号牌，报价都在千万元以上。但田涛认为，央视黄金资源广告招标会并不仅是一场企业“巨鳄”豪掷千金的商业盛会，老百姓也能间接享受到好处。央视有了更多的广告收入，可以有实力制作出更多更好的电视节目，满足观众的需要。对企业来说，借助央视这个传播平台，提高企业和产品的美誉度，做大做强，可以贡献更多的税收，吸纳更多人就业。“从这个角度来说，每个人都可能从中受益。”田涛说。

——央视网：《媒体眼中的11.18》，CCTV.COM2007年11月22日12：31，http：//ad.cctv.com/20071122/104044.shtml。

【提示】运用外部性的相关知识加以分析。

本章小结

传媒的商业模式可分为三大类：单一内容产品模式、单一广告产品模式和二元产品模式。

传媒广告经营的发展经历了“迅速恢复期”、“高速增长期”以及“平缓发展期”三个阶段。总体来说，中国传媒广告经营表现出“起点低，增速快”、“规模小，差距大”、“精准型广告传媒收入偏低”等特点。随着传媒广告运作的不断进步以及传播数字技术的发展，中国传媒的广告经营也逐渐表现出增速趋缓、传统传媒广告经营向新媒体渗透与精准型广告传媒前景看好等发展趋势。

传媒广告波动的根源在于行业的波动所带来的广告投放量的变化。不同产业在投放广告时，需综合考虑自身行业的特性以及广告传媒特征，选择适合本行业广告表现特性的传媒进行投放，因此不同类别的传媒的广告经营就形成了不同的行业结构。目前我国媒体广告过分倚重某一个或某几个行业的广告投放，这会使媒体的广告经营容易受到这些行业波动的影响。所以改善广告行业结构是中国媒体广告经营在发展道路上必须面对的重要问题。

广告经营部门在组织结构中的重要性日益突出。目前，国内外报社最普遍采用的是老板抓总，总编辑和总经理在其领导下分别主持编辑部与经理部的组织结构。广告部门在媒介组织中的位置经历了由从属于采编部门到与采编部门并列的变迁。我国媒介组织管理体制的设计普遍采用编辑和经营“两分开”的模式，以便在确保舆论导向正确的基础上实现媒体广告经营活动的高效运行。

媒体出于扩大规模、整合资源、节约成本等动因，纷纷组建了各种形式的广告联盟，希望借此增强实力、获取利润。但由于在治理机制、利益分配机制、监督约束机制等方面存在的问题，我国传媒广告联盟大多难以持续发展。传媒业要组建真正意义上的广告联盟，并保证其合理高效运作，必须进行机制调整与改革，走区域化联盟道路，打造内容核心竞争力，并且要审慎联盟。

央视招投标活动的两个主要参与者——中央电视台与广告主（或广告主委托的广告代理公司）——参与招投标活动有不同的经济动因。对于央视来讲，招标有利于其有效配置广告资源。对于广告主来说，投标可以帮助其实现有限广告投放的最大效益。

为了更好地解决供求矛盾，央视招投标的标的物不断丰富；招标方式经历了从暗标竞争、明标拍卖到明暗标结合即“暗标入围，明标竞位”的变化。

央视广告招标也给我们带来一些思考。高昂的中标价使得央视广告招标成为了少数大企业的垄断舞台，也帮助这些企业树立了行业垄断地位。但是，广告标王并不等于市场标王，如何做好两者的角色转换，是企业需要慎重考虑的问题。

思考与操作

1. 互联网广告与传统媒体广告的主要区别有哪些？

2. 查找相关资料，考察中国传媒广告市场在整个广告市场中的地位和作用。

3. 采访身边的传媒工作者，了解他们对采编部门与广告经营部门之间关系的看法，以及他们在实践中如何处理两者的矛盾。

4. 选择一个你感兴趣的媒体，制作一份关于其广告经营状况的报告。

第五章　广告受众

【本章概要】

广告受众的概念

广告受众的分类

广告受众参与广告活动的经济动因

广告受众参与广告活动的涉入度

广告对广告受众社会福利的影响

【学习目标】

全面了解广告受众的含义、分类

把握广告受众参与广告活动的经济动因

理解广告受众参与广告活动的四种状态

分析广告对广告受众社会福利的影响

第一节　广告受众

广告既具经济属性，又具传播属性。与此相对应，广告受众亦具有多种身份。从经济属性看，广告受众既是广告信息的消费者，又是广告主所提供商品或服务的消费者，还是广告产业价值链上的一个环节。从传播角度看，广告受众既是广告活动的终点，又是广告活动的起点。前者强调广告受众是广告信息的传播"归宿"，后者则强调广告受众是广告活动中各种策略，特别是创意策略与媒体策略的起点。

在大众传播活动中，受众是信息产品的消费者。大众传播机构将传媒产品提供给受众，受众为此付出代价（金钱、注意力），实际上就是受众消费传媒产品，正是这种消费的实现使传媒机构有了进行再生产的动力。现代传媒产业最受重视的赢利模式是"二次销售"模式，即传播媒体先将内容产品卖给受众，同时获取受众的注意力，然后再将凝聚着受众注意力的广告版面或时段销售给广告主，受众对内容产品的接受度直接影响着媒体广告资源的销售，而广告资源销售收入则是市场化媒体赖以生存和发展的重要经济收入来源，从这个意义上来看，受众的重要性不言而喻。

一、广告受众

“受众”（audience）是传播学中的一个基本概念。从字面意思看，“受众”指的是接收信息的社会公众。它是个集合名词，并无单数称谓。我们可以说一位信息接受者（one receiver），但不能说一位受众（one audience）。“受众”这一称谓本身就体现出自上而下、由“点”至“面”和以“传者为中心”的大众传播的特点。

广告受众隶属于受众，专指接收广告信息的社会公众。广告活动的目的就在于将特定广告信息传递给广告受众并使其产生相应的消费行为。为达此目的，广告主、广告公司、广告媒体的众多活动都要以广告受众为起点，并重视广告受众的反馈意见（包括科学的广告受众调查手段的运用），最终还要以广告受众对于广告信息的接受度以及所采取的相应行动等来检验和确定广告传播的效果。因此广告受众在广告活动中占据重要位置。

广告受众的概念带有明显的传播学视角的特点。从经济视角看，广告受众用广告消费者（包括广告信息消费者与广告产品消费者两层含义）来表示也许更确切些，但由于广告受众更通俗易懂，因此，仍沿用此概念。

二、广告受众的两层含义

广告受众包括两层意思：一层意思是指通过媒介接触广告信息的群体，即广告的媒介受众。从媒介角度看，凡是接触了某一媒介的人几乎都因有意识或无意识地接触了刊播于该媒介上的广告而成为广告的媒介受众，媒介内容产品或服务的受众便是广告的媒介受众。

在现实生活中，大多数广告受众首先是媒介受众，他们通常不是主动地通过媒介寻求广告信息，而是在主动接受传播媒介所提供的内容产品的情况下被动地接受广告信息，媒介也是将制作好的内容产品作为诱饵来吸引受众，然后很隐蔽地将广告信息推销给受众。因此，媒介受众对传播媒介的接触习惯是影响广告传播的重要因素。当然，广告媒介受众并不是一看到广告信息就被劝服继而产生实际购买行为的。广告信息只对其中一部分受众起作用，这部分受众会转化为广告主所期待的消费者，有些受众虽然接收到了广告信息，但是他们并不会因此而付诸行动，还有些受众甚至对广告抱有强烈的反感。

广告受众的另一层意思是指广告的目标受众或广告的诉求对象，是指广告所针对的特定人群，也就是广告产品或服务的目标消费对象。这部分人与广告主实现促进销量的最终目的息息相关。

同一个体可以同时扮演多种角色，同一个人可以同时获得两种身份——广告的媒介受众与广告的目标受众。譬如当身为婴幼儿母亲的你既接触到在电视上播出的奶粉广告，同时又被奶粉生产厂商锁定为目标消费者时，你便既是广告的媒介受众，同时又是广告的目标受众。可以说，受众是多种产品与服务（包括媒介产品与服务）消费者的特点使广告的媒介受众与目标受众有可能重合。首先，社会中的个体需要购买生产厂商（广告主）所提供的各种商品满足其吃、穿、住、行等各方面的需求，因此受众是物质产品的消费者；其次，受众通过向媒介支付注意力资源和金钱获得媒介产品或服务以满足信息及娱乐方面的需要，因此受众又是媒介的消费者。同一个体的多种消费者身份使媒介受众与目标受众有可能重合。但是必须要注意到，广告的媒介受众是站在媒体立场上提出的概念，由媒介内容、定位、所在地理位置等决定，而广告的目标受众是站在广告主立场上提出的概念，由广告商品或服务的价格、质量、性能等决定，两者决定因素的不同导致广告的媒介受众与目标受众并不必然完全重合。

媒介在出售广告资源时是将自己所有的受众注意力资源一并出售而不是将受众注意力资源按照某种逻辑划分为许多部分然后再一部分一部分地出售，主要原因在于媒介，特别是大众传播媒介，很难精确界定某一广告时段接触广告受众的构成，很难确定广告信息对于那些非广告目标受众是否真的完全无效。在此前提下，媒介最符合逻辑的做法便是将所触达的受众都算作对广告主有价值的目标受众，让每一个媒介受众的注意力资源都有价值，并将他们整体“出售”来获得最大利润。特别是在媒体对广告主的竞争不那么激烈的情况下，媒体没有足够的压力与激励站在广告主利益立场上考虑只出售广告主所希望的目标受众的注意力资源。正如我们所看到的那样，广告主在购买媒介受众注意力资源的时候不得不按媒介受众的人数来支付成本。譬如千人成本，即 CPM 指的是某媒体广告到达 1000 人所需要的费用。其计算公式可表示为：

$$千人成本=\frac{单位广告费用}{广告到达人数}\times 1000$$

或表示为：

$$千人成本=\frac{A\ 节目广告单价}{总人口\times 电视普及率\times A\ 节目收视率}\times 1000$$

千人成本中的到达人数是指到达所有自然人的总数，而非某广告主目标消费者的总数。比较 1999 年美国和 2001 年中国媒介千人成本可以看出，媒介千人成本因媒介类型、媒体竞争力、媒体所在地域的不同而表现出差异。具体来说，从媒介类型来看，电视千人成本最高，接下来是报纸、电台，户外千人成本最低。从媒体竞争力来看，在同一媒体市场内，媒体的竞争力和媒体的千人成本呈正相关，即竞争力越强的媒体的千人成本越高。就媒体所在地域的不同而言，媒体所在地区市场发育度越高、经济水平越高，其千人成本也就越高（见表 5-1）。

表 5－1 各类媒介的千人成本

媒介	美国（美元/千人）	中国（元/千人）
电视	20	21
报纸	10	13
杂志	9	21
电台	5	4
户外	2	2

注：①美国主要媒体相对千人成本数据来自美国《财富》杂志 1999 年第 3 期。②中国主要媒体相对千人成本数据来自 2001 年 MPI 全国统计均值。

可以看出，广告成本表达公式都是以媒介受众的数量作为测定标准的。但是广告主并不愿意这样，他们希望购买的是自己产品或服务的目标消费者（包括现实消费者和潜在消费者）。可是，媒介并不无偿向广告主提供非目标消费者的那部分受众的注意力资源，无论媒介受众是否是广告主认为的目标消费者，媒介都会同样出售。这就意味着，广告主对广告目标受众与非广告目标受众都支付了货币。从理论上看，广告主为媒介受众中属于广告目标受众的那部分受众支付的广告费用可以产生较好的广告效果，而广告主为媒介受众中不属于广告目标受众的那部分受众所支付的广告费用则难以产生理想的广告效果。

媒体出售的是广告的媒介受众，而非广告目标受众。这种情况促使广告主在购买广告资源时要比较媒介受众与广告目标受众两个群体的差异，然后选择媒介受众与自己广告目标受众重合度尽可能高的媒介或媒介组合。

三、广告媒介受众

1. 广告媒介受众的分类

从媒介类别角度看，广告媒介受众包括广播广告受众、电视广告受众、报纸广告受众、杂志广告受众、网络广告受众、手机广告受众、户外广告受众等。

按照媒介类别做出的受众分类很容易理解，就是物理属性不同的媒介自身所拥有的受众。现实中，某种媒介内容产品的受众常被认为等价于这种媒介广告的受众，因为受众在接触内容产品时常会有意无意地接触到该媒介的广告信息。也就是说，广播节目的受众就是广播广告受众，电视节目的受众就是电视广告受众，依此类推。

从媒介调查的角度看，广告媒介受众可以分为预估受众、实测受众和实际受众，他们可以说是广告媒介受众的三个分身。预估受众指媒介从业者凭经验与直觉及粗疏的评估而预期的受众；实测受众指媒介经营者自己或委托专业调查机构遵照科学的调查研究程序测量出来的受众；实际受众指真正消费媒介产品或服务的受众。这三类受众既有交叉又有不一致的地方。譬如由于调查中存在的统计误差及被调查者不积极主动地配合调查而使实测受众与实际受众之间存在差异。一般来说，辨识预估受众的成本最低，辨识实际受众的成本最高，辨识实测受众的成本介于两者之间。

2. 中国广告媒介受众简况——以京沪为例

前面我们说过某媒介内容产品的受众也可理解为该媒介的广告受众。那么，我们可以借助中国人民大学舆论研究所 2002 年 10 月和 2003 年 1 月分别在北京和上海两地所做的受众调查数据简单勾勒京、沪各类广告媒介受众的大致轮廓。

（1）报纸广告受众

在北京与上海 14 ~ 70 岁非文盲的城市居民中，每天实际阅报的读者分别占居民总数的 62.3% 和 67.6%，读者规模分别达到 534.6 万人和 561 万人，每位读者每天花在读报上的时间分别约为 56 分钟和 63 分钟。就人们接触报纸的时段特点而言，阅报的第一黄金时段为 18:00 ~ 22:00 时。约 10.9% 的北京人是在早晨 8 点以前阅读报纸，而上海人早晨 8 点前读报的比例只有 4.7%。相当多的北京人和上海人都仍然保持着晚上下班回家后阅读报纸的习惯，高达 40% 的北京人和 44.1% 的上海人在 18:00 以后阅读报纸（见表 5 - 2）。

表 5 - 2　京沪报纸读者情况

地区	每日接触率（%）	受众规模（万人）	日均接触时长（分钟）	第一黄金时段（时）
北京	62.3	534.6	56	18:00 ~ 22:00
上海	67.6	561	63	18:00 ~ 22:00

在北京地区，报纸的“重量级消费”为 30 多岁、月均收入 1391.07 元的白领、蓝领和离退休人员等。在上海地区，报纸的“重量级消费者”为 40 多岁，月均收入 1162.0 元的离退休人员、白领、蓝领等。

（2）杂志广告受众

在北京与上海 14 ~ 70 岁非文盲的城市居民中，每天实际阅读杂志的读者分别占居民总数的 39.0% 和 32.8%，读者规模分别达到 334.4 万人和 272.6 万人，每位读者每天花在读杂志上的时间分别约为 48 分钟和 46 分钟。北京人倾向于晚上读杂志，37.8% 的人选择在 18:00 ~ 22:00 时读杂志；而上海人则倾向于下午读杂志，30.8% 的人选择在 13:00 ~ 18:00 时读杂志（见表 5 - 3）。

表 5 - 3　京沪杂志读者情况

地区	每日接触率（%）	受众规模（万人）	日均接触时长（分钟）	第一黄金时段（时）
北京	39.0	334.4	48	18:00 ~ 22:00
上海	32.8	272.6	46	13:00 ~ 18:00

（3）广播广告受众

在北京与上海14~70岁非文盲的城市居民中，每天收听广播的听众分别占居民总数的32.1%和37.9%，听众规模分别达到275.6万人和314.6万人，每位听众每天花在听广播上的时间分别约为55.5分钟和59.3分钟。由于听众可以在繁忙的早间时段将广播作为"伴随品"消费，所以收听广播的第一黄金时段是8:00时以前（见表5-4）。

表5-4　京沪广播听众情况

地区	每日接触率（%）	受众规模（万人）	日均接触时长（分钟）	第一黄金时段（时）
北京	32.1	275.6	55.5	8:00前
上海	37.9	314.6	59.3	8:00前

（4）电视广告受众

北京与上海14~70岁非文盲的城市居民中，每天实际看电视的观众分别占居民总数的89.5%和91.5%，观众规模分别达到767.7万人和759.5万人，超过其他媒介类别消费者的规模。京、沪两地每位电视观众看电视的日平均时长为126.9分钟和137.2分钟，虽远超过花在其他媒介上的时间，但电视观众花在每个电视频道的平均时间并不长。以北京为例，观众观看每个频道（共43个频道）的时间仅为2.95分钟。京、沪两地观众看电视的时段都非常集中于晚间18:00~22:00时，近3/4的北京人和近4/5的上海人选择此时看电视。而在其他时段，北京人看电视的集中度则相对较低，其中早间和上午看电视的人数比例最少（大约在3%~5%之间），中午、下午和深夜10点以后看电视的人数比例则相对多一点，分别有7.2%、6.1%和6.8%的北京人会在这些时段看电视。与此相比，上海人没有早间看电视的习惯，仅1.2%的人会在早间看电视；而在其他时段，上海人看电视的人数比例随着时间推移逐渐提升（见表5-5）。

表5-5　京沪电视观众情况

地区	每日接触率（%）	受众规模（万人）	日均接触时长（分钟）	第一黄金时段（时）
北京	89.5	767.7	126.9	18:00~22:00
上海	91.5	759.5	137.2	18:00~22:00

（5）网络广告受众

在北京与上海14~70岁非文盲的城市居民中，每天上网的人数分别占居民总数的30.10%和25.60%，上网者规模分别达到258.6万人和178.1万人。每位网民每天花在上网的时间分别为84.8分钟和90.1分钟。北京人上网主要集中在晚上和深夜（分别占43.5%和29.4%），两者合计为72.9%。上海人也集中在晚上和深夜上网（分别占42.4%和23.1%），两者合计65.5%（见表5-6）。

表5-6　京沪网络用户情况

地区	每日接触率（%）	受众规模（万人）	日均接触时长（分钟）	第一黄金时段
北京	30.10	258.6	84.8	晚上与深夜
上海	25.60	178.1	90.1	晚上与深夜

不到1/3的人每天上网约一个半小时只是京、沪大城市的情况。全国情况则不同于此。DCCI互联网数据中心将中国互联网有效受众（China Internet Valid Audience）定义为每周至少使用互联网一次的6周岁及以上中国公民。DCCI 2008年上半年调查数据显示：2008年上半年中国互联网有效受众规模达2.21亿人，比2007年全年的1.82亿人增长21.4%，预计2008年全年中国互联网有效受众规模将达2.63亿人。

四、广告目标受众

1. 广告目标受众的分类：一般目标受众与核心目标受众

广告目标受众的分类对广告主具有重要意义。从广告主角度看，广告目标受众可分为一般目标受众、核心目标受众。一般目标受众指所有广告主产品或服务的现实购买者和潜在购买者。广告主为了集中传播力量使其广告传播更加有效，通常会在一般目标受众里再按照受众的重要性划分出一个重要性较强的受众群，我们将其称为核心目标受众。核心目标受众主要由广告主所提供产品或服务的最主要使用者、最有可能成为其消费者的受众以及意见领袖构成的。广告主确定的一般目标受众的范围越大，就越有必要进一步确定其核心目标受众。这种有意识的区别对于广告主广告策略的选择与广告的投放效果有重要意义。

2. 广告目标受众的确定

广告目标受众即广告主希望广告信息到达的人群，由某种收入阶层、教育程度、职业、年龄段、性别或社会阶层的人群组成。广告目标受众不一定就是该产品的目标市场，目标受众包括潜在消费者，其人数一般会比实际消费者多。广告目标受众的确定要从产品服务的功能、价格、市场和实际情况等方面综合考量。具体来说，有下述四个步骤：首先是广告目标消费者的界定。根据对产品的价格、功能和已有消费者信息的分析，确定消费者的大致范围，然后根据本次广告营销的战略规划、市场环境和具体可操作性等因素，选择其中的一个或若干个细分市场作为本次营销首要进入和占领的目标市场。其次是对目标消费者消费心理的考察。从消费者的社会心理和个人心理两个方面对目标消费者进行分析，找出区别于其他群体的独特的社会和个人消费心理特征。再次是目标消费者消费方式特点的考察。研究目标消费者对该广告产品的习惯消费方式，找出不同于其他群体消费该广告产品时的消费方式特点或消费其他不同于该广告商品的品类时的特点。最后是广告的目标受众的确定。根据上述分析，结合企业的营销战略、广告目标、广告战略的基本要求，选定本次广告传播活动要针对的目标对象。

在确定广告目标受众的时候，既可以进行定量分析，又可以进行定性分析。对广告目标受众的定量分析是根据社会职业类别标准、人口统计学标准、地理标准等来确定广告目标受众，这些标准能够让我们获取构成目标受众的准确人数。对广告目标受众的定性分析是根据广告主对消费者期待的描述，并运用能够解释消费者态度与行为的标准（比如兴趣中心、关注度、生活方式等）来确定广告目标受众。

实例①：

达能公司新推出的达纳普（Dan'up）饮用型酸奶的目标受众是：

1. 定量目标受众：

——50岁以下的家庭妇女。

——家里有孩子。

——收入等级：A，B，C。

——15~24岁的男性和女性。

2. 定性目标受众：

寻找一种能够让他们恢复活力的营养产品的消费者。

认为饮用达纳普酸奶代表着一种明智、有趣且时尚的消费方式的消费者；这种酸奶可以随时随地饮用，令人充满活力。

少年儿童，尤其是那些深受“对着瓶嘴饮用”方式诱惑的少年儿童。

3. 核心目标受众：

15~24岁的年轻人。

广告主在为其固定的产品投放广告时，会依据对产品目标消费者的洞察，在综合考虑媒体影响力、成本、广告效果等因素的基础上，选择最符合自己的产品推广策略的广告媒体投放方式。

要使广告目标受众的确定不出现偏差，首先，要注意锁定的广告目标受众必须是明确的，对他们可以从性别、年龄、职业、文化程度、收入水平、消费心理、消费方式、媒介接触、广告心理等方面来进行描述。如果不能够实现这一要求，对广告目标受众的认知就不那么明晰，那么接下来的广告策划就无法有效进

---

① ［法］雅克·郎德维、阿尔诺·德·贝纳斯特著，蓁玉宁译：《广告金典》，中国人民大学出版社，2006年12月第1版，第157页。

行，即使勉强为之，也很难达到预期的效果。其次，当广告目标消费者的范围大时，广告目标受众就不应当限定在人数过少的对目标消费者最有影响力的人群上，而应该把整个目标消费者群体甚至一般理论上的消费者都作为广告的目标受众。再次，还要注意广告目标受众是广告信息借助媒体能够覆盖到的人群，并且这种覆盖还应该是经济的、可行的。如果现实的条件使广告传播无法接触到锁定的广告目标受众或者是覆盖的成本过高，那么锁定这样的广告目标受众本身就是不恰当的。

［**参考资料**］

让年轻的妈妈不再衰老①

案例名称：《2006年美加净修护系列主题推广全案》

案例作者：上海同盟广告有限公司

在大众护肤品领域，抗衰老市场是一个新兴的类别，并逐步呈现上升的趋势。大众抗衰老产品价格走势波动不大，自2003年以来走势平稳并有上扬趋势。预计到2009年抗衰老产品消费额在护肤品消费总额中的比重将达到28.5%。大众护肤品领域的抗衰老市场尚未成熟，竞争格局不明晰，多是外资品牌占领市场，小品牌云集。美加净排名前六位，在抗衰老市场尚有延伸的潜力。正在兴起的抗衰老市场，可以让美加净避开在大众低端市场中竞争激烈的基础功能市场，另辟新天地。上海同盟广告有限公司对这个广告运动的背景如此分析。

同时，确认了本次广告运动的具体目标：以多效修护系列提升美加净品牌形象，完成美加净品牌核心价值资产的塑造。拉近品牌与消费者的距离，提升品牌好感度。依靠新兴的抗衰老产品，帮助美加净寻找品牌活力点，实现品牌更新。

目标受众主要是：城市30～35岁有孩子的母亲，她们的教育程度不高，集中在中等教育程度，家庭收入中低等。这些母亲在有了孩子以后，闲暇的时间少了，更为务实，更注意控制消费的支出，生活知足，爱家庭和孩子胜过爱自己，但关爱自己不够。随着年龄的增长，岁月的痕迹渐渐开始在她们的身上出现，但由于价格、习惯等原因，目前她们没有开始使用抗衰老的产品，对抗衰老产品的认识有限。她们大部分是中低价位基础功能面霜的使用者（丁家宜、佳雪、大宝、隆力奇、小护士等）。同时，现有美加净面霜的使用人群也是同盟确定的目标对象。

上海同盟广告有限公司通过对低价面霜使用者、抗衰老面霜使用者及现有美加净产品使用者的市场调查，发现她们对抗衰老面霜产品的功能需求，并了解她们的生活状态，特别是有了孩子后生活方式的变化（对自己的关注减少、产品要

① 《现代广告》编辑部：《案例中国》，《现代广告》，2007年总第146期，第25页。

求价廉物美、注重与周围人融洽的人际关系、对美的看法有所改变、认为自己的美是内在的美、温柔大方、心地善良、宽容和善解人意的心态)。而广告期望鼓励有孩女性追求功能与情感的双重利益。

颠覆一般护肤品广告“实用产品前后对比”的套路。直接表现长期使用后肌肤年轻带来的实际效果，破天荒地将孩子引入广告，用充满亲情的故事从侧面表现产品的功能。广告对母子亲情的塑造，拉近了广告、品牌、产品与广告受众、消费者的距离。这个广告运动最终产生了良好的实效，使美加净修护系列产品的销售得到了有效的提升、品牌形象产生了较大的转变。

第二节　广告受众参与广告活动的经济动因

受众、媒介和广告主一起构成一个三角关系：受众接受媒介提供的产品或服务，同时付出自己的注意力（和少量资费）。媒介将凝聚着受众注意力的广告版面或时段卖给广告主，同时收取广告主的媒体购买费。受众同时又是广告主的潜在消费者或实际消费者，广告主通过将自己的商品或服务卖给消费者受众而赢利。本节要关注的核心问题是广告受众参与广告活动的经济动因。

广告的确会让消费者受众付出些代价，譬如承担被计入生产成本的广告成本；承担观看广告所付出的机会成本等。尽管要付出这些代价，广告受众为何还会参与广告活动呢？答案只有一个，消费者受众在为广告付出代价的同时还直接或间接地获得了一些收益，正是因为参与广告活动所带来的收益大于成本，所以对于消费者受众而言参与广告活动是可接受的，这便是广告受众参与广告活动的根本经济动因。我们在此重点分析广告受众参与广告活动的收益。

一、可以免费或以较低的代价获得媒体服务

一般而言，大多数受众看报纸、杂志；收视收听电视台或电台节目或上网的目的主要是为了满足自身的信息安全、学习知识、娱乐等需求，并不是为了看广告。但媒介所提供的非广告信息犹如鱼钩上的鱼饵，而广告则犹如鱼饵内深藏的钩子，在多数情况下，受众要无偿或低价值地吞食鱼饵就不得不将鱼钩一起吞下。

夹杂在媒介产品中的广告信息在一定程度上会干扰受众观看媒介上非广告信息的连贯性，即便如此，受众仍不抛弃刊播广告信息的媒介，主要原因就在于虽要忍受广告信息的干扰，却可低价或免费接收媒介所提供的信息产品或服务。在如何获得信息产品或服务这个问题上，主要存在三种组合方式：第一，可以免受广告信息的干扰，但要付较高的订阅费；第二，虽要受广告信息的干扰，却可免费或低价获得信息产品或服务；第三，既可免受广告信息的干扰，又可免费获得

信息产品或服务①。第三种组合对受众而言最为理想，但却无法达成，因为媒体运营必须有充足而又有保障的资金来源（公营媒体要收取执照费，不能算作免费）。在此情况下，不妨权衡一下受众选择第一种组合与第二种组合的利弊。

订阅付费频道可以作为第一种组合的代表。它不插播广告，可让受众免受广告信息的骚扰，只不过订户要为所观看的电视节目买单，并且这笔费用对于一般用户（尤其是已习惯了免费观看电视节目的用户）来讲并不是一项小开支（见表5－7）。

表5－7　北京有线电视节目（套餐）资费②

单选频道（33套）	鼎视多节目包（16套）	四海钓鱼　动感音乐　环球旅游　车迷频道　新娱乐　碟市　智趣　时代出行　时代风尚　时代家居　时代美食　家庭健康　收藏天下　宠物汇　职业指南　家庭理财	32元/月·台
	鼎视风尚包（8套）	四海钓鱼　碟市　动感音乐　车迷频道　新娱乐　智趣　时代出行　时代风尚	18元/月·台
	鼎视家和包（8套）	家庭健康　收藏天下　环球旅游　宠物汇　时代家居　时代美食　职业指南　家庭理财	18元/月·台
	央视风云包（7套）	电视指南　风云剧场　风云音乐　风云足球　怀旧剧场　央视精品　世界地理	32元/月·台
	上海文广包（7套）	劲爆体育　游戏风云　动漫秀场　极速汽车　法制天地　欢笑剧场　金色频道	21元/月·台
	华诚节目包（2套）	CHC动作电影　新动漫	18元/月·台
		证券资讯	120元/月·台
		亲亲宝贝	20元/月·台
		考试在线	18元/月·台
		弈坛春秋	10元/月·台
		收藏天下	12元/月·台
		电子体育	18元/月·台
		高尔夫	600元/6个月·台 1100元/12个月·台

① 《现代广告》编辑部：《案例中国》，《现代广告》，2007年总第146期，第25页。

② 北京歌华有线电视网络股份有限公司：《新北京数字电视》，http：//www.beijingdtv.com.cn/channel_ pay.jsp。

续表

单选频道（33套）	高尔夫网球	100元/月·台
	欧洲足球	388元/半年·台 588元/年·台
	都市剧场	15元/月·台
	家庭影院	20元/月·台
	老故事	36元/月·台
	北京气象	8元/月·台
	第一剧场	36元/月·台
	国防军事	20元/月·台
	女性时尚	15元/月·台
	发现之旅	12元/月·台
	财富天下	10元/月·台
	现代女性	10元/月·台
	环球奇观	12元/月·台
	彩民在线	8元/月·台
	摄影	10元/月·台
	英语辅导	10元/月·台
	早期教育	6元/月·台
	靓妆	8元/月·台
	留学世界	10元/月·台
	汽摩	5元/月·台
	天元围棋	12元/月·台
	游戏竞技	8元/月·台
	孕育指南	8元/月·台
	梨园	12元/月·台
	先锋纪录	10元/月·台
	DV生活	8元/月·台
高清频道（4套）	新视觉	80元/月·台
	CHC高清电影	120元/月·台
	CCTV高清综合	试播
	BTV奥运高清	试播

注：凡交纳18元/月有线电视收看维护费的用户可以看到基本包、数字音频广播和应用服务。除《欧洲足球》、《高尔夫》频道需付费订购，其余付费数字频道目前暂不收费。

观看刊播广告的电视频道显然属于第二种组合。收看刊播广告的电视频道的节目不要求受众直接支付货币，只要求受众在观看电视节目时顺带关注一下所刊播的广告就行了。一般来讲，在这一交易中，观众需要为收视媒介内容产品支出的是自己的注意力和时间而不是实实在在的货币。相对于支付实实在在的货币来说，一般受众更愿意支付自己的注意力和时间。因为普通受众难以将自己使用媒体的注意力和某些闲暇时间直接转化为货币，媒体却可以将受众的注意力、时间资源转化为广告资源加以出售，赚取实实在在的货币，然后利用赚得的利润制作能满足受众部分需求的媒介内容产品，然后免费提供给受众。当然这并不是说媒体是热心肠的，因为媒体这样做的目的并不是帮助受众将注意力、时间资源转化为其他可以给受众带来效用的形式，而是为了实现自身的赢利、获取利润最大化。

观众的支出还可以理解为观看广告所造成的机会成本。一般来说，人们常常将电视作为生活中的补白，常在无事可做或打算休息一下时才会将时间花在看电视上，因此，观看电视广告所造成的机会成本通常不会很高。一个人不可能会为看电视而放弃谈判成一笔价值1万元的生意。不独此，观看电视者常不易觉察到机会成本这种隐性成本的存在。当想到从口袋中将钱掏出来的痛苦时，广告的骚扰又算得了什么呢？况且受众还可以借助遥控器及广告播放时做别的事情来降低广告的骚扰。

阅读非免费的报纸亦属于第二种组合。阅读非免费的报纸与收看免费电视的不同之处在于阅读报纸除支付机会成本外，还需支付少量订阅费。但是，我们要看到，处于市场竞争状态的报纸有降低价格的激励。媒介的内容产品属于信息产品，一般的媒介产品是替代性较强的产品，也就是说受众对于媒体的选择性较强，一个媒体的产品价格上涨会提高被受众抛弃的几率。为获得竞争优势，媒体会在可能的情况下尽量降低自己媒介内容产品的价格，这样才能增大被受众选择的机会，以便更好地销售自己的广告资源。同一媒体的内容产品和广告产品之间存在互补性，即媒体的内容产品如果得到理想的销售效果，那么其广告产品便炙手可热起来，前者的销售会直接带动后者的销售。

“两利相权取其重，两弊相权取其轻”，虽然阅读或收视（听）刊播广告的媒介并不是最优选择，但却是尚可接受的。现实也正如我们看到的那样，大量受众还是很乐意为获得低价或免费的内容产品而付出自己的注意力和时间。对于一般受众来说，观看广告并不是一件费力的事，而且随着广告业的发展，广告的可观赏性也越来越高，看几个广告就能看到好看的电视节目、买到便宜的报纸、收听喜欢的广播、在网上尽情冲浪，实在是不错的选择。

二、降低选择之不确定性，节约搜寻成本

许多情况都具有信息不对称的特点。生产者和销售者对广告产品或服务的质

量比消费者知道的要多；雇员对他们自己的工作能力比他们的雇主要清楚得多；而职业经理们对于企业的成本、收益、优势、劣势比企业的所有者知道的要多。信息不对称有可能导致资源无法得到有效配置。

消费者在采取购买行动前需要搜寻的信息包括能从市场中得到什么产品、这些产品的特性、谁卖这些产品、什么地方能找到商人、价格是多少、谁值得信赖等。但是消费者的生活范围、信息渠道有限，人们只要想获得对自己有用的信息就需要花费搜寻成本。搜寻成本由两部分组成：一是搜寻的机会成本。任何搜寻行为，比如搜寻产品广告、市场价格、质量性能、售后服务，都是需要搜寻主体花费一定的时间，这些时间若被用于搜寻活动，则不能用于其他活动，由此便产生搜寻的机会成本。二是搜寻行为的现实成本，包括搜寻主体在搜寻过程中要支付的交通费、通信费、误工费、鞋底磨损费等实际支出费用。在降低搜寻成本的方面，广告是一种很好的中介手段，广告受众可以通过参与广告活动获取大量自己所需的信息来节约这些搜寻成本。

从理论上看，广告受众在搜寻广告信息的过程中，其收益和成本是不断变化着的。一方面，一般来说，搜寻边际成本是递增的原因在于：第一，如果广告受众想要进行粗略的市场搜寻，只需用一小部分闲暇时间来搜寻广告信息，这时他所负担的机会成本很低，但是如果广告受众想要进一步仔细搜寻，那么他就需要花更多的时间和精力来进行搜寻活动，这很有可能会占用他的工作时间，影响他的工作，由此便需负担较高的机会成本，也就是说广告受众搜寻广告信息所花费的单位搜寻时间成本是递增的。第二，广告受众搜寻活动的空间范围是需要随着搜寻活动的深入而不断增大的，广告受众最先可以在家看电视来收看广告信息，但是电视中播放的广告是有限的，是无法覆盖自己所需要的全部广告信息的，这时广告受众的搜寻行为就会向附近地区或中心商业区扩展，有时甚至需要在分散、偏僻的地方进行搜寻活动，如此一来，广告受众单位搜寻活动的实际支出费用呈递增之势。

另一方面，搜寻边际收益呈先递增后递减之势。一般来说，受众最先搜寻到的广告信息常能较大程度地降低其选择的不确定性，所以，广告受众最初从单位搜寻活动中所得收益是递增的。可是，当广告受众搜寻的广告信息已经足以帮其做出有效决策时，如果广告受众还要继续进行搜寻，那他从单位搜寻活动中所得的收益便可能出现递减。因此，追求完全信息是不经济的，那么广告受众做出怎样的搜寻决策才是明智的呢？请看图 5－1。MR 指搜寻的边际收益，即广告受众每增加一个单位的广告搜寻活动（量）所能带给自己的收益，MC 指搜寻的边际成本，即广告受众每增加一个单位的广告搜寻活动（量）所需要花费的成本，这一成本既包含由搜寻活动发生直接费用、间接费用，也包含进行搜寻活动需要付出的机会成本。T 表示广告受众由于进行搜寻活动所花费的时间。广告受众借助于广告搜寻实现利益最大化的目标取决于搜寻的成本与收益的比较。广告受众的最佳搜寻实现的非对称信息程度由搜寻的边际收益与边际成本相等决定，即由MR = MC 决定。正如前面所讲的，随着搜寻时间的增加，搜寻边际成本是递增的，搜寻边际收益在 A 点之前是递增的，自 A 点开始递减。在 A 点的左侧，MR > MC，即搜寻边际收益大于搜寻边际成本，搜寻活动对于广告受众的效用是正的，因此广告受众应该继续进行广告信息的搜寻。但是在 A 点的右侧，MC > MR，即搜寻边际成本大于搜寻边际收益，这时搜寻活动带给广告受众的是负效用，因此广告受众应该终止搜寻行为。可以说 A 点是广告受众搜寻行为的临界点。

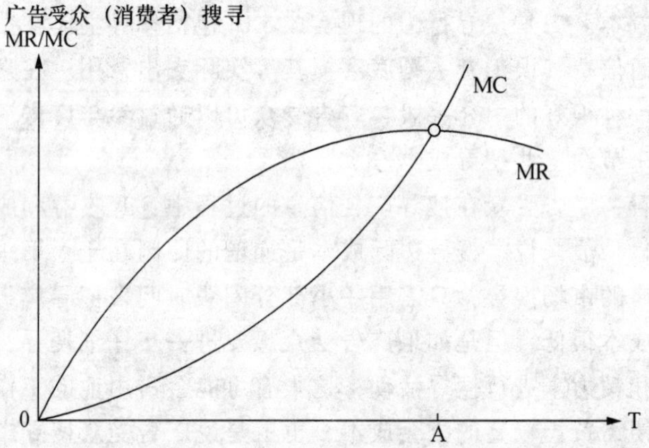

图 5－1　广告受众广告搜寻活动收益最大化的确定①

三、增加消费者剩余

消费者剩余即消费者为购买一种商品愿意支付货币量减去他实际支付量的节余部分。比如，小王想买一台液晶电视机，打算为此支付 10000 元，但最终购买的液晶电视的价格是 8000 元，10000 － 8000 = 2000，这 2000 元就是消费者剩余。

广告会或多或少地传递给广告受众有价值的商品信息，使作为消费者的广告受众对商品市场更加了解，商品的选择余地就会增加。对于消费者而言，市场上商品的质量、功效、价格是已经确定的了，在自己的可支配收入既定的情况下，消费者是偏好同类商品中质量更好、价格更低廉的商品的。虽然市场中供求双方的信息是不对称的，但是信息型广告提供给消费者相关的信息，增加了消费者的购买选择余地，使消费者在有意识或无意识的情况下增加了消费者剩余。因此，信息型广告对于消费者来说是能够提高消费者剩余的。

① 刘宝宏：《信息不对称条件下的消费者行为》，《商业经济与管理》，2001 年第 7 期，第 19 页。

比如，你去逛商场，发现某品牌有一款特别适合自己的女鞋，售价 220 元，实际上即使是 250 元，你也愿意购买。如果当时买下这双鞋子，你可以得到 30 元的消费者剩余。但是当时没有适合你的鞋号，服务员建议两天后你再来购买。你觉得很遗憾，还要回家再等两天。当天晚上你便上网查看有关那款鞋子的信息，发现一条商场促销广告，自己常去的另一家商场庆祝成立 10 周年搞促销活动，全场满 200 元减 60 元现金。第二天你到那家商场发现同样的鞋子原售价亦是 220 元，但由于正处促销期间，所以你实际只需支付 160 元。如此一来，及时获得一条广告信息使你的消费者剩余由 30 元增至 90 元。

第三节　广告受众参与广告活动的涉入度

广告受众参与广告活动的涉入度指的是广告受众对广告活动的参与程度。广告受众参与广告活动的涉入度可从心理涉入和生理涉入两个方面来衡量。心理涉入度指的是被纳入某广告活动时广告受众乐于参与其中的程度。如果受众在参与广告活动时，心不甘情不愿，很是抗拒，则心理涉入度低；如果受众参与广告活动时，很乐意参与其中，则心理涉入度高；生理涉入度指的是广告受众参与某广告活动时将自己的眼睛、耳朵甚至嘴巴投入其中的程度。如果受众不仅听、看广告信息，而且还传播广告信息，则其生理涉入度高；如果只是在做其他事情时不经意地“掠”过广告信息，则生理涉入度低。一般而言，受众参与广告活动的涉入度越高，广告信息的传播效果愈好。当然，广告信息的传播效果好只是意味着广告信息容易被广告受众接触并记住，并不意味着一定能达到促销目的。不过，一般而言，广告活动希望吸引高心理涉入度和高生理涉入度的受众。

需要注意的是，广告受众的心理涉入度与生理涉入度并非完全同步。在某些情况下，广告受众参与广告活动的心理涉入度虽低，但生理涉入度却可能较高。譬如受众在接触电影院放映前所播放广告时的心理涉入度可能很低，但由于视觉与听觉所受到的干扰相对较少，因此其生理涉入度可能较高。黄金时段播放的某些恶俗广告的受众亦如此。

一、广告受众参与广告活动的四种状态

在受众能清楚地判断何为广告信息、何为非广告信息的前提下，涉入度是描述广告受众参与广告活动状态的主要指标。按照参与广告活动的涉入度的不同，广告受众可以大略地被分为被迫参与、一般参与、主动参与和参与并传播四种类型。从心理涉入度看，被迫参与型、一般参与型、主动参与型、参与并传播型受众的广告涉入度逐渐增高。从生理涉入度看，一般参与型受众的广告涉入度最低，参与并传播型受

众的广告涉入度最高，被迫参与和主动参与型受众的广告涉入度亦较高。

1. 被迫参与

被迫参与指受众本不愿接触某广告信息，但为了看/听广告信息前后的新闻/娱乐等内容而不得不成为广告活动中的一个环节，此时受众往往对广告心存抵触。受众的典型心态是："烦死了，怎么就没完没了了呢!"受众在被迫参与广告活动时对广告的心理涉入度较低，他们在心里对广告是抗拒的、不喜欢的。广告受众的心理涉入度又会影响其生理涉入度。一般来说，广告受众较高的心理涉入度会带动其生理涉入度的提高，比如，你很喜欢某则广告信息，那么你在这则广告信息播出时会看得更投入些。广告受众较低的心理涉入度会降低其生理涉入度，你不喜欢某则广告信息，那么你很可能会趁这则广告信息播出时快速搜寻一下别的频道或是去干点其他事。

生活中，受众被迫参与广告的情况时有发生。譬如，在电影院，电影正式播放之前会有几个贴片广告，这时大家基本已入座，灯光也暗了下来，虽然对这几条广告信息心存抵触，但又不得不老老实实地坐在座位上，等着广告片放完。再如，当观众正在津津有味地看电视综艺节目时，主持人偏偏在最令人紧张的淘汰环节公布名单的时候说"究竟结果如何呢？广告之后马上为您揭晓答案!"，虽然观众此时可选择起身离开，但不希望错过答案公布那一刻的"忠实"观众还是会被迫将一些时间花在广告片上。再有，当一条乏味的广告片连续反复播放折磨着观众的耐心时，或者是某广告片（如痔疮广告片）在不适宜的时间（如晚饭时）蛮横地出现时，受众虽心生厌恶，但又不得不被纳为广告活动的一个环节，受众的这种状态便为被迫参与。

2. 一般参与

一般参与指受众在意识得到或意识不到的情况下参与广告活动，但对广告信息无明显厌烦抵触情绪。在大部分情况下，受众皆属此种状态。一般参与广告活动受众的典型心态是："你播/刊你的（广告），我看我的（新闻/节目等）。"

广告受众一般参与广告活动的心理涉入度要高于被迫参与时的心理涉入度，因为一般参与状态下的广告受众对广告信息无明显抵触情绪，有的甚至是自愿参与广告活动的，因此在参与的心理涉入深度上有所增加。

在我们的生活中，一般参与的状态经常发生。当参与广告活动的受众对广告信息无明显的厌烦抵触情绪时，受众便属一般参与状态。

广告受众在一般参与广告时，往往受到以下几个因素的影响：广告受众的具体心情以及所处的具体环境、广告信息的内容与广告受众的相关性以及广告信息的播出时间及方式。

（1）广告受众的具体心情以及受传的具体环境

广告受众的心情直接影响其对于广告传播活动的参与程度。当广告受众处在一个心情愉悦、放松的状态时比较愿意接受广告信息，而处在烦躁、紧张时则容易反感、排斥广告信息。受众在空闲、无聊的时间比较不容易排斥广告，会增加自己参与广告信息的广度与深度，也就是会增加广告信息的接触量，并且会较认真地阅读广告信息。比如，受众在等车的时候不但会较往常更加认真地阅读报纸，而且还会在时间充裕的情况下更加认真地阅读报纸上的广告信息。

（2）广告信息的内容与广告受众的相关性

广告信息的内容如果使广告受众感兴趣，如果与广告受众的个人消费行为息息相关便不容易遭到广告受众的排斥。相反，如果广告信息的内容并不是广告受众所感兴趣的，而且也与广告受众的个人消费行为没有多大相关性，那么广告受众就不愿意过多参与这类广告。

（3）广告信息的制作水平及播出的时间方式

广告的制作水平是决定广告好不好看的直接因素，充满创意、制作精美的广告能减少受众对其的负面态度，甚至是吸引受众产生再看一遍的欲望。广告的播出时间也比较重要，高频度地播放广告固然对于受众记忆广告起很大作用，但是广告受众在这种集中轰炸下很容易产生疲劳，厌烦的情绪也随之而来。广告的播放时间还要考虑受众接受广告信息时的具体情况，如，治疗痔疮、脚气、腹泻等内容的广告最好不要在受众吃饭的时间段播出，以免加剧受众对这类广告的厌烦程度。

3. 主动参与

主动参与指消费者由于需要广告提供相关产品的信息以帮助其实现购买决策而主动查找、观看、阅读相关产品广告信息。引起消费者主动参与广告的产品通常是耐用性产品，比如住房、汽车、家电、家具等。选择这类产品时，消费者往往是比较慎重的，而不是看一两次广告就可以决定买某个品牌的产品的。

导致受众主动参与广告的行为主要有以下四个动因：

（1）降低信息不对称带来的风险

现实市场中，买方和卖方存在信息不对称，因此受众在购买商品时，一旦决策失误将导致对于自己来说比较大的损失。广告信息中常常包含广告受众想要购买的商品的信息，包括厂商的信誉、产品的功效、质量、特点等，还包括同质商品、相关替代品的信息，这使得广告受众可以根据广告信息在质量相对有保证、性价比相对较高的广告产品中选择购买。

（2）增加自己的信息占有量

在大学生即将毕业的时候，你会发现签到好单位的同学并不一定是平时学习勤奋、成绩最好的同学，造成这种现象的原因很多，其中一个原因可能是学习成绩并不很理想的同学比成绩好的同学在搜寻招聘广告信息方面更投入、更主动。他可能找到200个招聘广告信息，并参加了其中10个面试；而学习好的同学会只看到100个招聘广告信息，只参加了5个面试。这说明，增加自己的信息占有量可以增大人们成功的几率。受众主动搜索一下分类广告信息（如租赁、征婚、就业等）的动机多在于此。

（3）节约成本，增加消费者剩余以及心理满足感

广告有时可以带给人们最直接的好处，比如，当你去家乐福、屈臣氏购物的时候，在其超市入口处的广告栏里面放着当期的广告宣传页，里面是大量关于现时购买物品的优惠信息。有了这些广告信息的指导，你就可以结合优惠信息实现对自己最有利的购买决策。各种商品价格优惠的广告信息可以增加广告受众的消费者剩余，广告受众买到了比预期便宜的商品心理也会有一定的愉悦和满足感。

（4）享受美感、愉悦身心

广告作为艺术品来说，可以带给受众视觉、听觉、精神上的美感，给受众以美的享受。有创意、制作精美的广告往往会让我们赞叹广告原来也可以如此美妙。我们也可以经常从广告上看到自己喜欢的明星。有时候广告还可以具有幽默感，可以愉悦受众。美国芝加哥美容广告语是“不要对刚刚从我们这里出来的姑娘抛媚眼，她很可能是您的奶奶”。这则广告语用非常幽默的语言描述了令人惊奇好笑的场景，很好地吸引了人们的注意力，它有意给人以极强的滑稽感，并用夸张的手法说明该店的美容技术超群。这种过分的夸张，不但没有使人们觉得不可信，而且产生了很好的娱乐效果，同时加深了该店在人们心目中的印象，达到很理想的广告效果。荷兰一家旅行社刊出一则广告：“请飞往北极度蜜月吧！当地夜长 24 小时。”柏林一家花店开张时的广告：“送几朵花给你所爱的女人——但是，请不要忘了你的妻子。”

随着商品市场的不断繁荣、消费者自主消费意识的日益增强、商品卖方市场向买方市场的转变，广告的消费形态也随之逐渐发生转变，广告受众的“自主性”将体现得更加充分和深入。广告市场发达国家的发展经验证明，主动消费将成为未来广告主流趋势。以美国为例，目前美国网络广告发展已经较为成熟，互动性广告已不再是网络营销的新鲜武器，广告主们正酝酿着一种用户订制广告内容的新广告形式，即通过征集、参考网络用户对广告内容的意见，策划网络广告。日前一份调查结果显示，美国广告主及代理商认为，未来消费者会偏爱用户订制内容的网络广告的比率高达 86%，未来短时间内不会偏好的用户仅占 10%，仅有 4% 的广告主持其他意见①。

4. 参与并传播

参与并传播指的是广告受众不但参与到广告活动中，而且还成为广告大众传播的延伸（广告继续传播的载体）。也就是广告受众不仅接收了广告信息，并且又进一步将广告信息通过一定的方式传播给其他受众。从广告出现的那一天开

① 李卓娅：《广告消费模式向主动蜕变》，《中国广告》，2008 年第 11 期，第 40 页。

始，广告受众就不仅是广告信息的被动接受者，而且会对一定的接触人群表达自己对广告信息的解读意见。有时这种意见是与自己的购买行为相联系的，而有时可能只是自己对于广告信息的认知和理解，或是受到过他人观点影响的“自己”的意见。但是无论是哪种，这种传播了的意见可能会影响受传者的行为决策，这种口口相传实质上就是口碑传播。

美国学者阿恩特（J. Arndt）认为，口碑传播是指传播者与接受者之间的口头的、人与人之间的交流，并且接受者认为传播者关于某个品牌、产品或服务的口碑是非商业性的[①]。在我国，随着新兴媒体的出现、宽带的普及，Web2.0带来传播环境的变化，移动媒体无处不在并被传播领域广泛地利用，不但口碑传播的载体更加丰富而且人们的自主传播意识也有了很大的增强。人们由原来主要是被动地接受广告信息的参与方式，发展为更有自主意识地、选择性地接受信息和主动地检索、发布信息并与他人共享；由原来以大众媒体为主、注重到达率的媒体策划，走向崭新的媒体生态系统。在新的媒介生态系统里，广告受众的地位将发生巨大的改变，他们不单单扮演着广告接受者的角色，还主动地传播自己已经获得的广告信息。可以说，参与并传播型的广告受众涉入度最高，因其不仅参与，而且成为广告活动的延伸，其自身成为广告活动的延伸载体。现在我们在作出消费决策之前，并不是单纯地只看广告主产品的广告宣传，而是会先问问身边的亲戚、朋友、同事是否使用过、感觉怎么样，或是借助网络搜索引擎以及一些特定的品牌社区去了解消费者的评价，因为广告受众相信所谓的口碑比起广告主歇斯底里的广告宣传要可信。现实中很多消费者也乐意在网上公布、分享自己的意见。口碑传播已经在较大的程度上影响着消费者的购买决策。如今口碑传播的扩散效应越来越突出，企业不得不对口碑传播进行有效地监测和管理。

如果说第一代互联网同电视、报纸一样承担了大众媒体信息发布者的角色，搜索引擎则提供了与传统媒介完全不同的、主动、精准地获取信息的可能性。随后而来的Web2.0带来了传统媒体无可取代的全新传播理念——以受众为主体的传播——很多广告受众作为信息发布的主体将自己从不同渠道获得的广告信息通过网络传播给他的亲人、同学、朋友，还有并不相识的网友。他们可以在诸如博客、BBS、视频、QQ空间上发表对某广告的看法，可以互相推荐满意度高的产品，可以分享对某广告产品全方位的评价意见，从而以新形式实现口碑传播。而在此之前，广告受众一般是通过人际传播的方式（主要是谈话）互相传递、交流自己获得的广告信息。由于将普通受众也吸引进来的网络工具（如Blog/Wiki/BBS）的崛起，受众的行为模式和媒体市场也随之变化。个体受众通过网站、搜索引擎等参与广告的能力以及通过Blog、Wiki、BBS等进行信息分享的能力在不

① 刘建新、陈雪阳：《口碑传播的形成机制与口碑营销》，《财经论丛》，2007年第5期，第97页。

断提升，当然其中包括了广告信息的参与和分享传播见图5－2。

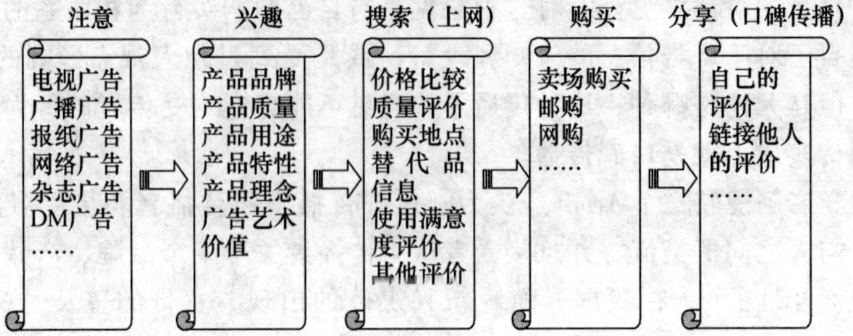

图5－2 网络时代广告受众参与并传播广告的过程

当今社会营销方式也正从传统的AIDMA营销法则（Attention——注意；Interest——兴趣；Desire——欲望；Memory——记忆；Action——行动）逐渐向含有网络特质的AISAS（Attention——注意；Interest——兴趣；Search——搜索；Action——行动；Share——分享）模式转变。在传统的AIDMA模式下，消费者注意商品—产生兴趣—产生购买愿望—留下记忆—做出购买行动的整个过程在很大程度上是由传统营销手段所左右的。具有网络时代市场特征的AISAS模式则将消费者在注意商品并产生兴趣之后的信息搜索（Search）以及产生购买行动之后的信息分享（Share）作为两个重要环节来考量。相对AIDMA模式的各个环节，搜索和分享两个环节受营销的影响程度较小。商家的营销往往难以影响消费者在网络上对商品作出的评价，也很难控制这种广告受众之间广告信息的分享传播。

最后，我们对广告受众参与广告的四种状态进行对比总结（见表5－8）。

表5－8 广告受众参与广告活动的四种状态之比较

比较项目 / 四种状态	涉入度	内在心理	受干扰度	广告效果	占受众总的广告活动参与方式的比重
被动参与	不一定	消极、排斥	不一定	不一定	较少
一般参与	较低	无明显排斥	较高	一般	最多
主动参与	高	主动	较低	较好	较少
参与并传播	最高	积极主动	低	好	较少

[参考资料]

广告接受：从被动消费到卷入参与①

传统的广告是单向度地带来市场信息，就是从广告主到顾客的方向。这种方

① Marc van der Chij（马克·范德齐斯）：《从被动消费到主动参与》，《中国广告》，2008年第11期。

式进行了很多年，直到网络的出现。这时，顾客突然间能够互动地接触到他们所喜欢的品牌，而且广告主也看到了互联网使他们的产品有深入消费者的机会。互联网使广告主把单向的信息转为双向的交流，从而使一直被动的消费者成为广告信息的一部分，而且逐渐成为高卷入度的参与者。现实中的一个趋势是，消费者较深地卷入到品牌的运作中，他们甚至愿意为他们所喜欢的品牌创意和制作商业广告。在土豆网的在线视频网站中有一些很好的案例。

第一个案例就是土豆网在 2008 年 1 月和 3 月运作的肯德基超级省钱广告运动。一个很喜欢肯德基的视频博客制作了两个非常有趣的以“肯德基超级省钱”为创意的病毒性传播视频，肯德基在视频的周围放上了其产品的广告，然后可以进行一种很奇妙的移动。这个视频被观看了 120 万次，其观众在观看后留下了成千上万个回帖的评论。百事可乐在 2008 年春节的时候进行了一个广告活动，其基础是让使用者生成内容。这个品牌在土豆网上放上了许多名人祝贺新年的电视广告片，最后，总计有 50 万个使用者在百事可乐的网站上上传了他们自己的视频作品。这个案例表明，如果一个品牌创造了很好的广告运动，那么受众的回复是非常多的。

另一种让消费者更多地卷入品牌广告活动的是使用一种所谓建构品牌的游戏。它的意思是广告主设计一种在它周围的游戏。这些游戏慢慢地变得很受欢迎，使顾客潜移默化地卷入到产品之中。这些游戏的使用者常常互相发送游戏的链接，因此一个品牌性的游戏也能被用作病毒营销。社交网络提供另一个使顾客深度卷入品牌的机会。美国社交网络 Facebook 在中国也很受欢迎（但是也并不像那些国内的模仿者如校内网和 www.51.com 那么受欢迎），它让人们成为了品牌大使。例如，使用者可以把自己所喜欢的品牌放在档案资料中，可以推荐所喜欢的产品给他们的朋友，而口碑传播往往是最有效果的广告形式。

另一个最新的趋势就是利用互联网上的微型日志。近些年，Twitter（Twitter 是即时信息的一个变种，它允许用户将自己的最新动态和想法以短信的形式发送给手机和个性化网站群，而不仅是发送给个人）和 Fanfou（饭否）都取得了惊人的增长，品牌也参与了这种形式的对话。例如计算机公司戴尔针对中国市场，利用 Twitter 建立起了一种中文的语言账目，在这儿戴尔能够把信息发给它的顾客，同时它也能够听到什么样的用户在谈论这个品牌，非常重要的是公司里有专人负责这个账目。

从以上的例子我们可以清晰地看到广告主与消费者更多交流和沟通的趋势，然而真正的主题是，顾客（广告受众）以一种新的方式体验品牌，而且有机会与品牌进行沟通。那个厂商只要把信息传达给消费者的时代已经过去了，一个新的消费者卷入的与品牌沟通的时代已经开始了。

二、影响广告受众的广告活动涉入度的因素

被迫参与、一般参与、主动参与、参与并传播只是根据涉入度对受众参与广告活动状态的定性界定。那么影响广告受众参与广告活动涉入度的因素具体有哪些呢?

我们可以将施拉姆的信息选择或然率公式改造为广告活动涉入度公式，如下:

$$受众参与广告活动的涉入度=\frac{报偿}{代价}$$

公式中的报偿代表了广告受众能从参与广告活动得到的效用，代价则表示广告受众参与广告活动所要付出的成本。影响报偿的因素主要有广告信息实用价值的多少以及广告信息艺术价值的多少。影响代价的主要因素有广告信息的易得性以及受众接触广告信息的机会成本。下面我们就分别从报偿与代价两个层面讨论影响受众广告活动涉入度的因素。

1. 影响报偿（或者从广告信息中得到的效用）的因素

广告作品既是实用信息又是艺术作品。其带给受众的报偿不但有实用价值而且还有艺术价值。实用价值指广告信息带给受众的具体有效，受信息对受众的重要程度、广告对受众偏好的满足程度、信息本身的可信度等因素的影响。广告作品的艺术价值是广告作品带给受众美的享受程度，受广告创意等因素的影响。

（1）广告信息的实用价值

1）广告信息的重要性。即指广告信息与受众切身利益的相关程度。受众在不同的时间段会有不同的信息需求，不同的信息需求又会对广告的需求产生影响。一名大学生需要购买一台电脑而非电视机时，电脑的广告信息相对于电视机的广告信息来讲对其更重要，这名大学生对电脑广告信息的参与度就会比对电视机广告信息的参与度高。当这名大学生毕业后结婚需要购买家用电器（并不打算添置新电脑）时，电视机的广告信息又会比电脑的广告信息对其更有用，其对于电视机广告信息的参与度又会高于电脑广告信息的参与度。对于不同受众来讲，同一则广告信息带给他们的实用价值是不同的。譬如一则治疗糖尿病的药品广告对于糖尿病患者和非糖尿病患者的重要度相差很远，糖尿病患者可能会仔细阅读、观看或收听甚至去购买并在使用后与其他人谈论该药品，而非糖尿病患者则常常不会认真地阅读、观看或收听甚至是有意识地跳过此类广告。由此可以看出，广告信息对于受众的重要程度直接影响着受众参与广告信息的卷入程度。

2）广告信息对于受众偏好的满足程度。受众对广告产品的偏好影响着受众参与广告信息的程度。一般而言，女性受众偏好女性护肤品、化妆品、食品等，她们即使没有购买打算，仍然会比较关注这类产品的广告信息，有时还会产生购买行动；男性受众则偏好汽车、数码产品等，对这些产品广告信息的关注度也就

比较高，有时也会产生购买行动。比如，一位上班族女性可能在实际生活中不会购买国际名牌产品，因此，我们认为国际名牌奢侈品的广告信息对于一位上班族女性来说并不重要。但是现实中这位女性却很可能对这类奢侈品保持较高的关注度，很喜欢看时尚杂志、电视节目、网站上关于这类产品的时尚资讯和广告信息。一位普通收入的男士可能不会购买高档跑车、赛车，但是他很喜欢接触高档跑车、赛车的资讯（包括广告信息），谈起这类车来总是神采飞扬，原因在于这类产品的广告信息满足了这位男士的某种偏好。满足了阅听人偏好的广告信息即使不会在阅听人身上产生实际使用价值，阅听人也可能愿意参与。

3）广告信息的可信性。广告信息的有用是建立在广告信息可信的基础之上的。一般而言，广告信息的可信度与受众参与广告信息的程度成正比。不可信的广告信息形同垃圾，不仅不会给消费者受众带来有用的价值，而且如果消费者信以为真的话，可能还会损害自己的利益。行人对街角广告传单派发员所派发的小广告常连看都不看一眼就随手丢弃，以致它成为城市的一个污染源。受众对这类广告为何如此不感兴趣？街头派发小广告所发布信息的不可信性是重要原因之一。广告信息的可信性通常是广告受众根据自己的经验对广告信息做出的一种信赖感的评判，因此它带有比较大的主观性。广告媒体自身的公信力、广告产品的品类、广告产品品牌的影响力、广告文案的说服力等都会影响受众对于广告信息可行性的评判。

① 媒体的公信力。一个媒体的公信力决定它所传播内容的可信度，公信力低的媒体，其广告信息的可信度就低。原因在于，公众相信公信力高的传媒会负责任地筛选广告信息，负责任地将虚假广告信息拒之门外。

由表 5-9 可以看出，在国内体育频道中，作为高公信力代表的央视五套的广告印象要高于其他频道的广告印象。在“广告印象”、“产品质量”、“各行业的领导品牌、知名品牌”、“真实可靠”、“广告制作精美”等一系列广告印象评价正面指标中，央视五套都远远领先于其他体育频道。而在“广告信息夸大其词”、“没有实力但是想出名的品牌”、“地方性的小品牌”等广告印象负面评价指标中，央视五套都远远低于其他体育频道。由是观之，央视五套广告资源优于其他体育频道也是情理之中的事情。

表 5-9　CCTV-5 与其他体育频道广告印象比较[①]　　单位：%

广告印象	CCTV-5	其他体育频道
产品质量高	54.4	22.2
各行业的领导品牌、名牌产品	52.9	21.2

① CTR 市场研究：《中国电视体育营销研究报告》，《广告人》，2008 年第 3 期，第 137 页。

续表

广告印象	CCTV－5	其他体育频道
真实可靠	49.6	18.4
广告制作精美	36.6	19.3
即将走向国际化的大品牌	30	7.7
要出口海外的高档产品	19.5	6.8
广告信息夸大其词	13.8	26.7
没有实力但想出名的品牌	8.4	20
地方性的小品牌	6.1	26.1
以上都不是	5	13.1

一般来讲，公信力越高的媒体其广告作用越明显。就媒介公信力而言，央视一套明显大于“央视平均”，“央视平均”又明显大于所有“上星频道平均”。就广告作用而言，央视一套显著大于“央视平均”，“央视平均”又显著大于所有“上星频道平均”（见表5－10）。鉴于此，我们就不难理解为何在媒介广告资源日益增加的情况下，央视五套、央视一套及央视的广告资源仍极具竞争力。即使在2008年世界金融危机愈演愈烈的背景下，中央电视台2009年黄金资源广告招标总额仍达92.5627亿元，比上年增长12.3627亿元，增幅约为15.4%。

表5－10　CCTV－1、“CCTV平均”与“上星频道平均”广告作用对比表[①]

电视频道	广告关注度	广告记忆度	广告好感度	品牌喜好度	缩短购买决策时间	促进购买
CCTV－1	6.76	5.98	5.84	6.06	6.68	7.04
CCTV平均	2.04	2.00	1.96	1.92	2.00	2.04
所有电视频道平均	1.00	1.00	1.00	1.00	1.00	1.00

注：以所有电视频道的平均得分为1。所有频道包括中央台7个频道和2007年上半年收视份额前十位的省级卫视。

② 广告产品的品类。中国消费者协会等单位在2006年举办了“广告公信度”网上问卷调查，结果是，2006年度信任度最低的广告依次为药品广告、医疗服务广告、保健食品广告。对比2005年的广告信任度排行榜，这三个行业竟然是再一次登上这个排行榜的前三名。这个排行榜在某种程度上说明了受众在参与这三个品类的广告信息、选择购买其产品时都抱以较多的怀疑态度。这三个品

① CTR市场研究，群邑媒介，厦门大学，中国人民大学：《媒体品牌力与广告效果评估研究》，《现代广告》，2007年总第144期，第128页。

类的产品广告容易出现虚假的原因主要有三个方面。首先，消费者对这三个品类的期望值比较高。治疗疾病、保持健康是人生存的基本需求，在人们生活质量大幅提升的今天人们更加重视健康问题。健康状况直接影响着一个人的生活质量，因此，消费者对于与健康直接相关的药品、医疗服务与保健品给自己带来身体健康的期望值很高。其次，消费者无法通过观察、试用这三个品类的产品或服务而直接判断出它们的质量，也就是说这三个品类的产品或服务的提供者与消费者之间存在着严重的信息不对称。卖方对自己的产品或服务的质量相当清楚，占有很大的信息优势，当个别卖方利用买卖双方信息不对称欺骗消费者（即通过较低劣的质量、虚假的广告来获得暴利时），选择发布真实广告信息的同质商品或服务的商家却受到冷落、利润下降，这种现象会在很大程度上鼓励广告主选择刊播虚假广告。再次，这三个品类所在的行业既缺乏健全的行业自律，又缺乏完善的国家法律法规监管体系。市场中的经济主体是追求经济利益最大化的，并不是每个厂商都会用道德来约束自己的行为，这就需要市场外部那只“看得见的手”发挥作用，即政府规制来保证市场的有效运行，当政府在市场“看不见的手”失灵的地方没有及时地进行政府规制时，就会造成市场的低效率。

③ 广告产品品牌的影响力。产品品牌影响力由包括品牌知名度、品牌认知度、品牌美誉度、品牌偏好度、品牌占有度、品牌满意度和品牌忠诚度在内的一系列指标来评价。在市场经济日益发展的今天，品牌已经成为企业占领市场的制胜法宝，人们的生活变成了各种品牌构成的缤纷世界：电脑芯片用英特尔的；牛奶选蒙牛、伊利的；电冰箱买海尔的；手机要三星、诺基亚的……人们选择品牌的原因是因为人们对品牌抱有很高的信任度，对其产品的质量、性价比、售后服务都有比较高的信赖度，品牌给人们带来了超越于产品本身的价值，使人们获得了超值享受。第二届《金融时报》中国十大世界级品牌调查于2008年3月18日在京正式揭晓，联想、中国银行、青岛啤酒、中国国际航空公司、中国移动等十家企业荣膺“品牌影响力TOP10”桂冠，成为最新“中国十大世界级品牌”。广告受众对于这些品牌影响力大的企业所做的广告通常有很高的信任感，而对于一些不知名或是知名度很高但是负面评价较多的企业所做的广告的信任感相对较低。

一般而言，著名企业品牌知名度的建立不仅靠企业较高的产品、服务质量，而且在相当程度上亦得益于企业较高的广告投入。企业主作为追求自身经济利益最大化的理性经济主体，必然会衡量其经营当中已经投入的成本和预期的经济效益。如果厂商在自身品牌已经建立了比较高的知名度的时候，选择做不真实的广告，广告受众有可能会上当一两次，但是却不会继续上当，原先投入大笔广告预算逐渐建立的较高“商誉”亦可能随之迅速缩水。如此一来，企业主已有的大笔广告投入便可能成为沉没成本，因此做不真实的广告对于具有高品牌知名度的企业来讲显然是极不经济的行为。作为理性的企业主更倾向于发布真实的广告信息，继续累加自己广告连续投放对于品牌知名度巩固的良好效果。

④ 广告文案本身的说服力也会影响广告的可信度。在这里广告文案是指广义的广告文案，即通过广告语言、形象和其他因素，对既定的广告主题、广告创意所进行的具体表现。广告文案中的信息以及信息表现的方式都会对广告的可信度造成一定的影响。一般来讲受众更愿意相信用图像表现的广告，图像性广告的说服效果比文字性、声音性广告的说服效果要好。如钻石戒指的广告，只是在报纸、广播中播放相关的广告信息的效果就没有在电视上播放的效果好，在报纸上也许你看到了钻石戒指的平面图像和广告语，但是受到纸质、色彩、光线等的影响你并没有觉得被吸引，但在电视中受众可以看到画面上钻石的美丽光芒、身处特殊的情景环境、倾听伴之以优美的音乐的富有磁性声音的解说，这些都让你相信广告中的钻石戒指是那么的令人满意并且想要拥有它。

虽然真实性原则是广告文案写作始终必须遵守的基本性原则。但是，广告文案写作的最终目的是为了说服和诱导受众产生消费行为，这使得广告文案的写作具有完全的功利性。而一旦广告者为了功利的目的放弃了对消费者的道德责任，不真实的广告文案便会充斥广告空间，受众便会上当，但是受众会吸取教训在下次同类的广告文案中避免上当。

(2) 广告作品的艺术价值

一个优秀的广告作品并不只是传递广告信息的载体，也是包含带给人美感的艺术品，具有艺术价值。好的广告创意、广告表现形式在很好地实现广告效果的同时也带给广告受众以实用的讯息、美的享受甚至是思考的快感。具体来讲，一个广告作品的艺术价值可以从以下三个方面来衡量：

①广告的创意。广告的灵魂是策划创意，广告创意的产生过程是构思过程，通过构思创造出新的意念、意境和意象。成功的广告创意可以使广告作品与广告产品相互呼应，令广告受众耳目一新，同时受众也会被其吸引和感染。如同一幅美术作品，有时候并不是因为它的绘画手法的精巧、复杂而拥有很高的身价，而是因为它有一个非常好的创意在作品里面。当然，一件伟大的艺术作品往往是结合了优秀的创意和精湛的制作手法。

②视觉、听觉美感，即广告的具体表现形式。广告受众接触广告作品都是从视觉和听觉开始的，即画面和声音。这是广告受众对广告的最直接、最表层接触，但也最影响受众对广告的直觉。爱美之心人皆有之，优美的画面、动听的声音总是更容易打动受众的心，广告的形式美感对受众所起的作用也就如同服务场所美丽的迎宾、服务员对顾客所起的作用，即都为广告受众或消费者带来了美感，使其在消费的过程当中感受到美，愉悦心情。

③心灵的共鸣感。广告作品作为一个艺术品，其最高的艺术追求在于使广告受众对于广告作品所倡导的精神、文化、价值内涵产生心灵上的共鸣，从而实现

广告受众与广告产品深层次的沟通与交流。这种精神层面的高度交流并不是所有广告产品都能达到的，而且，对于一个广告艺术品而言也并不是所有广告受众都能产生心灵上的共鸣。

2. 影响代价的因素

（1）接触广告信息实际花费的金钱

受众当然很少专为看广告而去购买非免费报纸、杂志，但是花钱购买非免费的报纸、杂志是受众接触到其上所刊登广告信息的首要条件。从这个意义上看，相对非免费报纸、杂志上所刊登的广告信息，受众更容易得到电视和广播所播放的广告信息。同样道理，免费报纸、免费杂志为受众接触其上所刊登广告信息设立的门槛要低于非免费报纸和非免费杂志。

（2）广告信息的易得性

广告信息的易得性是指受众获得广告信息的难易程度。广告信息的易得性主要受广告投放的媒介版面、时间段、媒体类别等因素的影响。黄金时段的广告信息或报纸头条的广告信息比起其他时段、版面的广告信息更容易被受众接触到。交通工具上的移动电视广告与楼宇视频广告更容易被通勤者和楼宇内人员注意到。

用户在百度搜索信息的时候，最容易注意到排在前面的信息。而百度则可以控制用户搜索信息的排列顺序，这也正是百度赢利的方法所在。现在兴起的直邮广告直接将广告信息邮寄到目标受众的家中，这给受众带来了便利，因此受众也愿意接受这种方式获得的广告信息。

（3）接触广告信息的时间机会成本

机会成本就是把一种资源投入某一特定用途之后，所放弃的在其他用途中能得到的最大利益。选择最优方案放弃的次优方案的价值。宽泛地理解，机会成本是选择某一特定方案放弃的其他各种可行方案的可能收益之平均值。这里的最优，并非实际发生的最优，而是选择者（决策者）的心理预期。比如说，10 万元钱投资于房地产可获得利润 20 万元，投资于股票市场可获得利润 15 万元，如果把这 10 万元钱投资于房地产，那么可以从股票市场得到 15 万元就是其机会成本，如果把这 10 万元投资于股票，那么可以从房地产投资中获得的 20 万元就是其机会成本。

每个人的时间机会成本是不同的。截至 2006 年，盖茨已经连续 12 年高居《福布斯》全球富豪排行榜榜首。作为微软公司创始人之一，盖茨的净资产高达 500 亿美元，平均每分钟挣 6659 美元。如果比尔·盖茨看一分钟电视，他付出的时间机会成本相当于 6659 美元。而一个退休闲居的老人看一分钟电视所付出的机会成本可以说并不是很大。也就是说，对于比尔·盖茨来说，他如果将每天看广告的时间用来做生意是一个明智的选择；对于退休闲居的老人，多看一分钟广告并不会给其带来多大损失。所以我们经常能看到老年人花费大量时间看电视，而工作繁忙的人则很少这样做。

总的来看，广告受众参与广告活动的涉入度与参与广告活动所得到的报酬呈正相关关系，与参与广告活动所需付出的代价呈负相关关系。在参与广告活动所付出代价一定的情况下，广告受众参与广告活动所得到的报酬越多，则受众涉入度越高；反之，则越低。在参与广告活动所得报酬一定的情况下，广告受众参与广告活动所需付出的代价越小，则受众涉入度越高；反之，则越低。由此观之，若要提高广告受众参与广告活动的涉入度，一条可选途径是增大广告受众参与广告活动所得的报酬，具体做法包括提高广告信息对目标消费者的实用价值、提高广告信息的可信度、提高广告信息的艺术价值等；另一条可选途径则是减少广告受众参与广告活动所需付出的代价，包括降低媒介产品的定价（甚至将定价降为零）、提高媒介产品的易得性等。

第四节 广告对广告受众社会福利的影响

韦伯斯特新世界大学词典（Webster's new world college dictionary）指出，“福利（Welfare）是一种健康、幸福和舒适的良好状态”①。消费者福利可以理解为消费者获得的满足感，可以以消费者所获得的效用来度量。从经济学的角度来讲，某产业的社会福利就等于消费者剩余加上生产者剩余，或者等于总消费效用与生产成本之差。生产者和消费者各自的福利通常又是通过对其各自的剩余价值的情况来分别考察的。广告给广告受众带来的社会福利也可以从广告能够给广告受众带来的消费者剩余这个角度来衡量。

消费者剩余是衡量消费者福利的重要指标，被广泛地作为一种分析工具来应用。消费者剩余（Consumer's surplus）是指消费者购买某种商品时，所愿支付的价格与实际支付的价格之间的差额。在西方经济学中，这一概念是马歇尔提出来的，他在《经济学原理》中为消费者剩余下了这样的定义：“一个人对一物所付的价格，绝不会超过，而且也很少达到他宁愿支付而不愿得不到此物的价格。因此，他从购买此物所得的满足，通常超过他因付出此物的代价而放弃的满足，这样，他就从这种购买中得到一种满足的剩余。他宁愿付出而不愿得不到此物的价格，超过他实际付出的价格的部分，是这种剩余满足的经济衡量。这个部分可以称为消费者剩余。”马歇尔从边际效用价值论演绎出所谓“消费者剩余”的概念。范里安提出了关于消费者剩余的几种计算方法。1977 年迪克西特和斯蒂格

① 田凯：《关于社会福利的定义及其与社会保障关系的再探讨》，《上海社会科学院学术季刊》，2001 年第 1 期，第 162 页。

利茨将内在规模经济引进一般均衡模型，推出了市场考虑最适度边际利润而社会考虑消费者剩余的结论。一般认为，消费者剩余最大的条件是边际效用等于边际支出。影响消费者剩余的因素主要有垄断、政府规制、寻租、税收、国际贸易和关税、产权制度等几个方面。

一、广告对广告受众社会福利的积极影响

1. 广告因提供了更多替代品的信息而促进市场竞争，竞争市场结构中的消费者的社会福利得以提高（在信息型广告上体现明显）

厂商在做广告时常常想要达到区隔自己与其他同质竞争产品的目的，从表面来看广告总是在强调自己的产品有多么特别，多么与众不同，但是随着消费者市场经验的积累，他们逐渐了解到现实中同类产品之间的实际差异其实并不如广告所强调的那样显著，于是消费者并不盲目地将广告刻意强调的产品差异照单全收。我们还要注意到，市场中某厂商在向其目标消费者传达关于广告产品的某种“个性”信息的同时，也传达了共性的信息。所谓共性的信息主要是指表达产品基础功能的信息，如“让宝宝更智慧的奶粉”与“让宝宝茁壮成长的奶粉”，虽然一个强调智慧（个性信息）、一个强调茁壮成长（个性信息），但是它们同时传达给消费者的信息是婴幼儿奶粉能满足婴幼儿生长发育的需要（共性信息）。从婴幼儿奶粉这个层面上看，“让宝宝更智慧”的奶粉和“让宝宝茁壮成长”的奶粉属于同一市场中的同质产品。消费者面对同质产品的选择时会将价格因素作为重要因素来考虑，厂商也就无法完全按照自己的意愿来决定价格，因为同类产品的价格会相互影响。也就是说广告所表达出的共性信息使得市场中提供同质产品的厂商之间的竞争性加强，由此，整个同质商品市场平均价格会保持在较低的水平，这使得消费者能够获得较多消费者剩余，从而从中受益。例如，现实中的洗发水广告非常多，这些广告在强调自己产品特性（去屑、滋养、亮黑等）的同时，亦让消费者获得大量关于某一特定品牌洗发水的替代品的信息，这种情况有利于促进市场竞争。市场竞争的结果是使洗发水价格可以维持在相对较低的水平上。消费者的社会福利状况因此会更好。

经济学大师马歇尔（1890～1919 年）对广告所扮演的角色进行了建设性的区分：当广告给消费者提供信息时，它扮演着“积极的角色”，当广告只是使消费者从一个厂商转移到另一个厂商时，它扮演着通过引发激烈竞争而导致社会资源浪费的“消极角色”，这种区分也就是后来信息性广告和劝说性广告的雏形①。

信息性广告传递了有关产品特征的客观信息，促进了产品的价格、质量、性质、功能、服务、维修等信息性内容的传播，使得消费者对同类产品的这些信息

① 干春晖：《产业经济学教程与案例》，机械工业出版社，2006 年 7 月第 1 版，第 150 页。

比较了解，这样，消费者对产品的选购、比较余地大大增加。广告竞争的结果导致市场需求向同类可比产品中价格相对较低、质量较高的产品转移。于是，在经过一个时期的均衡循环过程之后，将导致市场中同类产品价格的下降。本书前面提到的本哈姆（1972）证实了在美国禁止为眼镜做广告的地方，眼镜的价格显著高于允许为眼镜做广告的地方，斯坦纳（1973）对玩具的研究也得出了相同的结论。这些实证性研究表明了信息性广告降低了消费者支付的平均价格。这点对于消费者剩余的增加具有积极意义，也就是说在这个意义上广告对于消费者福利是有正面影响的。

2. 广告的攀比效应

还有一点值得注意，我们总是认为人们对于一种商品的需求是彼此独立的。即小王对于牛奶的需求取决于小王自身的口味、收入和牛奶的相关价格，而不是取决于小赵或小李对于牛奶的需求。但是就某些商品而言，一个人的需求也取决于其他人的需求，或者说是受其他人需求的影响。尤其是已经购买该商品的其他人的数量可以影响一个人的需求。这种情况在经济学中被称为“连带外部效应”（network externality）。连带外部效应可以是正的，也可以是负的。如果一名典型的消费者的商品需求量随着其他消费者购买数量的增加而增加，那么就存在着一个连带外部正效应；如果出现相反的情况，那么就存在一个连带外部负效应。

连带外部正效应的例子是攀比效应（bandwagon effect）。“攀比”在我们看来是一个不好的词，但是“攀比”却起到了正面的效果。攀比效应是指一种赶时髦的欲望，想拥有一件很流行的、几乎多数人都已拥有了的商品。广告向受众传递的信息中或是信息本身便具有某种程度上的攀比心理的暗示。比如，美特斯邦威的经典广告词：不走寻常路！暗示了穿其品牌衣服的人都是有自己风格、个性的人。那么许多追求个性的广告受众便会增加对其品牌服饰的消费量。在儿童的玩具中往往可以产生攀比效应，如芭比娃娃；在女性的服装领域，也常常产生攀比效应；在生活中很多商品消费都会存在攀比效应。

由于这一效应，个人对一种商品的需求数量随着其他人购买量的增加而增加，此时，该商品市场需求的增加有利于生产商更有效地组织生产，结果是产品成本下降，产品的市场价格随之降低。产品价格的降低有利于增加消费者福利。

二、广告对广告受众社会福利的消极影响

1. 形成产品差异，提高市场进入壁垒

在位厂商所确立的广告先发优势可能引发进入壁垒，当生产或者广告存在着规模经济时，这种现象表现得更加突出。劝说性广告具有重要的反竞争效应，它并没有很好地满足消费者对有效信息的需求，而是促使了假象产品差异的形成，导致了以高价格和高利润为特征的市场集中度的提高。

广告（尤其是劝说性广告）促进了产品的差异化，提高了市场的进入壁垒，限制了潜在竞争者的进入，有助于提高在位厂商的独占力量，进而提高了厂商的利润。库曼诺和威尔森（1967）分析了美国的消费品行业广告强度与利润率的关系，他们发现，高强度广告竞争行业的平均市场利润率为12%，而美国全部行业的平均市场利润率只有8%[①]。与广告主利润的增加相伴的是消费者剩余的减少，这在一定程度上反映了广告对于消费者的福利是有负面作用的。

[参考资料]

广告与产品差异化的实证：来自日本的案例

表5-11　日本部分产业的广告强度与产品差异化[②]

产　业	企业数（家）	广告强度（%）	产品差异化程度
化妆品、牙膏	3	10.2	极高
速用咖喱粉	4	9.4	极高
肥皂、洗涤剂	2	8.9	极高
一般药品	5	13.3	极高
清凉饮料	2	4.6	极高
方便面	2	4.2	极高
酱油	2	4.1	极高
胶卷	2	3.9	极高
音响设备	5	4.0	极高
照相机	5	3.7	极高
手表	4	3.3	极高
家用缝纫机	3	2.8	极高
钢琴	2	2.6	极高
平均		5.77	极高
蒸馏酒	4	3.3	高度
点心	4	3.0	高度
鱼肉肠	2	1.9	高度
面包	3	1.7	高度
乳制品	3	1.5	高度
橡胶轮胎	5	1.0	高度
平均		2.07	

① 干春晖：《产业经济学教程与案例》，机械工业出版社，2006年7月第1版，第168页。
② 杨公朴、夏大慰：《产业经济学教程》，上海经济大学出版社，1998年第1版，第157页。

续表

产业	企业数（家）	广告强度（%）	产品差异化程度
涂料	5	0.7	中度
食用油	5	0.7	中度
人造黄油	4	0.6	中度
制粉	5	0.3	中度
砂糖	5	0.1	中度
事务机械	4	1.2	中度
平均		0.6	

2. 劝说性广告及虚假广告的弊端

从理论上看，劝说性广告被认为几乎不包含客观的信息，它只是使用某种精巧的手段力图使消费者相信自己是想得到某种产品的。劝说性广告通过改变消费者的偏好以及制造过度的产品差异、品牌忠诚的假象，从而使需求曲线更加缺乏弹性，因此，劝说性广告具有提价效应，也就是广告导致了更高的产品价格。

如果广告诱使消费者购买他们实际上并不需要的产品，那么这种广告实际上是对市场效率的损害。而且诱导性广告可能传播误导性质的信息，当追求利润最大化的厂商利用广告来达到某种竞争目的的时候往往就会诱导消费者。

虚假广告的泛滥使得原本想购买商品或服务的消费者可能会做出暂缓，或者干脆不购买商品或服务的决策，这便使得逆向选择出现的几率大为提高。而且，虚假广告的存在，使得消费者不会再理会广告所传递的有关商品或服务的信号，而自己去市场上搜寻有用的信息，这样一来广告的节约信息的搜寻费用、降低消费者对商品或服务的考核成本的作用也将大为削弱，这便导致了市场失灵和社会福利的损失。

3. 广告的虚荣效应

虚荣效应（Snob effect）说明了有时连带外部效应是负的。虚荣效应是指拥有只有少数人才能享用的或独一无二的商品的欲望。艺术珍品、限量版的跑车、手表、定制的礼服都是虚荣商品。广告在这些虚荣产品的销售中扮演着重要的角色。一般情况下，奢侈品生产厂商总是通过广告尽可能地强调其产品的稀缺性与优质性，并采取高定价的销售策略来销售产品，这不但使消费者的虚荣心理得到了很好的满足，而且厂商自身也获得了高额利润。但值得注意的是，广告在“帮助”奢侈品厂商顺利实现其销售目标的同时，在客观上也将市场中相当一部分对奢侈品的购买意愿较强而支付能力较弱的消费者排除，使这部分消费者无法获得通过对奢侈品的消费所能得到的效用（满足感），即广告损害了这部分消费者（广告受众）的福利。

总而言之，广告对广告受众社会福利具有正负两方面的作用。信息性广告能够降低信息成本、提高市场的运行效率，而广告的诱导性却降低了市场效率。就整个广告行业而言，只要广告所带来的信息成本的节约能够弥补或大于广告的诱导因素所导致的市场交易成本的增加，作为一种产业的广告就能够提升不断扩展的市场的运行效率。因此，广告对于广告受众的消费者剩余的增加是有效的，广告对于广告受众福利的增加是值得肯定的。在现实生活中，政府、公共机构、厂商、消费者（广告受众）要加强合作，尽可能地趋利避害，发挥广告的正面作用、抑制广告的负面作用，最大限度地使消费者福利、厂商福利都有所增加，市场效率也能够有所提高。

本章小结

广告受众包括两层意思：一层意思是指通过媒介接触广告信息的群体，即广告的媒介受众。另一层意思是指广告的目标受众或广告的诉求对象，是指广告所针对的特定人群，也就是广告产品或服务的目标消费对象。

广告受众参与广告活动可以获得以下收益：免费或以较低的代价获得媒体服务；在不完全信息的市场条件下降低选择之不确定性，节约搜寻成本；消费者剩余的增加。以上收益是广告受众参与广告活动的主要经济动因。

广告受众参与广告活动的涉入度是指广告受众对广告活动的参与程度，包括心理层面的涉入度和生理层面的涉入度。根据广告受众参与广告活动涉入度的不同可以将广告受众参与广告活动的状态大略分为：被迫参与、一般参与、主动参与和参与并传播。影响广告受众参与广告活动涉入度的主要因素包括报偿和代价两个方面：广告受众参与广告活动的涉入度与参与广告活动所得到的报偿呈正相关关系，与参与广告活动所需付出的代价呈负相关关系。若要提高广告受众参与广告活动的涉入度，一条可选途径是增大广告受众参与广告活动所得的报偿（包括提高广告信息对目标消费者的实用价值、提高广告信息的可信度、提高广告信息的艺术价值等）；另一条可选途径则是减少广告受众参与广告活动所需付出的代价。

广告对广告受众社会福利具有正负两方面的作用。就整个广告行业而言，只要广告所带来的信息成本的节约能够弥补或大于广告的诱导因素所导致的市场交易成本的增加，作为一种产业的广告就能够提升不断扩展的市场的运行效率。在现实生活中，政府、公共机构、厂商、消费者（广告受众）要加强合作，尽可能地趋利避害，发挥广告的正面作用、抑制广告的负面作用，最大限度地使消费者福利、厂商福利都有所增加，市场效率也能够有所提高。

思考与操作

1. 联系日常生活思考广告受众与消费者各自的范畴以及他们之间的关系。

2. 选取一则广告作品，查找资料探讨该则广告的广告主所要追求的目标受众是具备哪些特征的群体。

3. 全面分析广告受众参与广告活动的经济动因，列举你自己参与的一个广告活动，并分析在这一活动过程中你付出的成本与获得的收益。

4. 有意识地记录自己一天内参与广告活动的情况，包括时间、地点、属于哪种广告参与状态、受干扰度、对广告信息的记忆程度（广告效果）等，然后简要分析该记录。

5. 辩论：结合本章内容将同学分为以 8 人一组的若干小组，每小组同学分为正反两方，每方 4 人，围绕“广告对广告受众福利的影响”进行辩论，并比较各小组、各方的表现。

正方的观点：广告提高了广告受众的社会福利。

反方的观点：广告降低了广告受众的社会福利。

第六章　广告产业

【本章概要】

广告产业的概念

广告产业的特点

广告产业的规模

影响广告产业规模的主要因素

广告产业的结构

广告产业的发展趋势

广告产业集群

【学习目标】

理解本书对广告产业的界定

把握广告产业的组成部分

理解影响广告产业规模的主要因素

了解广告产业发展现状

分析广告产业发展前景

运用产业经济学中相关理论认识广告产业集群

近年来，随着中国经济的发展和改革开放的进一步深入，广告产业的规模不断扩大，广告产业在国民经济中的地位不断上升。本章将扫描整个广告产业的情况，勾勒广告产业的轮廓，使读者对广告产业有一个更清晰的认识。

第一节　广告产业的概念

从产业经济学角度来看，广告产业是国民经济的一个组成部分，有着不同于其他产业的一些特点。

在界定广告产业之前，不妨先看一下什么是产业。

产业可从多个角度来定义。从生产的角度看，产业指同类产品（或服务）及其可替代品（或服务）的生产活动的集合；从生产者的角度看，产业是指生产和经营同类产品（或服务）及可替代产品（或服务）的企业集合；较通行的定义是："生产同类产品（或服务）及可替代产品（或服务）的企业群在同一市场上的相互关系的集合。"①

干春晖在所著的《产业经济学》中提到，在产业结构理论中，一般认为，产业是进行同类经济活动的组织的总和，是具有某种同一属性的组织的集合。这里的同类经济活动或同一属性一般是指以下几层含义：第一，使用同一或相似的原材料投入要素；第二，主要的生产流程或生产工艺基本相同；第三，产品的基本用途相同或具有较强的可替代性②。

在不少广告学教程中，都出现过广告产业的概念。譬如威廉·阿伦斯在他的《当代广告学》中提到广告产业由四个部分构成：广告主、广告公司、广告下游公司和广告媒介③。在布鲁斯·G. 范登·伯格（Bruce G. vanden bergh）与海伦·卡茨（Helen Katz）所著的《广告原理》中提到广告产业由四大主体组成：广告客户、广告代理商、传播媒体和供应商④。上述两种说法对广告产业组成成分的界定基本一致。广告产业提供调研、策划、创意、制作、媒体购买、发布等一系列与广告活动相关的产品或服务。将生产这些产品与服务的广告公司（广告代理机构）、广告媒介（传播媒体）、广告下游公司（供应商）等视作广告产业的组成部分应该没有异议。这里要重点关注的是广告主（广告客户）是否应被纳入广告产业。广告主是广告活动的发起者与投资方，没有广告主的广告预算、广告调研、策划、创意、制作、发布等产品或服务便无从谈起。但对照产业的概念，本书认为广告主不应被纳入广告产业。

首先，广告主（特别是雇请外部广告代理公司的广告主）更像是广告产品或服务的消费方而非供给方。广告主需要将关于自己产品或服务的信息借助大众传媒广而告之。为达此目的，就需要进行广告调研、策划、创意、制作、媒体购买、发布等。如果广告主雇请外部广告代理公司，调研、策划、创意、制作、媒体购买、发布等一系列与广告活动相关的产品或服务均从广告产业内厂商购得，在此意义上，广告主更像是广告产业所提供产品或服务的消费方，而非供给方。而产业概念是从产品或服务的供给方来界定的，指生产同类产品或服务，并具有密切替代关系的厂商在同一市场的集合。不属于广告产品与服务供给方的广告主自然不能算是广告产业之列。

---

① 国家体改委等：《中国国际竞争力发展报告1997》，中国人民大学出版社，1998年4月第1版，第131页。

② 干春晖：《产业经济学教程与案例》，机械工业出版社，2006年7月第1版，第227～228页。

③ ［美］威廉·阿伦斯著，丁俊杰、程坪等译：《当代广告学》，华夏出版社，2000年1月第1版，第82页。

④ ［美］布鲁斯·G. 范登·伯格、海伦·卡茨著，邓炘炘等译：《广告原理》，世界知识出版社，2006年1月第1版，第23页。

当然，亦有部分广告主使用专属广告代理机构（即内部广告代理机构）。专属广告代理机构为广告主提供专属服务，与广告主存在隶属关系。亦即广告主的专属广告代理机构可以算是广告产品与服务的供给者，但在整个广告产业中，专属广告代理机构的产值所占比重较小，因此，广告主的专属广告代理机构虽可认定属于广告产业，但不能据此将广告主一律认为应属于广告产业。

其次，广告年鉴在做统计时，并不曾将广告主列为统计类目。《中国广告年鉴》每年对于广告营业额情况的统计指标分别是广告公司、广告兼营单位、各媒体（包括报纸、杂志、电视台、电台、网络等媒体），而不曾将广告主纳入广告产业中。由此亦可看出广告年鉴对广告产业范围的界定。

据此分析，我们认为广告产业就是生产或提供调研、策划、创意、制作、媒体购买、发布等一系列与广告活动相关的产品或服务，并在同一市场上发生关系的组织的集合。主要由广告代理公司、广告传媒和广告下游公司组成。

这里所说的广告代理公司指的是广义的广告代理公司，包括综合型广告代理公司和专业化广告代理公司。综合型广告代理公司提供全方位服务，又称全方位服务广告代理公司；专业化广告代理公司则提供专门服务，包括整合营销代理公司、媒体购买服务公司、专门提供创意的广告公司、专属广告代理公司（企业内部自设广告代理）等。

广告传媒向广告主出售广告时段或广告版面，向受众发布广告信息。主要指电视、广播、报纸和杂志等这类大众传媒，还包括直邮、户外媒介、互联网、特质广告物件等一切充当广告发布载体的传媒。

广告下游公司包括摄影工作室、图片社、印刷厂、数字处理公司、彩色胶片分色厂、录影制作社、互联网开发业者等所有协助广告主和广告公司准备广告材料的公司，还包括配合广告主和广告公司的咨询公司、调查公司以及其他专业服务公司①。

在国民经济各产业中，广告产业有其鲜明的特点，该产业既属于文化产业，又属于创意产业，还属于第三产业与信息产业。

一、广告产业与文化产业

“美国文化漂浮在广告的海洋之中”② 詹姆斯·特威切尔（James Twitchell）在他所著的《美国的广告》中如是说。

广告产业属于文化产业的一部分，《国家“十一五”时期文化发展规划纲要》确定了重点发展的九大文化产业，包括影视制作业、出版业、发行业、印刷

① ［美］威廉·阿伦斯著，丁俊杰、程坪等译：《当代广告学》，华夏出版社，2000年1月第1版，第100页。

② ［美］詹姆斯·特威切尔著，屈晓丽译：《美国的广告》，江苏人民出版社，2006年第1版，第1页。

复制业、广告业、演艺业、娱乐业、文化会展业、数字内容和动漫产业。广告与文化有着密不可分的联系，主要通过两个方面表现出来：

一方面，广告本身是一种文化艺术符号，是一种创造性的艺术，具有一定的艺术价值。广告作者也许并不抒情，并不晦涩，或者一点也不深奥。但是他们的作品一定是人人都能读得懂的。一个好的广告作品必须具有戏剧和演说的共同特征，即它必须能即刻被理解，能直接打动人，但同时它又必须具有警句所表现出的简洁特征，广告是最有趣也是最难的现代文学形式之一①。

另一方面，广告表现了一种文化信息，是社会文化的表征，每一个消费者都在一定的社会文化环境中成长和生活，不同国家、不同地域的人们对广告的理解和表现也各不相同，其思想意识和价值观念根深蒂固。曾经有这么一个广告：一名男子由于使用了某家公司的清洁剂而受到称赞，于是公众纷纷向他赠送帽子以掩饰其明显的秃头，可是广告中该男子别的帽子不选，偏偏挑了一顶绿色的帽子戴在头上。很显然，该则广告的创作者不是东方人，不了解东方文化，不知道在中国传统文化里“绿帽子”另有他意，最后贻笑大方。另外，在西方“13”是个不吉利的数字，而在我国的粤语方言区“四”的谐音是“死”，这些带有某种禁忌的数字在广告设计、制作中都要慎用。在中国，许多跨国广告公司为克服文化差异所造成的“水土不服”而实施本土化战略，雇佣中国员工，运用中国元素，反映中国文化。

文化制约着广告的诉求和表现策略，也制约着受众对广告信息的接受和理解。受众都处于某种文化背景中，有已形成的价值观念，广告应该符合受众的这种价值观念，否则，就会带来一定的负面效果。早期中国电视商业广告表层文化价值观元素简单集中，形成了几乎统一的获奖、厂景、实行三包的八股文式的广告初始期模式。如1980年上海电表厂的广告：“上海电表厂是机械工业部骨干企业之一，并获得……实行三包，代办托运。”配音是程式化“三段论”，画面则是厂门、机器、车间和工人。这是当时广告的统一模式，表层文化价值观只有“普遍接受”、“质量”两个元素。同一年的“凤凰自行车·龙凤呈祥篇”是一条价值观和创意都超前的广告。一男一女两个西方人骑着凤凰自行车在蓝天白云下轻松愉快地穿行，在蓝色的地球上、浩瀚的星空中遨游。表层价值观包含魔幻荒诞、享受、时尚流行、新奇、国家民族、全球视角、高科技等多种文化价值观元素。这条广告在上海电视台播放了一两次就被封杀了，这可能与广告所反映的价值观与同时期广告文化价值观不符、表层意指的多元开放性对受众单一价值观结构的心理机制造成较大冲击有关②。

---

① ［美］詹姆斯·特威切尔著，屈晓丽译：《美国的广告》，江苏人民出版社，2006年第1版，第21页。

② 王慧：《中国电视商业广告文化价值模式研究》，中国博士学位论文全文数据库。

二、广告产业与创意产业

创意产业（Creative Industry）是建立在创意基础之上的生产活动集合。1998年英国政府第一个将“创意产业”正式定义为“源于个人创造力、技能与才华的活动，而通过知识产权的生成和取用，这些活动可以发挥创造财富与就业的成效”①。

广告产业是典型的创意产业，以创意为其核心价值，提到广告，多数人首先会想到的是出色的创意。

目前，包括中国在内的很多国家都将发展创意产业提升到21世纪国家发展战略的高度。广告产业作为创意产业的主导产业之一，其发展规模和程度对推动创意产业和其他关联产业的整体发展至关重要②。日、韩两国对广告业极其重视，它们认为，没有强势的本国广告企业就不会有强势的本国品牌。它们的广告公司与广告主之间不是简单的服务关系，而是一种战略合作关系。英国在文化创意产业所包含的十几个行业中，将广告业排在第一位。由此可见，广告对于创意产业的核心作用。

三、广告产业与第三产业

在费舍尔·克拉克的三次产业分类中，第一次产业指广义上的农业，一般包括种植业、畜牧业、林业、狩猎业，亦即产品直接取自自然界的产业，简称第一产业；第二次产业指广义上的工业，包括制造业、采掘业和矿业、建筑业及煤气、电力、供水等；第三次产业指广义上的服务业，包括运输业、通讯业、仓储业、商业贸易、金融业、房地产业、旅游业、饮食业、文化、教育、科学、新闻、传播、公共行政、国防、娱乐、生活服务等。

第三次产业本质上是服务行业，是繁衍于有形财富生产活动之上的无形财富的生产部门。第一次、第二次产业都是有形财富的生产部门。广告产业为人们的生活提供信息服务，属于广义的服务业，包含于第三产业。虽然广告产业是服务性产业，但是广告产业与一般性劳务服务有一定的区别：首先，广告活动是信息传播活动，其无形价值往往难以衡量。其次，广告属于知识密集、人才密集、技术密集的“三密集”型产业，具有高智力、高技术的服务特点。

四、广告产业与信息产业

“美国经济学家马克·波拉特提出的四次分类法，即把所有的经济活动部门

---

① 汪欣：《创意产业与广告创意升级》，《统计与决策》，2008年第15期，第184页。

② 张金海：《由创意“广告”走向创意“产业”》，《广告人》，2007年第2期，第149页。

分为农业、工业、服务业和信息业。他的第四产业——信息业包括第一次信息部门和第二次信息部门。其中，第一次信息部门包括计算机制造、电气通信、印刷、大众传播、广告宣传、会计业及教育等。”①

将广告列入信息产业，有一定的依据。广告公司根据广告主的传播意图着手编制广告信息，广告信息借助流通渠道到达信息的接收者，解决我们的信息不对称问题。想一想，当你进入一个购物广场的时候，你会很自然地分辨出一些品牌，这是谁的功劳呢？广告为我们提供产品信息，解决我们在消费时的信息不对称问题，使我们在消费时更易找到方向。可见，广告产业是信息产业的部分。

广告产业的发展离不开信息产业，网络、手机、电子触摸屏等媒体的兴起使得信息产业成为广告产业发展的重要组成部分，为广告传播提供更多渠道。广告产业的发展越来越依赖信息产业。一些新的信息技术有利于推动广告产业的跨越式发展。

此外，从信息论的视角分析，我们也认识到形式万千的广告创意所传递的信息并不都是有效信息。控制论创始人维纳对信息的功能与价值说得十分透彻：“信息这个名称的内容就是我们对外界进行调节并使我们的调节为外界所了解时与外界交换来的东西。”维纳指出，信息的核心作用是沟通，是使两个不同系统之间的关系得到调节，实现交换，而信息的价值也在于此。优秀的广告不是主观的自我展示，而是有效的信息沟通②。

[观点辨析]

广告产业的组成部分

有人认为，广告产业有广义和狭义之分。广义的广告产业由广告主、广告公司、广告媒体和广告受众所组成；狭义的广告产业则是广告公司的集合。有人认为，广告产业包括广告主、广告公司、广告媒体和下游公司。还有人认为广告产业不应包括广告主与广告受众，而应包括广告公司、广告媒体和下游公司。

请参考有关产业构成要素与市场构成要素的资料，辨析以上观点哪个更合适些。

资料：

构成产业的三个要素：①必须是一种生产或劳务活动；②提供的产品或服务

① 苏东水主编：《产业经济学》，高等教育出版社，2000 年 1 月第 1 版，第 4～36 页。

② 李连志、段建坤、吴晓枫：《他山之石——信息传播与广告》，《现代艺术与设计》，2006 年 8 月，第 96 页。

必须具有同一属性，不会与其他产业的产品混淆；③是生产同类产品（或服务）并在同一市场上发生关系的企业的集合概念①。

构成市场的三个要素：①市场主体，即市场活动的参与者，他们通常具有一定的经济目标并力求通过市场活动来实现这一目的。一般来讲，市场主体包括生产者、消费者和商业中介人。②市场客体，即市场交易的对象。市场客体既可以是有形的商品实物，也可以是无形的劳务或服务。市场客体是市场交换过程中的价值载体，是联系买方和卖方的纽带。③市场交易规则和市场交易条件。市场交易规则是指对买卖双方在交易过程中权利和义务的规定。它是市场活动正常进行的保证。市场交易条件是指买卖双方对完成交易所形成的一致看法，如价格、付款期限、交货时间等。它是买卖双方进行交易的基础②。

第二节　影响广告产业规模的主要因素

伴随着宏观经济的发展，广告产业在我国国民经济中的影响越来越大，在全球范围内，广告产业也呈现蓬勃发展的势头。在社会大系统中，广告产业并非独立的，而是受到诸多因素的制约，广告产业规模也受到诸多因素的影响。

一、广告产业规模

1. 全球广告产业规模

实力传播统计口径计算的全球广告市场规模主要指各行业广告主广告投放市场规模，包括各类媒体广告市场规模和广告渠道代理商市场规模。即我们所说的广告产业规模。

2008 年 3 月，实力传播发表的 2005 ~2007 年全球广告市场规模及增长率的数据显示，2007 年全球广告市场规模达到 4684. 4 亿美元，持续平稳增长的广告市场呈现增长稳定和格局多元化的态势（见图 6 –1）。而实力传播于 2008 年 7 月 1 日发表的一份声明中说，2008 年全球广告支出将达到 4536 亿美元，增长幅度将达到 6. 6%，超过预期份额③。

可以看出，全球广告市场呈现蓬勃发展态势，广告产业具有很大的开发潜力。全球广告市场规模巨大，广告市场约占全球经济的 1%，1989 年和 2000 年，全球广告市场占 GDP 的比重分别为 1. 08% 和 1. 06%，其他时间则一直在0. 92% ~

① 童清艳：《传媒产业经济学导论》，复旦大学出版社，2007 年 11 月第 1 版，第 10 页。

② 赵林如主编：《市场经济学大辞典》，经济科学出版社，1999 年 10 月第 1 版，第 278 页。

③ 图表及数据来源于艾瑞网：《2008 年全球广告行业发展报告简版》，2008 年 6 月 10 日发布。

0.93%之间徘徊[1]。

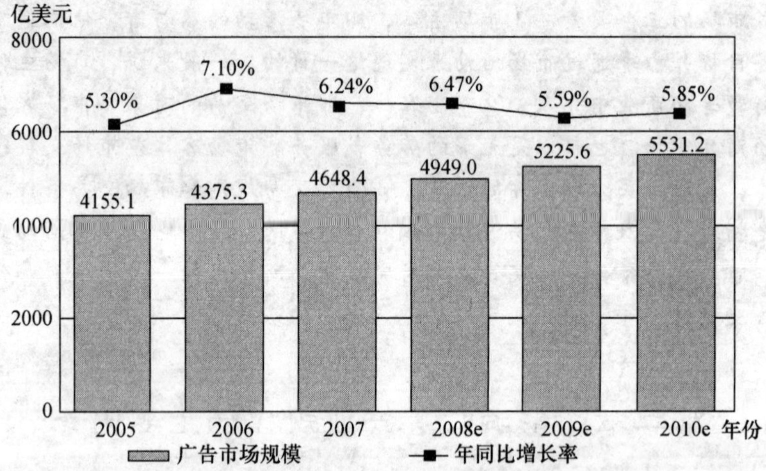

图 6-1 2005~2010 年全球广告市场规模及增长率预测图

注：①数据来源：实力传播。②版权归 iResearch Inc（2008.4）。

2. 中国广告产业规模

根据《现代广告》发布的《2007 年中国广告业统计数据报告》，2007 年中国广告经营额达到 1741 亿元，比 2006 年增长 168 亿元，增长率为 10.68%。2007 年中国广告经营额占 GDP 的 0.706%，广告公司广告经营额较 2006 年增长 9.1%，广告公司从业人员总计 761887 人。可以看出，2007 年中国广告产业的规模巨大。《现代广告》发布的 2003~2007 年我国广告产业规模统计数据（见表 6-1）使我们可以对近年来中国广告产业的发展有一个更清晰的认识。

表 6-1 中国广告业 2003~2007 年发展情况[2]

年份	营业额（亿元）	增长率（%）	经营单位（户）	增长率（%）	从业人员（人）	增长率（%）
2003	1078.68	19.44	101786	13.66	871366	15.2
2004	1264.6	17.2	113508	11.5	913832	4.9
2005	1416.3	12	125394	10.5	940415	2.91
2006	1573	11.1	143129	14.14	1040099	10.6
2007	1741	10.68	172651	20.6	1112528	6.96

① 艾瑞网：《2008 年全球广告行业发展报告简版》，2008 年 6 月 10 日发布。

② 基础数据转引自《现代广告》编辑部：《2007 年中国广告业统计数据报告》，《现代广告》，2008 年 4 月，第 34~41 页。

从2003年到2007年，中国广告产业的发展规模不断壮大，广告经营额、广告经营单位和广告从业人员均处于增长状态，中国广告产业正处在蓬勃发展之中。同时，增长率呈现放缓的态势，我国的广告产业发展正在趋于理性。

二、影响广告产业规模的因素——以报刊广告为例

广告产业规模的大小可以用广告额来衡量，图6－2显示影响报刊广告产业规模的主要因素。

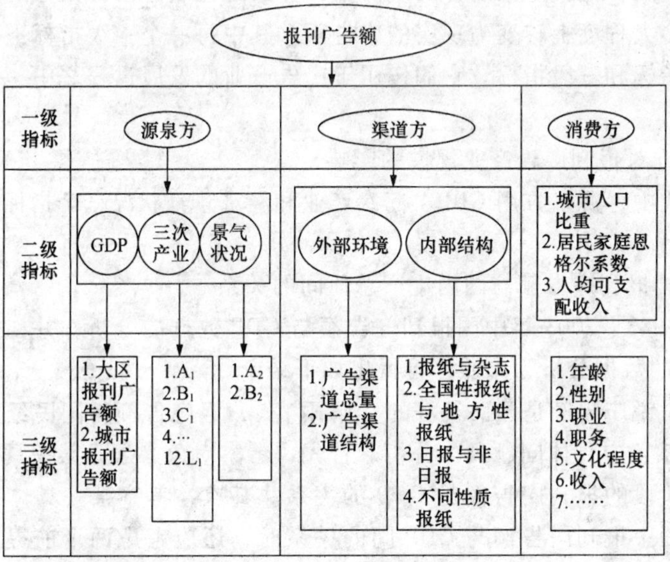

图6－2 报刊广告产业规模影响因素模式

注：①A_1～L_1分别代表房地产、医药、计算机、通讯、金融保险、机动车、人才招聘、家电、教育、保健品、商业流通、旅游餐饮等具体行业。②A_2代表企业景气指数，B_2代表国民经济景气综合评分。

该模式认为，影响广告产业规模的因素主要有源泉方、渠道方与消费方三个重要方面。源泉方包括国民经济、产业经济等；渠道方指的是广告代理公司和媒体；消费方（接收方）主要指广告信息的接收者。

该模式认为，广告活动的原始动因是广告主用手中货币换取消费方（接收方）注意力的经济动机。因此，影响广告的最主要因素是广告主手中的货币和消费方（接收方）的注意力。前者实际上是广告的源泉方，没有广告主经济实力的支撑，广告活动就成了无源之水、无本之木。但是广告主手中的货币并非是促成广告的充要条件，货币变成广告，还要看消费方（接收方）注意力的质与量。消费方（接收方）注意力的质与消费方（接收方）的现实购买力密切相关，消费方（接收方）注意力的量则取决于信息编码者（广告公司）和信息流通渠道（广告媒体）的数量及结构。由于信息编码者（如专业广告公司）和信息流通渠

道（如广告媒体）实际上是广告主用手中货币换取消费方（接收方）注意力的中间环节，因此，可将此两种因素并称为渠道方。

源泉方、渠道方、消费方实际上构成了影响广告额的一级指标。源泉方是可能性因素，决定着报刊广告额的可能性状态。渠道方是现实因素，规定着由源泉方决定的潜在广告额能在多大程度上找到与自己情投意合的专业广告公司和媒体，从而转变为现实的广告额。消费方是控制因素，广告额的最终实现是由消费方来完成的，消费方的各种现实条件决定着其对广告的接受程度，进而决定他对于广告额的贡献，还决定渠道方的质与量，并最终控制着由源泉方所决定的广告投放额度在多大程度上转变为现实的广告额。其中每一个一级指标下又可分列出一系列二级指标和三级指标。它们作用于广告产业的发展过程之中，决定着广告产业的规模。

1. 源泉方对报刊广告产业规模的影响

在该模式中，源泉方用 GDP、三次产业和经济景气状况三个指标作为源泉方的二级指标。

（1）中国报刊广告额与国内生产总值间的关系

基于对 1983 ~ 2003 年中国报刊广告额与 GDP 数据的分析，并以美、日广告额与 GDP 间的数据分析为参照，可得出如下结论。

①虽然常说广告额是国民经济的“晴雨表”，但广告额与国民经济核心指标 GDP 间的关系还应具体问题具体分析。首先，考察对象必须是某一具体地域在某一特定历史阶段的报刊广告额与 GDP 的关系。其次，考察某一具体地域在某一特定历史阶段中报刊广告额与 GDP 间的关系时，还应考虑两个前提条件，一是广告发展阶段系数（广告发展阶段系数 = 广告额/GDP）；二是国内生产总值增长率，这两个因素划定四个象限（见图 6 – 3）。

图 6 – 3　GDP 影响报刊广告额四象限图

一般而言，居于第Ⅳ象限的低广告发展阶段系数、高 GDP 增长率地域，由于广告开发度较低、开发潜力巨大，且经济处于上升状态，因此，GDP 与报刊广告额间的正相关关系明显，其对报刊广告额的拉动作用明显。以中国为例（见表 6－2），1985～2003 年中国广告发展阶段系数大于 0.1% 小于 1%，年均广告发展阶段系数仅为 0.44，而 GDP 年均增长率则达到 15.63%，在此阶段，报刊广告额与 GDP 的正相关关系极其显著，相关系数达到 0.969，GDP 每增加 1000 元（人民币），可拉动报刊广告额增加约 2 元（人民币）。居于第Ⅱ象限的高广告发展阶段系数、高 GDP 增长率地域的广告开发度虽保持高位，但蓬勃向上的经济亦能有效带动报刊广告额的增加。美国是其中一个例子（见表 6－2）。1985～2003 年，美国年均广告发展阶段系数达到 2.26，但是在知识经济背景下，美国经济总体上居于良性发展阶段。此阶段美国 GDP 年均增长率达到 5.48%，该增长率在有着较大经济基数的发达国家并不多见。1985～2003 年，美国报刊广告额与 GDP 的相关系数达到 0.959，且 GDP 每增加 1000 美元，就为报刊广告额的增加提供 4.35 美元的潜在空间。居于第Ⅰ象限的地域具有高广告发展阶段系数、低 GDP 增长率的特点，这些地域的广告潜在发展空间相对较窄。1985～2003 年的日本广告额即属此种情况（见表 6－2）。在这 19 年里，日本年均广告发展阶段系数为 1.14，与此同时，日本国内生产总值年均增长率为 2.47%（此增长率与美国相比，明显偏低），在此情况下，日本 GDP 对报刊广告额虽仍有拉动作用，但二者的相关系数（0.759）较美国、中国偏低。位于第Ⅲ象限的低广告发展阶段系数、低 GDP 增长率国家由于没有实际数据的支撑，不敢妄下结论。

表 6－2　中、美、日三国广告发展阶段系数和 GDP 年均增长率比较

比较项 \ 数据 \ 国家	中国	美国	日本
1985～2003 年广告年均发展阶段系数	0.44	2.26	1.14
1986～2003 年 GDP 年均增长率	15.63%	5.48%	2.47%
报刊广告额与 GDP 相关系数	0.969	0.959	0.759

在此需要特别注意的一点是，虽然美国与日本同属发达国家，但在相当长的时期内，日本的广告发展阶段系数一直较美国低约一个百分点。出现这种情况的主要原因是日本是个单一民族国家，而美国是个多民族国家，日本传播对象的单一性使日本的广告投放更有效率。举例来说，丰田汽车如果在日本做广告的话，由于接收者的相对同质化，可能一套广告方案即可覆盖全国范围内的目标市场。

但在美国做广告，如果要覆盖全国范围内目标市场的话，可能需要制作专门针对目标市场内美籍西班牙人、美国白人、美国黑人、美籍亚裔等多套广告方案。如此一来，广告投放自然增加。虑及此点原因，可以推断：第一，日本广告发展阶段系数虽较美国偏低，但并不意味着从广告发展阶段系数上看，日本广告市场仍有增长空间。恰恰相反，从日本广告业的寡头垄断形势及日本经济的发展态势来看，日本广告发展阶段系数仍将持续保持在1%以上的水平。第二，从民族多样性上看，中国与美国的情况比较接近，但是由于中国经济发展不平衡及总体经济水平与美国的差距，中国广告发展阶段系数虽然会随着中国经济的发展而发展，但短期内很难达到美国的水平。

②从总体上看，报刊广告额变动率随GDP变动。报刊广告额变动率始终围绕GDP变动率上下波动，既不会高于GDP变动率太远，也不会低于GDP变动率太远。报刊广告额变动率在运行过程中总要受到GDP变动率的无形牵引。不同地域报刊广告额增长系数（报刊广告额增长系数=报刊广告额变动率/GDP变动率，可以表示报刊广告额变动率与GDP变动率间距离的远近）浮动幅度有所不同，原因在于报刊广告额除由GDP主导外，还受其他一些因素（譬如三次产业、经济景气状况等）的影响。

③在GDP对报刊广告额起主导作用的地域，报刊广告额相对GDP还表现出一定程度的能动性，某些GDP偏低的地域，其报刊广告额有可能高于某些GDP偏高的地域。原因仍在于，报刊广告额除受GDP的决定外，还受产业结构、经济景气状况、广告渠道竞争态势等因素的制约。

（2）报刊广告额与三次产业

基于对1983~2002年中国报刊广告额与三次产业GDP关系的分析，可得出以下结论：

①从绝对值上看，报刊广告额亦与第一、二、三次产业GDP呈强正相关关系。也就是说，第一、二、三次产业GDP绝对值的增加均会为报刊广告额开拓新的发展空间。

②从相对值上看，报刊广告额与第一产业GDP比重呈强负相关关系，即在GDP既定的情况下，第一产业GDP比重大者，报刊广告额的潜在发展空间反而会小。此种情况与第一产业作为基础产业、满足的是人们基本生活需要，其与广告的亲和力较其他产业弱有关。

（3）报刊广告额与经济景气状况

根据对中国报刊广告额与企业景气指数的分析，发现报刊广告额除了由GDP主导并与GDP内部三次产业结构有关外，还与经济景气状况呈正相关关系，即在GDP一定的情况下，经济景气状况的好坏会相应对报刊广告额起到一定程度的拉动或抑制效用。

2. 渠道方对报刊广告产业规模的影响

第一，各类渠道广告额的比重“此消彼长”，存在竞争关系。在各类广告渠道所组成的系统内，存在两股力量，一股是处于“攻势”的电视和专业广告公司；另一股是处于“守势”的报纸、杂志、广播和其他。

对1983~2003年各类渠道广告额在总量中的比重进行相关分析，结果显示，各类渠道广告额的比重此消彼长，其中电视比重、广告公司比重与报纸比重、杂志比重、广播比重、其他比重间呈现不同程度的强负相关关系。结合现实可以得出结论，在各类广告渠道所组成的系统里，存在两股力量，第一股力量内部两元素即电视和专业广告公司广告额比重间呈弱正相关关系。第二股力量内部诸元素即报纸、杂志、广播和其他的广告额比重均呈强正相关关系，这说明第二股力量内部诸元素在很大程度上保持同向变动。

由此可以判断，报纸、杂志广告额比重之间及报刊与其他媒体广告额比重之间存在此消彼长的竞争关系，这种关系决定了报刊广告额的结构与流向将受到报刊之外广告渠道布局及发展态势的影响。

第二，各渠道广告额均呈强正相关关系，它们之间有着“共同进步”的倾向。可以断定，在未来的竞争中各类广告渠道将继续呈现“非零和”竞争态势。

对1983~2003年，报纸、杂志、专业广告公司、电视、广播和其他的广告额进行相关分析，结果显示，各类广告渠道两两间的正相关关系非常显著、强烈。以报纸为例，报纸与杂志、电视、专业广告公司、广播、其他广告额均呈强正相关关系。这说明，各渠道广告额间的相关程度虽有不同，但总的来说，它们之间有着“共同进步”的倾向。在未来的竞争中，各类广告渠道呈现“非零和”竞争的特征。这一特征既与不同的广告媒介具有彼此不可替代的特质，都与其存在的价值有关，又与中国经济不断发展的大环境和中国广告市场远未饱和的小环境有关。

3. 消费方对报刊广告产业规模的影响

消费方（接收方）不仅是媒介的传播对象、广告信息的目的地，而且从宏观、长期角度来看，消费方（接收方）对渠道方有控制作用。消费方（接收方）的主要因素有四个。

（1）报刊广告额与城市人口比重

不同国家报刊广告额与城市人口比重之间的关系随着城市化水平、GDP增长率等因素而表现出差异性。城市人口比重在一定程度上指示一个国家的城市化水平。对中国1990~1999年共10例报刊广告额与城市人口比重数据做相关分析，结果显示，中国报刊广告额与城市人口比重存在强正相关关系。对美国1990~1998年共9例数据的相关分析显示出同样的结果。由此推断：

第一，在城市化水平较低且保持较高国内生产总值增长率的发展中国家（如中国)，其报刊广告额与城市人口比重之间的正相关关系显著。逐渐提高的城市化水平一方面可以为报刊提供更大的读者市场，另一方面也可以为报刊广告提供更强的经济支撑。

第二，在城市化水平较高的发达国家，其报刊广告额与城市人口比重之间是否呈现强正相关关系则应具体问题具体分析。同为发达国家，美国报刊广告额与城市人口比重呈正相关关系，而日本则呈现很弱的负相关关系，其原因可能主要在于，相对而言，民族单一、地域狭小、城市人口比重很高的日本的报刊广告市场早已趋向饱和。

(2) 报刊广告额与居民家庭恩格尔系数

对 1983～2002 年中国报刊广告额与城镇居民家庭恩格尔系数和农村居民家庭恩格尔系数做相关分析，结果显示，报刊广告额与城镇居民家庭恩格尔系数和农村居民家庭恩格尔系数均呈现负相关关系，其中与城镇居民家庭恩格尔系数的相关性程度远高于与农村居民家庭恩格尔系数的相关程度。

(3) 报刊广告额与人均可支配收入

对 1983～2002 年中国报刊广告额与城镇居民家庭人均可支配收入、农村居民家庭人均纯收入数据进行相关分析，结果显示，在此时间段内，中国报刊广告额与城镇居民家庭人均可支配收入和农村居民家庭人均纯收入均呈强正相关关系。对 1990～1998 年美国报刊广告额和人均可支配收入做相关分析结果显示，美国报刊广告额与人均可支配收入间亦呈强正相关关系。

(4) 报刊广告额与读者背景信息

受众是广告策略尤其是创意策略和媒体策略的起点，读者背景信息在很大程度上决定着报刊广告额度的质与量。

消费方的三级指标是报刊读者的年龄、性别、收入、受教育程度、职业、职务等具体化的背景信息，由于广告主投放的目的是购买与自己广告产品（或劳务）相匹配的读者注意力，因此，广告主特别追求受众与企业产品（或劳务）的消费对象的重合率，由年龄、性别、收入、受教育程度、职业、职务等所规定的读者“标准像”将成为广告主投放广告的指引。可以说，年龄、性别、收入等消费方（接收方）三级指标在很大程度上规定着报刊广告额的质与量。

[参考资料]

中国六大区报刊广告开发度

基于报刊广告额与 GDP 间呈正相关关系的事实，可以用特定区域范围内报刊广告额与 GDP 的比值（即广告开发度系数）来衡量该区域范围内报刊广告的开发潜力。

以2000年为例，华北区、西北区、西南区和中南区报刊广告额开发度系数均超过全国平均水平，分别达到1.66、1.14、1.03、1.01。虽然华北区GDP仅居全国第三位，但其报刊广告额开发度系数最高，北京对华北区的拉动作用功不可没，首都北京强大的文化辐射力由此可见一斑。西北区GDP虽居六大区之末，但其报刊广告开发度系数却仅次于华北区，居六大区第二位。在西北区国民经济相对落后的背景下，西安等文化古城红火的报刊业对该大区报刊广告开发度起到拉动作用。西南区GDP虽在六大区中倒居第二，但其报刊广告额开发度却居于第三位，此种错位与近几年成都等西南区城市竞争激烈的报业市场密切相关。东北区、华东区报刊广告额开发度指数均低于全国平均水平，分别为0.88、0.76。东北区GDP虽稍高于西南区，但其报刊广告额开发度指数却较后者低了0.15，尤其值得一提的是，华东区GDP虽居全国之首，但其报刊广告额开发度指数却居六大区之末，这种情况再次说明华东区（特别是上海）报刊业呈现明显弱势，可开发潜力巨大（参见表6－3）。

表6－3 2000年六大区报刊广告额开发度系数和开发度指数

项目 数据 大区	报刊广告额（亿元）	GDP（亿元）	报刊广告额开发度系数	报刊广告额开发度指数
东北	23.99	9743.25	0.0025	0.88
华北	57.00	12251.9	0.0047	1.66
华东	77.96	36674.04	0.0021	0.76
西北	14.49	4537.8	0.0032	1.14
西南	24.95	8665.67	0.0029	1.03
中南	71.47	25336.71	0.0028	1.01
总计	269.86	97209.37	0.0028	0.99

注：①表中大区报刊广告额开发度指数的计算方法是：某大区（不包括全国）报刊广告额开发度指数＝该大区报刊广告额开发度系数/基数；某大区报刊广告额开发度系数＝该大区报刊广告额/该大区GDP；基数＝全国报刊广告额/全国GDP。②各大区报刊广告额数据来自慧聪国际媒体研究中心；大区GDP数据来自《中国统计年鉴·2001》（中华人民共和国国家统计局编，中国统计出版社，2001年9月第1版）。

第三节 广告产业的结构

在结构方面，中国广告产业与国际广告市场有许多相似之处，但并不完全相同。本节分别从广告经营单位的性质结构、地域结构、市场结构、行业结构、媒体结构等方面分析中国和国际的广告产业。

一、广告经营单位性质结构

国外广告产业中的广告经营单位（包括广告代理公司和广告下游企业、传媒）的性质较单一，多为私营企业。中国广告经营单位的性质则要复杂许多。

根据《现代广告》发布的《2007 年中国广告业统计数据报告》（见表 6－4），中国广告营业单位的所有权形式分为以下几种：国有企业；国有事业；集体企业；集体事业；个体、私营企业；外商投资企业；联营企业和其他。自 2003 年以来，个体私营企业及外商投资企业的增长势头强劲。其中，个体私营企业的数量增长率达 26.46%；外商投资企业的数量增长率达 16.1%。个体私营企业与外商投资企业数量的增长与中国日渐宽松的广告行业政策息息相关。2004 年 3 月，国家工商总局和商务部联合公布了《外商投资广告企业管理规定》，允许外资拥有中外合营广告企业多数股权，这使得国际广告公司加快进入中国市场。广告市场的全面开放使得资本进入广告业的政策风险相对减少，广告行业自身的两极分化和行业内部专业分工的细化，使得大、中、小型资本能够按照各自的运作能力，选择进入广告产业链的不同环节寻求生存与发展。与此同时，绝大多数广告公司产权明晰，资本自由化程度高，也较容易受到资本的青睐。

与个体私营企业、外资投资企业数量持续增加的情况形成鲜明对比的是，国有企业、国有事业和集体企业、集体事业的数量比重总体上呈下降之势。这说明中国广告产业中国家和集体的力量正逐步抽离，而代之以个体、私营与外资力量。

表 6－4 2003～2007 年中国广告业不同类型经营单位户数增长率[①] 单位：%

年 份	国有企业	国有事业	集体企业	集体事业	个体、私营企业	外商投资企业	联营企业	其他
2003	－7.67	—	－12.19	3.78	30.59	4.16	22.49	－6.4
2004	－13.26	－11.45	－19.09	－11.7	25.32	—	略增	—

① 数据转引自《2007 年中国广告业统计数据报告》，《现代广告》，2008 年 4 月，第 34～41 页。

续表

年　份	国有企业	国有事业	集体企业	集体事业	个体、私营企业	外商投资企业	联营企业	其他
2005	-7.1	—	-15.1	—	17.5	24.6	—	—
2006	4.93	3.18	-13.01	-20.16	17.87	7.61	-8.4	11.48
2007	-2.36	-1.69	-7.74	-15.36	26.46	16.1	-0.66	11.42

二、地域结构

由于各地区经济发展不平衡，所以无论是在中国还是在世界范围内，广告产业都表现出很强的地域性。

2007年，北京、上海、广东、江苏、浙江、天津、山东、福建、四川、辽宁两市八省的广告经营额合计1360亿元，约占该年度全国广告经营总额（1741亿元）的78.21%。位居前三的北京、上海、广东三地的广告营业额分别占该年度广告经营总额的17.96%、17.18%和14.75%，遥遥领先于其他城市与地区。与此相适应，此三地亦汇聚了全国广告经营单位与从业人数中的37.64%和29.67%（全国广告经营单位172615户，全国从业人员数1112528人）。户均广告经营额超过100万元的城市与地区依次为北京（177.61万元）、广东（122.81万元）、浙江（116.83万元）、上海（112.90万元）、江苏（111.77万元）、福建（108.30万元）、辽宁（105.87万元）。从人均广告经营额看，上海最高（36.44万元），其次为北京（24.53万元），再次为广东（21.27·万元）。总的来看，北京、上海、广东三地的广告产业表现出稳定的优势（见表6-5）。

表6-5　2007年全国各地区广告经营基本情况[①]

地区	2007年经营额（万元）	在全年广告经营额中的比重（%）	经营单位（户）	在全国广告经营单位中的比重（%）	从业人员（人）	在全国广告从业人员中的比重（%）	户均广告经营额（万元）	人均广告经营额（万元）
北京	3125221	17.96	17596	10.19	127396	11.45	177.61	24.53
上海	2989505	17.18	26480	15.34	82041	7.37	112.90	36.44
广东	2567197	14.75	20903	12.11	120679	10.85	122.81	21.27
江苏	1305384	7.50	11679	6.77	87599	7.87	111.77	14.90
浙江	1246676	7.16	10671	6.18	76711	6.90	116.83	16.25
天津	737137	4.24	9472	5.49	39997	3.60	77.82	18.43

① 数据转引自《2007年中国广告业统计数据报告》，《现代广告》，2008年4月，第34~41页。

续表

地区	2007年经营额（万元）	在全年广告经营额中的比重（%）	经营单位（户）	在全国广告经营单位中的比重(%)	从业人员（人）	在全国广告从业人员中的比重（%）	户均广告经营额（万元）	人均广告经营额（万元）
山东	689559	3.96	9504	5.51	76151	6.84	72.55	9.06
福建	497410	2.86	4593	2.66	38291	3.44	108.30	12.99
四川	450144	2.59	5567	3.23	57140	5.14	80.86	7.88
辽宁	399644	2.3	3775	2.19	28590	2.57	105.87	13.98
合计	14007877	80.51	116465	69.66	706005	66.03	—	—

如表6-6所示，2005~2007年，尽管广告经营额居于前五位的城市和地区的位次有时会发生变动，但居于前五位的城市和地区一直是北京、上海、广东、江苏、浙江。沿海经济发达地区的广告额占据了全国广告经营总额的绝大部分。北京地区呈逐年增长趋势，在2008年奥运会的拉动下增长幅度较大，浙江地区保持平稳上升势头，上海、广东、江苏的增长表现出了一些不稳定特征，但总体来说处于上升状态。此外，天津、福建、四川保持平稳增长，山东、辽宁则呈现下降趋势。

表6-6　2005~2007年全国十大地区广告经营单位基本情况①

地区	2005年经营额（万元）	2005年增长率（%）	2006年经营额（万元）	2006年增长率（%）	2007年经营额（万元）	2007年增长率（%）
北京	2230789	3.5	2590041	16.1	3125221	20.7
上海	2664690	18.42	2656091	-0.3	2989505	12.6
广东	2346230	10.89	2429041	3.5	2567197	5.7
江苏	906323	-6.29	1260433	39.1	1305384	3.6
浙江	956970	15	1087633	13.7	1246676	14.6
天津	527801	17	618001	17.1	737137	19.3
山东	611084	7.13	708912	16	689559	-2.7
福建	360925	19.03	412764	14.4	497410	20.5
四川	295371	47.38	347945	17.8	450144	29.4
辽宁	455363	27.19	516222	13.4	399644	-22.6

① 数据转引自《2007年中国广告业统计数据报告》，《现代广告》，2008年4月，第39页；《2006年中国广告业统计数据报告》，《现代广告》，2007年4月，第28页。

从全球广告市场来看，艾瑞咨询解读实力传播最新数据发现，全球广告市场由欧美主导，亚、非、拉美加起来仅占全球三成市场。北美洲的广告收入居各大洲首位，欧洲列第二位。北美和欧洲拥有相对成熟的广告业，二者约占全球2/3的市场份额。亚太地区列第三位，拉美地区广告市场规模列第四位，非洲、中东等地区市场规模最小。这主要是由于亚太地区、拉美地区、非洲和中东等其他地区的广告市场起步较晚，市场基数较小。亚太、拉美、非洲和中东地区广告市场规模的总和约占全球1/3，仅能与欧洲比肩（见图6－4）。

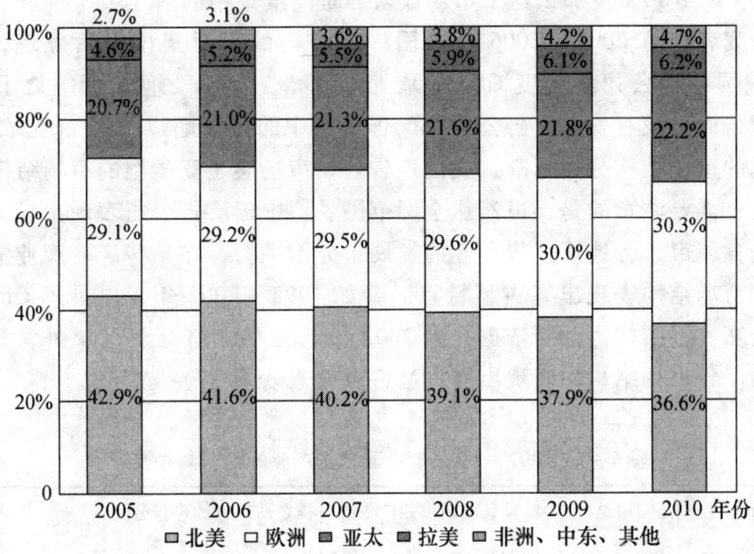

图6－4　2005～2010年全球各大洲广告市场份额预测①

注：①数据来源：实力传播。②版权归 iResearch Inc（2008.4）。③2005～2007年数据为实际数据，2008～2010年数据为预测数据。

北美洲一直引领全球广告市场，亚太地区充满潜力，但是北美洲和欧洲这两个成熟的广告市场增长速度已经放缓，亚太地区充满潜力，以中国、印度和印度尼西亚为代表的国家带来广告市场的高速增长，尤其是中国，因2008年奥运会带来的契机将有可能实现跨越式发展。非洲、中东和其他地区2006年整体广告市场规模虽然只有252.3亿美元，但是增幅最大。

三、市场结构

市场结构指企业在数量、市场规模、市场份额等方面形成的相互关系以及由此决定的竞争形式总和，其实质是反映了市场的竞争和垄断程度。市场结构可以

---

①　图表及数据来源于艾瑞网：《2008年全球广告行业发展报告简版》，2008年6月10日发布。

根据市场中企业的绝对集中度来判断。绝对集中度的计算公式为：

$$CR_n = \sum_{i=1}^{n} X_i / \sum_{i=1}^{N} X_i$$

其中，CR_n 为行业中规模最大的前 n 位企业的行业集中度；X_i 为行业中第 i 位企业的产值、销售额等数值；n 为产业内前 n 位企业数；N 为产业的企业总数。

根据贝恩对产业垄断和竞争的分类研究，若 $CR_4 < 30\%$ 或者 $CR_8 \leqslant 40\%$，则该行业为竞争型；若 $CR_4 \geqslant 30\%$ 或者 $CR_8 > 40\%$，则该行业为寡占型；若 $CR_4 \geqslant 50\%$ 或者 $CR_8 \geqslant 80\%$，那么这个市场被认为是高度集中的。

有研究者计算 2002～2006 年中国广告公司的绝对集中度后发现，2002～2006 年我国广告公司集中度 CR_4 大致处于 19%～24% 之间，CR_8 处于 29%～39%之间，而且没有一家广告公司在广告市场中的比例超过 10%（见表 6－7）。依据贝恩的市场结构分类标准，我国广告公司市场属于竞争型的市场结构。

可是，需要注意的是，虽然从全国范围看，中国广告公司表现出较高的竞争性，但是各城市、各地区广告产业的发展十分不平衡，在某些广告产业集中的地域，广告市场结构表现出寡占型特点。譬如 1998～2002 年，以贝恩 $CR_4 \geqslant 30\%$ 的行业为寡占型结构为判断依据，除 2002 年上海 CR_4 略低于 30% 外，其他年份各城市的广告市场结构均表现出寡占型特点（见表 6－7）[①]。

表 6－7　2002～2006 年我国广告产业的绝对集中度[②]

年　份	广告公司总经营额（万元）	排名前四位的广告公司营业额之和（万元）	排名前八位的广告公司营业额之和（万元）	CR_4	CR_4
2002	3956527	748173	1138365	0.19	0.29
2003	4448400	1021106	1507735	0.23	0.34
2004	5652956	1260766	1745965	0.22	0.31
2005	6153837	1282743	1996130	0.21	0.32
2006	6313000	1484330	2466928	0.24	0.39

数据来源：中国广告协会。

另外，广告经营单位市场结构并非处于静止状态。从表 6－8 可以看出，除 2002 年深圳前四大广告经营单位的收入集中度较 2001 年增长了 49.63%、2001 年上海和深圳前四大广告经营单位的收入集中度较 2000 年分别增长了 0.49% 和 0.34% 外，其他年份三个城市前四大广告经营单位的收入集中度均呈下降之势，其中 2000 年上海前四大广告经营单位的收入集中度降幅最大，达 23.31%。

①②转引自骆金燕、黄李娜：《SCP 视角下中国广告产业浅析》，《市场经纬》，2008 年 3 月。

表 6－8　1999～2002 年，上海、广州、深圳收入居前四位的广告经营单位的集中度①

年　份	上海（%）	较前一年变动率（%）	广州（%）	较前一年变动率（%）	深圳（%）	较前一年变动率（%）
1999	39.85	－5.84	39.89	－7.94	38.59	－15.30
2000	30.56	－23.31	35.96	－9.85	32.47	－15.86
2001	30.71	0.49	33.59	－6.59	32.58	0.34
2002	29.37	－4.36	32.67	－2.74	48.75	49.63

观察美国的广告市场可以看出，从全国范围看，美国广告市场结构亦表现出竞争型特点。以 2001 年为例，该年度 WPP Group、Interpublic Group of Cos 、Omnicom Group 和 Publics Group 的总收入位居前四，这四家广告组织总收入在当年全国广告总收入（2313 亿美元）中的比重仅为 12.24%（见表 6－9）。不过，单从广告公司角度看，美国广告公司行业又表现出高度集中的特点。2002 年，时任 Interpublic 董事长兼 CEO 的约翰·杜纳（John Dooner）在美国广告公司协会年会上演讲时，证实四大控股公司控制了美国广告营业额的 82%②。

表 6－9　2001 年美国前十强广告组织收入情况

排名	广告组织	总收入（百万美元）	与 2000 年相比总收入变动率（%）	在总收入中的比重（%）
1	WPP Group	8165	2.5	3.53
2	Interpublic Group of Cos	7981.4	－1.9	3.45
3	Omnicom Group	7404.2	6	3.20
4	Publics Group	4769.9	2	2.06
5	Dentsu	2795.5	－8.9	1.21
6	Havas	2733.1	－2.1	1.18
7	Grey Global Group	1863.6	1.7	0.81
8	Cordiant Communications Group	1174.5	－7	0.51
9	Hakuhodo	874.3	－13	0.38
10	Asatsu-DK	394.6	－8.7	0.17

注：①本表按各公司全球总收入进行排名，包括广告公司、公关公司、促销、直销和其他非广告组织。②《广告时代》估算。资料来源：Advertising Age，April 22，2002。

① 表中基础数据引自李新立：《深圳广告产业结构研究：问题与对策》，《深圳大学学报》，2004 年第 4 期。

② ［美］卡普（Joe Cappo）著，樊曦译：《广告革命》，清华大学出版社，2005 年版，第 12 页。

四、行业结构

行业结构主要衡量国民经济各个行业的广告投入比重，分析各个行业对于广告产业的投入额及变化趋势。

先来看中国广告产业的行业结构。

中国广告投放行业结构中，食品、医药、房地产、医疗器械、家用电器、烟酒等行业长期以来一直是媒体广告投放的支柱性行业。

2007年，广告投放前三位的行业依次是房地产、药品和食品。随着我国近年来房地产市场的火爆发展，房地产行业也逐渐成为广告投放大户。2006年房地产广告投放额为160亿元，从2005年的第三位跃居到第一位并保持较快发展势头。化妆品和汽车行业分别居于第四位、第五位，广告投放额分别为109.1亿元、96.7亿元。2006年房地产行业投放费用占所有行业比重的10.2%，药品行业为9.5%，食品行业为8.6%，三大行业占总体广告投放费用的将近30%。化妆品、医疗服务、汽车、家用电器等和国民生活息息相关的行业也是广告投放的重点行业[①]。此外，近几年服务业广告投放的增长势头强劲，2005年、2006年、2007年较前一年的增长率分别达到34.68%、27.9%、35.7%。汽车行业则一直保持稳定和较高水平的增长，2005年、2006年、2007年较前一年的增长率分别达到28.86%、37.2%和23.1%。这与中国社会经济持续发展、人们生活水平不断提高的现实息息相关。由于受到国家药品保健食品广告投放治理政策法规的管制，2005~2007年，中国药品和医疗服务行业的广告投放呈现负增长（见表6-10）。除表6-10中所列数据外，金融保险业广告经营额增幅最快，2005年增长率为52.97%，2007年增长率为42.9%，表明了中国金融保险业的新兴发展势头，随着居民储蓄的增多，投资理财意识的增强，未来中国金融保险业有望对中国广告产业贡献出巨大力量。

表6-10 2000~2007年全国主要产业广告投放额[②] 单位：亿元

项目 \ 年份	2000	2001	2002	2003	2004	2005	2006	2007
食品	69.24	89.95	92.65	100.37	107.04	136.97	135.8	141.14
药品	74.96	96.69	95.02	127.48	122.39	141.09	149	147.97
化妆品	47.47	63.34	66.21	73.01	86.70	111.67	109.1	106.73

① 图表及数据来源于艾瑞网：《2007年全球广告市场研究简版报告》，2007年9月6日发布。

② 中国广告年鉴编辑部编：《中国广告年鉴》，新华出版社，2001~2008年版。

续表

项目＼年份	2000	2001	2002	2003	2004	2005	2006	2007
家用电器	73.51	65.88	78.74	88.00	76.51	77.40	88.61	94.40
医疗器械	21.62	18.73	31.85	31.86	—	29.31	36.47	44.29
医疗服务	30.51	32.61	48.97	52.54	62.10	76.36	98.22	91.29
服饰	21.19	24.27	24.64	44.23	—	34.64	43.73	48.92
房地产	59.59	69.48	101.39	159.15	125.31	127.48	160.0	182.65
酒类	24.33	41.20	34.63	44.01	36.80	45.81	47.27	51.80
烟草	8.59	9.10	9.19	13.23	—	17.94	16.68	17.39
旅游	12.91	15.83	19.49	20.10	—	—	—	—
汽车制造	42.50	22.86	40.49	47.33	59.29	70.48	96.7	119

2007 年美国十大广告投放行业的广告费用较上年增长 0.9%，达到 746.5 亿美元，约占世界广告投放总额的一半。美国广告市场的行业结构如何呢？以2006～2007 年为例，金融服务业是美国最大的广告投放行业，其中零售银行和投资理财市场广告开支的增加与信用卡和借贷市场广告投入的缩减相抵，总体广告费用较上年增长 5.4%，达 91 亿美元。电信业的广告费用较上年减少 4.1%，以 90.5 亿美元退居第二。市场规模的缩减主要由 AOL 和 Vonage 两大公司的广告投入减少造成。2007 年美国十大广告投放行业中，共有 4 个行业较上年有所长，这四个行业分别是金融服务、本地服务、娱乐、直接反应类和个人护理类。共有 3 个行业出现较大衰退，分别是电信类、国外品牌汽车类和国内品牌汽车类。旅游、饭店餐饮和各类零售业的广告投放额基本和上年持平（见图 6－5）。

从全球范围看，艾瑞研究《广告时代》（Advertising Age）于 2007 年 12 月发布的数据报告后发现，2006 年全球前四大广告主有三家是化妆品、室用品生产厂商，其投放费用占十大广告主投放费用总数的 48%。其中宝洁公司（P&G）以 85.2 亿美元之巨遥遥领先，第二位的联合利华公司投放费用达到 45.4 亿美元。包括通用汽车、丰田汽车、福特汽车和戴姆勒－克莱斯勒在内的四家汽车厂商跻身全球十大广告主之列，投放总额占十大广告主总体的 34%。另外三大广告主分别为雀巢饮料公司、时代华纳媒体公司和强生保健用品公司（见表 6－11）。

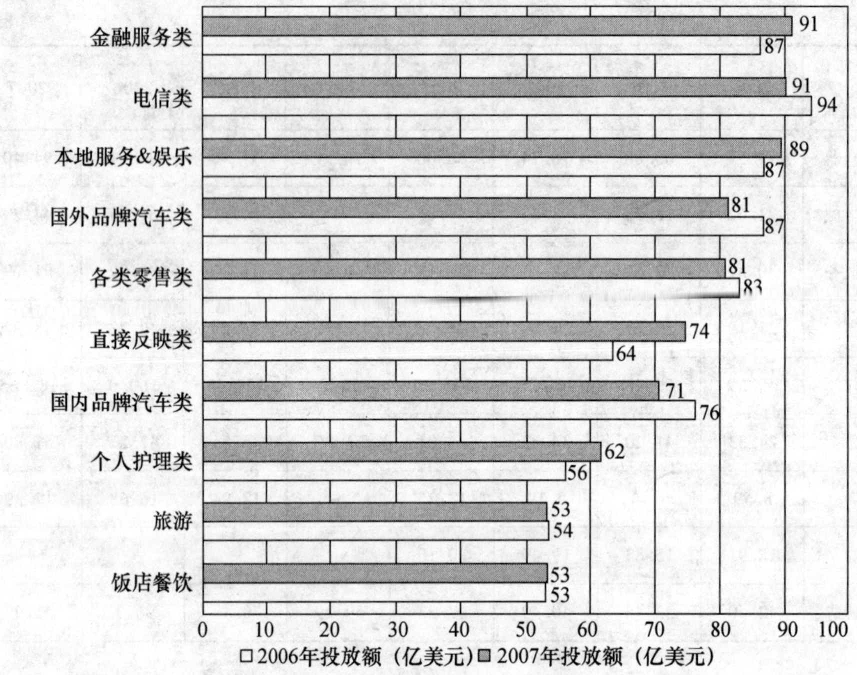

图 6－5　2006～2007 年美国广告行业投放 TOP10①

注：①数据来源：TNS，总体监测广告投放费用为 1490 亿美元。②版权归 iResearch Inc（2008.4）。

表 6－11　2006 年全球广告投放前十大广告主②

广告主	2006 年投放费用（亿美元）	2005 元投放费用（亿美元）	增长率（%）
宝洁（P&G）	85.22	81.84	4.1
联合利华	45.37	41.97	8.1
通用汽车	33.53	40.59	－17.4
欧莱雅	31.19	27.68	12.7
丰田汽车	30.98	28.40	9.1
福特汽车	28.69	26.43	8.5
时代华纳	21.36	24.77	－13.8
雀巢	21.14	21.09	0.2
强生	20.25	23.34	－13.2
戴姆勒—克莱斯勒	20.03	21.18	－5.4
总计	337.76	337.29	－0.14

注：①数据来源：iResearch Inc。②版权归 iResearch Inc（2008.4）。

①②图表及数据来源于艾瑞网：《2008 年全球广告行业发展报告简版》，2008 年 6 月 10 日发布。

五、媒体结构

中国广告产业的媒体结构，从经营额来看，2007 年中国四大传统媒体仍占据优势，合计占全年广告经营总额的 49.1%。但四大媒体经营单位的户数锐减。电视台、广播电台、报社和杂志社广告经营户数分别减少了 6.98%、29.96%、1.8%和 0.24%（见表 6－12）。

其他媒体则发展迅速，互联网、户外广告等市场价值凸显。2007 年户外广告经营额是 181.37 亿元，中国的户外媒体数由 2005 年的 1938088 个，增加到 2007 年的 3057980 个，户外媒体经营户数两年增加了 15983 户，可见其发展潜力。此外，互联网广告已经成为广告主的普遍选择。2007 年互联网广告的营业额增加了 4.37%，经营广告的网站户数增加 206%，网站工作人员人数增加 175%。2007 年，食品、汽车等广告大户青睐互联网，成为互联网广告投放增长最快的广告行业①。

新媒体层出不穷，广告主对于新媒体的接受程度增高，互联网和各类型户外媒体大大分食了传统媒体广告份额，新媒体中那些建立在数据库基础之上的精准营销新形态成为 2007 年广告市场追捧的热点，以分众无线为代表的手机广告成为新的市场增长点吞噬了传统媒体的广告份额。

表 6－12　2007 年中国广告经营单位发展情况②

经营单位	营业额（万元）	增长率（%）	经营单位（户）	增长率（%）
广告公司	6884977	9.1	113222	13.94
兼营广告企业	1188515	99.1	31595	67.55
电视台	4429522	9.6	2545	－6.98
广播电台	628202	9.8	657	－29.96
报社	3221927	3.1	1799	－1.8
杂志社	264648	9.8	4115	－0.24
其他	791836	－5.82	18682	22.2

另外，根据艾瑞网的调研数据显示，1998～2005 年，电视和报纸仍然占据广告收入的主流，但是发展势头减缓。网络媒体逐渐兴起，2005 年网络广告市场规模（不包含渠道代理商收入）为 31 亿元，超过杂志广告收入，接近广播广告收入（见图 6－6）。

①② 转引自《2007 年中国广告业统计数据报告》，《现代广告》，2008 年 4 月。

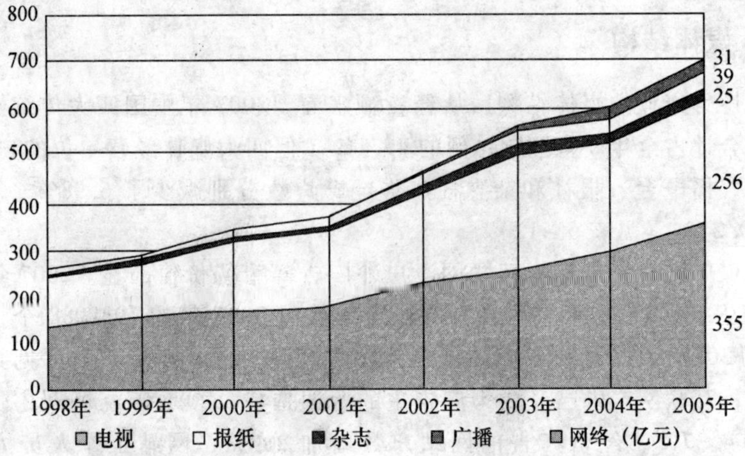

图6－6 1998～2005年传统广告与网络广告收入发展情况①

注：①数据来源：传统四大媒体广告收入数据来自国家工商行政管理总局；网络广告收入数据来自iResearch调研结果。②中国网络广告市场规模包含网络媒体以及电子邮件、网络软件、网络游戏、数字杂志等其他类型媒体广告收入；网络广告市场规模只包含媒体运营商收入，不包含染道代理商收入。③版权归iResearch Inc（2006.6）。

从世界范围看，艾瑞咨询根据实力传播数据发现，2007年电视、报纸、杂志、广播四大媒体广告经营额在受监测媒体中占有85.9%的市场份额，是最重要的广告媒体。另外，互联网和户外媒体逐渐占有重要地位，互联网已经超过传统的广播媒体，紧逼杂志。其他媒体如户外媒体资源的开发成为广告市场的热点，用广告的时间频次换取空间资源的延伸。电梯、大卖场、大学食堂、医院等都成了户外广告争夺的资源重地。

2005～2010年全球四大媒体广告市场增长较慢，新媒体广告市场增势强劲。2005～2010年，全球四大媒体中电视媒体广告市场增长最快，年复合增长率为6.41%；广播媒体其次，年复合增长率为3.80%；杂志媒体的年复合增长率为3.11%，而较为成熟的报纸媒体增长最缓慢，年复合增长率仅为1.80%。与之相对的，互联网媒体、户外新媒体等广告市场均达到两位数的年复合增长率，表现出强劲的发展势头。

虽然四大媒体广告市场总体份额逐年降低，但仍是全球主要广告媒体。一段时间以来，四大媒体广告市场在全球主要媒体中的比重逐年下降，预计2006～2010年，四大媒体广告市场在全球主要广告媒体市场中的份额将从86.8%减少到80.4%。受日益强大的互联网媒体影响，四大媒体的排名也出现了变化。2007

① 图表及数据来源于艾瑞网：《2006年全球广告市场数据报告简版》，2006年7月13日发布。

年，原居第四位的广播媒体广告市场首度被互联网媒体取代，预计到2010年杂志媒体的广告市场也将落后于互联网媒体。但在将来一段时间里，电视媒体和报纸媒体广告市场仍将居前两位。其中电视媒体的份额历年起伏不大（见图6－7）。

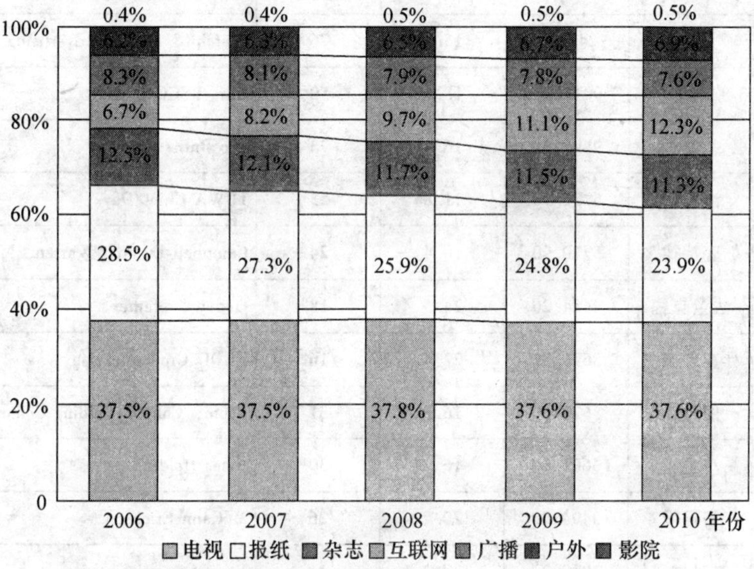

图6－7　2006～2010年全球主要媒体广告市场份额预测图①

注：①数据来源：实力传播。②版权归 iResearch Inc（2008.4）。

［参考资料］

中国广告市场的规模与发达国家的差距

2003年北京的广告营业额为205.4亿元人民币（24.8亿美元，当年汇率1美元合8.2767元），这一数字与1995年位居第15位的意大利米兰（当年广告营业额29.0亿美元）相比，还差近5亿美元，仅是1995年世界排名第一的东京广告营业额（358.4亿美元）的1/14左右（见表6－13）。中国广告市场与发达国家间的巨大差距由此可略见一斑。

①　图表及数据来源于艾瑞网：《2008年全球广告行业发展报告简版》，2008年6月10日发布。

表 6-13 1995 年世界广告营业额前 15 的城市[①] 单位：百万美元

排名	城市	1995 年营业额	比 1994 年增长（%）	广告公司数量（个）	当地代表性的广告公司
1	东京	35839.10	16.9	50	Dentsu inc.
2	纽约	29929.10	10.6	143	Grey Advertising
3	伦敦	12447.40	15.4	76	Saatchi & Saatchi Advertising Group
4	巴黎	9917.20	18.4	50	Euro RSCG France
5	芝加哥	9496.30	16.5	73	Leo Burnett Co.
6	洛杉矶	6231.90	11.8	53	TBWA Chiat/Day
7	底特律	5720.90	10.4	24	Campbell-Ewald（Warren，Mich.）
8	法兰克福	4454.20	24.5	18	Ogilvy & Mather
9	杜赛尔朵夫	3691.30	22.4	16	BBDO Group Germany
10	旧金山	3629.90	16.8	31	Foote，Cone & Belding Communications
11	马德里	3601.60	16.2	30	Bates Holding
12	圣保罗	3494.70	20.2	26	McCann-Erickson
13	汉城	3010.20	37.4	16	Cheil Communications
14	悉尼	2978.90	19.9	35	George Patterson Pty（Bates）
15	米兰	2906.80	2.5	35	Young & Rubicam ltalia

第四节 广告产业发展的新趋势

这个经济高速发展的时代无论对于全球广告业还是对于中国广告业都是一场全新变革的序幕。纵观近年来广告业的变化，有这样几个趋势是非常突出的。

一、精品店类小广告公司的发展

广告业日渐频生的购并行为，促使一些业界人士脱离原来的大公司而创立自己的小公司。一些天才艺术家如平面设计和文案人员成立自己的创意服务社。这

① 图表转引自卢山冰：《中国广告产业发展研究》，陕西人民出版社，2005 年版，第 61 页。

些富有创新精神的小公司主要为广告主服务，偶尔也转包广告公司的业务，为广告公司提供点子，他们的任务是推敲出绝妙的创意并制作出新颖、别致的广告讯息。他们专心于广告运作过程中最具创造性的环节，因而更加受到广告主的青睐。

好莱坞一家广告公司——创意艺术家公司（简称CAA）因为充当了创意工作室的角色，在创作一系列可口可乐广告的过程中动用了大批演员、导演、摄影师，而在麦迪逊大街（指纽约广告代理公司的统称，因美国大多数顶尖广告公司坐落于纽约麦迪逊大街而得名）上引起了轩然大波。麦肯·埃里克森全球公司一直是可口可乐公司的广告代理，但其大部分创意工作是由创意艺术家公司完成的。从那时起，可口可乐就用众多小型工作室为自己服务。事实上，可口可乐的名单上已经有了16家代理公司和创意工作室的名字。这是美国的一个典型例子，虽然美国四大控股公司控制了广告营业额的82%。尽管它们占据了该行业的主导性份额，但并不意味着中小广告公司对于大广告客户毫无吸引力，为了寻找新的想法和战略，许多大型广告企业倾向于寻找一些富有创新精神的小公司丰富其广告创意，把各种项目或产品交给一些富有创意的精品店。

此外，广告客户可能是像宝洁公司那样每年广告费用高达240亿美元的大公司，也可能是缅因街上的一家小复印店，每年只花300美元印一些传单，然后把它们别在小镇停车场上的汽车挡风玻璃上。就像大百货公司更愿与富人打交道一样，大广告公司不屑与小客户打交道，因此还有成千上万的中小客户愿意与他们做生意①。

在中国，随着国内市场的开放，中小公司面临激烈竞争，伴随并购之风愈演愈烈的是中小公司趋向市场细化，走专业化之路。中小公司的成长路径也许并不是华山一路，精品店式的发展满足了很大一部分市场需求。

二、媒体购买服务公司逐渐占据重要地位

2006年，同属WPP集团的五家以M打头的公司，Mindshare（传立媒体）、Mediacom（竞立媒体）、Mediaedgecia（尚扬媒介）、Maxus（迈势媒体）和Motivator（灵立媒体）成立了GroupM（群邑），属于一个集团的媒体公司合并其采购部，形成一个趋势，为未来的媒介购买体在中国的独资并纳入全球运营网络迈出第一步。此后，阳狮媒体集团（Publicis Groupe SA）整合实力传播和星传媒体，成立了旗下全新的战略业务单位——博睿传播。中国最大的媒介购买垄断终于诞生了。为什么这些国际广告业的巨头如此钟情于广告媒体？

---

① ［美］威廉·阿伦斯著，丁俊杰、程坪等译：《当代广告学》，华夏出版社，2000年1月第1版，第115页。

1. 受众碎化使媒介策划受到重视

在受众媒体接触特点同质性高时，广告主只要选择大媒介、黄金时段，进行大投入，就能收到不错的广告效果，与创作部和客服部的“星”们相比，策划和购买媒介的人历来都比较默默无闻。在许多广告公司和企业里，常规的媒介策划相信：在电视黄金时段插播几条联播广告就足以到达广告主的大部分受众。

现在，我们处于一个转型的社会，社会阶层的碎化促使了媒介受众的碎化，受众的差异性越来越大。同时，由于传媒产业的发展（如电视频道增多、广播媒体复兴、报纸版面无限扩张、新技术日新月异等），受众的注意力被分散。具体来说，受众碎化大大分散了单个媒介的收视率（收听率、订阅率），使得媒介购买显得更为重要，逐渐成为广告舞台上的重要角色。

2. 媒介购买公司的“谈判优势”

媒介的时间和版面是无法保存的，电台晚八点的60秒插播广告时段如果过了今晚没卖出去就再也卖不出去了。因此，电台、电视台都会预先尽量把时间卖出去，对批量购买还有优惠折扣，媒介购买公司与媒介商定一个特殊折扣幅度，然后把时间或版面转售给广告公司和广告主。

媒介服务购买公司一般代客户购买大批量的媒体广告版面和时段。由于购买量大，他们可以获得比较优惠的价格，然后把这种优惠转给客户，提取佣金或适当收费。这类公司在媒体版面和时段购买方面经验丰富，还可以向自己的顾客（客户和广告公司）提供详细的媒介购买分析。一旦媒介时间卖出，媒介购买公司便负责指定插播时间，核查播出情况，监督电台、电视台是否弥补了漏播的广告，甚至还替客户支付媒介账单①。小客户把购买业务委托给他们，比自己直接操作更合算。对于大客户来说，购买量再大也是有限的，那么把业务委托给媒体购买服务公司经办也会节省成本和资源。

三、新鲜力量进入

伴随着新技术的发展，网络、楼宇（卖场）液晶电视、车载电视、手机等新媒体逐渐进入广告行业，为广告业注入了新鲜力量。

网络广告是指由广告主支付费用，利用互联网传播的广告②。网络广告较传统广告有很大优势。随着广告主对新媒体越来越多的偏好，汽车、食品等广告大户加大了对网络广告的投入，有五个大行业的网络广告投放费用超过亿元，其中IT产品类投放突破3亿元。此外，传统媒体寻求与网络合作，《人民日报》等传

---

① ［美］布鲁斯·G. 范登·伯格、海伦·卡茨著，邓炘炘等译：《广告原理》，世界知识出版社，2006年版，第41～42页。

② 贾玉斌主编：《广告与营销辞典》，中国工商出版社，2006年版，第8页。

统媒体广告全面上网，实现数字化，为网络广告注入了新鲜血液。

《2007年中国广告业统计数据报告》显示，2007年网络广告经营单位户数增长率为206%，从业人员人数增长率为175%，广告经营额增长率为34.37%。互联网广告增长最快的三个行业是服装服饰256%、汽车255%、食品141%，而这三个产业都是传统广告投入的大户[①]。

与此同时，楼宇电视、移动电视、卖场液晶电视、车载电视也在国内外取得巨大商业成功，利用新媒体传递广告已成为业界、资本市场追捧的热点。

关于新媒体的调查数据显示，67.2%的被访企业同意新媒体在企业营销推广中的地位在上升这一看法，不同意这一看法的被访企业不足5%，越来越多的广告主对于新媒体的态度已经由站在岸边的热切关注转变为积极热身和试水[②]。

四、广告业与资本力量融合，做大市场蛋糕

我国不断深化和扩大经济体制改革，国民经济向市场方向的持续高速发展带动了广告业的迅速增长。在市场竞争体制完善的发达国家中，美国广告投入长期占GDP的2%左右，日本也保持在1.2%左右，而我国广告业的产值近几年虽然有了很大提高，但仍仅占GDP的0.7%～0.8%。这充分表明，我国广告产业仍有巨大的增长空间。

依据尼尔森公司发表的分析报告，如果广告产业能保持平均10%的增长率，那么未来35年内，中国广告市场规模将达到24196亿元，成为仅次于美国的第二大广告市场。如此巨大的成长空间使广告业成为民间资本和国外资本的关注焦点。

在中国广告集团的建立上，国外著名的广告集团并购我国本土广告公司步伐正在加快。中国广告业正在融入世界广告业之中。WPP旗下的达彼思广告集团与成都阿佩克斯正式合作，这是WPP集团首次进入中国西部市场投资。除了广告业外，WPP集团已经在中国营销传播的公关、咨询、直接销售、整合营销等领域进行渗透和并购。阳狮集团收购了中国最大的独立互动营销公司Communication Central Group（CCG），这一举动将奠定阳狮集团在大中国区数字营销和互动沟通领域的领导地位。意大利著名出版集团蒙达多利所属的蒙达多利广告公司投资100万欧元与中国财讯传媒组建合资公司，主营杂志行业的广告业务。从共同发展、共同促进和"共赢"角度讲，国外广告公司与中国广告公司合作的目的不是挤占中国既有的广告市场份额，而是凭借资本力量将广告市场蛋糕做大。

---

① 数据来源：《2007年经营广告的网站情况》，《国际广告》，2008年1月。

② 陈永、丁俊杰、黄升民：《解读2007年度中国广告业生态调查报告——广告主篇》，《现代广告》，2008年1月。

[参考资料]

全球前十大成长最快媒体

根据2006年11月全球独立广告代理商联盟——ICOM（International Communication Agency Network）针对各国媒体环境调查显示，前十大成长最快媒体中的前三名均为互联网媒体（见表6-14）。

表6-14 全球前十大成长最快媒体①

名次	媒体
1	部落格/电子邮件/社群网站
2	病毒营销
3	因特网置入性营销
4	手机图文广告
5	创意户外广告
6	体验营销
7	游击营销
8	关键词
9	手机简讯广告
10	电视节目置入性营销

资料来源：动感杂志，台湾经济研究院产经数据库整理，2007年6月。

第五节 广告产业集群

根据产业经济学中关于集聚经济的原理，发展产业集群有许多优势。产业集群不仅意味着经济主体在地理空间上的临近，更意味着集群内部密集的交易和企业间的关联。本节将对广告产业集群的竞争优势进行分析，为我国广告产业集群的发展提供一些借鉴。

一、广告产业集群

英国经济学家马歇尔（Marshall）在《经济学原理》中，把专业化产业集聚

① 黄振家：《广告产业的未来》，《广告大观理论版》，2008年3月，第62页。

的特定区域称作“产业区”。在他看来这是一种由历史与自然共同限定的区域，集中了大量相关的中小企业，产业区的生产活动不是自给自足的，而是企业劳动分工的不断细化和积极地相互作用①。

迈克尔·波特（Michael E. Porter）在《国家竞争优势》一书中，引入“集群”（Clusters）概念，指在某一特定区域下的一个特别领域，存在着一群相互关联的公司、供应商、关联产业和专门化的制度和协会。他对产业集群的定义是：在特定的区域中，一群在地理上邻近、有交互关联的企业和相关法人机构，以彼此的共通性和互补性相连接的现象称为产业集群②。

在当今世界经济地图上，那些具有国际或区域竞争优势的产业大多集中于某些特定的区域内。观察表明，产业集群现象几乎遍及所有的产业领域。目前来看，无论是国际还是国内，广告产业都有“集群”发展的迹象。

从宏观角度看，国际上已经形成纽约、伦敦和东京三大广告业中心。这三大广告业中心集聚着巨型跨国广告集团，并有高额的广告出口业务。而在这些世界级广告中心中，又出现了美国纽约麦迪逊大街、英国伦敦苏荷区“广告村”（Ad village）这种城市中广告业的集群。

纽约是全球第一大广告中心，位于纽约曼哈顿区的麦迪逊大街是美国广告业的代名词、纽约的一道风景，也是智威汤逊、扬·鲁比肯、达彼思、奥美、李奥贝纳、DDB 等著名广告公司的发迹地。麦迪逊大街是全球广告人的集散地。

日本东京是仅次于纽约的世界三大广告中心之一。在全球排名中居前 100 位的大广告代理商中日本广告代理商就占了 1/5 之多。著名的电通公司是日本最大的广告公司，也是世界上最大的广告公司之一。另外，日本的“博报堂”、“大广”、“东急”等大广告公司也很著名。

伦敦是英国文化创意产业的中心，是世界创意之都。位于伦敦东区的霍克斯顿邻近剑桥大学，聚集了 500 多家创意企业和大量优秀的创意人才，是世界著名的创意产业园区。全球最大的广告集团 WPP、AMV/BBDO 广告公司、BBH 广告公司等都驻扎伦敦，拥有自己的大楼。

我国在北京、上海等地也出现了广告业集群发展的现象。自北京朝阳 CBD 开工兴建以来，众多媒体纷纷东迁，CCTV、BTV、凤凰卫视等媒体的落户与其说是为朝阳区引入了一家电视台、一份印刷媒体，倒不如说引入了一个产业链。朝阳 CBD 丰富的文化产业人才资源、良好的文化氛围、优惠的政策使该地区越来越像文化创意特征显著的产业集聚区。有人曾预言，朝阳 CBD 将形成中国的“麦迪逊大街”。城市创意产业的集群将直接影响到广告产业的升级。

---

① 崔琳琳、顾志群：《小企业集群的竞争优势》，《经营与管理》，2004 年第 4 期，第 30～31 页。
② 张元智、马鸣萧：《产业集群——获取竞争优势的空间》，华夏出版社，2006 年版，第 32 页。

上海嘉定工业区将对广告总部基地进行统一规划和设计，并以此为纽带，凭借工业区各项优惠政策，吸引国内各大优质广告公司前来注册，以发展广告创意增强工业区“软实力”，提升影响力。目前已有北京、上海、南京等国内20多家著名广告公司入驻。该总部基地将于2009年基本建成。届时，嘉定工业园区将成为中国广告人的一个重要阵地。

借鉴有关产业集群的界定，依照国际、国内广告产业集群发展的现实，不妨将广告产业集群界定为有交互关联的广告经营机构、与广告业联系密切的其他产业（以处于广告主位置的相关产业为主）及相关支撑机构（如广告行业协会、工商行政部门、大学教育研究机构等）在特定空间范围内大量聚集的现象。

二、广告产业集群的“钻石体系”分析

迈克尔·波特所提出的“钻石体系”（见图6-8）为分析产业集群提供了一个便于操作的模型。该模型认为，生产要素、需求条件、相关产业和支持产业的表现、企业的战略、结构和竞争对手、机遇与政府是解释国家为什么能在某种产业的国际竞争中崭露头角的重要因素。“钻石体系的基本目的就是推动一个国家的产业竞争优势趋向集群式分析，呈现由客户到供应商的垂直关系，或由市场、技术到营销网络的水平关联。”[①] 实际上，“钻石体系”所涉及的重要因素亦可作为分析广告产业集群的关键点。接下来我们参照“钻石体系”分别分析纽约麦迪逊大街和上海“广告湾”广告产业集群的关键因素。

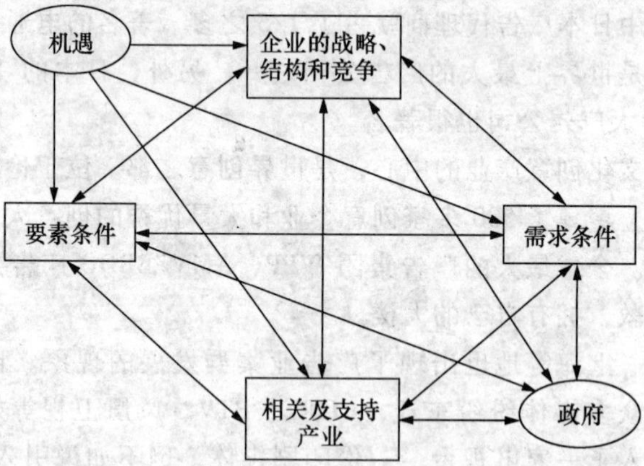

图6-8 迈克尔·波特的钻石体系[②]

① ［美］迈克尔·波特著，李明轩、邱如美译：《国家竞争优势》，华夏出版社，2002年1月第1版，第139~140页。

② ［美］迈克尔·波特著，李明轩、邱如美译：《国家竞争优势》，华夏出版社，2002年1月第1版，第119页。

1. 麦迪逊大街广告产业集群的“钻石模型分析”

麦迪逊大街——纽约曼哈顿区的一条著名大街（见图6-9），是纽约的一道风景，是全球著名的广告业聚集地，美国许多广告公司的总部都集中在这条街上。媒体方面，麦迪逊大街及其两边的三个街区有两个美国最大的广播电视网CNN及50家电台推销代表处，还有《时代》、《生活时尚》、《纽约人》等美国主要期刊的编辑部、销售中心和办事处，近千份国际性报纸的广告代理点。麦迪逊大街上的广告公司为地方电视台出售广告时间，为近千份报纸、杂志出售广告版面。在这条大街及其周围还建起了全美独一无二，欧洲也绝无仅有的娱乐场所。可以说，纽约最优秀的餐馆在这里为广告和传播业的先生们提供午餐，形成了一个庞大的传播产业财富链。每天工作在麦迪逊大街上的广告人苦思冥想，发起了一个又一个广告宣传活动来推销美国的产品，推动美国广告产业和整个国民经济的发展①。

图6-9 麦迪逊大街

(1) 要素条件

产业集群的生产要素既包括整个集群运转所需要的基本生产要素（如土地、资金、人力、厂房、设备等），也包括高级生产要素（如熟练工人、科研人员、风险投资和最新信息的获取能力等）。相对而言，高级生产要素是构成产业集群要素供给优势的关键。

① ［美］威雅著，夏慧言、马洪、张健青译：《颠覆广告：麦迪逊大街美国广告业发展的历程》，内蒙古人民出版社，1999年版，第5~8页。

广告创意产业对从业人员的知识更新能力要求更高，它需要从业人员源源不断地提供“原创性”的思想和理念。创意企业的集聚，会吸引更多创意人才的集聚。此外，城市广告创意产业的发展离不开区域教育配套设施。配套齐全的教育设施不仅能给广告创意产业提供前沿的学术理论，跟踪全球最新的产业理念，而且也能为创意产业提供源源不断的从业人员。纽约是世界人才的集散地，拥有哥伦比亚大学和纽约大学等世界著名高校，这有利于麦迪逊大街集聚全世界最具创意的广告人才。许多著名广告公司创始人就是在这里开始和延续他们事业的。

（2）需求条件

需求条件包括：国内市场的性质，如客户的需求形态；国内市场的大小和成长速度；从国内市场需求转变为国际市场需求的能力。

1920～1933 年西方资本主义国家发生经济危机，市场上商品过剩，大量积压。资本家需要推销商品就要在推销型广告上下工夫。在某种意义上，经济危机对当时的广告业发展起到一定刺激作用，也为广告产业集群的发展提供了很好的需求环境。当时的世界广告中心逐渐从英国移到美国，许多美国著名的广告人在那时开始展现他们的才能，在纽约麦迪逊大街建立了广告公司，这些广告公司随后逐渐发展成为现在国际知名的大广告公司。20 世纪 20 年代，在经历了一场广告业的爆发式发展后，麦迪逊大街的广告业开始占有重要地位，也就是从那时起该大街成为广告业的代名词。

（3）相关产业与支持产业

集群的相关产业与支持产业使集群的近距离采购成为可能，这样不仅降低了产业集群的采购成本，而且有利于产业集群与相关产业和支持产业之间的信息交流、贸易沟通；有利于产业集群对市场需求做出灵活反应以及对产品或服务质量、供货期等方面实施有效控制。产业集群产业链的分工使得集群企业的运转灵活化和简单化，集群企业与外部供应商、批发商和零售商之间的协调则成为重要的经营环节。

麦迪逊大街是一个广告产业的集中地，坐落于其中的企业多与广告相关，属于关联产业的市场，从而可以产生关联产业规模经济的“聚合效应”。动态来看，根据斯密定理——市场范围决定分工程度，关联企业在地理空间上的集中必然会深化企业内部和外部的社会分工，提高生产效率，促进关联产业的发展。如当供应商、媒介购买公司、媒介分销商、支持广告产业运作的重要渠道——媒体及提供各种各样服务的广告公司在生产技术上产生一定依赖性时，其相似性和关联性及一体化有助于节约生产成本，发挥每个企业的专长，实现最大效用。

在麦迪逊大街的广告产业集群环境下，广告产业链条上各个环节集聚、分工可以促使各个环节提高生产效率，而集群又带来了交易成本的降低。广告产业集群将与广告相关的企业聚集，这些企业中的很多都是从事一些相似性的生产，例如一家大型企业设有媒体购买部门，该媒体购买部门专门负责其媒体购买业务，但是对于媒体购买业务来说，往往大量购买可以压低价格，带来更高的效益，而一个企业规模再大也是有限的，因此，可以将其媒体购买业务分离出来，专门成立媒体购买公司，为集群中各企业提供媒体购买服务达到有效的经济规模，可以带来一些类似于精品店式的富有创意的小公司发展，从而节省资源。

在麦迪逊大街的广告产业集群环境下，竞争基本上是同类企业之间的竞争，在同一区域同行业的环境下，口碑相传是一种速度很快的信息传播机制。地域上的邻近、交易关系相对持久稳定、重复等特征促使交易者通过约束来自觉地维护信任，限制机会主义行为。与大量分散、随机的交易相比，产业集群内的企业有更强的动机来培育和积累声誉，以维护交易的信任基础。企业上下游各环节之间容易形成互信关系，有助于降低交易中的不确定性，地理位置上的接近也降低了交易的显在成本。

（4）集群战略以及同业竞争

在竞争优势对产业集群的关系中，集群战略、集群结构和集群的竞争对手是必须考虑的因素。集群在发展战略上应克服创新惰性，力求不断满足各种客户的不同需求，开发特色产品。

广告产业是创意产业的核心，可想而知创意对于广告产业来说的重要性。麦迪逊大街既是一个广告产业集群，更是一个创意产业集群。智威汤逊、扬·鲁比肯、达彼思、奥美、李奥贝纳、DDB 等著名广告公司在这里集聚，创造出良好的创意氛围。众多创意企业聚集也有助于企业之间基于良性竞争而发起的对于创意的关注热潮。此外，在企业文化方面、领导者的企业家精神方面都会激起点燃创新的引爆点。麦迪逊大街是一个社会性开放系统，是多种要素、多种主体、多种联系协同形成的一个集合体。这种集合有效地促进了区域内各种要素的组合，培育了蕴涵企业家精神的集群文化，有利于创新主体、合作制度和社会结构的形成，培育了创新和技术进步的产业环境。

集中了大量国际知名广告公司、媒体和广告相关企业的麦迪逊大街的外部进入壁垒很高，一般的企业很难进入，而在集群内部，利用产业集群的各种竞争优势，各企业合作共同创造麦迪逊整体影响力。美国广告业的代表就是麦迪逊大街，它可以代表整个美国广告业，这充分说明了它的整体影响力，而坐落在麦迪逊大街的企业也从中获得了自身的影响力。

2. 上海“广告湾”产业集群的“钻石模型”分析

（1）区域生产要素储备

基本的生产要素条件方面，卢湾区已经有了良好的基础设施条件。高级生产要素条件方面，上海可以称得上是一个开放的大都会，远离政治中心，思想活跃，是一个创意人才集散地。城市广告创意产业的发展离不开区域教育配套设施。配套齐全的教育设施不仅能给广告创意产业提供前沿的学术理论，跟踪全球最新的产业理念，而且也能为创意产业提供源源不断的从业人员。上海集中了全国众多优秀的大学，复旦大学、上海交通大学、上海大学等对于广告的研究都比较广泛、深入。此外，其教育改革水平也处于中国前列。

(2) 区域市场需求

广告创意产业是商业经济中的一个环节，其生产的商品必须由市场来消化。区域市场需求对广告创意产业的发展有很大的推动作用。目前广告创意产业发展较好的城市都依赖其良好的市场需求情况。上海经济发达，市场需求旺盛，2007年上海广告营业额为111.8亿元，占全国广告总额的15.7%，居各地之首。其中，4A公司的营业额占半数以上。目前上海的18家4A公司中，在卢湾区办公的就有8家。除去总部设在上海与北京的国际型公司，上海的上榜公司数及营业额也远高于北京、广东两地。

(3) 相关支持产业

上海地区是我国广告业最为发达的地区，卢湾区也有良好的先天条件，已有许多4A公司在区域内安家。市场调节加上政府的鼓励措施吸引着一些供应商、流通商以及给予创意产业经济支持的其他产业不断加入该区域。

(4) 政府支持态度提供良好机遇

广告创意产业不是传统的单一产业，是一个跨行业、跨部门的新型行业。如果没有政府部门的协调和政策的制定，就不可能形成完善的产业链。如果没有从创意到生产再到销售这样一个流程完整的产业链模式，广告创意产业的发展将很受限制。政府对广告创意产业的宏观政策指导及对广告创意产业公用设施的投入对形成创意产业集群至关重要。

我国政府对于创意产业持支持态度。2008年4月23日国家工商行政管理总局、国家发展和改革委员会联合发布《关于促进广告业发展的指导意见》，其中谈到发展创意产业集群，以创意产业为增长点，促进区域广告创意基地的形成，培育和发展具有特色的优质广告创意产业集群。

上海市政府更是从各个具体的方面给予极大的支持。2008年上海“两会”期间，卢湾区人大代表发起联名提案，建议在卢湾区专辟地段，“设立广告传媒特色区域”。这个提案引起卢湾区政府高度重视。经认真调研和论证，上海市卢湾区很快制订了建设计划，开始制造这样一个新的时尚亮点。卢湾区经贸委主任、旅游局局长吴荷生表示，为支持“广告湾”建设，该区将以北部地区为重点，通过房租补贴、创新奖励、大型活动经费支持、小企业贴息贷款等优惠政策和简化审批手续等良好的政府服务，吸引更多广告企业尽快集聚，企业提供绝好的发展机遇①。

① 师琰、李明伟：《21世纪经济报道》，2003年8月19日。

三、广告产业集群的意义

迈克尔·波特认为，“一旦产业集群形成，集群内部的产业之间就形成互助关系。它的效应是上下左右、向四处展现的。”“产业集群也帮助产业克服内在惯性与僵化、破解竞争过于沉寂和危机，进而将这些现象转为竞争升级。”“完整的产业集群也会放大或加速国内市场竞争时生产要素的创造力。当一群企业在彼此互相牵连的关系中，目标一致地投资科技、信息、基础建设和人力资源，必然会发生外溢效果。”“产业集群的竞争力大于各个部分加起来的总和。”① 广告产业集群具有产业集群的某些特征，迈克尔·波特所言及的种种产业集群的好处亦不同程度地表现在广告产业集群中。

集约是产业集群的核心竞争能力。广告产业集群形成了资源集约、人才集约、市场集约、信息集约、文化集约。产业内的竞争则使得资源、人才、市场、信息、文化保持着充分的活力。目前中国某些城市的广告创意产业还处于一种松散的、各自为营的状态；它们希望借助集群使产业内的“熵”达到最大值。因此，构建广告创意产业集群的意义就在于：任何良性的竞争，都或多或少地提高了竞争各方的生存质量，如果将相关企业通过一定的排序合理地聚集起来，就会有类似反应堆的效应。

集群内的交互作用是产业集群的运作基础。客户、供应商、关联行业之间紧密流通的需求和技术信息是“钻石体系”和产业集群的运作基础。产业集群内顺畅的互动机制会协助信息流通得更顺畅，缓和经济利益主体间的冲突，为垂直或水平联结的公司创造合作与信任的空间。广告产业集群使集群内的企业形成了这样一种互动机制，即关联广告企业之间互信互利、良性竞争，避免一些由于不信任所造成的议价成本，促进整个集群的整体发展。

制度创新是实行产业集群战略的关键。政府应当清楚其在产业集群发展中的地位，加大政府制度创新力度。产业集群的发展是由环境因素、需求条件、生产要素、相关与支持性产业共同作用的结果。但这并不意味着政府在产业集群的发生发展中毫无作为，听任其产生、发展和灭亡。相反，政府在产业集群的产生和发展过程中起到了非常重要的作用。主要体现在：①集群的产生需要政府的间接参与。根据市场规律，政府不应该直接参与产业集群的发展。但是，在集群产生的初期，各方面的优势还没有体现出来，在激烈的市场竞争中，如果没有政府的有效帮助，集群的产生就会很艰难，甚至有可能夭折。②集群氛围的改善需要政府。集群内部的不正当行为、社会化服务体系的完善、产业的升级和企业的机会

---

① ［美］迈克尔·波特著，李明轩、邱如美译：《国家竞争优势》，华夏出版社，2002 年 1 月第 1 版，第 142 页。

主义行为以及集群外部的市场环境建设均离不开政府的参与①。例如，对于上海市政府打造“广告湾”的概念，有一些业内人士并不十分看好。事实上，就在上海，除了卢湾区，静安区和黄浦区实际上也聚集了不少大牌广告公司。仅在南京西路沿线，就汇集了不少4A公司以及公关、媒体购买、市场调查等服务公司，也因此形成了一个广告传播业商圈。未来几个区域之间的竞争也许难免，而政府如何协调就成了一个很重要的问题。由于刚刚起步，“广告湾”的具体发展规划也需要进一步完善。而政府对于“广告湾”的倾斜政策也显得还缺乏可操作性。“麦迪逊大街是自然形成的，我们是由政府推动的”，对于中国的广告产业集群，上海师范大学广告系主任金定海指出，“这个概念虽然很好，但是需要经营，要有策略和很强的执行性，最好由专业经营机构有效地推进，逐步获得行业认同”。②

[小组辩论]

请阅读下面参考资料并结合查得的其他资料，请同学组成两个辩论小组（3人一组）。第一小组的辩题是：我们认为北京打造广告产业集群的条件更充分些。第二小组的辩题是：我们认为上海打造广告产业集群的条件更充分些。

资料：对垒京城传媒大道——“麦迪逊大街”热炒上海版③。

盛世长城、麦肯光明、智威汤逊、电通、Arnold Worldwide……

苏秋平、莫康孙、劳双恩、林俊明、伦洁莹……

有什么事情能吸引到这些全球顶级4A公司和华文广告界的泰斗级人物齐齐亮相？2003年8月5日，上海新天地，一个叫做“广告湾”的新鲜名字被卢湾区政府隆重推出，而上述人士出现的身份，是这个“广告湾”的推广委员。

这不由让人联想到北京朝阳CBD，继CCTV、BTV新台址相继在朝阳CBD开工建设，另一中文传媒巨头——凤凰卫视也将落户朝阳，目前朝阳路周边的商务置业投资机会已凸显出来。有人预测，这里将形成中国的“麦迪逊大街”。随着凤凰卫视及此前的CCTV、BTV两家电视台的东迁，加上原有的《人民日报》、《北京青年报》等媒体的存在，已经引发了大规模的媒体东移。朝阳商务局的一位负责人表示，凤凰卫视落户CBD，不光是一个电视台的入驻，更是一个产业链的引进。据统计，目前该区域内已有近十个商业、写字楼项目先后启动，许多写字楼已为广告公司购买，也有一些广告企业表示愿意往这一地区发展。而这批瞄准中高端市场的商业项目，主要看中了将落户于该区域内的庞大的传媒业企业群。

---

① 陈柳钦：《产业集群与产业竞争力》，《南京社会科学》，2005年第5期。

②③ 师琰、李明伟：《21世纪经济报道》，2003年8月19日。

"北京国际传媒大道更多的是房地产概念"，卢湾区政府的一位官员说，"而'广告湾'的未来目标是成为中国乃至亚太地区的广告业中心，就像中国的'麦迪逊大街'。"

而志在成为中国"麦迪逊大街"的"广告湾"已有先天资源。上海广告业目前规模已居全国翘楚，在中国广告协会日前公布的营业额百强广告公司中，位于上海的就有 39 家，远多于北京的 16 家和广东的 12 家。

2007 年上海广告营业额为 111.8 亿元，占全国广告总额的 15.7%，也居各地之首。其中，4A 公司的营业额占半数以上。目前上海的 18 家 4A 公司中，在卢湾区办公的就有 8 家。除去总部设在上海与北京的国际型公司，上海的上榜公司数及营业额也远高于北京、广东两地。

"广告湾"的理想之一，是所有外国广告网络的亚太区中心都能设在上海。据杨宇时和苏秋平透露，目前已有 8～10 家国际性广告公司计划进场，一些香港的顶级后期制作公司，也意向已定，正在商谈。

本章小结

广告产业就是生产或提供调研、策划、创意、制作、媒体购买、发布等一系列与广告活动相关的产品或服务，并在同一市场上发生关系的组织的集合。主要由广告代理公司、广告媒介和广告下游公司组成。

广告产业有许多特点，它属于文化产业。一方面，广告本身是一种文化艺术符号；另一方面，广告表现了一种文化信息。它属于创意产业：广告产业是典型的创意产业，以创意为核心价值。它属于第三产业：广告产业为人们的生活提供信息服务。它属于广义上的服务业，包含于第三产业。广告产业还属于信息产业。

广告产业在国民生产总值中占有重要地位。以报刊为例的分析显示，影响广告产业规模的主要因素有源泉方、渠道方、消费方三大因素，同时，三大因素内部又有许多因素相互制约。

广告产业的结构复杂，可以从广告经营者性质结构、地域结构、市场结构、行业结构等方面进行分析，由于中国广告产业的特殊性，因此，在结构上表现出许多与国外的不同。

广告产业呈现出许多新趋势，如精品店类小广告公司的发展、媒介购买公司的地位日渐显现、新鲜力量的进入（主要是一些新媒体的进入）及广告业与资本力量的融合。

迈克尔·波特在《国家竞争优势》一书中，引入"集群"（Clusters）概念，他对产业集群的定义是：在特定的区域中，一群在地理上邻近、有交互关联的企业和相关法人机构，以彼此的共通性和互补性相连接的现象称为产业集群。麦迪逊大街是广告产业集群的典范，其在要素条件、需求条件、相关产业与支援产业、集群战略以及同业竞争等方面的竞争优势促成了该广告产业集群的成功。此外，我国上海在这几个方面也有一些优势，正着力于“广告湾”的打造，总体来说，中国广告产业集群正处于萌芽阶段，需要在摸索中前进。

思考与操作

1. 广告产业有何特点？

2. 分析影响广告产业规模的主要因素有哪些？

3. 请解释为什么近些年媒介购买服务公司发展很快。

4. 你认为北京与上海是否具备发展广告产业集群的条件，为什么？

5. 分组讨论中国广告产业的未来发展趋势，然后将各组讨论的结果加以比较。

第七章　虚假广告的治理

【本章概要】

虚假广告的概念

虚假广告的表现及危害

虚假广告的成因

虚假广告的治理

【学习目标】

理解虚假广告的界定

了解虚假广告的表现形式

认识虚假广告的危害性

分析虚假广告的经济成因

把握治理中国虚假广告的应对之策

正如法国广告评论家罗贝尔·格兰（Robert Glenn）所说，我们呼吸着的空气是由氮气、氧气和广告组成的。广告渗入到我们生活的各个角落。但如果广告生态环境中掺杂了虚假广告，就会像我们呼吸的空气遭到了污染一样令人沮丧。

随着我国市场经济的飞速发展以及广告市场竞争的日益激烈，大量虚假广告"浮出水面"，干扰了正常的社会经济生活。虚假广告是社会公害，因它而起的各种案件、纠纷不断。事实上，虚假广告牵扯到广告商、广告媒体和消费者等众多利益相关者的利益，其存在有着深刻的经济根源。

本章先分析虚假广告的表现和危害，然后从经济学等多个角度分析虚假广告的成因，最后借鉴国外传媒和广告商的自律经验以及相关部门的防治办法，提出规制我国虚假广告的可行途径。

第一节　虚假广告及其危害

市场经济是一种利益经济，每一既定社会的经济关系首先表现为利益[①]。随着市场经济的发展，经济人的利益欲望也在无限膨胀，经济人出于对自身利益的关怀，有机会主义倾向，即借助不正当手段牟取自身利益的行为倾向，他会随机应变，投机取巧[②]。这种随机应变、投机取巧表现在广告领域就是虚假广告。

一、何谓虚假广告

美国学者巴茨等人在所著的《广告管理》中认为："如果广告传达给了受众，并且广告内容与实际情况不符，广告影响到消费者的购买行为并损害了其利益时，我们就认为这是欺骗行为。"[③]

美国联邦贸易委员会1983年将虚假广告界定为："凡是含有虚假表述，或者由于省略了有关信息等做法，而可能误导行为理智的消费者，致使他们遭受损害的广告。"[④]

《西班牙广告法》将虚假广告界定为"骗人广告"，认为"那种以任何方式，包括其表达方式，诱使或可能诱使广告对象犯错误，因而可能影响其经济情况，损害或可能损害某一竞争者的广告是骗人广告"[⑤]。

国家工商行政管理局对虚假广告的解释是：广告主、广告经营者和广告发布者为牟取非法利益而在广告中采用欺诈性手段，对商品或服务的主要内容作不真实的或引人误解的表示，导致或足以导致消费者对其产生高期望值从而做出错误判断的广告[⑥]。

我国学界一般认为，广告内容必须真实、健康、清晰、明白，不得以任何形式欺骗用户和消费者，反之，即为虚假广告宣传。简言之，虚假广告是指用欺骗手段所进行的不真实的广告宣传。

---

① 中共中央马克思恩格斯列宁斯大林著作编译局：《马克思恩格斯全集》（第1卷），人民出版社，1995年第1版，第88页。

② 张阳升：《市场经济的人性基础辨证》，《中央党校学报》，2000年第4期。

③［美］巴茨等著，赵平等译：《广告管理》（第5版），清华大学出版社，1999年9月第1版，第13页。

④ 陈培爱：《中外广告史》，中国物价出版社，2002年8月第2版，第294页。

⑤ 黎燕燕、杨妮、柴进：《论虚假广告对消费者权益的侵权》，《法学杂志》，2003年第6期。

⑥ 参见国家工商行政管理局文件（工商广字1993第185号）：1993年6月21日国家工商行政管理局对湖南省工商行政管理局关于认定处理虚假广告问题的批复中对虚假广告的定义为"凡利用广告捏造事实，以并不存在的产品和服务进行欺诈宣传，或广告所宣传的产品和服务的主要内容与事实不符的，均应认定为虚假广告"。

借鉴已有观点，我们将虚假广告界定为：虚假广告指广告主、广告代理机构和广告发布者为牟取非法利益而采用欺诈手段，在广告作品中对商品或服务的主要内容作不真实的或引人误解的表述，导致或足以导致消费者对其产生高期待值从而做出错误判断的广告活动。

简单来说，虚假广告具有以下特征：

第一，主体特定。虚假广告的主体包括广告主、广告代理者、广告发布者。

第二，违法性。虚假广告违反了《广告法》、《消费者权益保护法》、《反不正当竞争法》和《广告管理条例》等相关法律法规。

第三，影响广泛。虚假广告，尤其是借助大众传媒发布的虚假广告覆盖面广，影响巨大。

需要说明的是，“所作的意思表示与事实不符或容易让人做出错误理解”的广告作品严格讲应为虚假广告作品，而非本书所指的虚假广告。虚假广告作品的存在是判定某一广告活动为虚假广告的前提。

二、虚假广告的表现

虚假广告可分为欺骗性虚假广告和误导性虚假广告两类。欺骗性虚假广告是指以编造根本不存在的事实、无中生有的方式或歪曲、隐瞒事实真相的方式发布广告信息的活动。误导性虚假广告是指对商品或服务作容易使消费者产生误解和联想的宣传的广告活动。在现实生活中，这两类虚假广告有各种各样的表现形式。

1. 欺骗性虚假广告

《广告法》第4条规定，广告不得含有虚假的内容，不得欺骗和误导消费者。《广告法》第9条和《反不正当竞争法》第9条规定，经营者对商品的质量、制作成分、性能用途、生产者、有效期限、产地等进行广告宣传时，应当清楚明白，不得利用广告或其他方法对商品和服务作虚假宣传。

与其他虚假广告相比，欺骗性虚假广告是一种最原始、最直接的虚假广告。其特点是，广告所介绍的商品或服务本身就是虚假的，带有欺骗性的。如广告中就商品的性能、功效的说明与商品实际的性能、功效不符。又如，并无广告中的商品可提供，以邮购为名，非法牟取利益等。虚假广告炮制者主观上具有欺骗的故意，他们以牟取非法利益为目的，对商品或服务做虚假宣传，诱使消费者购买其商品或服务。

这类广告的表现形式主要有：

第一，信息虚假。即广告所宣传的商品和服务本身是不存在的。此类广告通常通知消费者中奖，骗取消费者个人信息等。

第二，性能虚假。即广告所宣传的商品或服务不能达到广告中所宣传的功能或质量。突出表现为医疗类虚假广告。此类广告往往利用医疗科研机构、医生、患者的名义为商品做宣传。

第三，证明虚假。即广告采用带欺骗性的证据宣传商品或服务的质量、性能等。如伪造数据、统计资料、篡改广告审批内容等。

2. 误导性虚假广告

误导性虚假广告的界定从保护消费者利益的角度出发，取决于消费者对广告信息的误解。也即，引起消费者误解的广告，即使其广告内容可解释为真实，但由于其巧妙的措辞和隐晦的暗示等使得宣传内容不确切，具有极大的诱惑性，容易导致消费者产生错误理解、影响其消费决策的广告活动都应归为误导性虚假广告。如目前市场上针对广大考生的一些药品广告标榜“提高智商”、“增强记忆力”，这对望子成龙的广大家长误导性极大。

一般而言，由于第一类虚假广告带有明显的欺骗性，因此消费者能较轻易地做出辨别；而第二类广告的隐蔽性较强，因此消费者对其判定存在较大难度。

现实中有人认为广告是一门艺术，采用夸张、联想的艺术手法对商品和服务进行加工无可厚非，误导性广告多因艺术手法的使用而起，不应受到指责。不错，广告确实可以采用艺术手法表现广告信息，但如果广告活动对艺术手法的应用超过了保证消费者对广告信息做出正确理解判断的底线，就会损害消费者的利益。从这个意义上看，谁又能说误导性广告不是应被治理的对象呢？简单地讲，无论是正常的广告还是误导性广告都可能用到艺术手法，但二者的区别在于广告活动是否遵从了保证消费者对广告信息做出正确理解判断的底线。

三、虚假广告的危害

广告在现代社会经济生活中占有重要地位，对促进生产流通、刺激消费和发展国际贸易都有积极作用。但是当“广告”之前冠以“虚假”二字的时候，却会给社会造成许多方面的危害。目前看来，虚假广告的危害至少有以下几个方面：

1. 虚假广告对消费者利益的危害——从消费者均衡角度看

虚假广告以牟取非法利益为目的，以“坑、蒙、拐、骗”为手段，损害的是消费者的利益。从消费者均衡角度看，虚假广告对消费者所造成的危害就是导致消费者效用无法实现最大化。

消费者计划购买任何一种物品或劳务的量取决于物品的价格、相关物品的价格、预期未来价格、收入、人口和偏好等许多因素①。在这里，我们尤其要讲到“偏好”。因为它是消费者最容易受广告影响的因素之一。经济学家用效用（Utility）的概念来描述偏好。所谓效用是指一个人从某种商品或服务的消费中所得到的利益或满足。边际效用（Marginal Utility）是一种物品的消费量增加一单位所

① ［英］迈克尔·帕金著，梁小民译：《微观经济学》，人民邮电出版社，2003年5月第1版，第57页。

引起的总效用的变动①。

消费者选择消费品组合时遵循的基本原则是效用最大化——消费者从消费这组商品或服务中得到的总满足程度最大化。在预算与商品或服务的价格既定时，如果消费者购买的商品或服务实现了效用最大化，就实现了消费者均衡。消费者均衡的条件有两个：第一，用于购买这组商品或服务的支出应该等于消费的预算。第二，每种商品或服务带给消费者的边际效用与价格之比要相等。用公式表示如下：

$MU_A/P_A = MU_B/P_B = MU_C/P_C = MU_D/P_D = \cdots$

满足 $P_A \times Q_A + P_B \times Q_B + P_C \times Q_C + P_D \times Q_D + \cdots = Y$

公式中的 Y 为预算，MU_A、MU_B、MU_C 和 MU_D 分别表示消费者消费商品（或服务）A、B、C、D 时所获得的边际效用，P_A、P_B、P_C 和 P_D 则分别为这四种商品（或服务）的价格。Q_A、Q_B、Q_C 和 Q_D 分别为这四种商品（或服务）购买量。公式中的省略号表示消费者可能购买的商品（或服务）不止四种。

假使消费者有 150 元预算，这笔预算要配置在 A、B 两种商品上，A 商品价格是 30 元/件，B 商品的价格是 15 元/件。消费者根据 A 商品广告所提供的信息，认为购买第一件 A 商品时，可得的边际效用为 600 个单位。购买第二件 A 商品时，所得的边际效用为 450 个单位，购买第三件 A 商品时所得的边际效用是 150 个单位，根据表 7－1 所示，消费者购买 3 件 A 商品、4 件 B 商品可以达到消费者均衡，此时消费者 150 元的预算产生出的总效用为 1650 个单位。可是使用过该商品以后，消费者发现广告中所宣传的信息有虚假成分，3 件 A 商品实际所能提供的边际效用依次为 90、60、0，3 件 A 商品、4 件 B 商品的消费组合实际带来的效用只有 570 个单位，低于购买 2 件 A 商品、6 件 B 商品所能产生的 615 个单位的效用（见表 7－2）。

表 7－1　消费者根据 A 产品虚假广告信息所决策的消费组合

数量	A 商品		B 商品	
	边际效用（MU）	边际效用与价格之比（MU/P）	边际效用（MU）	边际效用与价格之比（MU/P）
1	600	20	150	10
2	450	15	120	8
3	150	5	105	7
4	90	3	75	5
5	30	1	30	2
6			15	1

① ［英］迈克尔·帕金著，梁小民译：《微观经济学》，人民邮电出版社，2003 年 5 月第 1 版，第 141 页。

表 7-2 消费者根据 A 产品的真实情况所决策的消费组合

数量	A 商品		B 商品	
	边际效用（MU）	边际效用与价格之比（MU/P）	边际效用（MU）	边际效用与价格之比（MU/P）
1	90	3	150	10
2	30	1	120	8
3	0	0	105	7
4			75	5
5			30	2
6			15	1

由此可以判断，虚假广告使消费者对从消费某种商品或服务中可得的效用做出错误判断，购买到质次价高的商品，使得消费组合不能达到最符合消费者利益的消费者均衡状态。

名人代言虚假广告对消费者利益的损害常甚于非名人代言的虚假广告。与非名人代言的虚假广告相比，由于名人对普通人具有“参照性权力”（因成为别人崇拜、敬仰、认同的对象而使别人模仿自己行为和态度的力量）①，名人在广告活动中对所代言产品或服务的肯定、喜爱与使用会被普通消费者所模仿，所以名人代言虚假广告对消费者诱导性更强，更易使消费者失去应有的辨别真假的能力，做出有损自己利益的消费决策。

在有关各类商品与服务的虚假广告中，直接关系到人们生命健康的药品、保健品等虚假广告对消费者利益的损害尤为严重。

第一，贻误病情，增加患者痛苦。虚假药品广告往往使患者小病拖成大病，大病拖成绝症。生活中，因虚假广告造成的消费者人身和财产损害的事件屡有发生。据统计，由于虚假医药广告误导等原因，我国每年约有 250 万人滥用药物。

第二，加重患者经济负担。患者轻信了虚假药品广告的宣传，不去正规医院就诊，而把钱花在所谓“秘方”上，既治不了病，又浪费金钱。

第三，损害消费者的健康。曾经有虚假广告造成数千人使用广告宣传的减肥茶后腹泻不止，不得不送往医院就诊。

2. 虚假广告对传媒公信力的危害

改革开放以来，我国社会正处在一个深刻的转型期，在当前这种新旧秩序交替的过程中，我国社会存在着严重的信任危机②。可以说，这种危机问题已经不仅仅局限在经济领域，而且成为我国社会各个层面、行业都关注的问题。一个媒

① [美] 斯蒂芬·P. 罗宾斯著，孙建敏、李原等译：《组织行为学》，中国人民大学出版社，1997 年 12 月第 1 版，第 358 页。

② 张维迎：《信息、信任与法律》，生活·读书·新知三联书店，2003 年 8 月第 2 版，第 5 页。

体所发布的虚假广告往往会伤及这个媒体多年苦心经营的形象和公信力。

美国学者霍夫兰等根据试验结果得出结论：传播效果与信源（Communicator）可信度［Credibility，包括可信赖性（Trustworthiness）与专家权威性（Expertness）两个方面］呈正相关关系。“同一条信息由高可信度信源传播比由低可信度信源传播更能让信息接受者做出同意的判断，当建议性观点由高可信度信源传播时，该观点的直接接受性更高。”① 信源的可信度绝非空穴来风，应当与传播内容（包括新闻内容与广告内容）的可信性息息相关。一个传播内容屡屡被证明为虚假的媒体，很难会有高可信度。当然，受众很清楚新闻的真实性与广告的真实性并不相同，受众不会以对新闻真实性的要求来期待广告，但真实与虚假终归有着质的差别。

由零点调查公司于2004年8月完成的《中国10城市消费者广告接受度及其影响因素调查报告》的研究也表明：不相信广告内容的消费者（56.1%）要比相信广告内容的消费者（38.9%）高出17.2%；如果将“非常相信”、“比较相信”、“不太相信”和“一点都不相信”分别以4分至1分赋值，调查结果显示，消费者对广告的信任度平均仅为2.3分，也就是介于“不太相信”和“比较相信”之间，稍偏于“不太相信”的水平。中国消费者协会自2006年6月21日至8月18日做了为期近两个月的关于“广告公信度”的网上问卷调查活动，经过对12927位网民的调查，“对目前商业广告宣传的总体评价”，回答“很不信任”和“较不信任”的比例分别为46.4%和21.2%。网民对商业广告不信任的比例超过了2/3。虽然到目前为止既没有可以明确证明消费者对广告信息的不信任在多大程度上是由虚假广告造成的研究，又没有可以明确证明消费者对广告信息的不信任在多大程度上会影响到媒体公信力的研究，但当我们面对一桩桩虚假广告事件所引发的大讨论时，谁又能否认虚假广告与消费者对广告信息的不信任、消费者对广告信息的不信任与媒体的公信力间存在相关关系呢？

刊载虚假广告信息可使媒体短期获利，但考虑到虚假广告对媒体公信力的破坏，我们又不能不说虚假广告会损害媒体的长远利益。2003年5月，《纽约时报》自揭家丑，曝光在记者布莱尔所写的73篇报道中至少有36篇存在作假和抄袭等问题，公司董事长兼发行人阿瑟·奥克斯·苏兹贝格对此事发表评论：“这是大大的不名誉。这一事件会把报纸与读者之间的信任毁于一旦。”② 虚假广告对媒体与受众间信任的毁坏程度虽不至于那么严重，但“千里之堤，溃于蚁穴”，当虚假广告信息日复一日地出现在媒体版面与时段中、不断侵蚀着媒体与

① Carl I Hovland, Irving L. Janis, Harold H. Kelley: Communication and Persuasion - Psychological Studies of Opinion Change, Yale University Press, 1963, p. 35.

② Correcting the Record: Times Reporter Who Resigned Leaves Long Trail of Deception, The New York Times, May, 11, 2003.

受众间的信任时，谁又能对其视而不见呢？传媒需要通过盈利来维持生存与发展，受众对传媒的信任是传媒盈利的基石，如果传媒失去了受众的信任，其发展空间也就无从谈起了。

3. 虚假广告对市场的危害

虚假广告扰乱正常的市场竞争秩序。市场竞争的核心在于其公平性，公平竞争原则是现代市场经济的基本原则。虚假广告大大破坏了竞争的公平性，它使不法经营者有机会获得暴利、合法经营者的利益却受到侵害，从而导致市场秩序的破坏。虚假广告和假冒伪劣商品结合在一起，产生了“劣币驱逐良币”的现象。劣币驱逐良币是经济学中的一个古老原理。它表述了这样一种现象：在铸币时代，当那些低于法定重量或者成色的铸币（即劣币）进入流通领域后，人们就倾向于将足值货币（即良币）收藏起来，而将劣币作为支付手段重新投放市场。最后，良币被驱逐，市场上流通的只剩下劣币[①]。在大多数情况下，消费者对市场上流通的商品的质量信息是不了解的，当市场上的好商品与劣质商品展开“竞争”时，劣质商品往往因为具有成本上的优势而更容易被消费者选择购买，这样，好商品就会被淘汰出市场。虚假广告使成本低廉、质量低劣的商品戴上混淆视听的“面具”与优质产品同台竞争，虽然消费者最终也许会识别出“面具”后面的真相，但某些商品或服务（譬如保健品）广告信息的真与假并不是普通消费者短期内能识别出来的，就在一拨又一拨消费者检验试错的过程中，虚假广告产品可能早已将优质商品驱逐出市场，自己赚了个“盆满钵溢”。这种违反“优胜劣汰”的竞争规律的现象将破坏整个市场经济的发展。

虚假广告导致合格产品和服务被淘汰出市场，一些被侵权企业和商家不得不耗费人力、物力和财力进行打假，这一恶性循环又将导致资源的不合理分配，从而造成社会资源的浪费。虚假广告对消费者的欺骗和误导导致社会再生产的供求机制不能正确反映市场状况，进而影响社会再生产的健康运行。

中国保健品行业的兴衰就反映出虚假广告对市场的严重危害性。中国保健品行业从20世纪80年代起步，随着民众生活水平的逐渐提高和健康意识的增强，保健品行业迅速发展为“朝阳产业”。可是大多数保健品企业轻研发投入、重广告投入，期待着从“将一分功效说成十分”的虚假广告中一夜暴富。在铺天盖地的广告轰炸中，他们取得了一定的经济收入。但由于这种靠广告轰炸成长的产品的质量与性能并不像吹嘘得那么好，所以大多只能是“你方唱罢我登场”，难以实现持续发展。此外，消费者也从屡次受骗的经历中不断吸取教训，对整个保健品行业的信任度普遍下降。这种急功近利的行业氛围和消费者对产品的戒心使保健品市场至今仍发展缓慢。

---

① 陈敬：《从劣币驱逐良币定律谈盗版软件整治》，《知识产权报》，2006年6月29日。

[参考资料]

宝洁“一再涉嫌虚假宣传”①

2005年6月，有媒体披露：宝洁公司的潘婷洗发水、海飞丝洗发水、舒肤佳香皂和佳洁士牙膏的一些广告用语涉嫌虚假宣传。潘婷洗发水包装说明显示，其产品能“帮助填补头发每天流失的氨基酸，能在修复损发的同时，帮助重组秀发内部结构”，但宁波某工商所认为，洗发液不一定能填补头发每天所流失的氨基酸，而海飞丝洗发水外包装上写着：“产品中的片状晶体ZPT去屑因子直接作用于头屑产生的根源，能帮助更有效去除头屑及防止头屑再生。”但是，该品牌产品曾受到当地消费者投诉，称使用此产品几年后，头屑都没有消失。

第二节　虚假广告成因分析

市场经济条件下，商品生产者和经营者对使用价值的关心始终服从于价值的获得和对价值的追求②。唯利是图是商人的本性，而以最小的成本获取最大的利益则是每一个市场主体所追求的目标。虚假广告的出现乃至泛滥，其根本动因是商家追逐利益的本性。也就是说，对利益的追逐是广告主、广告代理公司和广告发布者涉足虚假广告的深层动力。本节将分别从广告主、传媒和社会三个角度探讨虚假广告出现的原因。

一、从广告主角度的分析

1. 从“共有资源”理论剖析广告主涉足虚假广告的经济动因

“厂商理论”假设企业皆以利润最大化为目标。广告主发布广告的目的在于利用说服性信息使消费者认识（认知效果）、喜欢（态度效果）以至购买和使用（行动效果）所推介的商品和服务，最终达到赚取利润的目的。广告主广告费的投入产出效率就反映在广告效果上。美国学者霍夫兰等根据试验结果得出结论：传播效果与信源（Communicator）可信度（Credibilty，包括可信赖性与专家权威性两个方面）呈正相关关系。“同一条信息由高可信度信源传播比由低可信度信源传播更能让信息接受者做出同意的判断，当建议性观点由高可信度信源传播

① 转引自刘明远：《广告学概论》，电子工业出版社，2006年3月第1版，第227页。

② 吴彦书：《论当前虚假广告的特点、成因及治理对策》，《社会科学辑刊》，1995年第3期。

时，该观点的直接接受性更高。”[①] 据此理论不难推断，广告主和广告媒体的可信度与广告的传播效果呈正相关关系。因此，从整体上看，合意的广告环境（指由可信度高的广告媒体和广告主所构成的值得信赖的广告环境）符合广告主的利益。

但合意的广告环境与清新的空气一样没有排他性但具有竞争性。亦即每个广告主都可以从合意的广告环境中受益，但一家广告主“使用”合意的广告环境（这里“使用”可理解为刊播虚假广告，降低整个广告环境的合意性，就像企业排放废气，污染大气一样）减少了其他人对它的享用。从这个意义上看，合意的广告环境可视为共有资源。

从理论上看，每个广告主都明白合意的广告环境最为有利，但某些个体在决策时为何会选择发布虚假广告呢？个中原因需要用博弈论（Game Theory）来解释。博弈论是研究人们在个中战略情况下如何行事的理论。为使问题简化，不妨假设市场（只有“看得见的手”起作用）中只有 A 和 B 两个广告主，这两个广告主都需要在做虚假广告与不做虚假广告中做出选择（如图 7－1 所示）。

		A广告主的决策	
		做虚假广告	不做虚假广告
B广告主的决策	做虚假广告	A：400万 B：400万	A：300万 B：600万
	不做虚假广告	A：600万 B：300万	A：500万 B：500万

图 7－1　A、B 广告主之间的静态博弈分析

注：此图不考虑 A、B 广告主广告媒体策略等的差异。

如果 A 与 B 都选择不做虚假广告，保持一个合意的广告环境，那么，根据信源可信度与传播效果之间的关系，可以假定 A 与 B 通过做广告都得到 500 万元的收益。相反，如果 A 与 B 都选择做虚假广告，不合意的广告环境使 A 与 B 只能通过做广告分别拿到 400 万元的收益。如果 A 选择不做虚假广告而 B 选择做虚假广告，B 的虚假广告降低了整个广告环境的合意性，但 B 的虚假广告给其带来的收益远大于诚实做广告的 A，所以 B 拿到 600 万元，而 A 只拿到 300 万元。如

① Carl I Hovland, Irving L. Janis, Harold H. Kelley: Communication and Persuasion-psychological Studies of Opinion Change, Yale University Press, 1963, p. 35.

果A选择做虚假广告而B选择不做虚假广告，情形正好相反。在此模式下，A与B不管对方如何选择，自己的优势战略都是做虚假广告，所以，单个企业倾向于选择做虚假广告。尽管这一决策结果对A、B来说都不是最合意的。

由此观之，如果只靠市场这只“看不见的手”起作用，经济规律作用的结果倾向于使合意的广告环境遭受侵蚀。

2. 广告主违法成本小

发布虚假广告的广告主面临两种可能结果，一是被绳之以法；二是逍遥法外。我国《广告法》第38条规定：“违反本法规，发布虚假广告，欺骗和误导消费者，使购买商品或者接受服务的消费者的合法权益受到损害的，由广告主依法承担民事责任。”《反不正当竞争法》第24条对广告主发布虚假广告所应承担的法律责任做了明确规定：“经营者利用广告或者其他方法，对商品作引人误解的虚假宣传的，监督检查部门应当责令停止违法行为，消除影响，可以根据情节处1万元以上20万元以下的罚款。”按照现有法律，被绳之以法的虚假广告的广告主的违法成本往往只是其通过发布虚假广告得到的收益的极小一部分，如此小的违法成本难以起到预防和遏制违法行为的目的。逍遥法外者则连这点违法成本都不须负担。曾有人戏称，在国外，只要有0.1%的顾客受了广告的骗，该企业就非垮台不可；而在国内，只要有0.1%的顾客受了广告的骗，该企业就发了①。虽然只是戏言，但也让人看到中国广告主为虚假广告付出的成本确实太小了。

另外，广告主在决定违法之前，倾向于探测一下环境气候，预期自己违法后被绳之以法的概率，如果概率高，则倾向于判断“法网恢恢，疏而不漏”，断了违法念头，合法经营。反之，则倾向于视法律为无物。众多违法广告主逍遥法外的事实，也刺激着某些广告主放任自己的违法念头，期待着凭虚假广告一夜暴富。

在我国证券市场上发生的红光公司制假案值得人们深思。红光公司通过制造虚假财务报表申请公司上市，发布虚假上市公告书的广告，致使广大不知情的投资者购买了该公司的股票，该常年亏损的公司一夜之间募集到数亿元。红光公司制假案被揭发后，其股票价格暴跌，令投资者损失惨重。投资者通过法律程序起诉红光公司因发布虚假上市公告书的广告而使投资者蒙受损失，因而要求赔偿。但法院则以二者无必然联系为由拒绝立案②。在这个案例中，红光公司以极低的成本刊登虚假广告，诱使不明真相的消费者购买其股票，短期内取得较好的投资收入。即使在公司受到起诉后，也由于钻了法律空子而免受惩罚。如此微小的违法成本、如此丰厚的收益，怎能不让广告主“骗你没商量”呢？

---

① 向英：《综合遏制虚假广告之我见》，《湖南商学院学报》，2002年第1期。

② 严学军、汪涛：《广告策划与管理》，高等教育出版社，2001年6月第1版，第290页。

3. 广告主与消费者间的信息不对称

广告主掌握着广告产品的质量、生产成本、原材料、加工程序等信息，而消费者所能得到的信息只是经过广告主筛选过的、有利于促进产品或服务销售的信息。事实上，如果广告主、广告代理机构、广告发布方诚实守信地发布广告信息的话，消费者在作出购买决策前参照广告信息就可以了，并不要求掌握关于产品与服务的全部信息。但是由于社会诚信的缺乏，广告主利用虚假广告，对产品或服务的功能与特性、价格、质量等与消费者合法权益直接相关的重要信息进行修饰、伪造，导致消费者对产品或服务的认识产生错误或偏差，进而做出错误的消费决策。广告主则从中牟取不法收入。可以说，虚假广告横行，很大程度上依赖于这种信息不对称。

二、从传媒角度的分析

1. 传媒违法成本小

对传媒来说，与刊播正常广告相比，刊播虚假广告所带来的额外成本短期来看只是万一被抓到遭受处罚所支付的罚款，一则该额外成本只是风险成本（万一被抓时才会产生）；二则即使被抓，所需支付的罚款相对于刊播虚假广告所获收益来讲，只能算是九牛一毛。因此，传媒制作、发布、传播虚假广告的成本很低，具体表现在：第一，在虚假广告侵权中，现行的民事救济制度使得受害人维权成本太高，而维权高成本就意味着违法的低成本。第二，《广告法》、《广告管理条例》、《广告管理条例实施细则》等法律法规对虚假广告的处罚较轻。对广告媒体发布虚假广告的行为的罚款责任，《广告法》规定处罚金额最高为广告费用的5倍，《广告管理条例》没有明确的罚款标准，《广告管理条例实施细则》则将《广告法》规定的“5倍以下”的罚款降低为“3倍以下”，并附加了“最高不超过3万”的限制。这样的处罚显然不足以制裁涉足虚假广告的传媒。广告传媒可以通过与广告主联合，伪造广告合同，降低广告费，这样一来，5倍以下的罚款失去法律责任的制裁意义。

当然，长期来看，刊播虚假广告会影响到传媒的公信力，使其无形资产受损，进而会影响到传媒正常的广告收入。可是，虽然当一则虚假广告作品最初被揭露时，人们可能会清楚地记得是“谁”刊播了这条虚假广告信息，对刊播虚假广告信息者口诛笔伐，但“休眠效果”证明①，经过一段时间后，人们倾向于记得“说了什么”，但忘了是“谁”说的。从这个意义上看，刊播虚假广告对媒体公信力的影响长期来看仍是有限的。

与微小的成本相比，传媒刊播虚假广告信息所获得的收益着实不菲。尤其是

① 郭庆光：《传播学教程》，中国人民大学出版社，1999年11月第1版，第202页。

电视台，其黄金时段每15秒、30秒广告资源价格达数万元甚至更高仍“供不应求”。即使是凌晨等“垃圾”广告时段亦有电视购物公司来填满。

2. 现有传媒产权制度安排不利于激励媒体经营者自觉抵制虚假广告

在我国，理论上讲，媒体的所有权归国家或集体，媒体经营管理层则为代理人。是否刊播虚假广告的决策由经营管理层做出。总的来看，目前国家或集体所有者对媒体宣传的监管甚于对经营管理的监管。在所有者对代理人的经营管理监督并不很严格的情况下，为短期利益而刊播虚假广告对媒体经营管理者就有很大的诱惑力。想象一下，身为某媒体高管的你面临两种选择：选择一，涉足虚假广告，媒体短期内可获得更多盈利。由于报酬与盈利挂钩，所以你可以得到更多薪金福利；由于升迁与盈利挂钩，所以你有可能获得升迁。当然，涉足虚假广告会损害媒体的无形资产，但那毕竟是长期影响，也许在涉足虚假广告的长期弊病外显时，你早已捞得政绩，另谋肥缺了。选择二，严格把关，不涉足虚假广告，虚假广告转至其他媒体，短期内自己所在的媒体盈利显得偏少，由于报酬和升迁均与盈利挂钩，因此，你的薪金福利及升迁均受到消极影响。虽然拒绝虚假广告可维护媒体的信誉，惠及媒体的长期经营，但也许在此正向影响还没充分外显时，你早已因业绩不佳而被调离了。此假设虽简单，但至少可以让我们看到，媒体所有者（国家或集体）与代理人（经营管理者）的利益并不完全一致，在媒体所有者对媒体经营管理监管不很严格、不很到位的情况下，媒体经营代理人有选择最大化短期利益而非长期利益的激励。涉足虚假广告就属于有利于实现短期利益而非长期利益的决策。

3. 传媒集审查与发布者于一身不利于其严格执行审查程序

在我国，除包括药品、医疗器械、农药、兽药、保健食品等在内的一些特殊商品或服务的广告由行政主管部门审查外，其他广告由广告经营者和发布者审查。广告传媒集广告审查与发布于一身，缺乏有效的约束机制，经常出现形式主义的现象，广告传媒对虚假广告睁一只眼闭一只眼。事实上，将审查广告证明文件以及广告内容真实性的责任交给广告经营者和发布者是与市场主体的趋利性特征相矛盾的。市场主体首先考虑经济利益，当经济利益与法律相冲突时，市场主体往往想方设法规避法律。设想一下，当一家媒体面对一条存在虚假嫌疑的广告作品时，它可以严格执行审查程序，并最终判其为虚假广告作品，拒绝刊登，此种情况下媒体不仅得不到1000万元的广告播出费，反而还要支付审查所花费的成本（假定为1万元）。它也可以只在形式上走一下审查程序，由于拿不到足够多的证据证明此广告作品包含虚假成分而播出，此种情况下，媒体不仅可以拿到1000万元的广告播出费，而且只需花1000元的审查成本。比较两种情况的得失，媒体当然有更大倾向选择让审查程序流于形式。

三、从广告监管角度的分析

1. 广告监管体制不合理

目前我国广告监管体制与国际通行的体制不同。许多国家的广告作品在发布前要经过权威广告审查机构严格审查，这在很大程度上做到了“防患于未然”。我国实行广告审查双轨制，一些特殊商品或服务（包括药品、医疗器械、农药、兽药、保健食品等）的广告有行政主管部门审查，其他广告由广告经营者和发布者审查，由工商行政管理机关进行监督管理。

我国广告管理体制沿用的是计划经济体制下的以行政管理为王的模式。从客观上讲，工商行政管理部门作为广告监督管理机关，其人员编制是有限，具体到广告执法职能的机构、人员就更是有限，而广告却无处不在，尤其是虚假广告并不罕见。在监管层面上，工商行政管理部门对广告的管理主要是以行政审批作为主要方式，但仅仅靠审批等来实施对广告的监管已经不能适应新的市场要求。

2. 法律监管不到位

首先，法制建设的滞后和法律环境的不完善为虚假广告的泛滥提供了可乘之机。立法上，我国陆续出台过一系列的广告法律、法规和规章。1995 年《广告法》的实施有力地促进了我国的广告法制建设，但它对广告的规制仅仅局限于商业广告，对虚假广告的最重处罚也不过是“停止发布，公开更正，并处广告费一倍以上五倍以下的罚款。情节严重的，依法停止其广告业务，构成犯罪的，将依法追究刑事责任”。

其次，《广告法》与其他相关法律法规存在着不协调。在对虚假广告的行政处罚设定方式上，《广告法》对虚假广告的责任人“处以广告费用一倍以上五倍以下的罚款”。而《反不正当竞争法》对虚假广告“可根据情节处以一万元以上二十万元以下的罚款”。同时，国家工商总局根据《广告法》赋予的权限，针对各类广告不同的特点，制定了大量的部门规章，丰富了广告法律体系，提高了它的可操作性。但这些规章制度存在着是否符合《立法法》的基本原则要求的问题。在当今信息社会，网络迅速发展，网络广告也随之迅速发展起来。但对网络广告的规范明显落后。虚假广告借助网络传播的强大力量，在网络广告管理立法滞后的情况下异常猖獗。在执法上，执法机关的执法效果不佳。我国部分传媒如广播电视单位的管理体制的特殊性更使广告管理机关的执法困难重重。

3. 社会公众（消费者）缺乏监督的积极性

虚假广告的监管不仅包括来自国家监管部门的监管，来自法律的监督，而且还应包括来自社会公众（消费者）的监管。从目前情况看，我国社会公众普遍缺乏以公民身份参与虚假广告监管的积极性。当然，消费者缺乏监督虚假广告的积极性除与消费者维权意识较低有关外，还与社会并没有形成一套可以让消费者以较低成本有效地监督虚假广告的机制有关。

作为广告信息的接收者和广告产品的使用者，消费者能根据切身经验直接判断广告信息是否为“虚假”。消费者的投诉、检举对于遏制虚假广告有非常重要的意义。在英国、日本等许多国家，消费者的社会监督成为治理虚假广告的有效途径。

在中国，不少消费者受虚假广告的欺骗后，虽心中“恨恨然”，但由于投诉成本高，而胜诉的赔偿费用却很低（有时仅仅是退款或换货），因此，在权衡得失后（特别是在损失较小时）往往倾向于选择放弃投诉。消费者的这种选择无形中纵容了虚假广告的无所顾忌。设想一下，如果你受某广告影响购买了一件商品，试用后发现该商品广告信息严重夸大产品性能，属于虚假广告。假定你选择投诉该广告，为处理该事，你先咨询可以向哪些部门反映该问题，然后与相关部门打电话联系，接下来你可能还要花时间自己支付交通费与广告主和协调部门多次交涉……在花费大量时间、精力与金钱之后，你可能发现自己的努力最终换来的只是一纸“大事化小，小事化了”的调解书。广告主仍在做广告；其他消费者仍被蒙在鼓里，做第二个、第三个……上当者。回想整件事的处理过程，你只能苦笑，判断自己做了一件得不偿失的“蠢事”。当你有了这样的一次投诉经历后，以后即使又被虚假广告骗了，你也可能更愿意做个“沉默的大多数”。

另外，消费者胜诉具有典型的“正外部性”。在现实生活中，一旦有一个消费者胜诉，经过媒体或消费者协会等单位的曝光后，会使同样的消费者在得知自己上当后也进行索赔。潜在消费者也会及时识破广告“虚假”的真面目，打消购买的念头。出于“搭便车”的心理，消费者在受骗后往往不是积极运用正当合法的手段来维护自己的权益，积极投诉、检举虚假广告，而是沉默观望，期待着其他消费者能站出来。

［参考资料］

2004年虚假医疗广告如此出笼[①]

2004年8月22日，国家工商总局和国家广电总局分别发出通知，责令各地媒体立即停止以电视短片形式播出违法医疗广告；坚决制止电视“挂角小广告”。8月24日，北京市工商局紧急下令，责令北京市新兴医院立即停止播放和制作违规广告。虚假医疗广告已成社会公害。

医药广告的生产管理体制流程从理论上来说管理是相当严谨、规范的。药品广告的产生须经四个环节：第一，广告公司设计文案，并对广告内容进行第一道

① 资料来源：Http：//www.cnadtop.com。

把关；第二，企业将广告文案上报给所在地的省级药监部门审核，获得广告批准文号；第三，广告公司与媒体联系，媒体对已批准的广告文案进行第三次审核，通过后刊登或播出；第四，各地工商部门负责对已刊登或播出的广告进行监控，对违法广告的责任者进行相应处罚。

广告内容既要符合《广告法》又要符合《药品管理法》，限制条目既多且细，一般用以下四条来概括：宣传语言不能绝对；患者不能自报病例；不能在广告中出现专家及医疗机构的证明语言；保健品绝对不能打疗效广告。

那么，虚假药品、医疗广告究竟是如何公然出笼的呢？

违法手段之一：公然造假，无中生有，广告公司是虚假广告的始作俑者；

违法手段之二：准备多个广告方案，随时准备偷梁换柱；

违法手段之三：送审规范版本，套取广告批文；

违法手段之四：召开专家咨询会，断章取义利用专家证言；

违法手段之五：鱼目混珠，用一个广告审查批文推出多个广告版本；

违法手段之六：伪造低价假合同，对付工商真处罚。

第三节　国外广告自律体系

虚假广告的成因如此复杂，其治理也应是个系统工程。从西方国家的经验来看，自律在虚假广告的治理中扮演着相当重要的角色。西方国家自律机制的侧重点不是事后惩戒，而是事前预防；不是单兵作战，而是广告主、媒体、消费者受众三方联动；不是维护单个广告活动参与者的利益，而是维护广告业的整体利益；不只是管制，而是兼具咨询功能。在西方国家，日本与英国的广告业自律机制形成已久且运行良好，对广告业的健康发展起着重要作用。本节将详细介绍日本与英国的广告自律经验，以期对中国治理虚假广告发挥借鉴作用。

一、日本广告自律体系

日本广告业自律是在遵守各项法律基础上的自我限制，比较完整严密，对推动广告业的健康发展起着重要作用。日本广告自律综合体系包括日本广告的自律机构、日本广告的自律内容和日本广告的自律审查。

1. 日本广告自律机构

（1）日本广告业协会（JAAA）

日本广告业协会成立于 1950 年，日前成员有 151 个广告公司，会员的总广告费占日本总广告费 3/4 以上。其组织机构包括：总会、理事会、运营委员会、监事、特别委员会、财务委员会、吉田秀雄奖励选举委员会、会员选举管理委员会、事业委员会、合理化建议委员会、奖励发放确认问题特别委员会、J－N委员会、合理化建议小委员会、EDI推进小委员会、项目事务局、基本契约研究小委员会、媒体调查研究小委员会、共通编码（Code）小委员会、共通编码项目（Code Project）会议、广播小委员会、教育研讨委员会、“广告业务入门”发行小委员会、幻灯小委员会等部门。

日本广告业协会的主要职能是组织旨在提高广告业运营效率的研究和调查，推进广告交易方法的现代化，开展广告伦理的推广工作等。除了执行一般职能外，日本广告业协会还要帮助民众更好地接触和理解广告。

（2）日本广告主协会（JAA）

日本广告主于1957年成立了维护自身利益的广告主协会。该协会一方面代表日本的广告主来协调与媒体和广告公司及其他相关组织的利益关系，另一方面也对行业内部的各种行为进行规范和监管。该协会目前有300家广告主会员，并积极开展以下工作：承担与广告主活动相关的调查、研究和信息发布工作；倡导更进一步提升广告主的伦理道德规范；倡导广告业的公平竞争；倡导高质、高效的广告主商业活动；制订研讨会计划；组织广告受众互动活动及开展问答竞赛。

（3）日本发行量稽查协会（日本ABC）

日本ABC协会是稽查日本报纸、杂志等媒体发行量的民间组织。该组织是发行公司、广告主和广告公司三者共同设立的机构，1952年成立至今已经有50多年的历史了。它为日本社会正常的广告事业从事着发行量调查工作。

2. 日本广告业的自律规则

广告业自律规则在日本很普遍，不同的广告自律机构制定不同的自律规则（见表7－3）。这些规则在强调遵守法律的基础上考虑到行业的特殊性，与法律相互作用，交错构成自律规则体系，对规范和服务日本广告业起着重要作用。

表7－3 日本主要的广告自律机构及自律内容①

	机构名称	自律内容
综合	全日本广告联盟	广告纲领 新广告理念
	日本工商会议所	提高广告水平指南
	全日本广播电视广告机构	ACC广播电视广告道德纲领
	日本广告审查机构	审查标准
有关广告客户机构	日本广告主协会	真实的广告 企业与消费者
	全国银行协会联合体	有关广告的注意事项

① 王润泽：《最新日本广告实务》，中国人民大学出版社，2002年7月第1版，第198页。

续表

	机构名称	自律内容
有关广告客户机构	日本制药集团联合会	一般医药广告自约规则 有关商品《使用注意事项》的表现
	日本化妆工业联合会	含过分奖励内容的广告自约规则
	东西日本洁齿工业联合会	化妆品、洁齿广告的自约规则
	日本卫生材料工业会	卫生纸、卫生巾广告的自约规则
	日本证券业协会	广告规则
	全国商品交易所联合会	有关宣传营业员广告的自约纲要
	日本照相机工业会	有关照相机行业宣传广告的自约规定
	日本律师联合会	有关律师业务广告规则
	电影管理委员会	电影宣传公告规程 宣传广告审查标准
有关媒体机构	日本报纸协会	报纸广告纲要 报纸广告刊登标准 报纸折叠广告标准 电影广告自约规则纲要 传播标准 杂志广告道德纲要 杂志广告刊登标准 函授广告管理注意事项
有关广告行业	日本广告业协会	广告道德纲要 创作规定
	全日本户外广告业团体联合会	户外广告道德纲要
	东京户外广告协会	户外广告宪章

某广告自律机构所制定的广告规则是该团体成员间相互约定共同遵守的一系列原则，因为没有法律效力，所以不涉及处罚内容，而且没有强制约束力。由于日本商业社会很重视行业内部的信用问题，因此，行业规定对成员有着相当的约束力。

日本广告的自律性规定早在20世纪初就出现了，到了20世纪20年代，日本主要报社和杂志社都设立了自律性规定。1953年10月，全日本广告联盟成立，该联盟为广告自律化做了大量工作，并于1975年制定了《全日本广告联盟广告伦理纲要》。

3. 日本广告的自律审查

1974年日本广告机构（JARO）成立。它是民间进行广告行业自律审查的机构，为净化日本广告表现起到了积极作用。

JARO的主要职责在于受理有关广告表现方面的咨询，负责审查和了解广告表现方法，搞好与广告客户、媒体、广告业者等自律性机构的联系和协作等。其中心任务就是受理咨询，包括投诉和问询等。机构在接到消费者的投诉后向相关的广告主或广告关联公司进行问讯，得到答复后，回答消费者。如果消费者接受，则该投诉就结束；如果消费者不满意，投诉就要提交到 JARO 业务委员会，该委员会，分别给投诉者和广告主或相关利益主体提出建议，如果两者都接受，问题就被解决。一般 95% 的投诉都可以在这个阶段结束。如果双方达不到一致，JARO 审查委员会就会给出裁定意见。

二、英国广告自律体系

从行业自律角度看，英国广告业类似一个大卡特尔组织，该组织借助一些属于全行业（而非某个企业）的自律机构制定全行业共同遵守的操作准则、预审广告及处理与解决广告投诉，多个机构相互配合，共同维护着英国良好的广告环境。

1. CAP——广告操作准则的制定者

英国广告业受广告操作准则的管制，广告操作准则由 CAP（Committee of Advertising Practice）制定。CAP 认为制定这些准则的目的是确保所有的广告——不管出现在哪里——都是诚实、得体的。广告操作准则不仅是为了保护消费者，而且还是为了给所有的广告主提供一个公平竞争的舞台。CAP 归 ASA（Advertising Standards Authority）管理，包括 CAP 广播 和 CAP 非广播两个部分。CAP 广播委员会与广播管制机构——英国通讯办公室（Office of Communication, Ofcom）——签约，负责撰写和执行电视和收音机广播的行业准则。该委员会由来自持有英国通讯办公室所颁发许可证的广播公司、广告主、广告代理机构、直邮经营和交互广告经营者的代表组成。

CAP 广播委员会管制所有由英国通讯办公室颁发许可证的电视频道和广播电台的广告内容及互动电视、电视购物频道及图文电视的广告。总的来看，CAP 为电视与收音机广播分别制定的准则都规定任何形式的广播广告都不能误导、冒犯消费者或引起伤害。

CAP 非广播委员会由来自广告主、广告代理机构、媒体所有者和其他行业组织的代表组成，负责撰写和执行《英国广告、促销和直销准则》（*British Code of Advertising, Sales Promotion and Direct Marketing*）。CAP 非广播委员会的管制范围除印刷媒体、海报、新媒体和电影广告的内容外，还包括所有的促销、直销对个人数据的使用及邮购商品的递送和退款。由 CAP 非广播委员会制定的准则规定广告不能误导、冒犯消费者，涵盖隐私权、价格和有效性等在内的一般主题。该准则包括针对儿童的广告、酒类广告、汽车广告、健康用品广告、美容用品广告、减肥用品广告、金融产品广告和就业广告等各个领域。

2. BACC、RACC、CCA——广告预审机构

英国预审广告的机构主要有三个：代表电视广播公司在广告播放前预审广告的 BACC（The Broadcast Advertising Clearance Centre）、预审全国收音机广播广告和某些类别广告的 RACC（The Radio Advertising Clearance Centre）和预审其他媒体广告的 CCA（The Cap Copy Advice Team）。

BACC 成立的目的是为了达到领取英国通讯办公室所颁发许可证的条件并为广告主和广告代理机构提供服务，大多数广播公司出资运转 BACC 这个专家型实体，它的两个基本功能是审查制作前的广告脚本和播放前的电视广告成品。2007 年的资料显示，BACC 由 30 多名职员、6 个小组（每三人一组）负责给制作前的广告提建议。广播公司通过拷贝委员会（the Copy Committee）对 BACC 的活动实行专业控制，拷贝委员会由六名来自电视公司的资深代表组成，每月碰一次面。

RACC 是商业收音机广播广告预审机构，由付预审费的商业广播电台出资。与 BACC 一样，RACC 成立的目的之一也是为了符合领取由英国通讯办公室所颁发许可证的条件，这些条件包括遵守 BCAP 的《收音机广播广告标准准则》，该准则要求某些收音机广告要提前集中预审。

3. ASA——处理与解决投诉的独立机构

ASA 是个由广告业设立的、维护广告行业标准的独立的行业自律性实体，负责处理和解决对广播和非广播广告的所有意见。它保证广告主遵守行业准则并做一些与广告管制有关的调查研究。该机构是英国法定的通讯业管制机构英国通讯办公室根据《2003 年通讯法》将部分职责分包出去的产物。

英国广告行业自律体系的力量既在于 ASA 的独立性，又在于广告产业对 CAP 所制定广告准则标准的支持与负责。ASA 的经费来自向刊播的广告征收的 0.1% 的款项和向皇家邮件分类合同（Royal Mail Mailsort Contracts）征收的 0.2% 的款项。为保证 ASA 的决策不受广告主所提供资金数量的影响，这笔钱由单独的机构 BASBOF（Broadcast Advertising Standards Board of Finance）来收取。

公众或机构可以向 ASA 投诉广告中的问题。收到投诉后，ASA 先要决定在现行广告行业准则下是否可以对投诉作出回答。如果投诉不易被解决，就要展开正式调查。在正式调查中，必须以书面形式提供证据。如果广告看起来真的已违反行业准则，那么在投诉者和广播公司确认事实准确后，负责处理该投诉的主管就要写份建议提交 ASA 委员会。如果委员会裁定广告确实违反了准则的话，就会命令改变或撤销该广告或改变其刊播日程。ASA 委员会分成两组，每组 12 人，分别负责裁决对广播广告和非广播广告的投诉。在受理投诉的同时，ASA 自己也监测广告以发现问题。

如果广告投诉受到支持，广告主在将来的市场沟通中就不能使用那则广告。裁决还会登在 ASA 网站上；媒体会拒绝刊播违反广告标准的广告；如果直邮公

司轻视广告准则则可取消其所享有的大批量邮递折扣等优惠；误导广告的广告主和做了不被允许的比较广告的广告主还会被提交给公平交易办公室（The Office of Fair Trading），持续播放违规广告的广播公司还会被提交到英国通讯办公室。

英国主要的自律机构及其基本情况如表 7－4 所示。

表 7－4　英国主要的自律机构及其基本情况

主要的自律机构	负责领域	机构设置	自律流程	自律规则	规则制定机构
英国广告标准局（ASA）	除广播、电视外的所有媒体广告	局长及半数以上理事会会员由独立于广告界的人士担任。设：投诉组、调查组、通讯部、公关部、人事部、财会部	审查广告 受理诉讼	《英国广告、促销和直接市场营销准则》等	CAP
独立电视委员会（ITO）和广播广告审查中心（BACC）	电视和广播媒体广告	BACC 由主任领导下的五个审稿小组组成	播前审查 监测 受理投诉 申诉 制裁 信息和调研 出版物 其他活动 资金	《英国电视广告业行为标准准则》、《独立电视委员会准则》等	CAP
广播电台广告审查中心（RACC）和广播局（RA）	广播电台媒体广播	RACC 由广告审稿总监带领下的五名工作人员负责	播前审查 监测 受理投诉 申诉 制裁 信息和调研 出版物 资金	《广播局广告和赞助准则》、《收音机广播广告标准准则》等	CAP

注：①“出版物”指机构对对应领域广告审查后出版的刊物，用于解释和说明审查结果等。②“资金”指机构对活动经费等的收取工作。

【想一想】

美国对虚假广告的监管[1]

那些从来未陷入过虚假广告纠纷的企业也许会低估市场上竞争对手们在看到那些它们认为不合理的广告时的愤怒。著名的图书发行公司 Barnes & Noble 公司诉亚马逊公司案就很好地诠释了该问题。

Barnes & Noble 公司对亚马逊公司提起诉讼，认为亚马逊这家网上图书公司在其广告中宣称“是地球上最大的书店”的做法是违法的，其自称拥有的图书量超过 Barnes & Noble 公司的说法更是不真实的。Barnes & Noble 公司拥有亚马逊公司拥有的所有的书。Barnes & Noble 公司要求亚马逊公司撤销该广告，发布更正性的告示并进行赔偿。Barnes & Noble 公司还坚持认为亚马逊公司“并不是一个真正的书店，充其量也只能算是一个利用网络向公众销售图书的中间商”。显然，Barnes & Noble 公司认为亚马逊公司的广告不仅是一种夸大性的广告，而是对 Barnes & Noble 公司市场地位不符合实际的描述。事后证明，这个诉讼并没有阻止亚马逊公司后来雄心勃勃的势力扩张，但的确使之放慢了速度。诉讼使得 Barnes & Noble 公司也消耗了大量的时间和精力，今后如果遇到类似的事情 Barnes & Noble 公司依然会提起诉讼。可见，在美国广告界广告真实性已成为广告创作最普遍的原则，任何违背该原则的广告都会为此付出代价。

问题：

1. 案例中的虚假广告属于哪一类型？该案例中治理虚假广告的主要力量是什么？

2. 案例中的 Barnes & Noble 公司的做法有什么可借鉴之处？如果你是 Barnes & Noble公司的主管人员，你会如何应付像亚马逊公司这样的竞争对手？

第四节　中国虚假广告的治理

2001 年，国家工商行政管理局针对虚假广告在全国开展专项治理行动。国家工商行政管理局、国家广播电影电视总局、新闻出版署三单位联合发出通知，要求各类大众传播媒介在广告经营活动中严格遵守国家有关法律法规，不得为追求经济利益发布虚假广告。从源头上防治虚假广告已经成为我们当前的迫切任务。

---

① 范志国主编：《中外广告监管比较研究》，中国社会科学出版社，2008 年 3 月第 1 版，第 83 页。

一、完善中国广告自律体系

与发达国家广告自律体系相比，我国的广告自律建设还很落后。首先，我国社会中的广告自律组织数量不多，规模不大，广大广告主缺乏广告自律意识，一个遍布各地区各行业、形成统一意志的广告自律网络还未形成。其次，已成立的广告自律组织尚未树立足够的权威性，自律管理制度不健全，这些组织制定的行业自律规范尚不能有效地约束广告活动参加者的行为。再次，广告自律组织成员之间缺乏协调机制，对广告的制作和发布的审查与处罚制度也未有效建立，社会团体与公众的社会监督不力。

中国目前最主要的广告自律协会是中国广告协会。中国广告协会创立于1983年12月27日，是国家工商行政管理总局的直属事业单位，是中国广告界的行业组织，是经国家民政部登记注册的非营利性社团组织。该协会由全国范围内具备一定资质条件的广告主、广告经营者、广告发布者、与广告业有关的企事业单位、社团法人等自愿组成。其组织结构如图7－2所示。

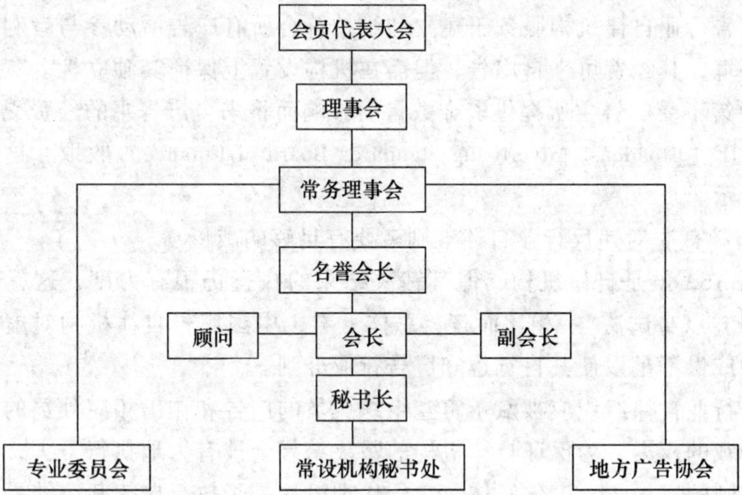

图7－2 中国广告协会组织结构图

根据1994年12月7日中国广告协会第二届会员代表大会修订的《中国广告协会章程》，该协会的经费来源包括会费、协会从事技术开发转让、信息咨询、服务等而获得的收入、主管部门及有关单位拨款、海内外有关组织和个人捐助和其他合法收入。就目前所掌握的资料来看，中国广告协会并没有建立有效的机制使其可以像英国ASA那样获得经济上的独立性。没有经济上的独立，很难确保协会在执行自律规则时能保持客观公正；没有客观公正的行事准则，中国广告协会维护整个行业利益的效力将打上折扣。

"他山之石，可以攻玉"，借鉴上节所介绍的日本和英国广告行业的自律经验，解决中国虚假广告问题的可选途径包括以下几方面。

1. 建立综合性、具有较少"官办"色彩的广告自律网络

除了要完善中国广告协会与地方协会组成的广告自律组织外，还应建立广告主协会、广告公司协会、广告媒体协会等专业性广告自律组织，甚至有条件的广告主也应成立广告自律部门。各广告自律组织相互配合、相互支持、相互监督，形成综合性的广告自律网络，减少虚假广告的某个利益相关者为自身利益而毁坏广告行业生态环境的短期行为。

另外，自律组织的有效性不应来自自上而下的"官方"身份，而应来自广告活动的各方参与者为维护整个行业的长远利益而达成的自我约束默契。因此，新建立的综合性广告自律网络应以维护整个行业的整体利益为号召吸引成员自愿参与，以活力高效的特点取代"官办"组织中的官僚色彩。

2. 提高广告行业自律机构的经济独立性

没有经济上的独立，就不会有客观、中立地维护全行业各参与者利益的自律体系。广告行业自律机构服务于建立和维护符合所有广告活动参与者利益的合意的广告环境，其经费可来自广告，但需在机构设置上保证其独立性。英国为保证ASA的决策不受广告主所提供资金数量的影响而将来自广告主的经费交给单独机构BASBOF（Broadcast Advertising Standards Board of Finance）收取，这给我们以有益的启示。

3. 自律裁决对违反行业自律准则者要有足够的威慑

英国ASA虽是自律机构，但其裁决结果的执行仍很有力度，这就使广告主不敢轻易"以身试法"。相比而言，总体上看，中国广告自律机构对虚假广告的广告主的威慑不足以使其自觉遵守广告行业准则。

广告行业自律组织应被赋予审查组织成员的广告和作出相应处罚的权利以及调解和仲裁的权力。为保证自律机构的裁决结果会被有力地执行下去，可以将违反自律准则的广告主、广告媒体、广告代理机构是否执行自律裁决结果与是否有权继续享受政府给予的某项优惠政策相挂钩，或者以法律强制执行作为保障自律裁决会被自觉执行的最后手段。

二、完善广告业相关管理制度，提高管理效率

1. 健全广告代理制

目前我国广告还是直接由产销单位向广告媒体申请，这削弱了对广告的审查。广告媒体到处拉广告成为常态。只要企业出钱，不管广告真假都照发不误。因此，急需健全广告代理制。

报业实行广告代理制度，不仅有利于加强传媒发布广告的专业化，提高广告的整体水平，更有利于规范广告市场，促进广告业的健康发展。由于广告代理制明确规定了广告客户、广告公司、广告媒体各自的权利和义务，使其功能不再彼此交叉：广告主根据自身需要选择广告代理公司，确立投资决策；广告公司负责整体广告活动的策划与实施；广告媒体专注于广告的发布与传播。三者各司其职，互相合作，有利于减少虚假广告。

2. 建立健全广告经营管理制度与领导人责任追究制

各类经营广告的大众传媒要建立健全广告业务承接登记、审核、存档等内部管理制度，要充分发挥广告审查员的作用，认真实行审查，未经审查的广告不得发布，审查过的广告要进行复查。要建立领导人责任追究制，追究发布虚假广告较多单位相关领导的行政和经济责任。

3. 加强传媒对广告内容、形式、佐证材料、广告发布后对消费者的影响四部分的管理

针对虚假广告，传媒首先要对广告内容进行把关。广告内容是判断广告真实性的基础。对广告内容真实性的判断主要体现在两个方面：一是判断广告主的资格、性质、权利、生产经营状况等情况的真实性，具体包括广告主的身份、财产状况、经营范围与广告主有关的工业或知识产权、所获得的奖励和荣誉等情况。二是判断有关广告商品或服务的性质和特点等信息的真实性。主要包括商品的性能、产地、用途、质量、数量、规格、等级、价格、有效期限或服务内容、形式、质量、价格等，以及商品或服务的取得、使用和交付所附带的经济和法律条件等信息。通过对上述广告主和广告商品或服务本身有关信息的判断，确认广告内容是否符合客观事实，有无虚假、欺诈、假冒、夸大等不真实的情况。

广告形式也是判断广告真实性的一个重要方面。广告作品形式不符合广告法规要求的广告（如广告作品混同新闻报道）就不能判定为真实广告。

对佐证材料的审查指广告主的资格证书的审查。佐证材料包括营业执照、许可证、工业产权证书（如专利证书、商标注册证书等）、各种奖励和荣誉证书、广告商品或服务的专业技术内容证明（如商品质量证明、药品广告证明、医疗广告证明等）。佐证材料是判断广告真实性的重要依据。任何主要的广告信息都必须有与之相应的佐证材料，否则，广告的真实性就无法确定。

某些广告信息无法事前判断其是否符合事实，必须在广告发布后才可验证，这就需要跟踪核实广告发布后的情况。譬如，广告信息中标明的有奖销售、“买一送一”等承诺必须在广告发布后、根据消费者购买时广告主是否兑现才可判断其是否真实。如果广告主没有兑现这些承诺，那么可以判定该广告为虚假广告。

三、完善广告社会监督机制

虚假广告的社会监督是指由社会大众对虚假广告进行监督。社会监督的主体

包括消费者及消费者权益保护协会，其他社会组织团体；监督的方式包括消费者等相关利益主体的举报、揭发、起诉等。为此，要做好以下几个方面的工作：

1. 要明确消费者、社会团体以及其他组织对虚假广告的社会监督权

我国《广告法》没有规定对虚假广告的社会监督机制，这是一个重大缺失。完善虚假广告的社会监督机制首先应当在《广告法》中明确社会公众的权利，让公众有法可依。

2. 通过广泛的文化宣传，提高消费者的消费素质

虚假广告最直接面向的对象是消费者在虚假广告泛滥的背景下，消费者最好应具备理性消费的心理素质以及甄别广告真假的能力。要进行长期的文化宣传，潜移默化地提高消费者素质。

3. 建立规范的虚假广告公众举报制度

建立这一制度必须明确受理机关和举报方式（如电话、网络、信件等），必须有规范的查处结果反馈公告制度，积极回应群众举报，必须健全相应的保密制度，做好保护举报人人身和财产安全等工作。

4. 完善虚假广告的侵权诉权

在美国，联邦贸易委员会有权向法院起诉虚假广告行为，而美国消费者权益保护组织也可以直接向法院控告虚假广告行为，这种以政府机构或社团名义向法院起诉虚假广告的行为实际上属于虚假广告公益诉讼的范畴，事实证明这是一种有效的社会监督。我国因为民事诉讼主体资格的限制，法律并没有赋予消费者权益保护协会等团体起诉虚假广告的诉权，这使得我国公众对虚假广告的社会监督权和范围过于狭窄。要完善虚假广告的社会监督机制最重要的就是赋予相关利益者起诉权。

四、规范明星代言广告行为

从藏秘排油产品代言广告到北京新兴医院代言广告，从亿霖传销代言广告再到眼保姆代言广告[①]……明星代言虚假广告屡次曝光，却又层出不穷。面对明星代言虚假广告，不明真相的消费者因喜欢、相信代言明星而“爱屋及乌”——喜欢、相信广告产品或服务，结果使自身利益受到侵害。经济学认为，“当一个人从事一种影响旁观者福利而对这种影响既不付报酬又得不到报酬的活动时就产生了外部性。如果对旁观者的影响是不利的，就称为‘负外部性’，如果这种影响是有利的，就称为‘正外部性’。”[②] 从这个意义上看，当明星代言的广告因其

① 《郭德纲承认代言藏秘排油产品违规》，《京华时报》，2007 年 6 月 12 日 05：41，http：//www.sina.com.cn。

② ［美］曼昆著，梁小民译：《经济学原理》（第 2 版 · 上册），北京大学出版社，2001 年 12 月第 2 版，第 210 页。

中包含虚假或误导信息而伤害消费者的利益时，可认为明星代言广告的行为产生了负外部性。

经济学所提供的解决外部性的方法包括私人解决方法与公共政策。私人解决方法包括使用道德规范和社会约束、慈善行为及依靠有关各方的私利来解决外部性等。公共政策则包括管制和庇古税等①。解决明星代言广告活动的外部性当然也可以选择提高明星的道德自律意识、慈善行为等，但这些方法的实施实难保障。借鉴国外的经验可以发现，管制明星代言广告行为可减少明星代言行为的负外部性。

1. 明确广告规则，详细规定“可为”、“不可为”及“如何为”

英国广告操作规则由 CAP（Committee of Advertising Practice）制定。CAP 包括 CAP 广播 和 CAP 非广播两个部分。CAP 广播委员会与广播管制机构——英国通讯办公室（Office of Communication，Ofcom）——签约，负责撰写和执行电视和收音机广播的行业规则。该委员会所制定的电视广告操作规则的第八部分为“药品、医疗、保健与营养”。该部分第二章（药品和医疗）第 17 节（名人推荐与介绍）明确规定：“所有药品或医疗广告都不能包含由某位在公众生活、体育、娱乐等领域内被人熟知的人所做的推荐，也不能包括由这样的人所做的介绍。”②

即使对某些允许明星代言的广告，也都尽量详细地规定在什么样的条件下可以代言。譬如规定明星必须为其所代言产品的直接受益者和使用者等。

与其批评明星为了钱什么样的广告产品与服务都愿意代言，不如由相关部门在相关法律法规及行业规范中详细而明确地规定什么样的产品与服务可以由明星代言，什么样的产品与服务不可以由明星代言，及在什么样的条件下明星可以代言。

2. 依法惩戒代言虚假广告者，使其所应承担的风险与收益相称

“人们面临权衡取舍”为经济学的一个基本原理③。不管是明星代言虚假广告所涉及的广告主、广告代理机构、广告媒体还是明星，在作出行为选择时都会先权衡利弊得失。如果从事某一活动所获得的预期收益小于预期风险，行为主体常倾向于“不做”；如果从事某一活动所获得的预期收益大于预期风险，行为主体常倾向于“做”。如果代言虚假广告的明星或不被追究责任，或所受惩戒远低于所得收益，那么选择从事这项虽给消费者带来损害但对自己而言颇为合算的活动显然是合乎理性的。更重要的是，如果明星代言虚假广告所付出的代价相对其

---

① ［美］曼昆著，梁小民译：《经济学原理》（第 2 版 · 上册），北京大学出版社，2001 年 12 月第 2 版，第 216 ~ 221 页。

② 资料来源：http：//www. cap. org. uk。

③ ［美］曼昆著，梁小民译：《经济学原理》（第 2 版 · 上册），北京大学出版社，2001 年 12 月第 2 版，第 5 页。

收益而言很小，那么，明星慎重对待所代言广告的激励会大大减弱。

基于此，解决明星代言广告之活动所引起外部性的一个可选途径便为依法惩戒代言虚假广告的明星，使其所应承担的风险与收益相称。譬如《加拿大广告标准准则》第7条对代言、推荐或证明某产品或服务广告作了明确规定，代言、推荐或证明者必须是该产品或服务的实际使用者，广告相关信息须有充分事实依据，绝不许欺骗或误导消费者，否则将承担相应的民事或刑事处罚。

总的来看，治理虚假广告是一个社会性大工程，本节只是提出一些一般性治理建议，具体规章制度、运行机制的制定仍需进一步探讨。

[**参考资料**]

明星虚假代言可能赔至倾家荡产①

针对“明星代言虚假食品广告要承担连带责任”引发的争议，全国人大常委会法工委行政法室主任、《食品安全法》起草相关负责人李援明确回应，“食品安全涉及人命关天，就是要从严”，“明星如果代言虚假食品广告，可能因此赔得倾家荡产。”

李援指出，根据已通过的《食品安全法的规定》，明星代言必须承担“连带责任”，即指消费者若购买了不符合安全标准的食品，合法权益受到了损害，他可以选择要求食品生产经营者承担赔偿责任，也可以对广告中向消费者推荐过这个食品的社会团体或者其他组织、个人要求全部或者部分赔偿。

李援解释说：“面对消费者，形象代言人的连带责任和食品经营者是同等责任，同等责任意味着以你所有的财产作为赔偿。”他也表示，《食品安全法》2009年6月1日才实施，不溯及既往。

代言产品出了问题，有明星说“我把做广告的所得退赔不就成了”，对此，李援的明确回答是“不成”。因为广告所得是生产经营者给你的，如果只是退赔，代言人并没有受到任何损失和惩罚，没有赔偿受损害的消费者，明星实际上没有承担责任。

据介绍，在制定法律的过程中，曾经考虑过可否设立免责条款，明星“在尽到了法定的义务后，可以免责”。但最后的立法意见是，免责不适用于食品安全。食品安全有特殊性，食品一旦出现问题，可能造成的损害是很严重的，所以涉及的各方无法免责，仍要负连带责任。

① 罗皓菱：《食品安全法》起草相关负责人首度回应明星代言虚假广告责任问题——明星虚假代言可能赔至倾家荡产，《北京青年报》，2009年3月16日。

本章小结

虚假广告指广告主、广告代理机构和广告发布者为牟取非法利益而采用欺诈性手段，在广告作品中对商品或服务的主要内容作不真实的或引人误解的表述，导致或足以导致消费者对其产生高期待值从而作出错误判断的广告活动。分为欺骗性虚假广告和误导性虚假广告两大类。

虚假广告的危害表现在多个方面。首先，虚假广告使消费者对广告产品或服务所能提供的效用作过高估计，从而作出不能实现消费者效用最大化的消费决策；其次，长期来看，虚假广告会损害传媒的公信力；再次，虚假广告大大破坏了竞争的公平性，它使不法经营者获得暴利，使合法经营者的利益受到侵害，从而破坏市场秩序。

虚假广告的出现乃至泛滥的根本原因在于广告主、广告代理机构和广告发布者对利益的不正当追求。从广告主角度看，合意的广告环境属于"共有资源"，在内部自律与外部规制不到位的情况下，选择做虚假广告、侵蚀合意的广告环境是广告主的优势策略。另外，违法成本小也刺激了广告主做虚假广告的动机。从传媒角度看，造成虚假广告的原因包括传媒刊播虚假广告的违法成本小、现有传媒产权制度安排不利于传媒经营管理者着眼于长远利益积极抵制虚假广告、传媒集广告审查者与发布者于一身的身份不利于其严格执行审查职责等方面。此外，社会监管不力也是虚假广告产生的原因之一。

行业自律在西方虚假广告的治理中扮演着相当重要的角色。日本与英国的广告业自律机制形成已久且运行良好，对广告业的健康发展起到了重要作用。本章在充分解释、介绍日本和英国的经验的基础上，提出了治理中国虚假广告的建议：首先，完善中国广告行业自律体系；其次，完善广告业相关管理制度，提高管理效率；第三，完善广告社会监督机制；最后，规范明星代言广告行为。

思考与操作

1. 回顾最近发生的虚假广告案例，并分析其危害性。

2. 查找资料，了解发达国家消费者是如何应对虚假广告的。

3. 了解网络媒体的公信力现状，分析网络媒体中虚假广告泛滥的特殊原因。

4. 请你阅读以下材料，然后回答材料后所提出的问题。

“妈妈爱我，今天妈妈不在家”。乍一听，这句话有点不知所云。不过，当你被告知这句话出自一则奶粉广告片时，或许会若有所悟。在中央电视台曾经播出的这则几秒左右的广告片中，一名婴儿首先出现在画面中，随之响起的声音是“妈妈爱我，今天妈妈不在家”。紧接着，另一句广告词出现了：“圣元优博，58种营养素，让妈妈的爱没有缺憾。”婴儿抱着一大罐奶粉，开心地笑了。从广告画面与广告词的内容来看，这则广告传递出一种明确的信息：妈妈不在家，不能亲自给孩子喂奶。但是，如果购买“圣元优博”奶粉，这一问题就迎刃而解，因为这种奶粉可以替代母乳。

那么，这样的广告有什么问题吗？

用母乳喂养婴儿，这是医学常识，也是全社会的共识，奶粉只能起辅助喂养作用或解缺奶产妇的燃眉之急。然而，长期以来，一些奶粉生产企业为了促销，常常在广告中有意无意地把奶粉与母乳混为一谈。为了遏制这种现象，中国广告协会于2008年7月1日正式发布《奶粉广告自律规则》。《规则》第六条明确规定，奶粉广告不得“明示或者暗示可以替代或优于母乳，不得明示成分接近母乳、母乳化或含有母乳成分”。

此外，“三鹿U+”奶粉电视广告的广告词是：“宝宝优秀，妈妈成就。三鹿U+奶粉，特别添加益生元DHA，独特智慧配方，让宝宝健康，成长更优秀。”这则广告中“独特智慧配方”的含义相信人们不难理解。“伊利A+B”奶粉的广告词是：“智力添动力，伊利A+B，让益智营养有效吸收。”“益智营养”一词其含义再明显不过了。

中国广告协会有关负责人特别指出，目前有些奶粉生产厂借某种成分能促进脑部发育，就宣传该奶粉“使孩子变聪明”，这种奶粉广告涉嫌违规。

问题：

1. 材料中所提及的圣元奶粉广告是不是虚假广告？为什么？

2. 食品类广告（如材料中的奶制品广告）与其他商品或服务广告相比有何特殊性？虚假食品类广告的危害性有哪些？

3. 明星代言三鹿等问题奶制品广告是否应归类为明星代言虚假广告？明星是否应承担相应的法律责任？

参考文献

一、主要参考书目

[1]［美］威廉·阿伦斯著，丁俊杰、程坪等译：《当代广告学》（第8版），人民邮电出版社，2005年1月第1版。

[2]［美］威廉·威尔斯、约翰·伯奈特、桑德拉·莫瑞亚提著，张红霞、杨翌昀主译：《广告学原理与实务》（第5版），云南大学出版社，2001年10月第1版。

[3]［美］曼昆著，梁小民译：《经济学原理》（第2版·上册），生活·读书·新知三联书店，北京大学出版社，2001年12月第2版。

[4]［美］苏特·杰哈利著，马姗姗译：《广告符码——消费社会中的政治经济学和拜物现象》，中国人民大学出版社，2004年9月第1版。

[5]［美］Rajeev Batra等合著，赵平等译：《广告管理》（第5版），清华大学出版社，1999年9月第1版。

[6]［英］约翰·伊特韦尔等编：《新帕尔格雷夫经济学大辞典》，经济科学出版社，1996年版。

[7]［美］吉莉安·道尔著，李颖译：《理解传媒经济学》，清华大学出版社，2004年9月第1版。

[8]［法］雅克·朗德维、阿尔诺·德·贝纳斯特著，綦玉宁译：《广告金典》，中国人民大学出版社，2006年12月第1版。

[9]［美］J. 托马斯·拉塞尔、W. 罗纳德·莱恩著，王颖、钟丽、王宇田译：《克莱普纳广告教程》（第15版），中国人民大学出版社，2005年8月第1版。

[10]［加］霍斯金斯等著，支庭荣、吴非译：《媒介经济学：经济学在新媒介与传统媒介中的应用》，暨南大学出版社，2005年6月第1版。

[11]［英］亚当·斯密著，孙善春、李春长译：《国富论》，万卷出版公司，2008年1月第1版。

[12]［美］艾莉森·亚历山大等著，丁汉青译：《媒介经济学：理论与实践》（第3版），中国人民大学出版社，2008年6月第1版。

［13］［美］平狄克、鲁宾费尔德著，张军等译：《微观经济学》，中国人民大学出版社，2000年9月第4版。

［14］［美］约翰·威廉姆斯赫尔斯特、阿德利安·马克著，周扶平译：《当代广告运作》，企业管理出版社，2001年8月第1版。

［15］［美］菲利普·科特勒、加里·阿姆斯特朗等，何志毅等译：《市场营销原理》，机械工业出版社，2006年7月第1版。

［16］［美］查尔斯·W. L. 希尔著，周建临等译：《国际商务：全球市场竞争》（第3版），中国人民大学出版社，2002年5月第1版。

［17］［美］沃伦·J. 基坎、马克·C. 格林著，傅慧芬、郭晓凌、戚永翎、浦军译：《全球营销原理》，中国人民大学出版社，2002年3月第1版。

［18］［英］罗杰·贝内特、吉姆·布莱斯著，刘勃译：《国际营销》（第3版），华夏出版社，2005年6月第1版。

［19］［美］菲利普·R. 凯特奥拉、约翰·L. 格雷厄姆著，周祖城、赵银德、张璘译：《国际市场营销学》（原书第12版），机械工业出版社，2005年8月第1版。

［20］［美］马萨基·科塔比、克里斯蒂安·赫尔森著，刘宝成译：《全球营销管理》（第3版），中国人民大学出版社，2005年10月第1版。

［21］［美］保罗·萨缪尔森、威廉·诺德豪斯著，萧琛主译：《经济学》（第18版），人民邮电出版社，2008年1月第1版。

［22］［美］奥利佛·威廉姆森、斯科特·马斯滕编，李自杰、蔡铭等译：《交易成本经济学经典名篇选读》，人民出版社，2008年1月第1版。

［23］［美］威尔玛·苏恩著，刘建民译：《避开合作的陷阱——透视战略联盟之暗面》，中国劳动社会保障出版社，2008年1月第1版。

［24］［美］布鲁斯·G. 范登·伯格、海伦·卡茨著，邓炘炘等译：《广告原理》，世界知识出版社，2006年1月第1版。

［25］［美］詹姆斯·特威切尔著，屈晓丽译：《美国的广告》，江苏人民出版社，2006年8月第1版。

［26］［美］卡普著，樊曦译：《广告革命》，清华大学出版社，2005年9月第1版。

［27］［美］迈克尔·波特著，李明轩、邱如美译：《国家竞争优势》，华夏出版社，2002年1月第1版。

［28］［美］威雅著，夏慧言、马洪、张健青译：《颠覆广告：麦迪逊大街美国广告业发展的历程》，内蒙古人民出版社，1999年5月第1版。

［29］马克思、恩格斯：《马克思恩格斯全集》（第1卷），人民出版社，1995年版。

[30] [美] 迈克尔·帕金著，梁小民译：《微观经济学》，人民邮电出版社，2003 年 5 月第 1 版。

[31] [美] 斯蒂芬·P. 罗宾斯著，孙建敏、李原等译：《组织行为学》，中国人民大学出版社，1997 年 12 月第 1 版。

[32] [美] 布赖恩·卡欣、哈尔·瓦里安编著，常玉田、马振峰、张海森译：《传媒经济学：数字信息经济学与知识产权》，中信出版社，2003 年第 1 版。

[33] [美] 马歇尔·杰文斯著，罗全喜、叶凯译：《致命的均衡》，机械工业出版社，2006 年 9 月第 1 版。

[34] 喻国明：《拐点中的传媒抉择》，经济日报出版社，2007 年 1 月第 1 版。

[35] 喻国明：《传媒影响力》，南方日报出版社，2003 年 6 月第 1 版。

[36] 谭英双编著：《广告经济分析》，西南师范大学出版社，2000 年 8 月第 1 版。

[37] 丁汉青：《广告流——理论与实务》，新华出版社，2005 年 5 月第 1 版。

[38] 杨海军主编：《中外广告史》，武汉大学出版社，2006 年 6 月第 1 版。

[39] 刘家林著：《新编中外广告通史》，暨南大学出版社，2000 年 7 月第 1 版。

[40] 高鸿业等：《西方经济学》（第 2 版），中国人民大学出版社，2000 年 4 月第 2 版。

[41] 何辉：《当代广告学教程》，中国传媒大学出版社，2004 年 3 月第 1 版。

[42] 王大路、杨荣刚：《现代广告全书》，辽宁人民出版社，1994 年 9 月第 1 版。

[43] 刘昕远：《广告学概论》，中国轻工业出版社，2007 年 3 月第 1 版。

[44] 倪宁：《广告学教程》，中国人民大学出版社，2004 年 1 月第 2 版。

[45] 崔银河：《广告学概论》，中国传媒大学出版社，2007 年 8 月第 1 版。

[46] 唐晓华：《产业经济学教程》，经济管理出版社，2007 年 8 月第 1 版。

[47] 黄升民：《广告观——一个广告学者的视点》，中国三峡出版社，1996 年 1 月第 1 版。

[48] 杨步国：《整合——集团化背景下的报业广告经营》，武汉大学出版社，2005 年 1 月第 1 版。

[49] 邵培仁、陈兵：《媒介战略管理》，复旦大学出版社，2003 年 5 月第 1 版。

[50] 张殿元：《中国报业传媒体制创新》，南方日报出版社，2007 年 5 月第 1 版。

[51] 辜晓进：《走进美国大报》，南方日报出版社，2002 年 10 月第 1 版。

[52] 刘彦龙：《中国企业战略联盟报告》，中国经济出版社，2008 年 8 月第

1 版。

[53] 负晓哲：《战略联盟理论与实践》，经济科学出版社，2006 年 7 月第 1 版。

[54] 李蕾：《企业战略联盟与竞争力提升》，中国工商出版社，2007 年 10 月第 1 版。

[55] 巫景飞：《企业战略联盟、动因、治理与绩效——基于中国企业的经验研究》，经济管理出版社，2007 年 8 月第 1 版。

[56] 干春晖：《产业经济学教程与案例》，机械工业出版社，2006 年 7 月第 1 版。

[57] 杨公朴、夏大慰：《产业经济学教程》，上海经济大学出版社，1998 年第 1 版。

[58] 郎咸平：《本质Ⅱ》，东方出版社，2007 年 5 月第 1 版。

[59] 国家体改委等：《中国国际竞争力发展报告 1997》，中国人民大学出版社，1998 年 4 月第 1 版。

[60] 童清艳：《传媒产业经济学导论》，复旦大学出版社，2007 年 11 月第 1 版。

[61] 苏东水主编：《产业经济学》，高等教育出版社，2000 年 1 月第 1 版。

[62] 赵林如主编：《市场经济学大辞典》，经济科学出版社，1999 年 10 月第 1 版。

[63] 中国广告年鉴编辑部：《中国广告年鉴》，新华出版社，2001 ~ 2008 年。

[64] 贾玉斌主编：《广告与营销辞典》，中国工商出版社，2006 年第 1 版。

[65] 张元智、马鸣萧：《产业集群——获取竞争优势的空间》，华夏出版社，2006 年 11 月第 1 版。

[66] 卢山冰：《中国广告产业发展研究》，陕西人民出版社，2005 年 9 月第 1 版。

[67] 陈培爱：《中外广告史》，中国物价出版社，2002 年 8 月第 1 版。

[68] 张维迎：《信息、信任与法律》，生活·读书·新知三联书店，2003 年第 1 版。

[69] 郭庆光：《传播学教程》，中国人民大学出版社，1999 年 11 月第 1 版。

[70] 王润泽：《最新日本广告实务》，中国人民大学出版社，2002 年 7 月第 1 版。

[71] 范志国主编：《中外广告监管比较研究》，中国社会科学出版社，2008 年 3 月第 1 版。

[72] 刘明远：《广告学概论》，电子工业出版社，2006 年 3 月第 1 版。

[73] 严学军、汪涛：《广告策划与管理》，高等教育出版社，2001 年 6 月第

1 版。

［74］苗杰、李国强：《现代广告学》，中国人民大学出版社，2008 年 3 月第 1 版。

［75］何修猛：《现代广告学》，复旦大学出版社，2001 年 2 月第 3 版。

［76］尹隆：《媒体 MBA：报业广告经营理论与实务》，机械工业出版社，2006 年 9 月第 1 版。

［77］Colin Hoskins, Stuart Mcfadyen, Adam Finn: Media Economics—Applying Economics to New and Traditional Media, Saga Publications, 2004.

［78］Alison Alexander, James Owers, Rod Carveth, C. Ann Hollifield, Albert N. Greco: Media Economics—theory and Practice (Third Edition), Lawrence Erlbaum Associaties, 2004.

［79］W. Duncan Reekie: The Economics of Advertising, The Macmillan Press Ltd, 1981.

［80］James M. Ferguson: Advertising and Competition; Theory, Measurement, Fact, Ballinger Publishing Company, 1974.

［81］Julian L. Simon: Issues in the Economics of Advertising, University of Illinois Press, 1970.

［82］Robert G. Picard: Media Economics—Concepts and Issues, Saga Publications, 1989.

［83］Robert G. Picard: The Economics and Financing of Media Companies, Fordham University Press, New York, 2002.

［84］Albarran, Alan B: Media Economics: Understanding Markets, Industries and Concepts. Ames: Iowa State University Press.

［85］Picard, Robert G: Media Firms: Structures, Operations, and Performance. Mahwah, N. J.: Lawrence Erlbaum Publishers.

［86］The Advertising Association: The Economics of Advertising—A Study Prepared by the Economists Advisory Group, Hutchinson Benham Ltd, 1967.

［87］Carl I Hovland, Irving L. Janis, Harold H. Kelley: Communication and Persuasion—Psychological studies of opinion chance, Yale University Press, 1963.

［88］Owen, B. M. &Wildman, S. S.: Video Economics. Cambridge, MA: Harvard University Press, 1998.

［89］Sally Dibb, Lyndon Simkin, William M. Pride, O. C. Ferrell: Marketing Concept And Strategies, Houghton Mifflin Company, 1997.

［90］Gillian Doyle: Media Economics, An Elgar Reference, Cheltenham, UK Northampton, MA, USA. 2006.

[91] Neol M. Tichy and Stratford Sherman: Control Your Destiny or Someone Else Will, New York, Harper Business, 1994.

[92] Geert Hofstede, Cultures and Organizations: Software of the Mind, London: McGraw - Hill, 1991.

[93] Vern Terpstra and Kenneth David: The Cultural Environment of International Business, Cincinnati, OH: South - Western Publishing Co. , 1991.

[94] Foster, G: Financial Statement Analysis, Englewood Cliffs, NJ: Pentice - Hall, 1986.

二、主要参考论文

[1] 郑自隆:《候选人电视辩论讯息策略及其效果之研究》,《广告学研究》, 1995 年第五集。

[2] 张金海等:《全球五大广告集团解析》,《现代广告》, 2006 年第 6 期。

[3] 吴敬琏:《中国腐败的治理》,《战略与管理》, 2003 年第 2 期。

[4] 周茂君、姜云峰:《跨国广告代理公司进入中国的心路历程》,《广告大观理论版》, 2008 年 5 月。

[5] 鲁桐:《论跨国企业海外投资的成功之道》,《世界经济与政治》, 2007 年第 3 期。

[6] 黄升民、王春美:《回顾与解读: CCTV 广告招标十三年》,《广告大观理论版》, 2006 年第 6 期。

[7] 胡玉明:《美国报社的内部结构及其作用》,《国际新闻界》, 1986 年第 3 期。

[8] 刘思齐:《南华早报——多元化经营中的采编独立性原则》,《新闻与写作》, 2006 年第 4 期。

[9] 赵曙光:《省级卫视联盟: 卡特尔的梦想与约束》,《传媒观察》, 2003 年第 11 期。

[10] 刘宝宏:《信息不对称条件下的消费者行为》,《商业经济与管理》, 2001 年第 7 期。

[11] 田凯:《关于社会福利的定义及其与社会保障关系的再探讨》,《上海社会科学院学术季刊》, 2001 年第 1 期。

[12] 李卓娅: 《广告消费模式向主动蜕变》, 《中国广告》, 2008 年第 11 期。

[13] 刘建新、陈雪阳:《口碑传播的形成机制与口碑营销》,《财经论丛》, 2007 年第 5 期。

[14] 马克·范德齐斯:《从被动消费到主动参与》,《中国广告》, 2008 年

第 11 期。

［15］李新立：《深圳广告产业结构研究：问题与对策》，《深圳大学学报》，2004 年第 4 期。

［16］陈柳钦：《产业集群与产业竞争力》，《南京社会科学》，2005 年第 5 期。

［17］陈敬：《从劣币驱逐良币定律谈盗版软件整治》，《知识产权报》，2006 年 6 月 29 日。

［18］吴彦书：《论当前虚假广告的特点、成因及治理对策》，《社会科学辑刊》，1995 年第 3 期。

［19］张阳升：《市场经济的人性基础辩证》，《中央党校学报》，2000 年第 4 期。

［20］黎燕燕、杨妮、柴进：《论虚假广告对消费者权益的侵权》，《法学杂志》，2003 年第 6 期。

［21］Maxwell McCombs: Mass Media in the Marketplace, Journalism Monographs, 1972.

［22］Richard E. Kihlstrom and Michael H. Riordan: Advertising as a Signal, Journal of Political Economy, June 1984.

［23］McKee, D.: An Organizational Learning Approach to Product Innovation. Journal of Product Innovation Management, 1992, Vol. 9: 234.

［24］Coke: Seeks Ad. Formula with Global Appeal, Atlanta Journal - Constitution, 18, Novermber 1991.

［25］E. Dichtl and H. G. Koglmayr: Country Risk Ratings, Management International Review 26, No. 4, 1986: 6.

三、主要参考刊物

1. 《现代广告》
2. 《中国广告》
3. 《广告主市场观察》
4. 《广告大观理论版》
5. 《广告大观综合版》
6. 《中国新闻周刊》
7. 《市场经纬》
8. 《国际广告》
9. 《经营与管理》
10. 《广告人》

11.《国际新闻界》
12.《现代传播》
13.《新闻大学》
14.《新闻与传播研究》
15. Journal of Advertising Research
16. International Journal of Advertising
17. Advertising Age
18. Journal of Advertising
19. Journal of Current Issues and Research in Advertising
20. Journal of Interactive of Advertising

四、主要参考网站

1. http：//www. xinhuanet. com/
2. http：//www. census. gov/statab/www/
3. http：//www. cnci. gov. cn/
4. http：//biz. 163. com/
5. http：//www. cnta. com/
6. http：//www. china - embassy. org/chn/
7. http：//www. media. hc360. com
8. http：//www. iresearch. com. cn
9. http：//www. cap. org. uk
10. http：//www. cnadtop. com/
11. http：//www. stats. gov. cn/
12. http：//www. cnnic. cn/

后 记

2008 年3 月才萌生写此书的念头。细究起动此念头的缘由，则要将时间推至2003 年。

大概是由于所写博士论文《广告流——理论与实务》与广告有关的缘故吧，2003 年毕业留校任教后我便被安排从事广告学方面的教学工作。广告学虽说亦属于传播学，但与自己长期所关注的发展传播学仍有较大差距。于是便开始“教”“学”相长：无论是课堂上学生跳动的思想火花，还是大量与广告有关的图书、期刊、报纸，抑或是在日本电通公司所做的短期研修都逐步加深着我对广告学的理解。可是在多年的广告教学中，亦感到深深的困惑：我“是否”以及“能否”将自己关注广告学的视角从传播学转至经济学呢？《广告流——理论与实务》试图从经济视角解读广告，但是这本书侧重从广告额角度分析广告产业，而没有涉及更微观层面的广告活动的诸多参与者。如何能从经济视角对广告活动做更系统、更全面地梳理呢？对这个问题，我思索着、寻找着……

2006 ~ 2007 年在伦敦访学期间，读到20 世纪60 年代英国广告协会编著的《广告经济学》一书，书陈旧发黄，但对于20 世纪80 年代才逐渐起步的中国广告业来说，该书的关注点并不过时。循此线索，查阅多种与广告经济研究有关的英文书籍后，我便萌生出一个判断——从经济学视角系统地关注广告活动是有价值而且可为的。回国后，循着广告经济分析的思路进一步梳理资料、完善框架、充实观点。2008 年3 月，我终于打定主意，不揣浅陋，着手写这本书。此书冠以《广告经济学》之名有小个子戴高帽之嫌，但编辑从本书所属系列全局考虑，认为此名称虽有缺憾但相对更合适些，故且取之。

经过众人多日的努力，本书终于完稿。中国人民大学新闻学院2008 级传媒经济专业硕士研究生赵中娜、郑铮、牛星慧、宋子倩、黄煜瑜积极参与了本书的编写工作，非常感谢他们为本书贡献的智慧与辛劳。另外还要感谢我历届的学生们，他们闪烁着青春活力的思想火花直接或间接地促成了本书的一些观点。

虽然日子已从盛夏走到了严冬，但几个月前王光艳编辑顶着炎炎夏日横穿人大校园前来与我沟通出书事宜的情景至今仍历历在目，没有王光艳编辑的辛勤劳作和“甘为他人作嫁衣”的敬业精神，写成的书稿只能躺在个人的小书桌里孤芳自赏。谨向为出版此书做了大量工作的王光艳编辑致以真诚的谢意。

在即将把本书呈现给读者之时，我不免有些惴惴不安。由于学识所限，拙作难免有一些孤陋寡闻、挂一漏万之处，以偏概全、生吞活剥之论。这些缺陷有待借助将来的补充与修订加以克服，同时也真诚地欢迎各位专家和读者不吝赐教。

丁汉青

北京世纪城寓所

2009 年 3 月